大别山金融工程

——基于中国湖北黄冈的示范分析

DABIESHAN JINRONG GONGCHENG
JIYU ZHONGGUO HUBEI HUANGGANG DE SHIFAN FENXI

叶永刚 宋凌峰 张　培 吴良顺　等 著

高等教育出版社·北京

内容简介

本书主要围绕大别山金融工程展开。大别山金融工程是要运用宏观金融工程的原理和方法，以黄冈市域作为研究和示范对象，在控制风险的前提下，有效地配置金融资源，推动地区经济的持续发展，以满足人们脱贫致富奔小康的物质文化需求。市域金融工程在黄冈市的优良效果说明了优化金融环境、搭建金融体系有助于推动地区经济发展，这种尝试在新常态和深化金融体制改革的背景下意义更加凸显。

图书在版编目(CIP)数据

大别山金融工程：基于中国湖北黄冈的示范分析/叶永刚等著. --北京：高等教育出版社，2016. 5
ISBN 978-7-04-045595-3

Ⅰ. ①大… Ⅱ. ①叶… Ⅲ. ①地方金融事业-研究-黄冈市 Ⅳ. ① F832. 763. 3

中国版本图书馆 CIP 数据核字(2016)第 112751 号

策划编辑 丁艳红　责任编辑 丁艳红　封面设计 钟　雨　版式设计 王艳红
插图绘制 杜晓丹　责任校对 刘丽娴　责任印制 毛斯璐

出版发行	高等教育出版社	网　　址	http://www.hep.edu.cn
社　　址	北京市西城区德外大街4号		http://www.hep.com.cn
邮政编码	100120	网上订购	http://www.hepmall.com.cn
印　　刷	北京鑫丰华彩印有限公司		http://www.hepmall.com
开　　本	787mm×960mm　1/16		http://www.hepmall.cn
印　　张	23.5		
字　　数	420 千字	版　　次	2016年5月第1版
购书热线	010-58581118	印　　次	2016年5月第1次印刷
咨询电话	400-810-0598	定　　价	56.00 元

本书如有缺页、倒页、脱页等质量问题，请到所购图书销售部门联系调换

物 料 号　45595-00

序　　言

2015 年深秋的一个下午,艳阳高照。

我一个人坐在美丽的珞珈山的办公室案前,为我们刚刚完成的《大别山金融工程》书写序言。

我的心,又飞回到了大别山,飞回到 2014 年的春天。这一年的春天,湖北省政府在大别山的黄冈市召开了"金融早春行"的工作会议,号召大家在通山县域金融工程示范的基础上,进一步扩大示范的深度和广度。这一年的春天,黄冈市陈安丽市长带队视察武汉大学中国金融工程与风险管理研究中心,和该中心的成员们一起讨论如何在黄冈市开展大别山金融工程的示范工作。随后,黄冈市政府与武汉大学签订大别山金融工程战略合作协议。黄冈市委、市政府召开全市动员和推进大会。书记刘雪荣和市长陈安丽号召将大别山金融工程作为全市中心战略任务。

大别山金融工程的号角,就在这个春天,就在这片烈士鲜血染透和映山红开遍的大地上,庄严而嘹亮地吹响……

大别山金融工程是要运用金融工程的原理和方法,以黄冈市域作为研究和示范对象,在控制风险的前提下,有效地配置金融资源,推动地区经济的持续发展,以满足人们脱贫致富奔小康的物质文化需求。

大别山金融工程在黄冈近两年的研究和实践,已经取得初步的成效。武汉大学中国金融工程与风险管理研究中心在湖北省委、省政府的精心部署下,在省政府金融办的统筹协调下,在武汉大学学校领导的具体安排下,和黄冈市委、市政府一起,共同制定了《黄冈市大别山金融工程规划》,引进设立了一批新的金融机构,一百多家中小企业走进了多层次的资本市场,扭转了贷存比较长时期内不断下滑的趋势,扩大了社会融资规模,推动了经济的稳健发展。

大别山金融工程是一项系统工程。黄冈市在这项工程的实施过程中,充分调动大家的积极性和创造性,进行了一系列的改革和创新。如果要在这些举措中进行筛选,我们觉得以下这些,应该值得大家学习和借鉴:① 编制市域金融工程规划;② 实施主导产业金融工程;③ 建立地区金融中心;④ 实现市、县金融工程互动;⑤ 构建风险管理体系;⑥ 推进新型城镇化金融工程;⑦ 落实综合扶贫金融工程;⑧ 探索沿江开发金融工程;⑨ 创新政府资源综合配置。

以上九项重大举措,构成了具有鲜明特色的大别山金融工程模式,即“黄冈模式”。这些重大举措为在市域层面开展金融工程的实践,提供了宝贵的经验和典范。大别山金融工程的“黄冈模式”,不仅是市域金融工程的榜样,而且也是中国扶贫战略的楷模。他们的这些改革和创新,必将为全国的扶贫工作探索出一条切实可行而又卓有成效的道路。

正是在大别山金融工程研究和实践的基础上,我们撰写了这部专著。全书由二十章构成,叶永刚、宋凌峰、张培和吴良顺负责全书的策划、组织和协调工作。

第一章、绪论,吴良顺、周子瑜写作;第二章、大别山金融工程的理论基础,宋尚骞;第三章、黄冈市域金融工程支持体系,阳浪;第四章、大别山金融中心建设体系,宋尚骞;第五章、黄冈市主导产业金融工程支持体系,吴良顺;第六章、黄冈市红色文化旅游金融工程支持体系,吴良顺;第七章、黄冈市保险业金融工程支持体系,丁丽蓉;第八章、黄冈市新型城镇化金融工程支持体系,丁丽蓉;第九章、黄州区金融工程支持体系,胡启桢;第十章、团风县金融工程支持体系,郑彬彬;第十一章、浠水县金融工程支持体系,刘志龙;第十二章、麻城市金融工程支持体系,周爱清;第十三章、红安县金融工程支持体系,陈璐;第十四章、罗田县金融工程支持体系,张迅;第十五章、英山县金融工程支持体系,郑彬彬;第十六章、蕲春县金融工程支持体系,阳浪;第十七章、武穴市金融工程支持体系,项婉玉;第十八章、黄梅县金融工程支持体系,牛红燕;第十九章、龙感湖金融工程支持体系,刘志龙;第二十章、县市互动与区域经济金融一体化,胡启桢。

这部专著有很大一部分内容来自我们团队前期为黄冈市及所辖各市、县、区所作的金融工程规划。在这些规划的研究和写作过程中,周子瑜负责黄冈市和黄州区;乔路,罗田县;苏新,团风县;郭亚琳,武穴市;杨鑫,浠水县和龙感湖区;尹海程,麻城市;牛红燕,黄梅县;阳浪,蕲春县;吴良顺,英山县。

这部专著的完成,需要感谢的单位和人员太多。我们感谢湖北省委、省政府,黄冈市委、市政府和所辖的各市、县、区委和政府,我们感谢高等教育出版社,感谢武汉大学的各级领导,感谢我们团队每一个辛勤劳动的成员,感谢一切为本书的写作付出过劳动和提供过宝贵意见的每一个人。

由于大别山金融工程实施的所在地位于大别山,因此,我们衷心地感谢大别山。感谢大别山给我们提供了研究和实践的场所,感谢大别山奉献了这片鲜血染红的土地,感谢大别山养育了这些不畏艰险、勇于改革和探索的英雄儿女。

大别山金融工程的号角已经从黄冈这片热血沸腾的土地上吹响,大别山金融工程的号角还在吹响整个大别山脉，大别山金融工程的号角还在吹响华夏大地的四面八方。

让我们在大别山金融工程的号角声中，更加大胆地改革，更加勇敢地探索，更加强有力地推进，更加卓有成效地实践。

东方既白，征程无限……

编　者

2015 年 12 月

目　　录

第一章 绪 论

2007 年我们将传统的金融工程思想和手段运用到宏观经济发展中，首次提出了宏观金融工程的相关理论。2012 年我们将这一理论运用到支持湖北省通山县经济发展的实践探索之中，逐渐提炼出县域金融工程的理论体系，即“通山模式”。县域金融工程是充分整合和分配县域范围内的各类资源和要素，并对县域金融体系进行工程化和结构化的设计，从而形成以金融资源为主导的县域经济金融体系，促进县域经济实现跨越式发展。自 2013 年以来，“通山模式”县域金融工程已经在湖北省范围内推广开来，黄冈市的各县市区分别开始推进县域金融工程。我们认为，黄冈市作为一个典型的中西部欠发达地级市，可以作为市域金融工程的试点。市域金融工程不是县域金融工程的简单堆叠，而是宏观金融工程在市域层面的自然延伸和拓展，是由部分到总体的过渡和升级。

大别山位于中国湖北省、安徽省、河南省三省交界处，为淮河和长江的分水岭。大别山是中国中部地区的重要枢纽，是南北经济文化交汇，鄂、豫、皖三省地理区位相接的地区。2015 年 6 月 5 日，李克强总理批复了《大别山革命老区振兴发展规划》，该规划立足当前、着眼长远，明确了大别山革命老区振兴发展的指导思想和基本原则。

把市域金融工程的思想运用到大别山地区，是响应《大别山革命老区振兴发展规划》的重要举措，对发展大别山地区的经济具有重大实践意义，对丰富和发展宏观金融工程和区域金融工程的思想具有重大理论价值。大别山金融工程实际上是市域层面的区域金融工程，是市域金融工程在大别山地区尤其是黄冈市的具体运用。本书以黄冈市为例，以“黄冈市市域金融工程”科研实践项目为基础，系统阐述了市域金融工程的理论和应用，并以此作为大别山金融工程的典型研究案例，来阐述大别山金融工程的整体构想和实施路径。

第一节　研究背景与意义

一、研究背景

（一）区域经济协调发展

改革开放以来，我国经济逐渐由计划经济向市场经济转型，经济总量实现了持续快速增长，经济结构也经历着调整和优化。东部和沿海地区凭借优越的地理位置及国家政策支持获得了迅猛的发展，形成了长三角、珠三角、环渤海等经济相对发达的区域；与之相比，中西部多为欠发达地区，资金、人才、技术等资源和要素的不断外流更延缓了发展速度。随着我国提出“中部崛起”“西部大开发”等国家战略，并且推进区域协调可持续发展，更多的经济资源和政策资源在向中西部欠发达地区倾斜。如何完善这些地区的金融体系，探索金融支持经济发展的路径，实现资源的高效合理配置，值得探索和思考。

从行政区划的角度来说，我国区域经济体系可以分为县域经济，市域经济，省域经济，以及大的城市圈、经济带。其中，县域经济是我国区域经济的基本单元，而我国地级市由于空间区域适中，文化、历史、自然资源等禀赋趋同，可以作为相对独立的经济单元，市域经济也因而成为承上启下的中心环节。所以，从我国区域经济发展的角度来说，选择市域经济为基本研究单元是合理的。

（二）新常态与深化金融体制改革

当前我国经济呈现“新常态”，从过去30多年的高速增长转为中高速增长。党中央提出要适应经济发展的“新常态”，创新宏观调控思路和方式，推动经济结构优化升级。这也表明我国经济正处于转型升级的关键时期，经济的协调可持续发展、结构优化和资源配置高效化成为国家经济工作的重点，体制改革和制度创新也会与之配套。

金融是经济的核心，区域经济发展也需要在金融体制改革的预期和框架下进行。伴随着利率市场化和汇率市场化进程推进，金融机构市场准入门槛降低，多层次资本市场建立以及债券市场的不断规范发展等趋势，市域经济需要考虑这些新的政策环境，改进和完善现有的金融体系，推动金融资源更好地支持区域经济发展、产业转型升级和新型城镇化建设。这也是我们着眼于市域金融体系建设，强调用金融推动经济发展的原因。

（三）黄冈市经济金融发展

黄冈市是湖北省下辖的地级市，也是武汉城市圈的成员之一，其地处湖北省东部、大别山南麓、长江中下游北岸，具有深厚的历史文化底蕴和丰富自然资源。"十二五"期间，黄冈市依托中部崛起、西部大开发和武汉城市圈建设等战略机遇，综合经济实力取得了显著增长，产业升级与城镇化建设也稳步推进。2014年黄冈市全市的国内生产总值(GDP)为1 477亿元人民币，同比增长9.7%，三大产业增加值分别为375亿元、586亿元和516亿元，产业结构比值为25.4：39.7：34.9。金融机构的存款余额为1 994亿元，贷款余额为811亿元，贷存比不足40%。此外黄冈市的市域金融机构种类较少，数量有限，大量中小企业得不到金融资源支持。我们认为，黄冈市作为大别山区的一个贫困市，其金融体系还不能充分支持辖内企业融资发展，资金外流、金融创新不足和投融资对接机制缺乏等问题制约了黄冈市经济的持续快速增长。因此，我们更着眼于发展金融，以金融推动黄冈市经济在"新常态"的大环境下跨越式发展。

二、研究意义

本书对于大别山金融工程——基于中国湖北黄冈模式的研究具有理论和实践两方面的意义。

（一）理论意义

第一，大别山金融工程立足于市域层面的空间范围，丰富了区域经济发展的研究。我国幅员辽阔，东、中、西部区域在资源、人口、技术、政策等层面的禀赋差异较大，不同区域需要制定符合自身特异性的发展规划。区域经济研究的意义不仅在于指导各级政府部门制定区域发展规划，也包括研究区域经济发展的约束、动力和政策制度，以及区域之间的协调发展。已有研究更多的是基于全国范围内的定量分析和针对某个区域的案例分析，本书则是基于宏观金融工程视角，以黄冈市为例，阐述市域金融工程的理论和方法，并从案例中提炼出市域金融工程的分析范式。

第二，大别山金融工程强调金融在经济发展中的作用，旨在以搭建和完善市域金融体系为突破口，推动欠发达地区经济实现跨越式发展。与一般的区域经济理论相比，市域金融工程更侧重于金融，同时站在地方政府的视角提出了一整套金融支持市域经济发展的政策建议，涵盖资本市场、金融创新、政府政策激励、产业发展、城镇化建设等方面。市域金融工程本质上是一个金融支持区域经济发展的系统工程。

（二）实践意义

第一，大别山金融工程（市域金融工程）是县域金融工程的延伸，本书包含了对黄冈市下辖的九个县市区（黄州区、团风县、武穴市、麻城市、浠水县、红安县、罗田县、英山县、龙感湖)的县域金融工程分析,为黄冈市各县经济发展提供参考和政策意见。另外,市域金融工程理论也对黄冈市整体发展规划和区域协调、县市互动提供了新思路。

第二,大别山金融工程以黄冈市为例,运用金融的方法促进欠发达地区经济发展的思想和方法具有可复制性和推广价值。市域金融工程在黄冈市的优良效果也说明了优化金融环境,搭建金融体系有助于推动落后地区经济发展。这种尝试在新常态和深化金融体制改革的背景下意义更加凸显,市域金融工程模式也可以逐步推广到湖北省和全国范围内的其他地级市。

第二节　有关城市经济发展的文献综述

市域经济依赖于市管县体制行政区划的方式,这是我国特有的。西方国家没有地级市的系统,因此并没有研究市域经济的国外文献。

城市经济发展经济理论的理论研究主要集中在两本著作:首先,阎勤主编的《市域经济:宁波实践科学发展观的探索》[1]。这是关于宁波市经济系统分析的著作,对有关城市经济理论问题进行了初步研究。书中说:工业化、城市化、市场化和国际化决定了必须发展城市经济。市域经济可分为城市市域经济和地区市域经济。经济的调节主要靠市政府,中心是实现资源要素高效率的配置,目的是为了提高城市的综合实力、国际竞争力,对不同的利益进行调解和平衡,调动行政主体的积极性。其次,俞海山、林崇建的著作《市域经济理论与实践研究》[2],试图从基本经济理论角度探索,不断作出创新。该书认为,城市经济即城市的行政区域经济,提出"市带县"市场经济模式的必要性,并介绍了六个方面的主要内容:一是市域经济运行机制的发展;二是市场经济的发展和城市化;三是经济发展和产业发展;四是城市的经济发展和新农村建设;五是城市的经济发展和生态环境的保护;六是城市经济发展与创新。同时,对深圳、上海、宁波、南京等城市的经济发展进行了相关的案例研究。

此外,也有学者对市域经济发展问题进行了研究,发表了一系列期刊文章。其中,对于具体的城市经济发展的案例研究占绝大多数。研究城市经济一般规律的文章有:孙文平(2007)[3]认为城市是一个开放的经济体,具有协同、共享、全球性的特征,并揭示了发展城市经济的必要性。吴向鹏(2006)[4]对市域经济的空间结构进行了讨论,认为市域经济是动态的空间结构演变,并提出了四个阶段的演变。伏睿(2011)[5]认为山东省经济发展应该由政府主导城市地区的经济发展,协调城市与县的竞争,发挥优势,打造特色经济,实施产业化、龙头产业政策。已有文献对基本理论和分析市域经济方法的理论研究尚处于起步阶段，存在大量的案例研究，城市的经济发展研究还尚未形成系统。

关于如何发展城市经济方面，阿瑟·刘易斯[6]提出“二元经济结构理论”，建议通过现代工业的发展，解决农业剩余劳动力的问题，但这样做的缺点是忽略了农业经济本身的发展。托达罗[7]的经典论文“移民，失业和发展：两部门的分析”认为，城乡收入差距，成本和收益对比以及心理因素是农业剩余劳动力转移到城市的基本因素，当然城乡工资和就业率等的差异是主要因素。托达罗模型[8]强调农业的发展本身也是经济发展的目标，而不是农业产业化作为舞台，以彰显经济的发展。盖尔·约翰逊在他的著作《农业、农村和农民的经济发展》[9]中研究了中国经济增长和一些前社会主义国家的经济转型。二郎速水御的《借用技术理论》[10]用系统的方法比较了东亚地区，尤其是日本经济发展的方式，他从人口增长、资源枯竭、资本积累和技术变革、资源共享几个方面，系统考察了不同地区、不同时间、不同社会及文化传统下的日本经济模式的演变。

国内学者对城市经济模式的研究可以分为两种类型：一是从小区域的一些经典模式分析经济发展模式。20世纪80年代后，学者们总结出了“温州模式”“苏南模式”“珠江模式”“济源模式”“晋城模式”“海安模式”“义乌模式”“耿车模式”等。这些模式在一定程度上帮助启发了落后地区的经济发展，但缺乏理论支持，这些模式也暴露了其发展的不足之处，温州民间借贷危机的出现就是一个例子。二是区域经济发展的动态演变。学者从各种复杂因素中，分析人力资源、资金、技术、市场、商业和工业的相互作用，研究要素如何促进区域经济的发展和演变，在此基础上，总结出“新苏南模式”“新温州模式”和“新珠江模式”。

此外，还有相当多的学者用计量经济学的方法做了区域经济发展的相关实证研究。张素娥、安树伟(2003)[11][12]，王爱民(2005)[13]对部分县进行实证研究发现，县域经济发展面临产业和行业结构的演变，产业结构调整是县域经济发展的必然要求，产业结构调整要确定主导产业和特色产业，选择合适的产业，县域经济的空间经济结构对县域经济发展有重大影响。关于县域经济发展的实证研究有如下几种：一是关于农业发展县域经济的研究。有学者提出，现代农业是县域经济发展的主要内容，中国正面临着当前的政府“缺位”和“越位”，产业结构不合理，经营规模小，企业竞争力不强等农业产业化发展的挑战，制约全县产业结构演变，我们必须深化改革，实现农业产业化和规模化经营，推动绿色环保、高效、环境友好型农业的发展。二是关于工业发展县域经济的研究。周金堂(2006)[14]工业企业要进行产业结构调整，进行管理创新和改革，走“政府主导，商业为导向和个人努力”有机结合的改革道路，协调发展县域道路新型工业化。

三是县域第三产业发展研究。这方面的研究主要集中在县级财政和零售业。县域金融的发展处在极其落后的发展水平。其原因是,县域经济发展路径和金融体系的改革路径不一致,政策性金融供给难以满足县域经济发展的需要(黄伯勇,2006)[15]。为此,“重塑农村信用社,扩大政策性银行(农业发展银行)业务,为农业发展增加商业银行的支持”是县域经济发展的必由之路。蔡则祥、刘骅(2007)[16]认为必须创新金融模式,规范民间金融,探索农业保险制度。郎咸平(2007)[17]认为在农村地区,“农村信用社应完全退出农村信贷,以浮动利率优先的方式促进村里高利贷公司的竞争,改善农村地区的资金供需问题。对于县域零售业,蔡伟毅(2004)[18]认为零售业发展水平,代表了县域经济发展的水平,要加大开发力度。四是主导产业的选择。王传民(2004)[19]认为,由于资源禀赋的不同,各县需要依靠特殊的行业才能发展,应建立特色产业并使之成为主导产业。政府应该支持主导产业的发展。隆少秋(2003)[20]对县级龙头产业的发展模式进行了总结。五是关于产业组织研究。顾淑华(2006)[21]指出,市域经济发展必须依靠民营企业的发展,企业是支持市域经济发展的主力。早期的研究表明,在乡镇企业“小、多、散、同”等突出问题依然存在,乡镇企业产权不清,融资困难,技术进步缓慢,产业布局不合理(王青云,2009)[22]。凌耀初(2003)[23]认为企业集群,产业集群是发展县域经济一种有效的方式。六是关于政府在市域经济中作用的研究。欧阳功林(2005)[24]提出要实现“强势政府”,政府应该在城市的经济发展,尤其是在欠发达的城市经济发展起着主导作用。城市地区的经济发展,政府应该履行的职能包括经济发展规划,促进传统产业的升级换代,创造良好环境,促进体制机制创新,保证社会的良好运作。城市经济的发展,要加快解决“三农”问题,加强协调和指导,加大对小城镇的建设和管理,创新管理体制,推进体制机制改革。杨荫凯(2005)[25]指出,政府要下决心解决县财政困难,必须推行财政“省直管县”“撤乡并镇”,以降低行政成本,节约县级财政。张青指出,县际竞争,导致市场失灵,效率低下,要加强对县级政府之间的沟通。

第三节　大别山金融工程的概念界定

一、大别山金融工程的概念

大别山金融工程其实是市域层面的区域金融工程,即市域金融工程。市域金融工程是在考虑市域资源禀赋的基础上,将地级市作为一个融合下辖县市区的有机整体,在控制市域金融风险的前提下,运用工程化的思维和方法,创造性地利用各种金融工具，制定金融制度，对市域金融体系进行结构化设计，实现市域要素资源的有效配置，推动市域经济跨越式发展。

首先，我们将“市域”的概念定义为地级市，而非直辖市和县级市。另外，“市域”是一个行政区划概念，指代市级政府所辖的全部城市和农村区域，包括市本级和所辖各县市区。市域经济是以地级市的全部行政区域为地理空间，以地级市政府为调控主体，以市场机制为配置资源的基本手段，统筹市域规划和区域合作的开放型区域经济。

其次，对于“金融工程”的概念界定。传统意义上金融工程是一个微观层面的概念，是创新金融工具和金融手段的设计、开发与实施，从而创造性地解决金融问题。叶永刚等首次将金融工程的思想和方法拓展到宏观层面，提出了宏观金融工程概念。宏观金融工程是通过金融工具与手段的创新设计与重新组合、金融结构的调整和金融制度的变革来解决宏观问题。这样便将金融工具、风险管理、金融制度设计和宏观经济发展有机联系起来，为金融推动区域经济发展提供了新的思路和理论依据。市域金融工程正是将宏观金融工程的思想运用到市域层面，通过金融制度创新和金融产品创新发展市域金融体系，并以此促进市域经济实现跨越式发展。

二、大别山金融工程的基本内涵

大别山金融工程包括两个层面的含义。

一是金融资源的有效配置。市域经济的主体包括市级政府、辖内企业、金融机构和居民，其中居民通过储蓄提供资金供给，企业是资金需求方，各类金融机构作为中介提供资金供求对接的平台。由于信息不对称和交易摩擦，金融要素有时不能及时高效地进行配置，此时出现了市域企业融资难和资金外流的问题，不利于市域经济发展。此时政府可以作为第三方发挥政策引导和激励作用，一方面推动金融机构进行产品创新，提供更广泛的融资服务，另一方面规范辖内企业，提高企业资质，更好地满足金融机构的门槛要求，以此实现资金供求对接。

二是对金融风险的控制。经济稳定发展不仅需要金融推动，更要把控金融风险。市域经济发展除了关注企业的微观风险如市场风险、信用风险外，还应在宏观层面上对金融风险进行统一度量和管理。

三、大别山金融工程的研究内容

金融工程的核心思想是在控制风险的前提下，实现经济的跨越式发展。具体做法是把金融作为经济发展的首要驱动力，把产业作为金融支持经济发展的着力点，通过顶层设计，将金融业的创新发展、制度设计、市场建设、主体培育、要素保障、多方合作等方面工程化。大别山金融工程主要研究的内容包括如下方面。

（一）顶层设计探索金融创新

（1）整合财政支持企业发展资金，建立风险补偿基金，政府为企业增信，撬动银行信贷投放，发挥好信贷主渠道作用。

（2）加强融资担保服务，通过充实担保机构资本金，为更多企业提供担保。

（3）设立政府引导基金，吸引社会资本，以股权或债权等方式投资支持创业企业发展；通过设立企业上市专项基金，用于企业上市工作的奖励和补助，加快优质企业上市步伐。

（4）发展农业保险并予保费补贴，将财政手段与市场机制相对接，创新政府救灾方式，提高财政资金使用效益，分散农业风险。

（二）研究建立风险控制体系

在全市范围内搭建科学的风险控制体系，建立一套以资产负债表为核心的风险监测体系，对总体和公共部门、金融部门、企业部门、住户部门四大部门进行风险评估和风险预警。密切关注金融风险点，对重点行业、重要领域的资金状况、偿债能力开展跟踪监测和风险评估，及时预警，提早预防，做好各项风险管理工作。建立金融风险监管联动机制，加强信息共享，将风险控制在萌芽状态，守住不发生区域性金融风险的底线。

（三）研究金融市场建设

通过打造多层次的金融市场体系，推动金融业加快发展。一要继续发展已有市场，发挥金融要素市场的交易及融资功能，同时做好市场与各县市的对接工作。二要加快交易所建立步伐，推动石油及天然气交易、大宗农产品交易等要素市场建设。

（四）探索要素保障服务路径

（1）健全金融体系。通过出台财政资金和税收补助、开辟金融管理“绿色通道”等优惠政策，推进各类金融机构和融资中介机构设立分支机构。

（2）优化金融服务方式。按照“政府搭台、金融唱戏、服务企业”的思路，将企业、银行、担保、典当集合其间，开办“金融集市”，实行政、企、银面对面敞开式无缝对接合作。

（3）优化信用环境。规范信用秩序，推进“企业信用工程”“农村信用工程”和“社区信用工程”建设，建立覆盖所有农户和企业的征信体系，优化金融生态环境。

第四节　大别山金融工程研究框架

一、研究目标

大别山金融工程研究以黄冈市为主要对象，在了解分析黄冈市经济金融发展状况的基础上，利用金融工程的思想和手段，促进黄冈市经济金融的跨越式发展。

短期目标是从金融工程和金融体系两个角度出发，努力提高黄冈市金融业的整体水平，并以金融产业为基础，促进实体经济的发展。同时继续完善风险管理和控制体系，防范金融风险。打造黄冈金融核心区，同时扩大辐射半径，与其他中部省份的金融服务对接。

从长期目标看，大别山金融工程的实施，将通过不断引入优质外资金融机构、扩大现有金融机构规模、完善现有金融机构服务能力来优化黄冈市金融机构体系；同时健全现有的金融市场，组建缺失的金融市场，加强市场间联系，构建完善的金融市场体系。此外，还将确立松紧适度的金融法律法规，完善现有金融监管体系，加大金融人才培养力度，加强金融信用体系的构建，全方位地为黄冈市金融发展提供有利条件。通过金融机构体系、金融市场体系的完善，提高黄冈市金融软实力，完善金融发展的外部环境，加强黄冈市金融对于产业发展的推动作用，促进黄冈市经济的跨越式发展，将黄冈市打造成为大别山区域的金融中心。

二、研究方法

（一）文献研究法

在大别山金融工程的研究过程中，通过中国知网、维普、万方、武汉大学图书馆等中文数据库和中文科学引文索引（CSSCI）、美国工程索引（EI）外文文献库等全面查阅国内外文献，并广泛阅读相关学者的著作，了解国内外学者对于该问题的研究现状，并通过文献综述的形式进行提炼与总结。

（二）实地调研方法

以“解剖麻雀”的方式，赴黄冈市进行全方位调研：

（1）对黄冈市政府、黄冈11县市区的重点工程、重点企业进行实地调研。

（2）专访黄冈市委书记、市长，11县市区的书记或县长、金融办主任、企业家代表等。

(3) 组织相关单位召开座谈会。

(三) 资产负债表分析方法

使用资产负债表分析一个企业的财务状况早已有之,这里的资产负债表分析方法指的是利用区域资产负债表进行分析。区域资产负债表是将一个区域看作一个整体,通过合并微观经济主体的资产表负债表得到宏观资产负债表,通过分析宏观资产负债表的相关指标对区域整体的经济发展与金融风险状况进行量化。在区域资产负债表的基础上,通过或有权益分析技术得到或有权益资产负债表,进一步对区域金融风险与经济发展战略进行研究。

宏观资产负债表的核心思想是构造分部门的资产负债表分析框架,即公共部门、金融部门及企业部门资产负债表,并在此基础上对各部门的期限错配、货币错配、资本结构以及清偿能力等问题进行研究,以此揭示在各部门存量结构中所表现的宏观金融风险问题,并通过资产负债表矩阵分析不同部门间资产、负债、权益间的关系,研究各部门间的金融风险传递问题,在结合存量和流量分析的基础上,对金融风险影响各资产负债表的表现和程度进行研究,同时根据历年各部门资产负债表变动情况,建立反映区域经济金融运行的考核指标,以此达到区域绩效考评的目的。

(四) 区域金融风险指标构建法

区域金融风险的管理和绩效评价主要通过指标体系的构建来实现,通过构建包含金融风险和经济发展的指标,反映区域金融运行中的风险大小及对经济的促进作用。具体来讲,区域金融风险管理与绩效评价体系指标的构建包括两个方面:一方面是单个风险指标的选取,即区域金融风险指标体系应由哪些单个的风险指标所组成;另一方面是权重的确定,即被选取的相关风险指标在区域金融风险指标体系中的贡献程度。

在单个指标权重的确定中,用到的研究方法主要有如下几种:

1. 专家法

专家法即由经济、金融学者对以上各指标直接赋予权重的方法。由于专家法所得到的权重是由该领域的专家学者直接赋予的,因此对专家学者的水平要求较高。同时在确定权重的过程中具有一定的主观性和经验性,因此所得到的权重同实际权重可能存在一定偏差,其结果一般较为粗糙,往往通过多次反馈、修正的方式对权重进行进一步的调整。专家法的优点是工作量相对较小,在权重确定的过程中比较简便易行。

2. 回归分析法

回归分析法是建立在大量数据基础上的一种统计分析方法,能够利用数理统计的方法建立因变量和自变量之间的回归方程式,从而得到各自变量对于因变量的系数,也即权重。具体到区域金融风险指标的构建上,首先假定区域金融风险指标在[0,1]之间波动,其中0代表区域金融状态完全安全,而1则代表金融危机发生。为确定 $Y=\sum_{i=1}^{4}\sum_{j=1}^{6}\alpha_{ij}x_{ij}$ 中 α_{ij} 的大小,可以选取历史上各国或各区域在发生金融危机时的经济、金融数据为样本,对 $1=\sum_{i=1}^{4}\sum_{j=1}^{6}\alpha_{ij}x_{ij}$ 进行回归分析,求出系数 α_{ij},从而得到区域金融风险指标的函数形式。

3. 主成分分析法

主成分分析法(PCA)是多元统计分析中对多个变量进行定量统计分析的一种重要方法,能够将高维空间的多元变量问题转化为较低维空间的问题进行处理,从而能把多指标问题转化为较少的、互不相关的综合指标。主成分分析法在降低多变量数据系统的维度的同时,将变量系统的数字统计特征进行了一定程度的简化,并提供了如数据平均水平、数据变异最大方向、群点散布范围等数据系统信息。

主成分分析法的基本原理是通过一个正交变换将原本相关的多随机变量转换成不相关的新变量,使原变量系统转换成为新的正交系统,以较少数的综合变量取代原有的多维变量,从而把原指标综合成为较少的几个主成分,然后以所得到的几个主成分的贡献率为权重进行加权平均计算,最后构建一个综合性的指标函数。

三、技术路线

大别山金融工程旨在运用宏观金融工程的理论思想和技术手段,在国家宏观政策和省市级政府共同支持下,通过切实合理的金融制度创新安排,协调政府与金融机构的角色定位,系统整合各种金融、财政与产业资源,建立联系金融与经济发展的促进机制,构建符合黄冈市经济发展要求的特色金融体系。

第一,要根据黄冈市的经济金融发展现状,分析其发展优势与不足。

第二,根据分析结果,结合宏观金融工程理论,制定针对性的大别山(黄冈市)金融工程规划,其中包括市域金融工程规划、产业金融工程、金融产品创新、市本级企业上市、大别山金融中心建设、县市金融互动和战略与风险管理。

第三,根据大别山金融工程规划,把具体实施措施分划到下属各区县,分别制定相对应的区县级金融工程规划并付诸实施,同时做好县市协调工作。

第四,定期对各县市金融工程建设进展状况进行绩效评价与考核。

图1-1为大别山金融工程技术路线图。

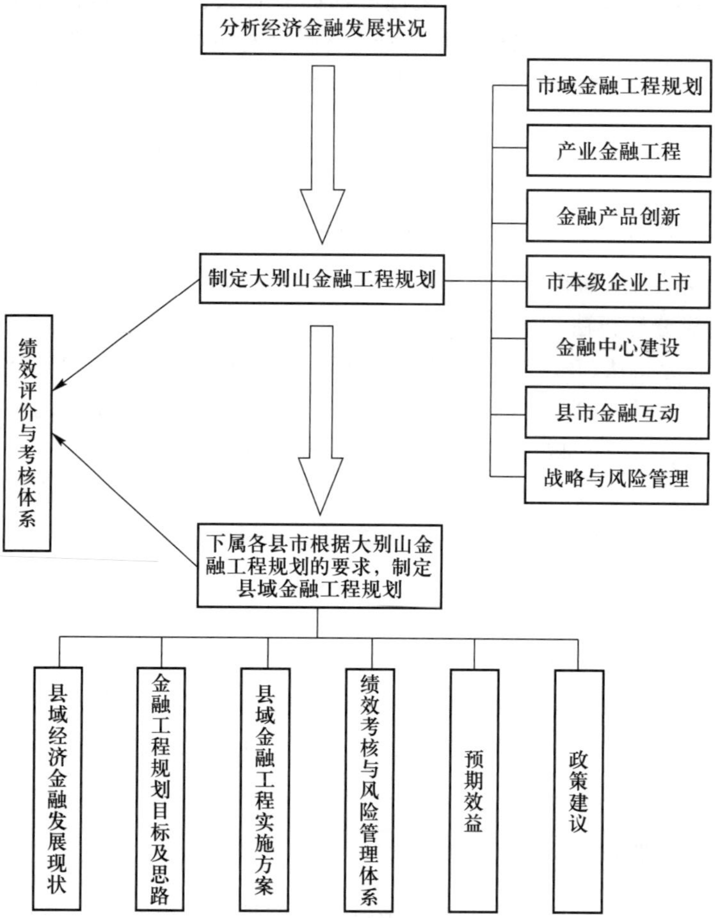

图 1-1　大别山金融工程技术路线图

参考文献

[1] 阎勤．市域经济:宁波实践科学发展观的探索[M]．北京:人民出版社,2006.

[2] 俞海山,林崇建．市域经济理论与实践研究[M]．北京:经济科学出版社,2009.

[3] 孙文平．市域经济:统筹城乡发展解决“三农”问题的新理念[J]．农业经济,2007(12).

[4] 吴向鹏．市域经济空间结构:理论、演化与优化[J]．重庆社会科学,

2006(6).

[5] 伏睿. 山东省市域经济发展研究[D]. 武汉:武汉大学,2006(6).

[6] William Arthur Lewis. Economic Development with Unlimited Supplied of Labor. Manchester College,1954.

[7] M. P. Todaro. Population Mobility,Unemployment and Development:Analysis of the Two Sector. The American Economic Review,1970.

[8] M. P. Todaro. Labor Migration Model and Urban Unemployment Problem in Less Developed Countries. The American Economic Review,1969.

[9] D. Gail Johnson. Problems of Agriculture, Rural, and Farmers in the Economic Development. The Commercial Press,2004.

[10] Yujiro Hayami. Development Economics:from Poverty to Affluence. Social Science Literature Press,2003.

[11] 张素娥,安树伟. 晋西黄土丘陵沟壑区县域经济发展模式研究——以山西省吉县为例[J]. 山西师范大学学报(自然科学版),2003(3).

[12] 安树伟. 秦巴山区贫困与反贫困问题研究——以陕西省柞水县为例[J]. 经济地理,1999(5).

[13] 王爱民. 衡水市县域经济发展问题研究[D]. 天津:天津大学,2005.

[14] 周金堂. 国家背景下县域经济发展[M]. 北京:经济管理出版社,2005.

[15] 黄伯勇. 县域经济中不同主导产业模式的金融支持[J]. 经济体制改革,2006(4).

[16] 蔡则祥等. 农村新型金融机构运行绩效集成评价——基于江苏省的实证分析[J]. 审计与经济研究,2013(2).

[17] 郎咸平. 必须重新定义第2阶段的改革路径[J]. 民营经济报,2007-1-1.

[18] 蔡伟毅. 商贸流通与县域经济发展比较研究[J]. 市场周刊,2004(12).

[19] 王传民. 可持续发展战略导向下的县域产业结构调整[J]. 管理现代化,2006(4).

[20] 隆少秋. 大城市边缘区中小城市可持续发展战略探讨——以广州增城市为例[J]. 地理科学进展,2003(5).

[21] 顾淑华. 县域民营经济发展初探[J]. 哈尔滨市委党校学报,2006(4).

[22] 王青云. 应把县城作为吸纳农村劳动力转移的重要载体[J]. 宏观经济研究,2009(10).

[23] 凌耀初．中国县域经济发展分析[J]．上海经济研究,2003(12)．

[24] 欧阳功林．欠发达地区政府职能和县域经济发展的矛盾与冲突[J]．江汉论坛,2005(1)．

[25] 杨荫凯．壮大我国县域经济的几点建议[J]．宏观经济管理,2005(5)．

第二章　大别山金融工程的理论基础

第一节　宏观金融工程

一、宏观金融工程的基本内涵

（一）金融工程的起源和发展

基于20世纪70年代以前的学者对于现代金融理论的研究，布莱克和斯克尔斯(Black and Scholes,1973)[1]提出了期权定价理论，默顿(Merton,1974)[2]在公司金融的背景下研究了期权定价的适用性。达雷尔·达菲和黄奇辅(Darrell Duffie and Chi-fu Huang,1985)[3]通过对不完全资本市场一般均衡理论的研究，从理论上证明了金融创新有利于社会资本配置效率的提高，通过增加金融市场的完全性和提高市场效率，金融工程创造了实际价值。约翰·芬尼特(John Finnerty,1988)[4]给金融工程下了一个定义，他认为金融工程包括创新型金融工具与手段的设计、开发和实施，以及对金融问题的创造性解决。他认为金融工程的范围包括新产品的创新、金融过程的创新和根据实际需要解决金融问题。杰里米·斯塔姆(Jeremy Staum,2002)[5]认为，金融工程属于工程领域，是根据目标和现有条件来提供解决问题的方法。

在国外研究关于金融工程的定义基础上，国内研究者各自从不同的角度提出对金融工程的认识与理解。宋逢明(1997)[6]认为金融工程主要利用各种理论、工具和方法，来解决金融和财务的决策问题，主要是金融技术的发展与应用。叶永刚(2000)[7]提出，金融工程是指创造性地运用各种金融工具和策略来解决人们所面临的各种金融财务问题。陈松男(2002)[8]认为金融工程学是财务经济学、数理统计与高等数学三者的统一，是一门全新的创新性学科。

（二）宏观金融工程的概念

宏观金融工程是指通过金融工具与手段的创新设计与重新组合、金融结构的调整和金融制度的变革来解决宏观金融问题[9]。宏观金融工程把微观金融工程的方法与思维方式拓展到宏观金融，研究对象从个体、公司变为整个经济体、经济部门，对国家整体和部门的金融风险、金融资源配置进行研究，创新发展金融工具、机制等，为宏观经济带来更大活力。

（三）微观金融工程与宏观金融工程的关系

从宏观金融工程和微观金融工程的关系看，微观金融工程主要侧重于微观层面的企业金融财务问题，而宏观金融工程将微观金融工程的有关思想和分析方法应用到宏观金融层面，研究部门和国家的金融风险和金融资源使用状况。因此，宏观金融工程是将微观金融工程扩展到宏观金融领域，是金融工程在微观领域运用的自然延伸。

二、宏观金融工程研究的框架

宏观金融工程大致可以从内容上分为三个主要部分：宏观金融资产负债表、宏观金融风险管理和宏观经济资本管理[10]。其中，宏观金融资产负债表是宏观金融工程研究的对象，宏观金融风险管理和宏观经济资本管理是宏观金融工程的主要方面，有关的经济和金融发展目标是宏观金融工程研究的最终目标，如图 2-1 所示。

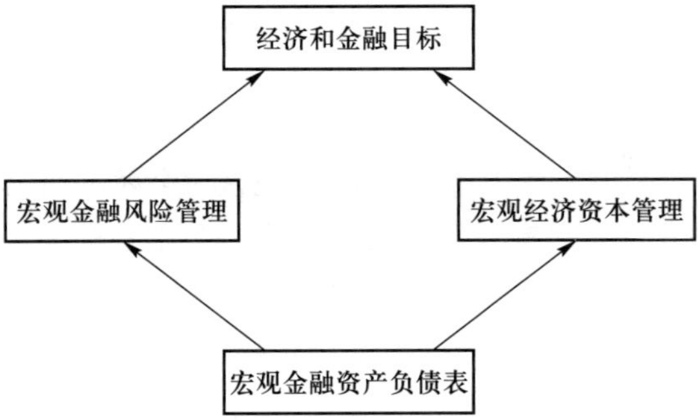

图 2-1　宏观金融工程研究框架

（一）宏观金融资产负债表

宏观金融资产负债表可以分为国家金融资产负债表、区域金融资产负债表、部门金融资产负债表、行业金融资产负债表等多层次的资产负债表。它主要度量国家宏观金融资产，指可以用货币度量的国家财富，是以货币进行衡量的金融资产负债表。

宏观金融资产负债表包括宏观资产负债表、宏观资产负债表矩阵、或有权益资产负债表和或有权益资产负债表矩阵四个方面。其中，宏观资产负债表或称为账面价值的资产负债表，反映公共部门、金融部门、企业部门和住户部门四个部门和国家整体的资产、负债和净资产状况；宏观资产负债表矩阵反映公共部门、金融部门、企业部门和住户部门彼此间金融资产负债的对应关系，通过资产负债表矩阵，可以对风险在四个部门的传递进行研究；或有权益资产负债表是包含风险信息的市场价值资产负债表，其理论依据是期权定价理论；或有权益资产负债表矩阵是定量反映描述金融风险在部门间传递的表，根据或有权益分析的有关理论，部门间的风险传导可以使用隐含期权进行研究。

（二）宏观金融风险管理研究

宏观金融风险管理研究可以分为三个层次：

第一个层次是思想层面。根据金融工程和风险管理思想，国家金融风险管理可以从风险界定、风险识别与度量和风险管理三个方面依次展开。

第二个层次是框架层面。金融国际化是分析的背景，国家金融资产是分析的切入点，国家金融风险识别和计量是分析的基础，国家金融风险管理是分析的目的。

第三个层次是内容层面。在内容层面，首先研究利率市场化、汇率市场化和国际资本流动。然后，编制部门和国家资产负债表，分析利率、汇率和国际资本流动对资产负债表和或有权益资产负债表的冲击。其次，在风险识别和计量方面，度量金融国际化对资产负债表和或有权益资产负债表冲击的程度。再次，根据部门和国家风险状况，提出防范和管理金融风险的工具和机制。最后，构造考评体系，对国家的金融风险管理状况进行考评，并将考评的结果及时反馈到风险源头进行调控。

宏观金融风险管理的主要内容有宏观金融风险度量、宏观金融风险管理和对宏观金融风险管理的评价。

宏观金融风险度量分为部门和国家整体两个层次。在部门金融风险度量中，使用两类风险指标，第一类为反映信用风险的指标，分别为违约距离、违约概率和信用溢价。第二类金融风险指标是风险价值模型（Value at Risk，简称VaR），反映部门的整体风险，既包括信用风险，也包括市场风险和其他风险。在国家层面，金融风险主要通过金融风险指数来反映。金融风险指数由资产负债表和资产负债表矩阵的有关指标、或有权益资产负债表和或有权益资产负债表矩阵的有关指标、部门的有关风险指标和其他指标构成，其中的函数关系由不同国家（地区）数据进行横截面分析获得。在构造国家金融风险指标后，运用情景分析、压力测试和蒙特卡罗模拟研究利率市场化、汇率市场化和国际资本流动对国家金融风险指数的冲击，形成金融风险指数的概率分布。在此基础上按照99%的置信度确定金融安全临界线，按95%的置信度确定金融安全预警线。

宏观金融风险管理包括风险管理机制、风险管理工具、风险管理政策和风险管理制度四个方面。在风险管理机制方面,建立国家和各个部门的金融安全预警机制、快速反应机制、损失控制机制等。在风险管理工具方面,分析国家和各个部门风险管理的需求,发展金融市场来提供管理金融风险的各种金融工具。在风险管理政策方面,根据住户部门、企业部门、金融部门、公共部门的风险和风险管理状况,制订相应的产业政策、对外经济政策、金融政策和财政政策,并根据国家金融风险状况和金融安全的需要进行各项政策的协调。在风险管理制度方面,主要包括资产负债管理体系和金融稳定基金体系建设两个方面。

对宏观金融风险管理的评价主要是设计考察国家金融风险管理的机制、工具、政策和制度运行效率的指标体系,并定期使用有关指标进行评价,包括公共部门、金融部门、企业部门、住户部门和国家整体两个层面。根据各项指标的评价结果对有关机制、工具、政策和制度进行调整,从而改善国家金融风险管理状况。

(三)宏观经济资本管理研究

国家宏观经济资本管理的研究可以分为三个层次:

从思想层面看,国家经济资本管理包括国家经济资本的界定、国家经济资本的度量和国家经济资本的管理。在框架层面,国家经济资本度量主要为国家经济 VaR 的确定,国家经济资本管理包括国家经济资本的分配和绩效评价等。从内容层面看,国家经济资本的界定包括国家经济资本、国家经济 VaR、国家净资产、社会储备等概念的提出。国家经济 VaR 的确定包括首先确定公共部门、金融部门、企业部门、住户部门的 VaR,然后确定国家整体的 VaR。在国家经济资本分配方面,考察部门利润率和社会资金的必要回报率,从而将经济资本在部门间进行合理分配。在对国家经济资本进行分配后,要定期进行绩效评价,对经济资本进行再分配。

宏观经济资本管理研究的主要内容有宏观经济资本管理的界定、宏观经济资本的度量和宏观经济资本的管理。

宏观经济资本管理使用宏观经济资本、宏观经济 VaR、宏观净资产、社会储备等主要概念。宏观经济资本是为抵御金融风险应该持有的最低资本水平;宏观经济 VaR 是一定时期内国家金融资产在99%的置信度下对目标水平的最大偏离;宏观净资产是指国家拥有的净资产总量;社会储备是指部门和国家为抵御金融风险而积累的储备。

宏观经济资本的度量要求计算宏观经济 VaR。宏观经济 VaR 的计算包括部门 VaR 和宏观整体 VaR。部门 VaR 包括公共部门、金融部门、企业部门、住户部门的 VaR,根据部门资产的分布结合资产价值增长的预期目标来获得。对于宏观 VaR 的计算,首先将宏观经济的有关目标转化为资产存量增值的目标,然后结合部门 VaR 进行计算得到。

宏观经济资本的管理是指通过对宏观经济资本的合理配置来提高资金的使用效率。使用社会资金的必要回报率作为客观标准,建立合适的渠道使经济资本由利润率较低的部门向较高的部门转移,从而提高金融资源的使用效率,推动有关宏观经济指标的实现。

第二节 区域金融工程

一、区域金融与区域金融工程

(一) 区域金融的概念

区域金融的概念源于区域经济,区域经济是经济发展呈现出的区域特征,在经济发展的初级阶段,由于受到资源等因素的制约,往往会集中力量发展少数区域,形成区域经济,经济体系中的金融也应该呈现明显的区域性特征。在空间上,金融资源供给需求的不平衡决定了金融区域性不平衡的特点。

关于区域金融的概念,不同的学者有不同的理解。张军洲(1995)[11]指出,区域金融是指一个国家金融结构与运行在空间上的分布状态。在外延上它表现为具有不同形态、不同层次和金融活动相对集中的若干金融区域。郑长德(2006)[12]对这一定义进行补充,指出应考虑区域经济的大背景,从金融促进区域经济发展的功能角度来界定,并强调宏观金融政策的区域效应。综合上述,区域金融应该是国家金融资源与金融机构受到区域差异和政府政策影响而形成的具有明显差异性、带有区域特征的经济金融运行区域。

(二) 区域金融工程的概念

区域金融工程是一个全新的概念,从字面意义理解,是运用金融工程的思想方法、用工程化的思维处理区域金融问题。金融工程强调对经济金融问题给予创造性地解决,区域经济的核心问题是经济增长,而在运用金融手段实现区域经济增长的同时,需要控制区域金融风险。因此,可以将区域金融工程的概念概括为:通过金融工具与手段创新设计、重新组合,以及金融结构调整和金融制度的变革,在控制区域金融风险的前提下,实现区域经济的跨越式发展。这一概念有以下三方面的含义。

第一,区域金融工程强调创造性的思维模式。区域金融工程是运用金融工程的思想和方法解决区域经济问题的具体手段,金融工程强调金融创新,因此区域金融工程必须体现创造性的思维模式。这种创造性体现在很多方面,例如,根据区域经济发展特点,在区域中使用创新型金融工具和金融手段,使得金融与区域实体经济全方位紧密结合;又如,通过已有金融工具和金融手段的重新组合实现创新;再如,通过区域金融结构的调整和金融制度的变革改变金融对区域经济的影响方式,实现区域经济可持续的高效率增长。

第二,区域金融工程是为了解决区域经济的跨越式发展问题。如果金融是告诉我们“是什么”“为什么”的话,金融工程就是解决“干什么”“怎么干”的问题。区域金融的目的是利用金融的手段,作用在实体经济上面,最终实现区域经济的跨越式发展。

第三,区域金融工程强调在控制区域金融风险的前提下实现区域经济发展。区域经济发展与区域金融风险管理是相辅相成的,只强调风险管理没有经济发展,就没有人民生活水平的提高,只强调经济发展忽视区域金融风险管理,当金融风险和环境风险积累过多导致风险爆发,将会对经济发展产生难以预计的影响。因此,要把金融风险与经济发展有机结合起来,保证区域经济有好又稳地发展。

二、区域金融工程的理论基础

区域金融工程的理论建立在区域经济理论、区域金融理论和宏观金融工程理论三者之上。

区域经济理论吸收了经济地理学的思想,研究为了获得更多产出,怎样优化配置区域生产资源。对于区域资源的配置,不同的理论学派有不同的配置重点和布局方式。区域经济理论的核心思想就是通过对区域内的金融资源优化组合、合理配置,获得区域经济最大产出,区域金融工程也考虑同样的问题。

宏观金融工程是指通过金融工具与手段的创新设计、重新组合以及金融结构调整和金融制度的变革来解决现实当中的金融问题[13]。宏观金融工程的思想在区域金融工程研究中主要体现在四个方面:一是将区域经济发展目标与区域金融风险控制目标相结合,提出了基于区域经济资本的区域经济发展战略绩效考核体系;二是将区域资产负债表分析与区域内各个部门、产业、子区域的资产负债表分析相结合,既有整体分析,也有结构化分析;三是将基于账面价值的资产表分析与金融风险分析相结合,将金融风险分析纳入资产负债表的分析框架中;四是将区域内各种金融资源、金融手段、负债表分析与基于市场价值的资产负债、金融政策视作各种“金融工具”,创造性地将这些工具进行排列组合以构建有针对性的区域金融支持体系。

宏观金融工程是市场不断追求更高资源配置效率的体现,因此,宏观金融工程的理论基础是宏观金融经济学,即回答如何实现经济资源的更高配置效率。体现在区域层面,其核心理论基础是区域金融经济学理论,区域金融经济学需要回答如何实现在区域范围内资源的高效率配置以及在配置过程中实现资产的均衡价格。

三、区域金融工程的研究框架与主要内容

(一)区域金融工程的研究框架

根据对区域金融工程内涵的界定,区域金融工程的研究框架如图 2-2 所示。实现区域经济发展战略的核心是在控制区域金融风险的前提下实现经济发展目标。区域经济发展水平和金融风险大小是需要建立在定量分析基础之上的,本书将定量研究建立在宏观资产负债表平台上。通过比较基期资产负债表和计算期资产负债表来计算一段时间内经济发展状况;通过编制基于市场价值的资产负债表来反映区域金融风险水平。在一段时期内,通过将各种金融资源和金融政策注入区域内,实现区域宏观资产负债表的扩张,从而实现区域经济发展目标。对于经济发展目标和风险控制目标的完成情况借助区域经济资本的方法进行绩效考核。

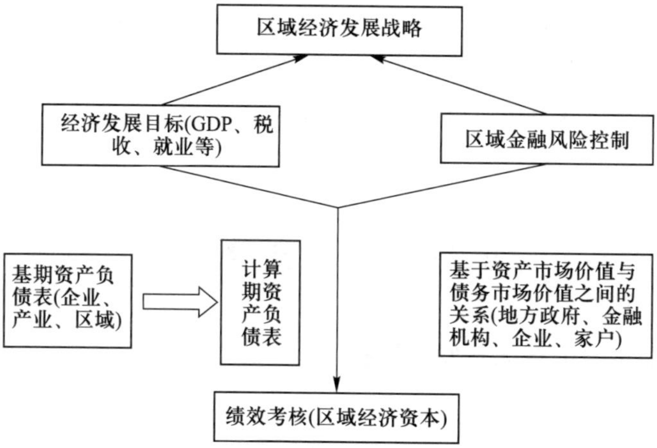

图 2-2　区域金融工程的研究框架

(二)区域金融工程研究的主要内容

区域金融工程研究的主要内容可以分为四个部分:分别是区域金融资源支持体系、区域金融政策支持体系、区域金融风险管理体系和区域经济发展绩效考核体系。

1. 区域金融资源支持体系

区域金融资源支持体系主要对金融工程思想在区域金融资源配置中的特点和作用机制进行分析与阐述，并分析不同层次区域金融资源分布的特点，研究区域金融资源合理有效配置的问题，最后从创新性视角研究金融资源的利用与开发。

2. 区域金融政策支持体系

区域金融政策支持体系首先从市场失灵的角度出发探讨实施区域性金融政策的必要性，然后分析金融工程思想在区域金融政策支持体系中的体现，接着分别对区域财政政策体系、区域产业政策体系、区域开发性金融体系进行研究。

3. 区域金融风险管理体系

可分为三个组成部分：区域金融风险概念的界定、区域金融风险的度量和区域金融风险的管理。区域金融风险的度量主要借助市场价值的资产负债表来完成，我们将区域金融风险理解为地方政府，以及区域内企业、金融机构、住户部门总资产市场价值波动的风险，当总资产市场价值低于总债务账面价值时，这些宏观部门面临着技术上的违约风险。通过建立区域金融风险预警体系提出了区域金融风险的管理措施。

4. 区域经济发展绩效考核体系

区域经济发展绩效考核主要是经济发展目标与区域金融风险控制目标相结合的绩效考核体系。该部分首先从微观金融机构绩效考核体系出发，提出要建立宏观经济发展绩效考核体系，接着在对宏观经济发展绩效考核体系的主要指标进行分析的基础上，构建区域经济发展战略评级体系。

第三节　产业金融工程

一、产业金融的概念与发展历程

对于产业金融的定义，学术界没有一个统一的概念，学者根据其研究内容，对产业金融有着不同的理解。纪敏和刘宏（2000）[14]把产业金融理解为依托促进特定产业发展的金融活动的总和。马英俊（2007）[15]给出了狭义和广义的产业金融定义，提出狭义的产业金融是在特定的产业政策下，依托并服务于特定产业发展的金融活动的总称。广义的产业金融是相对于金融产业而言的，是产业在其不同的发展阶段对金融的需求。钱志新（2010）[16]对产业金融进行了较为系统的研究，提出产业金融是产业与金融的紧密融合并在这种过程中加快产业的发展，产业金融是一个系统工程。

虽然定义的角度不同，但是很容易发现，产业金融的核心是产业与金融两者的结合，并通过金融促进产业发展。

产业金融的发展经历了四个阶段：20 世纪 30 年代以前的自由融合阶段，市场经济自由竞争，政府对产业与金融的融合采取放任自流政策；20 世纪 30～70 年代的金融业分业阶段，大萧条引起了对垄断和间接融资与直接融资的疑问，银行业与证券业分开经营；20 世纪 80 年代至 20 世纪末的滞涨阶段，政府放松金融管制，金融自由化兴起，金融创新成为热点话题；21 世纪初以来的产融结合多样化发展阶段，金融创新走入实践，产融结合程度加深。

二、产业金融工程的概念与基本研究方法

产业金融工程是将金融工程的基本理论与思想运用到产业发展的问题研究中，是指创造性地利用各种金融手段解决产业发展过程中面临的问题。产业金融工程是产业金融的工程化体现，其核心是在控制产业风险的前提下推动产业发展。

产业金融工程的基本研究方法有投入产出分析法、成本收益分析法、积木分析法、无套利定价法和或有权益分析法。

投入产出分析法是在瓦尔拉斯一般均衡理论的基础上，由里昂锡夫提出的。该方法通过编制投入产出表，分析投入产出之间的数量关系以及各部门、各产业之间的联系。

成本收益分析法通过项目的成本与收益状况来评估项目价值，其原理是根据若干实现目标的方案，计算每种方案的投入成本和收益，以成本最小、收益最大原则选出最优方案。

积木分析法是指将各种金融工具，针对特定金融问题的特点，进行分解和重组，解决各种金融问题。其中，现金流量图和损益状况图是两种主要的工具。

无套利定价法既是一种定价方法，也是定价理论的基本原则。在产业金融工程领域，通过分析在无套利机会时的资产价格，得到各种产品的均衡价格，当市场价格高于均衡价格，出现套利机会，产业利润和资本回报率就会提高。

或有权益分析法以期权定价思想为理论基础，由格雷（Grey）等学者提出，用于衡量经济部门宏观金融风险。这种方法把各种公司债务都视为基于公司资产的期权，使得公司的全部权益可以视为期权组合，而后利用期权定价方法，得到反映市场信息的各种期权价值。

三、产业金融工程研究的总体内容

产业金融工程的研究内容如图 2-3 所示：首先，产业价值在产业和产业链研

究基础上，提出产业、产业链的价值增值和创造理论途径。其次，按产业价值分析的结论，对产业链和产业资源的价值进行分析，研究金融资源整合其他资源、产业结构高级化合理化、创造扩大产业盈利空间等问题。为实现产业价值工程研究的价值增值空间，必须开展产业资金工程研究，运用金融工程的方法工具创新金融与产业的融合方式，实现产业资本和金融资本的双赢。同时，在产业发展过程中，由于各种外界因素的冲击，产业的发展会受到影响，因此需要进行产业风险管理。最后，发展绩效评价体系对整个产业发展的实际效果进行评价和考核。

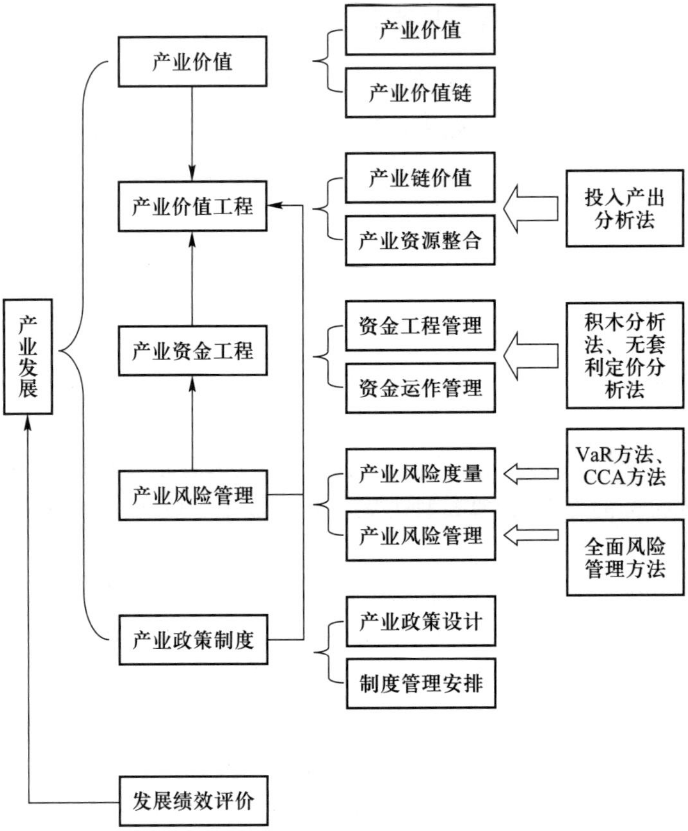

图 2-3　产业金融工程研究框架

参考文献

[1] Scholes M S, Black F. The Pricing of Options and Corporate Liabilities.

[J]. Journal of Political Economy,1973,81(3):637-654.

[2] Merton R C,Merton R C. On the Pricing of Risky Debt:The Risk Structure of Interest Rates[J]. Journal of Finance,1974,29(2):449-470.

[3] Duffie D,Huang C F. Implementing Arrow-Debreu Equilibria by Continuous Trading of Few Long-lived Securities[J]. Econometrica,1985,53(6):1337-1356.

[4] Finnerty J D. Financial Engineering in Corporate Finance: An Overview [J]. The Journal of the Financial Management Association,1988,17(4):14-33.

[5] Staum J. Simulation in Financial Engineering: Simulation in Financial Engineering [C]//Proceedings of the 34th Conference on Winter Simulation: Exploring New Frontiers. Winter Simulation Conference,2002:1481-1492.

[6] 宋逢明. 金融科学的工程化[J]. 金融研究,1997(7):1-5.

[7] 叶永刚,郑康彬. 金融工程概论[M]. 武汉:武汉大学出版社,2000.

[8] 陈松男. 金融工程学[M]. 上海:复旦大学出版社,2002.

[9] 叶永刚,宋凌峰,张培. 宏观金融工程:理论卷[M]. 北京:高等教育出版社,2011.

[10] 叶永刚,宋凌峰. 宏观金融工程论纲[J]. 经济评论,2007(1).

[11] 张军洲. 中国区域金融分析[M]. 北京:中国经济出版社,1995.

[12] 郑长德. 论区域金融学[J]. 河南金融管理干部学院学报,2006(2):35-41.

[13] 叶永刚,张培,宋凌峰. 产业金融工程[M]. 北京:人民出版社,2012.

[14] 纪敏,刘宏. 关于产业金融的初步研究——兼论我国财务公司改革的一种思路[J]. 金融研究,2000.

[15] 马英俊. 产业金融理论与对策研究[D]. 上海:上海社会科学院,2007.

[16] 钱志新. 产业金融[M]. 南京:江苏人民出版社,2010.

第三章 黄冈市域金融工程支持体系

第一节 研究背景和相关文献综述

一、研究背景

（一）全国县域经济发展迅速

全球爆发金融危机以来，我国出口受国外市场低迷所影响，国内经济自2008年以来增速不断放缓，但我国县域经济的发展和民生事业仍然取得了重大进展，综合实力指数逐年上升，经济发展与社会进步一并成为我国县域经济发展水平提升的主要驱动力。2014年400样本县（市）实际经济增长率达到6.2%，地区生产总值占全国地区生产总值的比重为25.8%，天津、浙江、贵州等省市样本县（市）地区生产总值比重上升。以江浙两省为代表的县域经济发展迅速，如昆山市、江阴市、绍兴县、义乌市等一批经济增长快、综合实力强的县市表现抢眼，在我国百强县市的排名中名列前茅。2015年在县域经济创新力方面，扬中市、双流县和固安县分列县域经济创新力排名前三，扬中市、双流县和固安县高新技术产业产值占规模以上工业产值比重分别达到75%、47%和64.8%。长江经济带县域经济创新力占绝对优势，包括湖南、安徽和四川在内的长江经济带共占据了全国县域经济创新力50强的37个席位。

（二）湖北县域经济亟待提升

县域经济作为工业经济与农业经济的交汇点，是宏观调控与微观管理的衔接处，也是拉动消费、启动内需的切入点，在区域经济和整个国民经济中起着承上启下的桥梁作用。然而，湖北省县域经济的发展仍然相对落后：2011年，全国县域经济百强县市名单于全国县域经济科学发展交流年会上揭晓，其中江苏省、浙江省及山东省占据了绝大部分，而湖北省县市未能上榜；2012年，湖北省仅有大冶市入选，成为湖北省九年来唯一入选全国百强的县市；2014年宜都市成为继大冶市之后湖北省第二个全国百强县（市），仙桃市、潜江市、枣阳市、天门市、枝江市加快发展步伐冲击全国强县。我国各省市的发展历程表明,经济实力迅速提升且持续较快发展的地区,其县域经济都扮演了极为重要的角色。湖北省作为我国中部区域的重要支撑,在中部崛起战略中具有举足轻重的作用,湖北省应加大对于县域经济的重视程度,努力提升县域经济的发展。

(三)黄冈市经济发展面临机遇

"十二五"乃至更长一个时期,是黄冈市城镇化加快推进、产业结构优化升级、基础设施提高完善以及城乡居民生活质量和水平全面提升的关键时期。综合分析国际国内形势和国家宏观政策取向,未来一个时期黄冈市面临着中部崛起战略和"两型"社会建设综合配套改革试验叠加、武汉城市圈建设和长江经济带开放开发叠加、老区扶贫政策和西部开发政策叠加等"三大叠加"的战略机遇,特别是湖北省委已将推进大别山革命老区经济社会发展试验区上升为全省战略,并积极争取纳入国家战略。这些政策措施将为黄冈市谋划和推进重大项目建设带来大好机遇。

二、相关文献综述

市域经济是指在市域范围内,以城镇为中心、农村为基础,各种经济成分有机构成的区域性经济,市域经济与金融协调发展决定了国民经济微观基础。孙毅、徐明棋(2013)[1]运用主成分分析法考察长三角地区金融生态系统的效率水平和发展水平。研究结果表明,长三角地区整体金融生态系统的效率水平较高,但发展水平有明显的区域差异。杨华(2014)[2]以江苏省13个市为样本,建立区域竞争力的评价指标体系,考察江苏省不同市区金融竞争力各个方面的优势和劣势。周维光、曹琦(2013)[3]研究得出辖区经济一直处于传统农业为主,手工业、制造业以及自然资源为辅的经济发展格局,"三农"发展问题仍然十分突出。随着国家产业政策调整力度的不断加大,政府有关部门对"三农"发展的重视程度不断提高,同时作为现代经济核心的金融部门对"三农"发展的资金支持力度也随之有不同程度的扩大。

近年来有关县域金融的研究大量出现,学者从县域金融推进县域经济发展、县域金融生态水平研究,以及县域经济金融竞争力指标分析方面展开分析。钱水土(2006)[4]提出实体经济内生的不断增长的金融需求与外生的不断萎缩的金融供给矛盾造成县域经济与金融之间的矛盾。县域经济发展要求调动县域金融活动主体的内在动力,发展适合县域生产要素禀赋结构特点的县域金融体系。县域金融体系构建中,还需不断完善金融法律体系和政策措施。石全虎(2009)[5]认为劳动、资本、金融、技术、土地和制度都影响县域经济增长,而县域金融显然已成为县域经济增长的重要因素。县域市场经济条件下,县域金融市场起着核心和枢纽作用,体现在筹集县域经济发展所需资本,调整县域经济产业结构和带动县域其他生产要素流动,并提出金融危机背景下需采取供给领先型的县域金融发展模式。

对金融工程支持县域经济发展的研究主要从金融体系规划工程、主导产业金融工程、上市企业金融工程等视角展开。宋继承(2010)[6]从选择和培育区域主导产业出发,研究区域主导产业选择的约束条件和微观基础,运用态势分析模型(SWOT 模型)来确立主导产业的选择范围,使得区域经济发展与微观基础相统一,选择较高市场增长率、产业带动作用强、市场增长率高的产业。叶永刚、杨佳琪(2013)[7]采用产业金融工程理论分析糖产业,利用制度设计、金融支持及风险控制等多种方法构建糖产业金融工程支持体系。从产业升级、金融市场、金融资源以及产品市场的角度,促进金融资源顺利流入现有产业,以资产产业内部重组,实现产业链各个环节的升级,完善产品市场和金融市场。王成仁、景春梅(2013)[8]指出新四板作为中小企业资本市场融资的渠道,要使其真正发挥中小企业资本市场融资作用,需要警惕其发展的贪多求快,融资风险放大,通过夯实中小企业资本市场融资制度基础,明确发展战略和定位,完善中小企业资本市场。

针对黄冈市实际经济情况,大量学者从黄冈旅游业发展、生态农业、产业集群等不同角度展开研究。田安国(2013)[9]从生态农业的内涵入手,着重阐述了黄冈市发展生态农业的现状及存在的主要问题,并提出了黄冈市生态农业发展的对策。通过充分合理地利用自然资源,提高农业生产力,实现农业可持续发展。王志兵(2009)[10]指出随着黄冈市区域经济发展步伐的加快,发展集群经济越来越成为黄冈市上上下下的共识,要因地制宜,有效地培育和发展产业集群。基于武汉城市圈建设两型社会的背景,考察现实市场条件下黄冈市集群经济发展的现状,为黄冈市制定区域集群经济发展的战略及有关政策提供了参考性建议。陈丽军、邓高燕、汪季石(2013)[11]从提高竞争力、适应旅游者需求变化、克服发展中存在的问题 3 个方面确认了红色旅游联动开发的必要性,从旅游资源基础、区位条件、交通运输和政策条件等方面论证了利用黄冈市红色旅游资源进行联动开发的可行性。根据红色旅游的新定义,从资源联动和区域联动 2 个层面提出了黄冈市红色旅游联动开发的具体模式。江军民、王鸿正(2014)[12]探析了黄冈市休闲农业发展现状以及在发展当中存在的问题,指出黄冈市的休闲农业资源十分丰富,这为发展休闲农业提供了必要条件。对黄冈市休闲农业的发展进行研究,对推动农村经济快速发展,实现农业产业结构调整具有十分重要的现实意义。

第二节　黄冈市经济金融发展分析

一、黄冈市经济金融发展现状

近年来,在国内外日趋复杂的经济社会发展环境下,黄冈市着力于稳增长、调结构、抓改革、惠民生等各项工作,经济发展取得了一定成效。如图 3-1 所示,黄冈市 2012 年共实现地区生产总值 1 192.88 亿元,继 2011 年迈入千亿大关后进一步保持增长,接近 2008 年 GDP 水平的两倍;2013 年,黄冈市实现 GDP 1 332.6 亿元,增速达 10.5%,高于湖北省平均水平 0.4 个百分点。

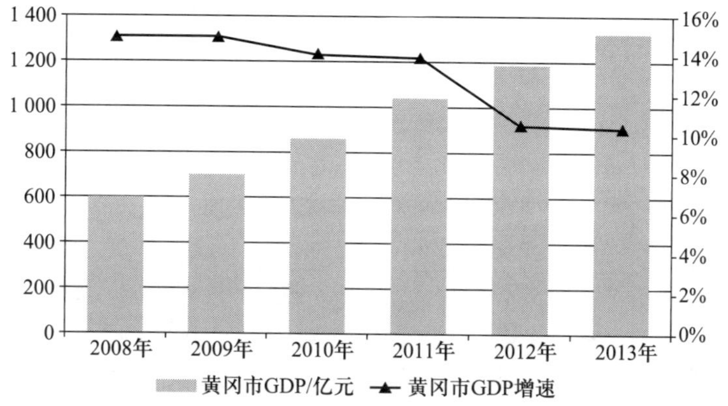

图 3-1　2008—2013 年黄冈市 GDP 及 GDP 增速

2013 年,黄冈市实现一般预算收入 79.78 亿元,增长 27.1%,其中税收收入达 53.02 亿元,同比增长 12.58 亿元;一般预算支出达 271.95 亿元,增长 21.7%,其中对于教育、社会保障和就业、医疗卫生等项目的支出增长较快。如图 3-2 所示,从预算收支结构来看,黄冈市 2013 年一般预算缺口达 300.8 亿元,一般预算缺口增速由 2009 年的 57.16% 逐渐下降至 2013 年的 5.64%,缺口增速有所放缓但仍处于较高水平。

2012 年,黄冈市城乡居民收入稳定增长,生活质量不断提高。全年城镇居民人均可支配收入 16 765 元,增长 13.81%;农民人均纯收入 6 141.91 元,增长 12.94%;2013 年,黄冈市城镇居民人均可支配收入与农村居民纯收入分别为 18 432 元和 6 966 元,如图 3-3 所示。但值得注意的是,同湖北省平均水平相比,黄冈市城镇居民人均收入和农村居民人均收入均处于相对较低的水平。

2012 年,黄冈市银行业金融机构存款余额达 1 434.4 亿元,而贷款余额为

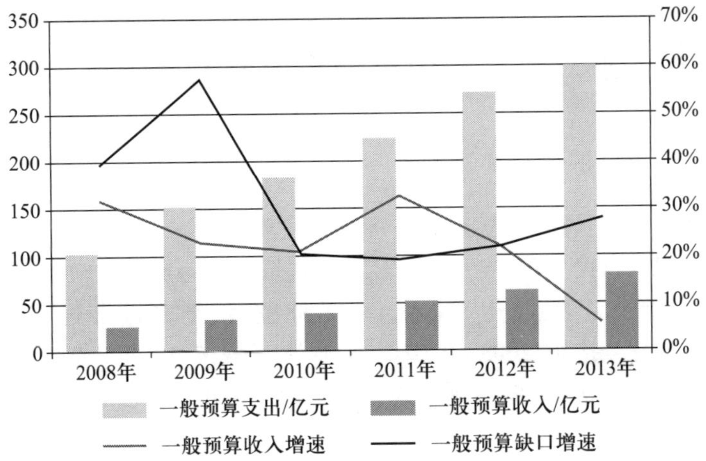

图 3-2　2008—2013 年黄冈市一般预算收支情况

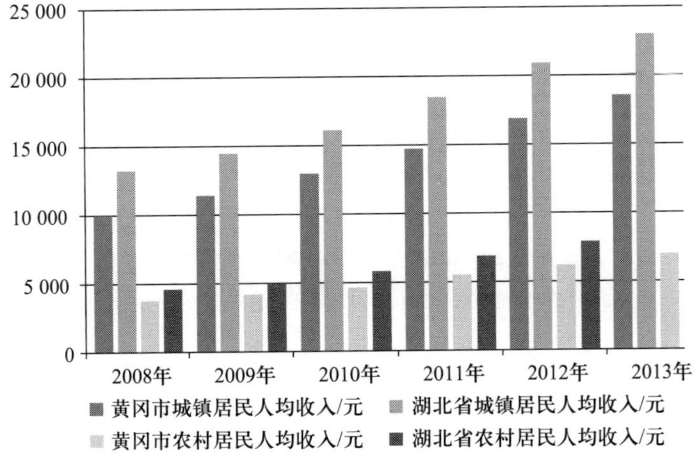

图 3-3　2008—2013 年黄冈市城镇、农村居民人均收入情况

554.8 亿元，贷存比为 38.68%；2013 年，黄冈市银行业金融机构存贷规模分别为 1 719.43 亿元和 654.21 亿元，银行业金融机构贷存比自 2009 年以来一直处于下降趋势，如图 3-4 所示。

而另一方面，黄冈市市本级则保持着较好的增长势头。2012 年，黄州区抢抓武汉城市圈“两型”社会综改区和大别山试验区建设的重大机遇，大力实施“一港三区”战略，着力开展“重大项目建设年”活动，奋力推进市域发展中心城建设，经济呈现增长速度快、产业结构合理的良好格局，全区经济总量增长较快，GDP 达到 140.31 亿元，同比增长 25.90%，远远高于湖北省平均增长速度，如图 3-5 所示。

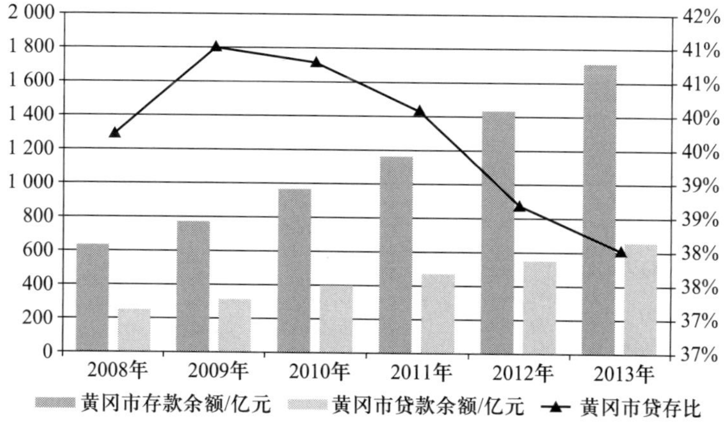

图 3-4　2008—2013 年黄冈市银行业金融机构贷存比

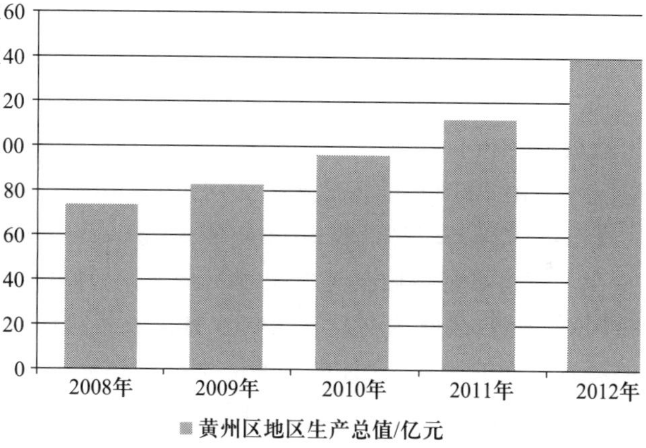

图 3-5　2008—2012 年黄州区 GDP

黄州区固定资产投资平稳增长，大项目支撑作用明显。2012 年完成全社会固定资产投资额 139.97 亿元（见图 3-6），较去年增长 34.44%，这主要得益于 3 000 万元以上重点项目的支撑。上半年，全区在建计划投资 3 000 万元以上项目 21 个，同比增加 6 个，其中亿元项目 8 个，同比增加 2 个。新入库项目 12 个，其中 3 000 万元以上项目 6 个，亿元以上项目 2 个，社会发展动力明显增强。

此外，黄州区的财政收入自 2008 年至 2012 年呈现较为平缓的增长态势，2012 年增长率为 29.85%，虽然保持了两位数的增长态势，但影响财政增收的不确定因素还是较多：一是经济形势总体趋紧，部分行业市场疲软，产品滞销、积压，造成企业经营困难，影响税收征收；二是政策性减税影响大，随着国家房地产调控政策继续施行，全国各大中城市楼市成交日渐低迷。同时，财政支出在

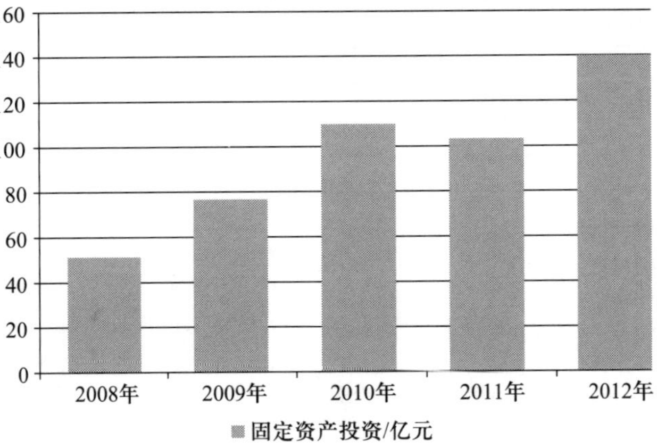

图 3-6　2008—2012 年黄州区固定资产投资

2012 年时突然出现了大幅度的增长，增长率达到 347.52%，造成该现象的主要原因是黄州区园区和重大项目建设、一般预算支出、政府性基金、社会基金、民生工程实施等方面的刚性支出需求不断加大，致使财政支出呈大幅增长之势。总之，财政收入增速放慢，支出增长快于收入，收支矛盾日益突出。2012 年，黄州区财政缺口迅速扩大，由 2008 年的 3 亿元扩大到 2012 年的 35.55 亿元，财政缺口占 GDP 的比重已经达到 25.34%，较 2011 年的 3.78% 而言，增长规模尤为显著，如图 3-7 所示。黄州区财政收支连续出现资金缺口，且资金缺口占 GDP 的比重不断增大的事实表明，政府的财政支出与政府投资是拉动黄州区经济增长的主要动力，但随着时间的延长，这种内生性的增长效应会逐渐弱化，黄州区政府急需通过招商引资或税收政策引导等方式吸引区县外资金，从而促进经济的发展。

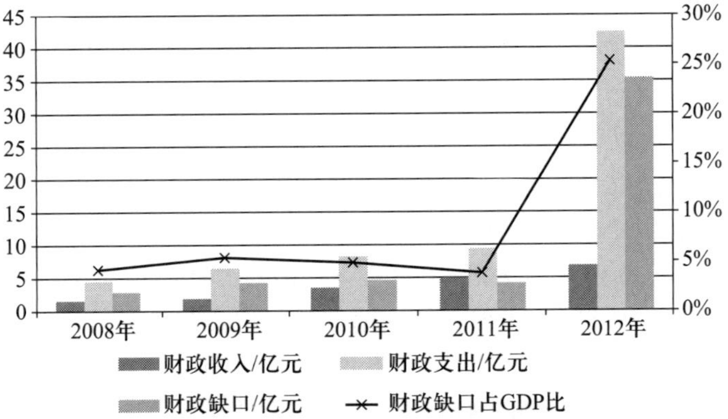

图 3-7　2008—2012 年黄州区财政收支情况

黄州区金融业发展在黄冈市处于前列。截至 2012 年 12 月，全区金融机构人民币各项存款余额 226. 37 亿元，比年初增加 51. 67 亿元，增幅 22. 83%；全区金融机构贷款余额为 104. 81 亿元，比年初增加 15. 08 亿元，增加 14. 39%。2012 年黄州区贷款余额的增长速度赶不上存款余额的增长速度，贷存比为 46. 30%（见图 3-8），低于湖北省平均水平，除去存款准备金上交外，贷存差约为 76. 29 亿元，说明有 76. 29 亿元的资金流出了区县外，资金外流现象较为严重，这一点在很大程度上制约了本区域的经济发展。

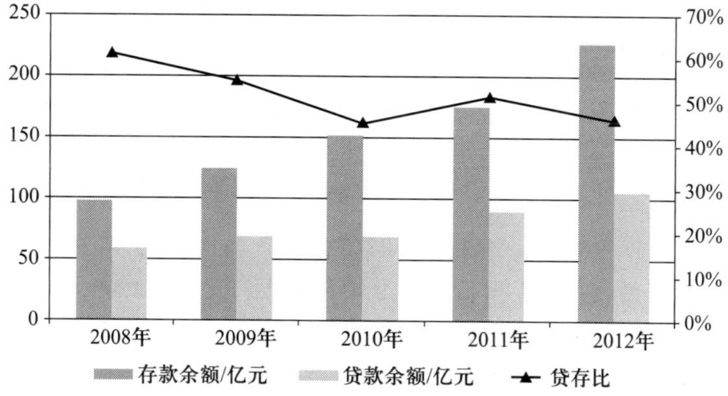

图 3-8　2008—2012 年黄州区金融机构贷存情况

二、黄冈市经济金融发展面临的主要问题

（一）经济实力有待提升

黄冈市经济实力还有待提升。2013 年，黄冈市地区生产总值实现 1 332. 6 亿元（见图 3-9），在湖北省各市中名列第五，仅次于武汉、宜昌、襄阳和荆州，处于第三梯队，但其规模相对于领先市区较小，在产业提升和金融发展方面处于相对不利的位置。

（二）经济结构有待优化

黄冈市不仅经济规模在湖北省相对不高，其经济结构也有待优化。一方面，黄冈市自 2008 年以来 GDP 增速表现出不断下降趋势，已经落后于全省平均水平；另一方面，黄冈市三次产业结构同其他市区相比还有待优化，并存在产业不大、产业不强等问题，缺乏一批具有发展前景和领导能力的龙头企业，经济增长后劲相对不足。

（三）城乡发展失衡

黄冈市还面临城乡及区域发展失衡的问题。2012 年，黄冈市城镇居民人均

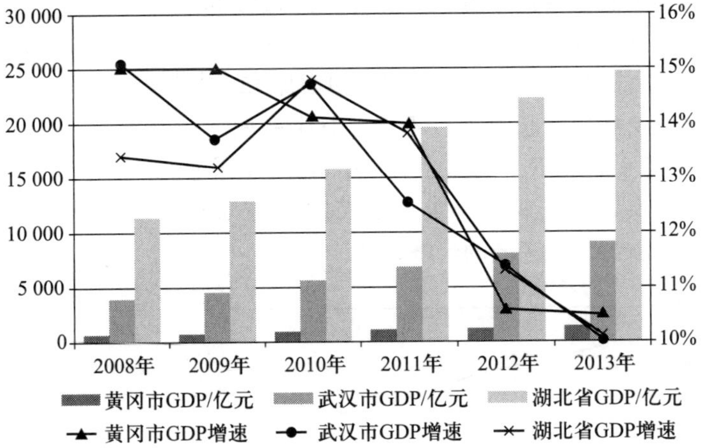

图 3-9　2008—2013 年黄冈市、武汉市、湖北省 GDP 指标

可支配收入为 16 765 元，增长 13.81%；农村人均纯收入 6 142 元，增长 12.94%；城镇居民收入水平增长速度继续高于农村居民。2008 年，城镇居民人均可支配收入与农村人均纯收入之比为 2.66，2012 年提高到 2.73，城乡居民收入差距进一步扩大，如图 3-10 所示。

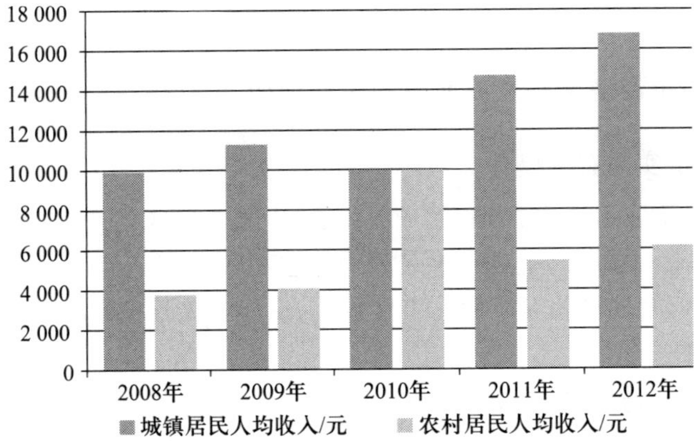

图 3-10　2008—2012 年黄冈市城镇、农村居民人均收入情况

（四）区域经济差异明显

2012 年，黄州区人均 GDP 达 38 034 元，排名黄冈市第一，而末位的黄梅县为 15 375 元，仅为黄州区的 40.4%，远低于全市平均水平，区域间收入差距显著。红安、罗田、英山、浠水及蕲春五县共占全市面积的 55.68% 和全市人口的 50.47%，但其 GDP 仅占全市 44.66%，区域间经济发展差异明显，如图 3-11

所示。

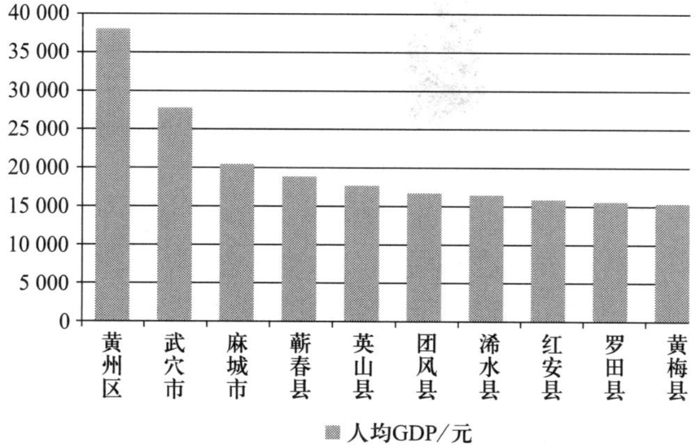

图 3-11　2012 年黄冈市各区县人均 GDP

（五）金融资源利用程度低

黄冈市对于金融资源的利用程度相对不足。2012 年，黄冈市贷存比为 38.68%，同湖北省平均水平 67.35% 以及武汉市贷存比 88.15% 相比存在较大差距；2013 年，黄冈市贷存比进一步下降为 38.05%，同时值得注意的是，黄冈市金融机构贷存比从 2009 年起呈现逐年下降趋势，如图 3-12 所示。虽然黄冈市金融机构存款规模增长较快，表明其经济总量基础相对较好，但贷款增长偏低，资金大量流向武汉、宜昌等中心地区。金融资源在黄冈市利用程度较低，无法对产业调整、企业提升以及区域经济发展起到有力的支撑作用。

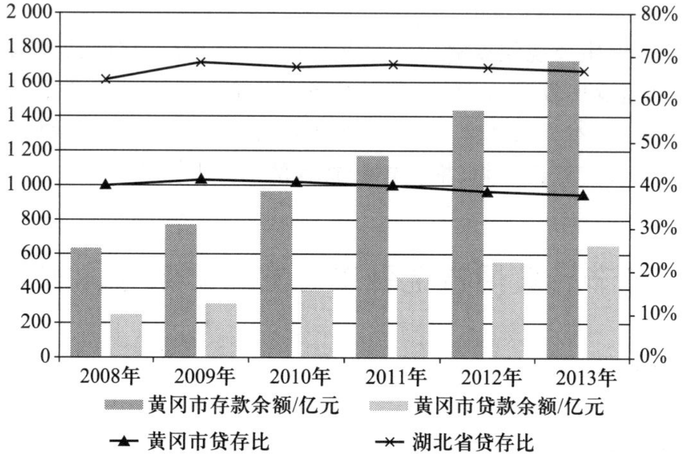

图 3-12　2008—2013 年黄冈市与湖北省贷存比

而对于黄州区而言，虽然其在黄冈市各县市中处于发展较为良好的位置，但其经济金融发展方面仍存在以下不足。

第一，资金外流现象严重，金融供给不足。2012年黄州区贷存差约为76.29亿元，占GDP的比重高达54.37%，说明相当于一半以上GDP资金流出区外，黄州区资金不断向外净输出，未能充分有效地支持区域经济发展，这一点在很大程度上制约了当地的经济发展程度。

第二，尚无融资租赁公司，融资担保体系不健全。风险管理是保证各类金融机构日常经营活动能够持续、稳定进行的重要环节之一，因而完善的信用担保体系可以解决企业抵押物、质押物不足等问题，解决中小微企业融资问题。但目前黄州区的融资担保体系尚不健全，未形成一个专业化、规模化的融资平台。黄州区现在虽然存在担保公司，但受财力制约，县域政府财政出资设立的抵押担保机构较少，数量与规模有限，且尚未建立融资租赁公司，抵押担保机构也因没有与金融机构建立良好的合作机制而导致资金放大倍数很小，因而对中小企业的支持力度不足。

第三，商业银行的运营体制与实力制约其县域的服务水平。黄州区的商业银行县域分支机构委托代理链条长，自主经营决策权小，推行的金融产品与服务创新与实体经济脱节。商业银行县域分支机构人员老龄化严重，无法深入了解中小微企业和农户信息。其次，地方中小银行虽然经营决策机制灵活，但是资金实力弱、人员素质较低，无法满足黄州区中小微企业和农户资金需求。

第四，金融要素市场仍处空白。目前黄州区的金融要素市场仍为空白。多层次有效的资本市场，可以迅速为企业融到发展的第一笔资金，为中小企业未来的进一步发展提供广阔的天地。但是，在黄州区资本市场仍处空白，使得中小企业融资难问题“雪上加霜”。

第五，社会信用环境建设滞后。尤其是由于政府部门之间缺乏沟通协调，黄州区信息平台建设比较滞后，而且个别经济主管部门出于利益考量，制定的产业政策不利于信贷资本介入产业发展，严重制约着金融机构的信贷投放。此外，少数部门、少数人诚信意识不强、拖欠银行贷款的问题仍然存在。

第三节　黄冈市金融工程支持体系整体规划

一、黄冈市大别山金融工程规划目标

（一）短期目标

从短期来讲，黄冈市大别山金融工程规划的实施从金融机构体系和金融市

场体系两个角度出发，提升黄冈市金融业发展水平，发挥金融工程对黄冈市主导产业的支撑作用，完善金融业风险管控体系，[illegible]金融风险。最终将黄冈市打造成大别山金融中心核心区，成为推动区域金融发展的增长极，面向中部各省进行金融服务对接。

1. 金融机构体系建设

在发展黄冈市区域内金融机构的同时，大力引入区外高层次金融机构及外资金融机构；发展正规金融机构的同时，扶持和推进民间金融机构建设，实现正规金融与民间金融的共存共荣；扩充各类金融机构数量的同时，从产品创新、服务升级、人才培养等方面提升金融机构品质。

2. 金融市场体系建设

大力推进黄冈市金融市场体系建设，促进黄冈市金融市场体系趋于完善；补全多层次资本市场的缺位，拓宽企业间接融资渠道；开拓多层次货币市场的发展，盘活短期资本流动；跟进民间金融市场的建设，打通小微企业的融资绿色通道。

3. 实现产业转型升级

在构建完善的金融机构体系与金融市场体系的基础上，有针对性地通过各类金融产品和金融服务，推进黄冈市内包括农业、服装纺织、医药化工等主导产业的转型升级。以金融为手段助推实体经济发展，实现增加产值、扩大税收和就业的经济效益和社会效益。

总体而言，到 2016 年年底，黄冈市实施市域金融工程的短期定量目标如下：

第一，初步建立较为完备的金融体系。累计引进银行和非银行金融机构 20 家。

第二，初步建成多层次资本市场。累计实现在中小板、创业板、“新三板”、四板挂牌上市 200 家企业，直接融资 120 亿元以上。

第三，间接融资持续增长。2014 年、2015 年、2016 年三年表内外贷款净增合计 500 亿元，到 2016 年年末表内余额贷存比达到 50% 以上。

第四，推进资产证券化进程。实现政府债、城投债、集合债发债规模超过 30 亿元。

（二）长期目标

从长期来看，黄冈市大别山金融工程规划的实施，将不断引入优质外资金融机构，扩大现有金融机构规模，完善现有金融机构服务能力；同时健全金融市场，构建完善的金融市场体系。此外，确立适度的金融法律法规，完善金融监管体系，全方位提供金融发展条件。通过金融市场条件的完善刺激产业经济发展，推动黄冈市经济跨越式发展，将黄冈市打造成为大别山区域的金融中心。

1. 打造地区性金融中心

目前,我国区域性金融中心主要以省会城市为主,通过经济中心和政治中心的辐射能力聚集金融资源。黄冈市大别山金融工程规划的实施,将在结合黄冈市现有经济及金融发展情况的基础上,通过建立并完善现代化的金融机构与金融市场体系,并将市内外金融资源引导到黄冈市产业转型升级、经济跨越式发展上来,最终打造具有黄冈市特色的“大别山金融中心”。结合黄冈市目前发展情况以及金融市场建设情况,具体可以从以下几个金融中心着手:第一,试点碳排放交易权、碳金融交易市场,建设林权交易市场,实现绿色自然资源、生态文明与产业资本、金融资本的全面对接,在全省率先建成绿色金融中心;第二,加大黄冈市贫困区县的扶贫金融支持力度,探索金融扶贫的有效途径,争取成为全国扶贫金融中心的试验区;第三,加快农业资源要素市场化改革步伐,完善农业资源产权确认建设,推动土地产权交易市场、水域养殖权交易市场等农业要素市场建设,推动农业产业化和现代化发展,争取建成农业金融中心;第四,加快服装纺织、医药化工的发展速度,完善产业链条并提升产业价值,争取建成服装纺织金融中心、医药化工金融中心;第五,发挥黄冈市特有的红色旅游资源,通过加强金融资源对接,创新金融工具,提升黄冈市红色旅游文化的品牌优势,初步建成红色旅游金融中心。

2. 核心产业金融工程建设

产业发展是地方经济发展的主要影响因素之一,产业实力的强弱能够对地方经济起到明显的制约或促进作用。目前,黄冈市经济发展面临的主要问题是产业实力相对较弱,产业带动作用不强,缺乏能够带领产业发展的龙头企业。黄冈市金融工程规划的实施,将以农业、服装纺织、医药化工以及文化旅游等产业为主要着力点,以建设“大别山金融中心”为契机,综合运用金融手段整合市内外金融资源,进行产业链开拓,促进产业内部结构高级化、合理化,实现产业升级、价值增值及公共效益,有效支持相关产业的发展。

3. 县市互动金融工程

黄冈市大别山金融工程的实施能够加强黄冈市各县市的经济和金融互动,通过统筹协调各县市经济和金融规划,从而达到各县市良性互动、共同发展的格局。一方面,在黄冈市产业发展规划以及金融体系建设上,实现市域与县域的统筹协调,在市域层面合理布局的同时,县域层面配合实施,以达到市域与县域协同发展的目的;另一方面,在黄冈市各县市还应全面推广、创新“通山模式”,将通山县域金融工程的成功经验推广到其他区县,并依据当地实际经济、金融与产业情况逐步进行创新与实践,以期有效推动当地经济金融进一步发展。

4. 建立区域金融风险管理与绩效评价体系

区域金融风险管理与绩效评价体系主要包括两方面：区域金融风险的识别、度量和管理，以及金融支持地方经济发展的绩效评价体系。

区域金融风险的识别、度量和管理主要借助市场价值的宏观资产负债表来实现，通过监测地方政府、区域内企业、金融机构、住户部门总资产的市场价值波动风险，对宏观四部门面临的金融风险进行度量和管理；同时，收集并整理黄冈市经济金融发展的宏观数据，如地区生产总值、财政收入、固定资产投资、社会就业率、进出口规模、金融机构存贷规模、社会融资规模等数据，构建黄冈市金融支持地方经济发展的绩效评价体系。

二、黄冈市大别山金融工程规划思路

黄冈市大别山金融工程规划包括以下三条：其一，在黄冈市现有的金融业基础上，发展和完善多类型、多层次的金融机构，建立一个有机联系的金融机构体系；发展现有区内市场、建立必要的新市场，特别要大力发展民间金融市场和要素金融市场，拓宽黄冈市金融市场的覆盖面。其二，通过发展金融业，依靠金融工程手段推动黄冈市主导产业转型升级，促进实体经济发展；通过金融手段支持城市建设，推动黄冈市的城市化进程。其三，成立金融业发展与管理委员会，控制与防范区内金融风险，走创新金融管理的路径，勾勒黄冈市金融业未来发展蓝图。

（一）引入机构、拓展市场

从金融机构角度而言，在黄冈市原有的以银行业为主的基础上，鼓励设立和引入多样化金融机构，例如，小额贷款公司、租赁公司等民间金融机构和针对黄冈市产业特色的专业型金融机构。对于银行业金融机构，可引入规模更大、辐射范围更广、服务品质更高的区域性总部金融机构，在提升金融机构数量的同时提升质量、品质和影响力。在发展中资金融机构的同时，引入外资及合资金融机构，借助境外资金发展黄冈市内的金融机构及市场。总体而言，黄冈市将通过外部引入和内部提升两条途径发展和完善多类型、多层次的金融机构，建立一个有机联系的金融机构体系。

从金融市场角度而言，构建并完善黄冈市多层次的金融市场，包括多层次的资本市场、货币市场、金融要素市场以及民间金融市场等。此外，还应新建如大宗农产品市场、医药市场、服装市场等交易市场，推进交易市场的建设和完善，扩大黄冈市金融市场的辐射能力，加强市场对于资源的调配作用。

（二）金融与实体经济相互促进

黄冈市大别山金融工程规划应以金融与实体经济相互促进为宗旨，具体包括以下两个方面：

一方面，黄冈市应着力于壮大实体经济，为金融业的发展培育土壤。实体经济是金融业发展的基础，只有拥有成熟的市场体系和市场主体，才能产生对于金融业务和金融产品的需求，进而推动金融业的发展。因此，应在黄冈市大别山金融工程实施的初期，着力于企业的扶持和产业的壮大，通过引导一批具有发展前景的企业做大做强，以龙头企业的形式带动产业提升，从而为金融业发展培育更为良好的环境。

另一方面，当黄冈市实体经济发展到一定规模时，应以金融业为依托，以金融工程为手段，发挥金融对黄冈市农业、服装纺织产业、医药化工产业和旅游产业等的支撑作用，促进实体经济发展。通过完善金融机构及金融市场，根据黄冈市各产业特色，为其量身定制结合实际且有地方特色和产业特色的金融服务。扩大直接融资的同时，拓宽间接融资渠道，通过注入资金和流动性支持黄冈市内主导产业的技术创新、管理创新、人才培养，最终实现产业的做大做强和产业的转型升级。响应国家政策的号召，重视实体经济的发展，运用金融工程方法推动黄冈市实体经济产业更上一层楼，从而使实体经济取得更大的经济效益与社会效益。

（三）控制风险、促进发展

在黄冈市大别山金融工程建设的过程中，应设计一套创新的金融业管理体系，履行金融业发展规划的职能以及金融监管职能。地方政府应积极参与到金融管理的创新中，突破以往地方政府无作为的模式，以金融办或新设金融业发展和管理委员会为核心，同时集结相关单位的力量，一同承担对黄冈市金融业发展总体规划的职能和全面监管的职能。以金融办为核心的职能部门将统领黄冈市金融业发展的全局，把握国家相关政策契机、整合政府资源、营造黄冈市内良好的金融生态环境，帮助黄冈市金融业按照既定发展目标和方向实现健康、安全的跨越式发展。

三、黄冈市大别山金融工程规划战略措施

（一）市域金融工程规划

第一，通过开展座谈或实地考察的形式，配合武汉大学团队进行市本级调研工作，包括黄冈市的经济发展、金融、产业、企业、城市建设等情况；在调研基础上形成黄冈市大别山金融工程规划的初步方案，并组织相关部门和机构进行论证，完成黄冈市大别山金融工程规划方案。

第二，市政府出台相关政策，加大政府资金对于金融业的引导和扶持作

用，建立财政性的存款激励机制、财政担保措施，加大对于上市企业的财政补助等。

第三，着力于发展黄冈市地方法人金融机构，加快农村信用社、村镇银行等建设工作，积极引入股份制商业银行、证券、基金、期货、保险、租赁、信托等多种金融机构，加快健全多层次、多元化的地方金融体系。

第四，以加快推进黄冈市主导产业中的龙头企业上市为突破口，加强政府对拟上市企业的引导和扶持作用，着力于培育一批科技含量高、成长空间大、经济带动作用强的上市企业。

第五，以建设大别山金融中心为特色，加强对于股权交易、金融资产交易、民间金融、林权交易、碳排放权交易等区域性的分市场建设工作，同时积极争取在黄冈市建设新型金融市场的试点优惠政策，争取建设农产品交易市场、土地产权交易市场、医药交易市场等一批具有区域辐射能力的泛金融交易市场。

（二）产业金融工程

第一，制订黄冈市各产业发展规划，明确黄冈市未来经济发展中的主导产业。

第二，加强对于主导产业的政策支持力度，利用财政奖励、优惠政策等制度，积极推进主导产业中龙头企业的上市工作。

第三，以大别山产业基金和政府财政资金为引导，成立针对各主导产业的产业投资基金和产业互助基金。

第四，加快农权确认和农业资源要素市场化改革，探索建立大别山区域农村土地承包经营权、水面及滩头养殖权、农村房屋产权交易流转市场等；积极推动农村专业合作社的建设工作，推行助农贷、互保贷等新型的信贷产品；建设农产品交易市场，推动农业的产业化和现代化。

第五，加强对于医药化工龙头企业的培育，提高产业整体集中度，着力于培养几家具有一定规模和实力的医药化工企业，完成医药种植、医药加工、医药销售等环节的全覆盖；建设黄冈市医药物流中心，在规范化的市场基础上，引入订单质押、仓单质押等新型的抵押贷款融资方式。

第六，加强黄冈市旅游产业金融工程的建设。首先，整合全市旅游业相关资源，联合市旅游局、经信局、发改委等政府职能部门及大别山旅游开发公司，制订黄冈市旅游业发展规划。其次，以黄冈市大别山旅游开发公司为核心，联合黄冈市具有较大规模旅游资源的旅游公司或高档酒店等，采取多个发起人联合的方式推进上市工作。在此，应进一步加强旅游投融资平台的建设力度，通过整合黄冈市旅游资源，成立大别山旅游产业基金，并在黄冈市旅游景点试行门票收入权质押融资方式，积极拓宽旅游开发的融资渠道。

（三）金融产品创新

第一，整合黄冈市现有的银行机构资源，加大对于证券、基金、信托、保险、租赁等非银行金融业态的引入，建设黄冈市金融服务超市。

第二，通过金融服务超市搭建金融与企业对接平台，积极推进助保贷、助农贷、助业贷及互保贷等新型信贷产品。

第三，通过政府补贴、奖励等优惠政策，鼓励各金融机构针对企业需求，设计具有针对性的新型金融产品。

（四）市本级企业上市

第一，在确定黄冈市主导产业的基础上，拟定一批具有发展前景的企业名单。

第二，加强对名单企业的跟踪培植和服务，聘请企业上市专家开展企业上市培训，完善企业上市的相关制度，积极解决企业上市前的相关问题。

第三，加快促进名单企业同武汉股权托管交易中心的对接和合作，积极推进企业赴武汉股权托管交易中心挂牌上市。

第四，加强对上市企业的扶持和培育，不断完善公司资本结构，利用上市企业优势积极开展股权质押融资、增资扩股、私募债券发行等新型融资业务，拓宽企业融资渠道。

第五，对发展较快、成长性较高的上市企业给予更多的财政资金支持，扶持其进行新三板、创业板、中小板的转板工作。

（五）县市金融互动

第一，配合武汉大学团队，积极开展辖内县市的调研工作，通过实地考察或座谈形式，了解各县市的经济、金融、产业、城市建设等情况。

第二，在调研基础上，结合黄冈市本级的金融工程规划，形成各市县的金融工程规划方案，并组织相关部门进行论证。

第三，完成各县市的金融工程规划方案，并按照方案落实各项工作。

（六）沿江开发金融工程

第一，黄冈市金融办统筹沿江开发金融工程工作。

第二，各相关县制定沿江开发金融工作计划并确定相关项目。

第三，各相关县就沿江开发项目制定融资方案。

（七）大别山扶贫金融工程

第一，扶贫资金和扶贫政策的集中统一配置使用。

第二，推进贫困地区的金融体制建设和金融创新。

第三，解决贫困地区企业和农户的资金需求。

第四节　黄冈市金融工程实施路径

黄冈市大别山金融工程的实施是一项长期而复杂的工程，需要对多方面的工作进行系统和科学的规划。目前，黄冈市经济金融发展基础相对薄弱，需要本着由近及远、由简到难的原则，逐步推进黄冈市大别山金融工程的实施。其实施路径如图 3-13 所示。

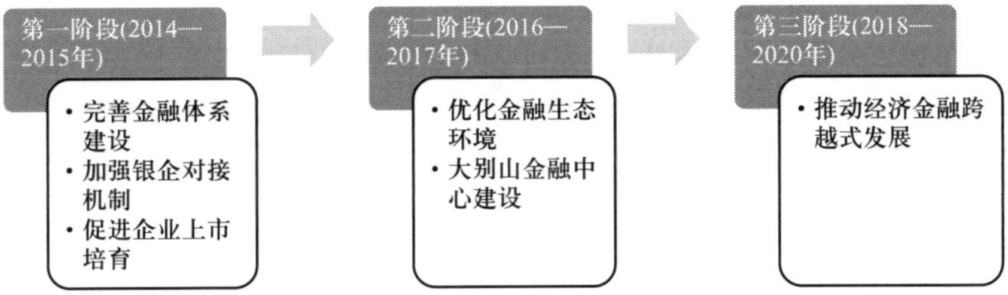

图 3-13　黄冈市大别山金融工程实施路径

在第一阶段（2014—2015 年），应以提升黄冈市金融发展基础为重点，为后续金融工程各项工作的实施做铺垫，因此应着力于完善黄冈市金融体系的建设，加强对于金融机构的引入和金融市场的建设，同时针对当前黄冈市中小企业融资问题，强化银企对接机制，大力推进有发展前景的企业的上市工作，加强同武汉"新四板"的对接工作。

在第二阶段（2016—2017 年），在前一阶段加强金融基础建设和银企对接机制的前提下，着力于扶持一批有发展前景的企业，通过促进企业上市培育的方式，在主要产业中打造一批具有带动作用的龙头企业；随着金融体系的不断完善，还应以优化金融生态环境为重点；同时，还应提升黄冈市各金融要素市场的辐射力，打造具有黄冈市特色的"大别山金融中心"。

在第三阶段（2018—2020 年），在黄冈市经济金融已发展相对成熟的基础上，着力于各类金融要素市场的建设，并引导市内外金融资源投入产业发展中，通过金融市场与实体经济的良性互动，推动黄冈市经济的跨越式发展。

一、第一阶段（2014—2015 年）

（一）完善金融体系建设

第一，黄冈市应以构建完善的金融体系为主。加强对于证券、期货分支机构的引入，引导政府与证券公司、期货公司签订合作协议，在黄冈市引进证券公司和期货公司的分支机构，扩宽资金流通渠道。提高现有金融机构的经营效率。扩大现有的政策性银行、国有商业银行、乡镇银行、邮政储蓄银行、农村信用社的经营效率，积极拓展资金来源渠道；大力拓展业务范围，健全信贷风险防控体系；加强信息系统建设。完善小额贷款公司，建立健全小额贷款公司内部控制制度和内部审计机制，提高风险识别和防范能力，确保资产损失准备充足率始终保持在100%以上，通过健全贷款管理制度，明确贷前调查、贷时审查和贷后检查业务流程和操作规范，加强贷款管理。

第二，推进金融功能均等化覆盖。降低建设运营成本，增加农村金融网点。鼓励金融机构到农村地区设立网点，通过构建多层次的农村金融组织体系，培育适度竞争的农村金融经营主体，改变目前以农村信用社和邮政储蓄银行为主的现状。引导金融机构建立村组金融服务联系点，实现金融业务就近服务。由金融管理部门授权，在允许其收取少量手续费的前提下，可开展小额现金存取、汇兑、缴费、残损人民币兑换等业务，普及金融知识。

（二）加强银企对接机制

第一，降低贷款门槛，丰富融资业务种类。优选、培植一批优质中小企业进入债务融资工具发行后备企业资源库，推动短期融资券、中期票据、中小企业集合票据、中小企业集合债、集合贷款信托等满足小微企业融资需求特点的创新型金融产品的运用。拓展中小企业融资抵押资产的范围，探索采用企业的无形资产、应收账款、在建工程以及项目本身抵押方式，解决中小企业抵押资产不足问题。鼓励企业采取股权融资、项目融资、租赁融资、信托融资、基金融资等其他形式实现直接融资。

第二，加大信贷支持力度。引导各商业银行与政府签订合作协议，争取信贷资金对于黄冈市的政策倾斜力度，重点支持医药、服装纺织、高科技农业等产业，加大对龙头企业的贷款。促进金融机构对于本地经济发展的支持力度。可以采用财政资金定点存放等措施对支持力度较大的金融机构予以奖励。通过协调会、会商会、对接会、项目推介会等形式加强这些行业与金融机构的沟通协商，为重点行业的发展提供资金保障。规范和引导民间借贷，满足农村经济发展的金融需求。政府部门要为中小企业提供辅导支持，帮助其提高经营管理水平，提高赢利能力，降低银行信贷风险。

（三）促进企业上市培育

积极推动重点企业上市。针对已选择的主业突出、经济效益好、成长性强的企业，加强跟踪培植、贴身服务和重点辅导。聘请企业上市专家开展企业上市培训，完善企业上市相关制度，加强调度，积极解决企业上市前的困难。此外，需要与金融要素市场对接，促进黄冈市规模化企业进一步拓宽融资渠道和提升影响力，应加快促进重点产业的龙头企业与武汉股权托管交易中心、武汉农畜产品交易所、武汉金融资产交易所等金融要素市场进行洽谈，促使发展前景较好，成长性较强，但是还未达到场内上市标准的企业实现在场外交易市场挂牌上市。

二、第二阶段（2016—2017 年）

（一）优化金融生态环境

打造信用模范县城，开展"信用工程"创建活动，推动贷款量增加情况下的优良信用保持，培育和规范多元化的信用主体，设立以信用征信、信用评价、信用自律和失信惩戒为主的企业信息系统。加大"信用乡镇""信用社区"创建力度，推动将信用创建纳入乡镇领导的业绩考核指标；积极组织、引导经信、商务、发改等部门配合银行机构做好 A 级及以上级别信用企业的培植工作。税务部门对符合条件的企业积极争取各项税收优惠政策，精心培育，帮助企业尽快达到银行信贷准入条件。县政府将 A 级以上信用企业培植工作纳入各级政府和政府部门业绩考核范围进行考评。

（二）大别山金融中心建设

大别山位于我国湖北、安徽、河南三省交界处，不仅拥有丰富的农产品及自然景观旅游资源，同时也是我国红色旅游文化的重要区域。目前，受地域发展限制，大别山区域经济发展同周边其他地区相比还较为落后，具体表现在经济发展规模不高、经济结构有待优化、产业实力相对较弱以及金融发展较为滞后等方面。大别山金融中心是以黄冈市大别山金融工程思想为基础，通过整合黄冈市及周边区域资源，打造具有大别山区域经济发展特色的各类金融市场及泛金融市场，通过金融的杠杆作用和辐射效应，带动黄冈市及大别山区域经济的跨越式发展。

黄冈市建设大别山金融中心，应以黄冈市金融大厦为载体，从金融交易市场和泛金融交易市场两个方面来进行。其中金融交易市场包括产权交易市场、金融资产交易市场、民间金融市场等；泛金融交易市场包括林权交易市场、碳排放交易市场、大宗商品交易市场、金融人才市场、金融服务市场等。

第一，黄冈市产权交易分市场。黄冈市可与武汉市光谷联合产权交易所进行对接，在黄冈市本地建设区域性的产权交易分市场，开展在光谷联合产权交易所授权下的相关产权交易业务，例如提供股权登记托管、股权转让、公司治理结构规范、推荐企业进入全国证券场外市场挂牌、融资等增值服务、私募股权投资基金进入和退出通道等业务。

第二,黄冈市金融资产交易分市场。黄冈市可与武汉金融资产交易所进行对接,在黄冈市建立金融资产交易分市场,在授权下从事武汉金融资产交易所开展的相关业务,包括不良金融资产交易、金融企业国有资产交易、委托债权投资交易、应收账款交易、商业汇票收益权交易、中小企业集合融资产品交易、信托收益权交易等,以及同业存放信息发布、中小企业投融资信息发布等信息咨询服务。

第三,黄冈市民间金融市场。黄冈市可以与武汉江汉区民间金融街进行对接,或整合黄冈市当地金融资源,建立黄冈市本地的民间金融市场。包括传统的民间个人借贷业务,同时也可以创新性地开展P2P网络借贷、中小企业私募债、资产证券化、民间金融同业拆借等新型民间金融业务。

第四,黄冈市林权交易市场。黄冈市可与湖北省林业产权交易所对接,在黄冈市建立林权交易分市场,开展林产品交易、林权交易等业务。

第五,碳排放交易分市场。目前,湖北省批准建立"湖北碳排放权交易中心",该中心由武汉光谷联合产权交易所有限公司牵头,联合武汉钢铁(集团)公司、大冶有色金属集团控股有限公司、湖北省农业生产资料集团有限公司等机构共同组建。黄冈市可与湖北碳排放权交易中心对接,在黄冈市建立碳排放交易分市场,开展碳资产管理、碳金融等服务。

此外,黄冈市还应积极向省一级乃至国家争取相关市场建设的试点政策支持,加快其他金融或泛金融市场的建设力度。在建设上述金融市场的同时,还应以现有主导产业为基础,着力发展相关金融要素市场的建设,包括农产业交易中心、服装纺织交易中心、医药物流中心等,初步完成相关主导产业的市场建设,并通过金融要素市场与企业对接,促进相关企业在产品销售、资金融通方面的便利程度,进一步提高企业经营利润,增强产业竞争力。

三、第三阶段(2018—2020年)

在黄冈市建设市域金融工程的第三阶段,应推动金融全面发展和经济跨越式发展。

对于重点发展产业,可以在上市的基础上,通过资本重组,对市场、旅游、服装纺织、医药化工、产业化农业进行资源重组和产业链重组,发挥规模效应优势,促进产业链整体的经济发展。同时完善黄冈市服装纺织中心、医药物流中心等市场建设,各中心应立足于湖北省建立相关产品的电子交易平台,并连通全国和世界各地市场,推动市场向国际化方向发展,以交易平台为中心,最终形成涵盖多种交易方式并且可靠、安全、开放的交易系统。

第五节　黄冈市区域金融风险管理体系

一、区域金融风险管理与绩效评价体系框架

区域金融风险管理与绩效评价体系主要包括两方面：区域金融风险的识别、度量和管理以及金融支持地方经济发展的绩效评价体系。其风险管理与绩效评价体系框架如图3-14所示。

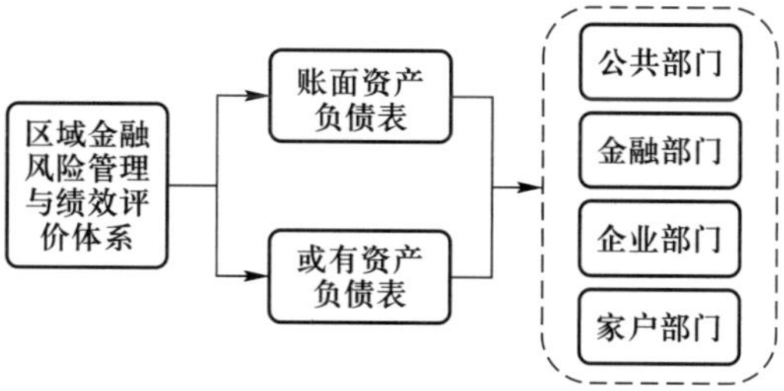

图3-14　区域金融风险管理与绩效评价体系框架

二、区域金融风险管理与绩效评价体系构建

黄冈市区域金融风险管理与绩效评价体系的构建主要是在四部门宏观资产负债表的基础上，对资产负债表中的各项总量指标与结构指标进行分析，从而对区域金融风险进行度量和管理。

宏观资产负债表的核心思想是构造分部门的资产负债表分析框架，即公共部门、金融部门及企业部门资产负债表，并在此基础上对各部门的期限错配、货币错配、资本结构以及清偿能力等问题进行研究，以此揭示在各部门存量结构中所表现的宏观金融风险问题，并通过资产负债表矩阵分析不同部门间资产、负债、权益间的关系，研究各部门间的金融风险传递问题，在结合存量和流量分析的基础上，对金融风险影响各资产负债表的表现和程度进行研究，同时根据历年各部门资产负债表变动情况，建立反映区域经济金融运行的考核指标，以此达到区域绩效考评的目的。

区域金融风险的管理和绩效评价主要通过指标体系的构建来实现，通过构建包含金融风险和经济发展的指标，反映区域金融运行中的风险大小及对经济的促进作用。具体来讲，区域金融风险管理与绩效评价体系指标的构建包括两个方面，一方面是单个风险指标的选取，即区域金融风险指标体系应由哪些单个

的风险指标所组成；另一方面是权重的确定，即被选取的相关风险指标在区域金融风险指标体系中的贡献程度。

（一）风险指标的选取

表 3–1 为区域金融风险指标体系。

表 3–1　区域金融风险指标体系

区域金融风险指标体系 Y	区域资产负债表指标 x_1	资产负债率 x_{11}
		流动比率 x_{12}
		短期资产比 x_{13}
		外币资产负债率 x_{14}
		产权比率 x_{15}
	区域或有权益资产负债表指标 x_2	或有资产负债率 x_{21}
		短期资产市值比 x_{22}
	区域风险表指标 x_3	资产波动率 x_{31}
		违约距离 x_{32}
		违约概率 x_{33}
		信用价差 x_{34}
	区域定性指标 x_4	GDPx_{41}
		GDP 增长率 x_{42}
		财政缺口占 GDP 比重 x_{43}
		通货膨胀率 x_{44}
		企业部门净利润率 x_{45}
		金融部门净资产收益率 x_{46}

1. 区域资产负债表指标

区域资产负债表指标指的是对于公共部门、金融部门、企业部门以及住户部门的资产负债表进行分析时所运用的相关指标，一般通过相对比例的形式反映各部门资产负债在期限、币种、结构以及清偿力等方面的能力及风险状况，包括资产负债率、流动比率、短期资产比、外币资产负债率、产权比率等。

2. 区域或有权益资产负债表指标

区域或有权益资产负债表指标包括在分析公共部门、金融部门、企业部门以及住户部门或有权益资产负债表时所运用的相关指标，反映各部门在资产结构和清偿力方面的风险，包括或有资产负债率、短期资产市值比等。

3. 区域风险表指标

区域风险表指标主要有在或有权益分析中的违约距离、违约概率、信用价差等指标。

4. 区域定性指标

区域定性指标是指在各部门资产负债表和或有权益资产负债表之外的一些指标，主要反映区域经济及金融的发展状况及相关风险，包括地区生产总值（GDP）、GDP 增长率、财政缺口占 GDP 比重、通货膨胀率、企业部门净利润率、金融部门净资产收益率等。

（二）指标权重的确定

指标的权重代表着其在区域金融风险指标体系中的贡献程度，也即该风险指标变动对于最终区域金融风险指标改变影响的大小，指标权重的确定包括以下两个方面：一方面是部门指标权重的确定，也即在公共部门、金融部门、企业部门以及住户部门这四个部门中构成某个单一风险指标时，各部门指标在单个风险指标中所占的权重；另一方面是单个指标权重的确定，也即该指标在区域金融风险指标中所占的权重。

1. 部门指标权重的确定

由于资产负债项目是通过资产负债表和或有资产负债表研究区域金融风险的基础，考虑可以以资产项目的规模作为各部门指标权重的参考，由于风险的大小在一定程度上同资产规模的大小成正相关，因此以资产规模作为各部门指标的权重具有一定的合理性。考虑到以上风险指标的特点，在确定区域资产负债表指标和区域定性指标的各部门权重时，以各部门的资产规模比为权重；在确定区域或有资产负债表指标和区域风险表指标的各部门权重时，以各部门的或有资产规模比为权重。

2. 单个指标权重的确定

第一，专家法。即通过经济、金融学者对以上各指标直接赋予权重的方法。由于专家法所得到的权重是由该领域的专家学者直接赋予，因此对专家学者的水平要求较高，同时在确定权重的过程中具有一定的主观性和经验型，因此所得到的权重同实际权重可能存在一定偏差，其结果一般较为粗糙，往往通过多次反馈、修正的方式对权重进行进一步的调整。专家法的优点是工作量相对较小，在权重确定的过程中比较简便易行。

第二，回归分析法。是建立在大量数据基础上的一种统计分析方法，能够利用数理统计的方法建立因变量和自变量之间的回归方程式，从而得到各自变量对于因变量的系数，也即权重。具体到区域金融风险指标的构建上，首先假定区域金融风险指标在[0,1]之间波动，其中 0 代表区域金融状态完全安全，而 1 则代表金融危机发生。为确定 $Y=\sum_{i=1}^{4}\sum_{j=1}^{6}\alpha_{ij}x_{ij}$ 中 α_{ij} 的大小，可以选取历史上各国或各区域在发生金融危机时的经济、金融数据为样本，对 $1=\sum_{i=1}^{4}\sum_{j=1}^{6}\alpha_{ij}x_{ij}$ 进行回归分析,求出各系数α_{ij},从而得到区域金融风险指标的函数形式。

第三,主成分分析法(PCA)。是多元统计分析中对多个变量进行定量统计分析的一种重要方法,能够将高维空间的多元变量问题转化为较低维空间的问题进行处理,从而能把多指标问题转化为较少的、互不相关的综合指标。主成分分析在降低多变量数据系统的维度的同时,将变量系统的数字统计特征进行了一定程度的简化,并提供了如数据平均水平、数据变异最大方向、群点散布范围等数据系统信息。主成分分析法的基本原理是通过一个正交变换将原本相关的多随机变量转换成不相关的新变量,使原变量系统转换成为新的正交系统,以较少数的综合变量取代原有的多维变量,从而把原指标综合成为较少的几个主成分,然后以所得到的几个主成分的贡献率为权重进行加权平均计算,构建一个综合性的指标函数。

参考文献

[1] 孙毅,徐明棋. 长三角地区市域金融生态的测算与评价[J]. 上海金融,2013(7).

[2] 杨华. 江苏市域金融竞争力研究[D]. 南京:南京师范大学,2014.

[3] 周维光,曹琦. 县(市)域金融支持三农发展的难点与对策[J]. 今日中国论坛,2012(8).

[4] 钱水土. 县域经济发展中的县域金融体系重构:浙江案例[J]. 金融研究,2006(9).

[5] 石全虎. 县域金融支持县域经济发展的理论思考[J]. 经济社会制度比较,2009(2).

[6] 宋继承. 区域主导产业选择的新思维[J]. 审计与经济研究,2010(9).

[7] 叶永刚,杨佳琪. 中国糖产业发展战略及糖产业金融工程[J]. 武汉大学学报,2013(7).

[8] 王成仁,景春梅. 从"新四板"看完善中小企业资本市场融资[J]. 经济研究参考,2013(60).

[9] 田安国. 黄冈市生态农业可持续发展现状、问题及对策[J]. 湖北农业科学,2013.

[10] 王志兵. 黄冈市集群经济现状与发展战略[D]. 武汉:华中科技大学,2009.

[11] 陈丽军,邓高燕,汪季石. 黄冈市红色旅游联动开发的模式选择[J]. 湖北农业科学,2013.

[12] 江军民,王鸿正. 黄冈市休闲农业发展对策研究[J]. 当代经济,2014(4).

第四章　大别山金融中心建设体系

第一节　研究背景与相关文献综述

一、研究背景

（一）研究进展

在现代经济发展过程中，金融起到了越来越重要的作用。但在县域和市域经济的实际发展中，金融并没有起到其应有的推动经济发展的作用，这与金融资源的分散、配置不合理，难以作用于实体经济等问题有关。因此，建立区域金融中心、整合金融资源、优化资源配置就显得十分必要。通过区域金融中心可以聚集区域内的金融资源，集中金融力量，发挥聚集效应。

2013 年年底，黄冈市市长陈安丽带队来武汉大学经济与管理学院中国金融工程与风险管理研究中心实地考察，并与本书主编叶永刚教授就金融工程如何支持经济发展做了相关探讨。2014 年 2 月 26 日，黄冈市市政府金融办同武汉大学中国金融工程与风险管理研究中心签订了大别山金融工程项目协议，由叶永刚教授团队完成《黄冈市大别山（市域）金融工程规划研究、设计与实施》，并以之作为黄冈市大别山金融工程的顶层设计指导整个大别山金融工程的实施。在这个顶层设计中，着重强调的一点便是建设黄冈市大别山区域特色金融中心，旨在全面系统地打造一个软硬件平台，为黄冈市大别山金融工程顺利进行提供保障。

虽然当前黄冈的经济金融发展水平还远不及纽约、伦敦、巴黎等全球性的金融中心，也达不到上海、深圳、北京、武汉等区域金融中心的条件，但是，如果一个地区拥有健全的金融体系，能提供各种有效的信息与服务，并能成为资源对接的平台，那么这个地区就有可能建设成为金融中心。黄冈位于大别山南麓、长江中游北岸，是武汉城市圈成员城市之一，在未来一个时期也面临着中部崛起战略和“两型”社会综合配套改革试验叠加、武汉城市圈建设和长江经济带开放开发叠加、老区扶贫政策和西部开发政策叠加等“三大叠加”的战略机遇,这意味着黄冈市有着独特的区位优势和巨大的发展潜力。黄冈市大别山金融工程的基本思想便是通过健全金融、发展金融、落实金融来服务实体经济,在控制风险的前提下实现黄冈地区经济增长、产业壮大、人民生活改善等目标。因此我们提出要建设黄冈市大别山区域特色金融中心,便是为这一指导思想的落地生根找到一个可行的突破口。

(二) 区域金融中心基本内涵与作用

1. 金融中心的内涵

狭义的金融中心是指在商品货币的运行中处于中心地位的金融市场,广义的金融中心是指在宏观地理区域内发挥金融活动中枢作用的大中城市。金融中心的基本特征有:一是金融机构聚集,金融机构数量和种类都有一定保证;二是要有发达的金融市场,股票市场、债券市场、外汇市场及衍生品交易市场等各种市场齐全;三是具有资金集散与交易功能,为筹融资和金融交易提供服务;四是金融制度完备,确立了金融交易、监管、司法以及信息流通的规范体系;五是金融人才充沛,集中并不断培育出大批的专业化人才。目前,中国已经形成了上海陆家嘴、北京金融街、重庆江北嘴三大金融中心。

区域金融中心与金融中心之间既有相同之处,也有不同之处:一是区域金融中心属于广义的金融中心;二是区域金融中心是在区域经济基础上形成的金融枢纽;三是区域金融中心所影响的范围仅限于某一地区,而金融中心的影响范围更大。区域金融中心是地区性金融资本的集中地,具有巨大的金融聚集功能,能够有力地推动该城市及周边地区的经济发展。

2. 区域金融中心的作用

(1) 货币结算与融资投资

首先,区域金融中心汇聚了大量的银行,货币结算是银行的重要职能之一,金融中心可以为国内外各种货币结算提供便利、快捷、高效的服务。

其次,金融中心的大量金融机构,决定了其对巨额资金的吸引和汇集作用,通过出售诸如股票、债券、基金、保险等各种金融产品与金融服务筹集资金,能够为投资者提供一系列投资机会。另外,筹集的资金将提供给大量在金融中心寻求资金的生产商、贸易商、服务商、个人与政府,由此建立资金供求双方的桥梁。

(2) 规模效益

首先,金融机构的汇集使得金融交易的双方在空间上的距离减小,有利于交易效率的提高;同时,这种汇集也为金融分工的进一步细化提供了可能,而分工细化又将导致交易效率的再次提升。

其次,金融中心的建立使得金融市场规模增大,市场中更多的供给与需求个体会加剧金融市场竞争，使得贷款者的投资活动能得到更高的回报，借款者能够以更低的利率取得贷款，增强市场流动性的同时降低了融资成本和投资风险，有助于解决小微企业融资难的问题，有利于小微企业的发展。

最后，金融中心能够增强金融机构之间的合作，实现优势互补，金融机构交易的频繁又将带动会计、审计、律师等相关辅助性产业的发展。

(3) 信息传递

信息是金融市场上非常重要的一个要素，金融信息主要包括金融中介机构信息、政策信息、企业信息等。金融中心将成为这些信息的一个公共载体，提供一个信息获取更加高效、全面的渠道，降低了金融市场上信息不对称的程度，提高了金融市场上金融资源配置的有效性。

(4) 优化结构，促进创新

区域金融中心聚集了大量金融机构和金融工具，由此形成良性的竞争，为了吸引更多资金，各种金融机构必须进行金融创新，推出更多种类和数量的金融产品，这会促进金融结构的优化，从而促进金融发展。

(5) 金融监管与调控

金融中心的存在使得各类金融机构联系更加密切，信息更为迅速地传递，也在一定程度上削弱了信息不对称的情况，有助于消除垄断，便于对金融市场进行监管。同时，金融机构的聚集也降低了政府对金融市场的监管成本，各种信息资料的获取和行政指令的下达更为快捷，提高了监管效率，有利于加强政府对于金融市场的调控能力。

二、相关文献综述

金融中心的形成是一个金融机构集聚的过程，对于金融集聚的研究要从产业集聚出发。最早的研究领域集中于非金融领域，之后随着城市化进程的开展，城市聚集现象开始受到重视。

(一) 国外部分

佩鲁(Perroux,1955)[1]提出增长极理论，提出增长不是普遍的，而是会先出现一些增长点，并且通过增长点向外扩散，进一步影响经济的发展。

国际上真正开始对金融中心的研究比较晚，始于20世纪70年代，随后的20年间逐步发展起来并走向成熟，研究者也把研究重心放到了金融中心的形成与分类上。杜费和吉迪(Dufey & Giddy,1978)[2]在《国际货币市场》中认为，金融中心是金融机构高度聚集地，也是金融交易的集中清算地，并提出了自己关于金融中心分类的理论。

里德(Reed,1980)[3]根据20世纪70年代主要国际金融中心的金融数据，比较分析了世界金融中心的格局，采用层级研究法对金融中心分级并运用阶梯式的综合判别法检验，研究发现本国的国际电讯流通量、投资积累额和资本输出额是影响金融中心的重要因素，并对金融中心进行了排名。

帕克（Park，1982）[4]发展了金德尔伯格（Kingleberger）的金融集聚效应理论，把区位经济理论的相关思想用到对金融中心形成的研究中，突出了区位优势的重要作用。他认为区位优势包括时区优势、地点优势、交通优势和政策优势。

戴维斯（Davis，1990）[5]系统整理了企业选址理论，提出了企业选址的利润最大化模型，把影响企业选址的因素大致分为供给、需求和规模经济。

（二）国内部分

胡坚和杨素兰（2003）[6]根据国际金融中心的发展规律，指出金融中心建设需要考虑政治、经济、金融三部分因素，由此构建出评价指标体系，并从实证和统计的角度检验指标对金融中心评估的显著性。

潘英丽（2003）[7]通过对聚集效应和外部规模经济效应的研究，分析了影响金融机构区位选择的因素，提出导致金融机构聚集现象的因素主要有人力资源的规模与质量、地区成本优势、监管环境与税收制度以及电信设施的先进性与安全可靠性。

冯德连和葛文静（2004）[8]基于对各种研究国际金融中心成长的理论流派的学习，提出了“轮式模型”，研究并总结了影响轮式模型的推力和拉力，其中推力包括历史因素、城市因素和供求因素，拉力包括科学技术和经济发展。各种动力的合力决定了金融中心向国际化发展还是向本土化发展。

倪鹏飞和孙承平（2005）[9]提出了金融中心定位的竞争力理论，采用模糊曲线法，定量分析了中国 43 个主要城市的金融竞争力。研究发现，金融资本存量、科技优势、经济区位便利度、生活环境优势等因素对金融中心有重要影响，并且根据计量结果，对样本中的城市金融实力进行了排序。

王敏（2010）[10]提出，总部金融的聚集是金融中心的首要特征，并在国内外金融中心建设进行研究的基础上，总结出了一系列建设经验。

第二节　区域金融中心建设经验分析

近年来，随着我国综合国力的增强和经济发展水平的提高，越来越多的地区性经济中心城市提出了建设区域金融中心的战略目标，香港、上海等城市则是努力建设区域国际金融中心。各地区区域金融中心建设的经验与教训，可以为国内区域金融中心的建设提供良好借鉴。

一、市域金融中心典型案例

（一）济南区域金融中心

1. 主要措施

一是金融中心建设规划。在明确区域金融中心的定位、功能基础上，制订科学、可操作的区域金融中心建设规划。

二是加快金融集聚进程。建设金融中心区，集中金融机构，建设资本市场。同时做好金融发展的空间规划，东部金融新区和金融商务中心区并重发展，以其他后台服务区为补充，形成“两核三区”的空间布局，加快金融集聚区的建设。

三是完善金融组织体系。加强济南区域金融中心建设，不断改善金融生态环境，推进金融机构改革，一方面引进金融机构，另一方面发展现有金融产业。

四是防范金融风险。进行金融运行监测分析，建立预警机制，加强金融机构内部风险控制，加大对金融违法的打击力度，提高民众金融风险防范能力。

2. 建设进展

一是金融机构加快集聚，金融体系日趋完善。截至 2013 年 8 月，全市共有 33 家银行、3 家资产管理公司、2 家信托投资公司、3 家财务公司、6 家农信联社、51 家证券公司营业部（1 家总部、4 家省外驻济分公司）、70 家保险公司（1 家总部）、22 家期货公司营业部（1 家总部）。除中国进出口银行外，全国性政策性银行、股份制商业银行已全部在济南聚齐。全省首家法人保险公司泰山保险公司已开业，2013 年 9 月 5 日中德合资寿险公司德华安顾人寿在济南开业，德华安顾人寿是第一家总部设在山东的全国性寿险法人机构，填补了此前山东省无寿险公司总部的空白，也是继泰山财产保险落户济南之后，山东第二家全国性保险公司。这对于济南打造区域金融中心无疑意义巨大。全市另有 18 家小额贷款公司、28 家典当行、46 家融资性担保公司等地方性金融组织。金融业从业人员达 5.8 万余人。

二是金融市场发展迅速。截至 2013 年 12 月末，全市本外币各项存款余额 9 893.8 亿元，比年初增加 1 530.1 亿元，同比多增 762.7 亿元。其中，全市金融机构人民币各项存款余额 9 798.5 亿元，较年初增加 1 523 亿元，同比多增 752.4 亿元，同比增长 18.4%，创年内第二次新高。从各月增速情况看，整体呈现加快趋势，由 2 月末的 12.2% 提高至 12 月末的 18.4%，提高了 6.2 个百分点。从结构上看，单位存款、个人存款稳步增加，居民储蓄存款回流显著。

三是金融商务区集聚辐射作用明显增强。济南市政府积极协调和督促有关区县，发挥优势，突出特色，高水平、高质量、高速度规划建设金融商务区。随着广发银行、渣打银行等一批金融机构相继开业，济南金融商务中心区建设迈出新的步伐。东部金融新区建设进展迅速，历下区东部 CBD 加大招商力度，目前已有 10 余家金融机构入驻，另有 10 余家总部企业和金融机构正在洽谈；汉峪金融商务中心目前已签约入驻鲁银投资、省国投、中华保险等大型企业，并已与齐鲁证券、建信人寿、阳光保险、平安集团、进出口银行、中科创投等进行了招商接洽。

（二）西安金融商务区

一是建设区域性金融机构基地、金融服务基地。

积极争取政府支持，重点吸引非银行金融机构（保险、信托、租赁、担保公司）总部、地区总部及国外金融机构地区总部落户金融商务区。同时依托金融商务区在发展金融外包业务方面具有的成本相对较低、规划空间广阔、生态环境优美、政府鼎力支持等优势，引进国内外大中型金融机构的后台运营中心或自建的外包中心、知名服务外包提供商，形成以金融信息中心为业务核心和依托、以金融业务流程外包为产业发展方向的较为完善的金融信息服务产业链，建成拥有良好的生态环境，完善的产业配套与生活设施，适合金融人才工作、生活和发展的金融信息服务产业社区。

二是建设能源、矿产资源、农副产品区域性交易中心以及资源产权交易中心。

结合我国“丰富商品期货市场”的总体发展目标，金融商务区将在商品期货交易方面寻求突破。在能源、矿产、农副产品等战略性资源商品的期货品种中选取西北地区共有的商品，本着“先易后难”的原则，首先开发区域性商品的远期交易市场，在市场、政策等条件成熟时再将其发展成为期货市场。同时创造条件，积极探索建立西部各类资源产权交易中心。

三是建设大型机器设备融资租赁中心。

西安制造业基础雄厚、体系完整，特别是在高中压输变电成套设备、航天、军工、飞机及航空发动机、重型载重汽车、电子信息、制冷、通用及专用设备等制造业领域，具有较雄厚的实力。对于价值高的机器设备以租赁方式经营，完全符合市场规律和国际惯例。金融商务区可建设机器设备租赁中心。随着市场的拓展，争取将金融商务区建设成为国家级融资租赁中心。

四是建设西部金融配套服务产业中心。

以金融服务业为核心，发挥金融文化产业的长期拉动效应，充分扩展产业链，形成现代服务产业集群。建立西安高级金融学院、金融发展研究院、金融博物馆等，积极开展金融机构人员培训、承办金融会议与论坛等。通过大力发展金融文化产业和服务产业，带动区内乃至整个西安市的餐饮、住宿、商务、旅游、购物等多个相关行业发展，提升金融商务区的经济辐射力。

二、区域金融中心建设经验

（一）雄厚的经济实力

计划建设区域金融中心的城市，都是近年来经济发展势头良好、地方经济实力较强的城市，而且多数城市都是所在地区的经济中心。这与金融中心建设的要求是相符的，因为只有具备了雄厚的经济基础和财政实力，才有可能提供金融业发展所需的高标准的金融发展环境和大量的投融资项目。

比如，作为长三角龙头城市的上海，2005 年地区生产总值达到 9 144 亿元，固定资产投资超过 3 500 亿元，财政收入超过 1 433 亿元，成为国内经济实力最强的城市。同时，上海发达的金融服务业已经成为地区经济中的重要支柱产业，占地区生产总值的比重达到 7.5%，而且随着国内资本市场和货币市场规模的扩大，以及外汇管理体制改革的深化，上海作为多个全国性金融市场所在地，其经济增长潜力和金融业发展潜力将进一步得到发挥。可以说，从经济实力看，上海是亚洲区域性国际金融中心的最有力竞争者。

与上海相比，广州、西安、青岛、武汉等城市尽管在经济总量上存在一定差距，但在本地区的经济优势十分明显。因此，上述城市也根据自身在区域经济中所处的地位，提出了建设区域金融中心的目标。

（二）区位优势明显

区域金融中心的区位包括自然区位、经济区位、行政区位等几个方面。自然区位优势明显的金融中心，拥有比较理想的地理空间位置，能够通过降低企业交通成本、通信成本等来减少企业运营和交易成本；经济区位考虑的是金融中心的市场规模、金融市场结构等因素，良好的经济区位有利于企业的发展和资源的集聚。此外，行政区位对于金融中心也具有重要影响。

（三）金融体系完备

区域金融中心的一个基本特征与重要标志是完备的金融体系，一定数量的金融机构和丰富的金融工具是金融中心发展繁荣的前提。区域金融中心应该拥有种类齐全的金融机构，包括银行业金融机构和非银行业金融机构。前者包括中央银行、专业性银行，后者包括证券公司、保险公司、各类基金等。区域金融中心中这些种类齐全的金融机构，能够实现功能互补，有利于金融业的发展。同时，区域金融中心还有完善的金融创新体系和金融制度。

（四）明确的目标定位和发展思路

提出建设区域金融中心的城市都根据自身的资源优势和区位优势，提出了各具特色的目标定位和发展规划，这些规划一般包括战略目标、发展步骤、实施方案等。其中,在目标定位方面,大多数城市突出金融中心的辐射范围而很少预先设定功能定位,为金融中心的发展预备了更广阔的空间;在发展规划方面,大多数城市把金融中心的建设写入了地区经济社会发展规划。

(五)政府的政策支持

在区域金融中心的建设过程中,政府的鼓励和扶持政策通常起到了很大的作用。城府出台支持金融业发展的相关政策,为金融机构的引入提供补贴或税收上的优惠,为金融人才的引进提供相应的个人补贴、子女就学等生活便利。政府的政策支持,在很长的一段时间内,都会是区域金融中心建设的一个重要推动力。

(六)有序的领导、协调与管理

在区域金融中心的建设过程中,各城市都建立政府直属机构,直接负责金融中心的建设。该机构负责相关规划的制订与修改、协调建设工作、引进金融机构、联系金融业企业等。在建设区域金融中心的过程中,注重各种建设活动的协调,科学规划布局,加强区域金融中心的基础设施建设,兼顾商务配套服务的增强。例如北京金融街、上海陆家嘴金融区等,聚集了大量金融机构,都拥有比较完善的基础设施和配套服务,金融集聚作用初步显现。

(七)城市建设与金融结合

各城市建设区域金融中心时,把金融业的发展与城市建设结合起来,使得金融业的引入与城市建设相辅相成,既提升了城市形象,又起到发展金融业的作用。把金融中心的建设纳入城市建设的范围,并将其写入城市建设规划,已经成为建设区域金融中心的一种应用比较广泛的做法。

(八)注重人才,发展科技

区域金融中心中大量的金融机构与商务服务需要人才的支持。各类专业服务人才,有会计、精算师、金融分析师、律师等。人才是区域金融中心进一步持续发展的基础。

第三节 大别山金融中心整体规划与功能设计

一、黄冈市大别山区域特色金融中心战略定位

鉴于黄冈市的经济、金融发展基础及其资源禀赋,应当将黄冈市大别山区域特色金融中心定位为立足黄冈市大别山地区,在建设地区性金融中心的基

础上,逐步发展成为辐射“武汉城市圈”地区和整个大别山地区,与武汉市协同发展,构成“长江中游区域金融中心”的重要组成部分。总的来说,黄冈市大别山区域特色金融中心的战略定位可以归纳为三点:特色性,即结合黄冈市实际状况与客观需求;区域性,即立足黄冈市,辐射大别山地区和“武汉城市圈”;操作性,即与黄冈市大别山金融工程整体方案相配套,保证实用性与可操作性。

二、黄冈市大别山区域特色金融中心功能定位

基于黄冈市大别山区域特色金融中心的战略定位,将黄冈市大别山区域特色金融中心的功能定位为三个方面,如图 4-1 所示。

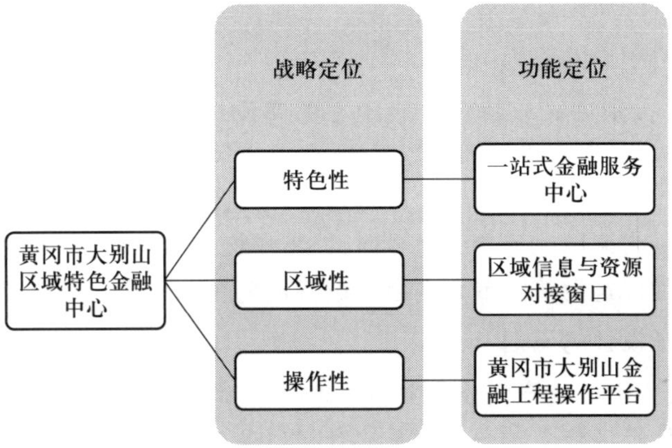

图 4-1　黄冈市大别山区域特色金融中心定位

(一) 一站式金融服务中心

发展金融的根本目的是服务于实体经济,也是为了缓解黄冈市存在的经济总量不大,产业不强,企业融资难、融资贵等问题。一站式金融服务中心的功能定位正是着眼于金融对企业支持力度不够的现状,力图为各类企业定制融资方案及配套服务。

(二) 区域信息与资源对接窗口

当前各个成熟金融中心的一个共同特点便是信息与资源的高速高效率流通,即信息与资源高效率匹配对接。金融资源是趋利而排斥风险的,风险存在的一个重要因素便是信息不对称。为了保障社会资金能流入企业、行业以及地区,在建设资源供求对接平台的同时,也要同时构建信息流通平台,最大程度上减小资源供求双方的信息不对称性,增加市场的流动性与运行效率。

（三）黄冈市大别山金融工程操作平台

黄冈市大别山区域特色金融中心是黄冈市大别山金融工程的一个子工程，也为大别山金融工程的具体实施提供软硬件支持，其本质上为大别山金融工程的操作平台。在发展金融、利用杠杆的同时要规避风险、控制风险，因此需要一个宏观层面上的综合监管与政策支持体系，这也意味着要在黄冈市大别山区域特色金融中心中引入政府部门，实现引导、支持、监管的职能，保障金融中心的正常运行。

三、黄冈市大别山区域特色金融中心建设的基本原则

黄冈市大别山区域特色金融中心的规划和建设工作将按照政府引导、科学设计、分步推进的原则有序展开。

（一）政府引导的原则

在黄冈市大别山区域特色金融中心的建设过程中，政府的引导至关重要。黄冈市金融产业的快速集聚和持续发展，将为黄冈市转变经济发展方式、优化产业结构、加快科学发展和绿色崛起夯实基础。因此，必须充分调动黄冈市目前的金融资源，积极构建以政策支持为导向、以工作机制为保障，资本、技术力量多元投入的平台，加快建设黄冈市大别山区域特色金融中心。

（二）科学设计的原则

黄冈市大别山区域特色金融中心的建设，是黄冈市布局经济发展、整合金融资源、协调实体经济与金融产业关系的有利契机。在这一过程中，必然涉及对经济规律的把握、对城市规划要求的综合考虑及对现有资源利用方式的现实取舍，这些方面，无一不需要通过科学的设计来实现。

（三）分步推进的原则

分步推进是建设黄冈市大别山区域特色金融中心的主要策略。所谓分步推进，就是稳扎稳打，根据金融核心区自身发育情况及黄冈市经济发展的现实需要，逐步扩展区域范围，最终将黄冈市建设成为大别山区域特色金融中心。

四、黄冈市大别山区域特色金融中心的发展目标

可以将黄冈市大别山区域特色金融中心的建设分为两个阶段：短期，2014年11月至2016年12月，与黄冈市大别山金融工程项目期相同；长期，2017年1月至2020年12月，可以根据项目具体进展及效果进行调整。

（一）短期目标(2014—2016年)

项目期内完成黄冈市大别山区域特色金融中心的基本构架，并取得一定的

效益，包括健全和完善金融机构体系、金融市场体系和金融监管体系，同时实现黄冈市社会融资规模的增加，具体表现为：

一是社会融资规模的增加。2014—2016 年 3 年内增加银行业贷款500 亿元人民币，2016 年年末贷存比不低于 50%，资本市场（包括主板、中小板、创业板、新三板、四板）直接融资超过 120 亿元。

二是金融机构体系的建设。累计引进 4 ~ 6 家商业银行、保险公司、证券公司等金融机构的地区总部，10 ~ 20 家各类金融机构的分支机构；新引进 2 ~ 3 家股权登记中心分支机构；成立 1 ~ 2 家期货类交易机构分支机构。

三是金融市场体系的建设。黄冈市要基本建成湖北省重要的金融要素市场交易中心以及特色产品交易中心，包括与武汉股权托管交易中心、武汉农畜产品交易中心、武汉碳汇交易中心、武汉林权交易中心等金融要素市场对接，形成分市场或地区板块，使金融市场在金融资源集聚与辐射、在区域性金融产品的流动和定价方面发挥重要作用。

四是金融监管体系的建设。建成科学、完备的区域金融风险监控与预警制度和模式。建立起以中国人民银行、银监局、证监局、保监局为主体，以金融机构内部风险预警为基础，黄冈市政府、金融中介等其他国家或社会组织为辅的监管体系。

（二）长期目标（2017—2020 年）

从长期来看，以黄冈市大别山区域特色金融中心为契机，提高黄冈市金融“软实力”，实现金融发展外部环境的改良，实现政府、金融与产业的良性互动，并对处于长江中游地区的经济金融发展产生明显的聚集效应与辐射效应。

五、黄冈市大别山区域特色金融中心建设的基本思路

（一）黄冈市大别山区域特色金融中心建设的总体构架

首先，确立黄冈市大别山区域特色金融中心的建设以“金融服务实体经济”为核心，采取发展正规金融与民间金融相结合的方式，并依据前文提到的政府引导、科学设计和分布推进的原则进行。将黄冈市大别山区域特色金融中心建设分为三个阶段，如图 4-2 所示，分别为黄冈市大别山金融街、金融港和金融圈。

（二）黄冈市大别山金融街建设（2014—2016 年）

黄冈市大别山金融街是黄冈市大别山区域特色金融中心的核心区，也是规划的重中之重。具体来讲，可以将金融街的建设分为三位一体的三大板块，分别为金融机构体系建设、金融市场体系建设和金融服务体系建设，如图 4-3 所示。

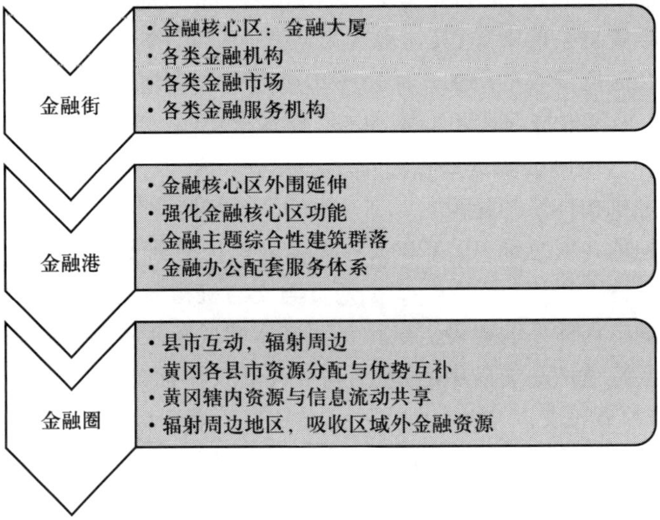

图 4-2　黄冈市大别山金融中心总体构架

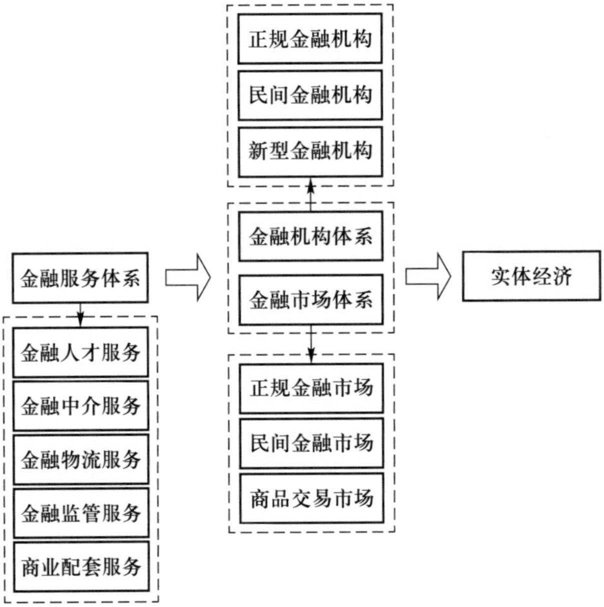

图 4-3　黄冈市大别山金融街构架

1. 金融机构体系建设

金融机构体系建设要引进新的金融机构，发展扩大原有的金融机构，提高其服务效率等。

金融机构体系可以分为三类，第一类是正规金融机构，包括银行、证券、保险、信托等金融机构，它们构成了整个金融市场和金融中心的主体，其中又以银行类金融机构为重点培养对象；第二类是民间金融机构，包括民间金融交易机构、民间金融中介机构、民间金融配套服务机构和民间金融监管机构，它们共同构成了一个较为完整的民间金融体系，也是对正规金融机构的有力补充；第三类是新型金融机构，包括征信公司、P2P 网络借贷公司、再贷款公司和再担保公司，它们丰富和活跃了现有的金融市场，增加了市场流动性。

2. 金融市场体系建设

金融市场是金融资源供求对接达成交易的平台，可以优化资本的合理配置，协调金融资本与产业资本之间的转化流通，引导资金到最需要的部门。金融机构聚集带来的集聚效应，能够降低金融中介机构的信息搜集成本，我们需要配套建设和完善各类金融市场，才能真正为市场主体的投融资需求均衡提供保障。

金融市场体系可以分为三类，第一类是正规金融市场，包括产权交易市场、金融资产交易市场、中小企业私募债发行市场和中小企业资产证券化市场，它们有助于提高资金汇聚程度，加速资金流转，提升金融资源的配置效率和定价话语权；第二类是民间金融市场，包括民间个人借贷市场、P2P 市场、民间金融机构资金拆借市场，它们能减少社会资金体制外无序循环和非法集资现象，也为民间资金供求提供了合法化出路；第三类是商品交易市场，包括农畜产品交易市场和特色商品交易市场，它们能便利本地特色产品的交易，提高地区品牌知名度。

3. 金融服务体系建设

多层有序、结构完整、运行安全的金融配套服务体系是金融市场快速健康发展的有力保障。金融服务体系具体包括金融专业人才服务、金融中介服务、金融风险监管服务、金融物流服务和相关商业配套服务，它们是整个金融体系中的润滑剂，能降低市场主体的信息不对称，促成资金供求均衡，加快交易流程。

（三）黄冈市大别山金融港建设(2017—2018 年)

在完成黄冈市大别山区域特色金融核心区——金融街的建设后，黄冈市大别山区域特色金融中心的主体功能区已经初步建立，金融机构体系、金融市场体系和金融服务体系获得一定程度的发展和完善，基本能满足辖区内企业的融资需求。此后进入黄冈市大别山区域特色金融中心建设的第二阶段，进一步强化金融街的功能，并着重拓展和延伸金融街的外围，围绕金融街建设金融主题综合性服务建筑群落、城市商务办公配套体系等，将金融街衍生为一个金融港区，成为黄冈市城区的商业核心区。

（四）黄冈市大别山金融圈建设(2019—2020 年)

第三阶段在黄冈市大别山金融港建成的基础上强化黄冈市县市互动，从整个市域层面完成黄冈市金融体系的布局，根据各县市经济金融的比较优势合理地进行分化和分工，形成各县市信息与资源流动共享、优势互补的局面。同时黄冈市大别山区域特色金融中心将作为一个有机整体积极吸收黄冈市外资源，并与武汉金融中心协同发展，辐射大别山地区和“武汉城市圈”。

第四节　大别山金融中心建设实施路径

本节主要讨论黄冈市大别山区域特色金融中心金融核心功能区（金融街）建设的实施路径，时间跨度为2014年至2016年。将黄冈市大别山金融核心区（金融街）分成如图4-4所示的三个基本模块，分别为金融机构体系、金融市场体系和金融服务体系。

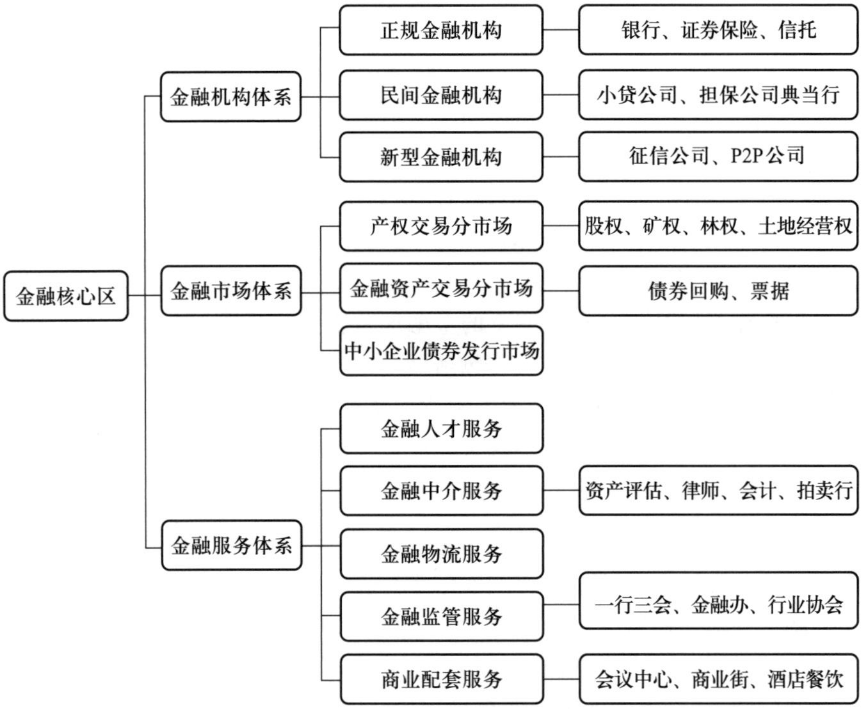

图4-4　金融核心区的组成结构

一、空间布局设计

黄冈市大别山金融街需要一个实体场所来承载，这涉及金融街的选址、规划以及各金融机构、金融市场的布局。一方面，采用较为集约的发展方式，有意识地“盘活存量、规范增量”，确定各金融机构、金融市场的场所规划与选址，建设金融大厦，并规划区域内调整和增建包括大型地下停车场在内的基础设施配套项目，优化规划区域内的业态结构配置和空间利用效率；另一方面，须加大宣传力度，着手筹备金融街与金融大厦建设的招商引资工作，金融街与金融大厦是能够满足客户个性化、定制化服务需求的商务核心区，具备齐全的高标准配套设施，是金融业务体系、类金融服务体系、办公体系为一体的综合性金融中心。

二、金融机构体系建设

金融机构是金融市场的主要参与者之一，也是广大资金供求者的交易对手，金融市场的活跃程度与规范程度很大程度上取决于金融机构的种类和规模。因此，在黄冈市大别山金融核心区的建设中，需要发展和健全金融机构，对此采取的主要措施是整合加引进。

（一）整合地方金融机构的资源

黄冈市政府出台相关政策，规划和整合黄冈市地方金融机构资源，促进金融产业向金融核心区集聚。首先，引导黄冈市已有的银行法人机构、小额贷款公司、投资公司等将总部向金融核心区集聚；其次，以市场为原则，整合黄冈市各区县的金融机构资源，组建金融控股集团，并将总部设立在金融核心区内，提高其金融服务功能。结合黄冈市的实际，需要整合的金融机构主要为工农中建四大行、农发行、邮政储蓄银行、农商行和村镇银行，以及已经存在的小额贷款公司、担保公司、保险机构。

（二）引进各种类型的金融机构

一方面是正规金融机构的引进，大力吸引国内商业银行和外资银行到规划金融核心区内设立分支机构与营业部，尤其是银行中小企业信贷中心，促进银行的集聚，提高银行业的综合服务水平；引进证券公司分支机构，如专业化从事资产证券化的分支机构；引进保险分支机构；引进信托公司。另一方面是民间金融机构的引进。包括引进专业化小额贷款公司、典当行、投资公司等。结合黄冈市的实际，需要引进的金融机构主要为国内股份制商业银行、城市商业银行、外资银行和证券公司、期货公司、保险公司营业部以及专业化的小额贷款公司、担保公司、网络贷款公司、投资公司、典当行等民间金融机构。

三、金融市场体系建设

金融市场是金融交易发生的主要场所，也是资金供求实现均衡的集散地。

结合黄冈市的实际,我们认为在黄冈市大别山金融核心区金融市场体系的建设中,应着重考虑三类市场的建设,即正规金融市场、民间金融市场和商品交易市场。对于正规金融市场和商品交易市场,主要措施是对接成熟的金融市场;对于民间金融市场,主要措施是建设加规范特色金融市场。

(一) 对接成熟金融市场

股权交易分市场:其市场参与主体为中小企业、交易分所以及股权投资者,主要功能包括提供股权登记托管平台、股权转让平台,通过上市挂牌的形式完成中小企业股份制改革,规范公司治理结构,并为上市挂牌企业提供融资增值的渠道。黄冈市可以与武汉股权托管交易中心对接,建设黄冈市大别山股权交易分市场,形成黄冈大别山板块,并以此为基础进一步对上市企业进行培育辅导,制定融资方案。

金融资产交易分市场:其市场参与主体为中小企业、各类金融机构和交易分所,主要功能包括不良金融资产的交易、金融票据(应收账款、商业承兑汇票)的贴现和转让,以及信托收益权的交易,可以为部分流动性较弱的资产提供流动性,有利于中小企业改变资产负债结构、降低财务成本。黄冈市可以与武汉金融资产交易所对接,开设黄冈市大别山分市场,为金融资产的交易和流转提供平台。

农畜产品交易分市场:其市场主体为交易商、做市商、结算银行、物流公司、监管机构、农户、农业企业等。主要功能是借助现代信息技术,采用创新金融模式,为农畜产品的交易双方提供产品信息、交易平台、结算业务等服务,同时也提供投资和避险保值的中远期交易平台。黄冈市可以与武汉农畜产品交易所对接,开设黄冈市大别山分市场,起到稳定农畜产品价格、推进农畜产品生产规模化和规范化的作用。

(二) 建设并规范特色金融市场

民间个人借贷市场:其市场参与主体是中小企业和个人、黄冈市民间融资服务中心、中介服务机构等,主要功能为规范和集中民间借贷行为,为民间资金供求提供公开公正的交易平台,抑制民间资金的过度投机与非法集资行为。可以考虑由黄冈市人民政府成立黄冈市民间融资服务中心,作为非营利性机构,以有限公司的形式运作。中心只提供登记备案、中介机构推介、法律援助等服务,不承担交易双方违约损失。

P2P 网络借贷市场:其市场参与主体为中小企业、个人、P2P 网络平台、担保公司,主要是借助新兴的互联网的公开性和便利性,通过网络实现资料传递、合同签署、手续办理等。鉴于 P2P 网络借贷市场有较高的硬件依赖性,建议黄冈市政府公开招商,引进成熟的专业团队来主导P2P网络借贷市场。

中小企业私募债发行市场:2012年由长江证券承销的湖北首只中小企业私募债——武汉四方物流完成发行,该债券期限3年,发行规模2亿元人民币,票面利率8.5%。由此,拉开了湖北省中小企业私募债发行的序幕。目前,中小企业私募债发行的权限已经下放到省级股权交易中心,武汉股权托管交易中心正着力开展这方面的业务研究与工作,区域性的中小企业债券发行市场可以适时建立。黄冈市大别山中小企业私募债发行市场可以基于股权交易分市场来建立。

四、金融服务体系建设

多层有序、结构完整、运行安全的金融配套服务体系是金融市场快速健康发展的有力保障。黄冈市大别山金融核心区的金融配套服务主要包括金融中介服务、金融监管服务、金融信息服务、政府服务窗口、金融人才服务和商业配套服务。

(一)金融中介服务

金融中介服务机构主要包括资信评估公司、律师事务所、会计师事务所、咨询公司、拍卖行等一些专业性金融机构和会计、法律、咨询方面的服务机构。它们不直接参与市场交易,但能减少金融市场的摩擦,使金融交易快捷有序地进行。黄冈市应大力引进这些机构,引导这些机构配合各类金融市场和金融交易,以及企业的培育和规范化。

(二)金融监管服务

全面审慎的金融监管是保障金融体系正常运行的关键,也是发挥金融杠杆作用的前提。黄冈市大别山金融核心区的金融监管服务体系主要由区域金融中心建设与风险控制委员会与各行业协会以及风险基金组成,从组织制度安排与风险保障安排两方面对金融核心区内金融交易中面临的非系统性风险和系统性风险进行监控与处置,如图4-5所示。

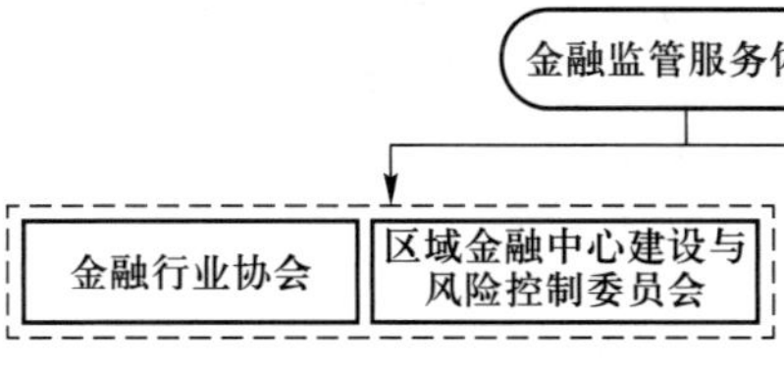

图4-5 金融监管服务体系

区域金融中心建设与风险控制委员会:区域金融中心建设与风险控制委员

会是为推动区域金融中心建设以及防控金融市场风险而专门设立的监管服务机构。该委员会主要由金融办、保监局分支机构、银监局分支机构、证监局分支机构、人民银行分支机构等部门共同组建。在金融监管方面，该委员会对金融市场的日常运营和重大风险进行监督和防控，检查金融交易的合规性，防止由于金融监管不当而导致金融市场的动荡，保证金融市场的稳定性。

金融行业协会：黄冈市在建设区域特色金融核心区的过程中，应推动金融业相关行业协会（如民间金融协会等）等社会组织的建设，保障服务于中小型金融机构的行业协会的独立性，发挥金融行业协会的管理咨询、信息交流、矛盾调解、桥梁沟通和利益平衡作用。

金融风险基金：金融风险基金定位于服务黄冈市大别山金融核心区内各类金融机构和参与金融交易的企业及个人，致力于控制特殊情况下的金融交易风险和不可抗风险。其资金主要来源于黄冈市大别山金融核心区内金融机构缴纳的会费、政府补贴和社会捐赠。金融风险基金会的资金主要用于抵御特殊情况下的金融交易风险和其他不可抗的风险。除此以外，基金会的部分资金可用于自营使用。自营使用是指基金会每年从自有资金中计提不超过20%的资金用于投资银行理财产品、股票、债券、基金、期货等，取得的收益归基金会所有，由此产生的风险由基金会承担。其中自营资金用于投资无风险金融产品的比例不得少于自营可用资金的70%，其他具体事项由基金理事会讨论决定。

（三）政府服务窗口

为了实现黄冈市大别山金融核心区一站式金融服务中心的功能，建议黄冈市政府主导成立黄冈市大别山政府服务窗口，作为非营利性机构和政府服务机构。初步将政府服务窗口功能设定为以下两项。

信息发布平台：在黄冈市大别山区域特色金融中心的网站上开辟信息发布平台，对内设的各种机构和金融市场的办公地点、联系方式、业务种类、流程、资费情况等统一公示，并对前来咨询的广大企业和居民提供服务指引，方便其寻求各自所需的金融服务，提高服务效率。

服务考核平台：遵照黄冈市大别山金融工程对金融机构和金融市场的具体要求，对黄冈市大别山区域特色金融中心内设的机构和市场的服务情况与经营绩效进行统一考核与管理，保障服务质量。

（四）金融人才服务

金融人才服务主要从金融教育与人才培养平台的搭建角度出发，而人才市场建设则是其中的重点。在人才市场中，人才供需双方相互选择，提高人才选择效率，实现人才流动，从而实现人才资源优化配置。

金融人才管理中心:由银行或相关金融机构的人才库组成,建立一支黄冈市金融业所需要的多层次金融人才队伍,拟定培训计划,对金融人才进行定期培训,疏通人才流通渠道,帮助人才实现合理分配和使用。

专业化人才培训机构:可根据市场实际需求及黄冈市自身金融业发展特点建立专门培养攻克难关的专业化人才培训机构。通过进行人才培训,提高人才整体水平,为人才市场提供人才供给。

（五）商业配套服务

黄冈市大别山区域特色金融核心区应是集办公、商业及娱乐功能于一体的多功能城市商业中心。商业配套服务应包括会议中心、商业街、酒店餐饮设施等。

会议中心:会议中心的建成将成为全市工作会议指挥中心,主要接待各种会议团体,为政府部门、商业、贸易展览及举办学术会议服务。除具备相应的食宿设施外,还应有较大的公共场所,如大小规格不等的会议室、展览厅或多功能厅等。会议配备设备有投影仪、录像、扩音、通信及视听设备等。

商业街:商业街除传统的商品零售外,还将容纳电信、邮政、美发等新兴服务产业,以多层商业房地产形式建设商业街铺位。

酒店业:商务型酒店的主要客户群为从事商业活动或其他公务活动而外出的旅游者,故其消费水平相对较高。商务旅游者的文化修养较好,讲究身份地位与服务质量,对价格敏感度不强,因而商务型酒店档次较其他类型酒店普遍较高。近年来,随着商务旅游市场的不断扩大和新型商务酒店的大量出现,专门的商务服务项目(如商务中心、各类会议室、宴会厅等)的有无及服务水平的高低已经成为衡量一个现代化商务型酒店档次的重要标志之一。同时金融核心区内的酒店设施应结合商务型和会议型酒店特征,既能为商旅人士提供优质的住宿休息环境,同时也能兼顾会议需求,配备一定数量的小中大型会议室及投影仪、视听设备等必要设施。

第五节　政策支持建议

一、组织保障

由黄冈市大别山金融工程领导小组领导,黄冈市发改委、金融办牵头,组建成立区域金融中心建设与风险控制委员会,全面负责黄冈市大别山区域特色金融中心的建设服务与风险防控工作。

二、金融机构政策支持

为推动黄冈市大别山区域特色金融核心区(金融街)的建设,黄冈市政府应尽快在金融街建设规划的基础上,制订相关支持政策。

(一) 企业入驻奖励政策

(1) 入驻金融中心的企业,对其中财政贡献额达到一定标准以上的,按照该企业对于财政贡献额的一定比例进行奖励。

(2) 对入驻金融核心区,并且注册资本达到一定数额的金融企业,在其入驻时给予一定的奖励。

(3) 实行分级奖励政策,根据金融核心区内的金融企业对财政贡献的大小,实行不同额度的奖励:1 000 万元及以上的,奖励该企业上年度财政贡献新增量的 20%;100 万~1 000 万元且同比增长超过 15% 的,按照超出上年度 15% 以上部分的 10% 进行奖励;财政贡献额超过 500 万元且增长前十的企业主要负责人,奖励 10 万元。

(二) 房租补贴政策

新入驻金融核心区或新建立的金融企业,第一个完整财政年度的财政贡献超过 50 万元的,给予一定的用房补助。

(1) 对于企业新建或新购置的办公用房(其中不包括配套用房),按照 1 000 元/平方米的标准补助,分 5 年进行,每年 20%,累计不得超过 100 万元。

(2) 租赁办公用房的,3 内年每年按照一定的标准给予补贴。

对于符合金融中心产业发展方向的企业,从 2015 年开始连续 3 年由财政专项基金对其提供房租补贴。

(1) 对于企业总部入驻金融核心区的,按照财税分成比例提供房租补贴。

(2) 对于符合金融中心产业发展方向、起到行业带头作用、产生较大影响的企业,根据具体情况给予房租补助。

(三) 业务经营范围拓宽政策

对规范经营达到一定年限、各项监管指标优良的企业,经有关部门审核批准可适当扩展业务经营范围。

(四) 资本金限额上调政策

对于规范运营达到一定年限、各项监管指标优良的公司,可以提出申请扩大资本金,并且按照原程序进行报批。

(五) 适度增加覆盖试点政策

对于规范经营达到一定年限、各项监管指标良好且注册资本达到一定规模的金融机构,支持其分支机构的设立。

（六）适当放宽融资额度政策

试行放宽融资额度的措施,例如融资比例弹性化,小额贷款公司满足一定条件后,可以与金融机构协商,增加融资额度。

（七）优先培育上市政策

对于企业在国内证券交易所上市的,分阶段给予奖励,最高150万元;对于上市公司工商注册地和税务登记地为金融核心区的,奖励100万元。

（八）绿色通道政策

对于纳税额超过100万元的500强企业,或者具有独立法人并且纳税额超过500万元的企业,或者本地区优秀民营企业,为其开通各职能部门“绿色通道”。

（九）专项资金扶持政策

根据黄冈市政府的招商引资优惠政策,结合金融核心区企业的实际情况,制定专项资金优惠政策。

（十）科研支持政策

与湖北乃至全国高校达成战略合作协议,整合金融人才资源,建立专家咨询团,为入驻企业提供各方面的科研与人才支持。

三、金融市场政策支持

（一）地块支持政策

对于有意向入驻金融核心区的金融市场,政府应该给予相应的地块支持,即政府规划出专门的土地用于金融市场的建设和营运。

（二）租金补贴政策

对于入驻金融核心区的金融市场,政府应该给予办公用地租金的减免和补贴。入驻的金融市场第一年可以享受租金全免的优惠,第二年开始可以享受租金减半的优惠。

（三）税收减免政策

对于入驻金融核心区的金融市场,政府应该给予税收的减免。具体可以在参考国家及地方的现有税收政策和优惠政策等基础上给予入驻金融市场从获利年度起前两年税收免征、第三年税收减半的优惠政策。对于税收贡献较大的金融市场,政府可以给予一定的奖励。

（四）高管激励政策

对于税收贡献达一定数额的金融市场的高级管理人员团队给予一次性不低于每年100万元的奖励。

四、金融中心区的筹建措施

黄冈市大别山区域特色金融中心的建设首先应落脚到金融核心区（金融街）的筹建工作。

（一）组建项目团队

由区域特色金融中心建设与风险控制委员会牵头组建黄冈市区域特色金融核心区投资管理有限公司，全面负责区域特色金融核心区的前期宣传、产业规划、资产运营、招商引资、物业维护、配套服务等工作。

（二）前期宣传与招商

黄冈市区域特色金融核心区投资管理有限公司应按照黄冈市大别山区域特色金融核心区的设计方案聘请设计院专业人员对金融街及金融港的功能布局、旅游景观、街区布置、金融机构体系、金融市场体系、政府服务平台体系等进行立体效果的具体设计规划，制作区域特色金融核心区宣传推介片、3D效果片、实物模型，并在媒体、报纸、网络上对黄冈市大别山区域特色金融核心区概况、定位、功能、内容、政策等进行宣传推介。

另外，黄冈市区域特色金融核心区投资管理有限公司负责全面的招商工作。在招商前，首先要确定黄冈市大别山区域特色金融核心区内金融机构的准入条件、数目和种类；其次，对金融机构的身份进行认定；再次，参与制订税收优惠和房屋补贴政策；最后，对金融街周边环境进行综合整治。招商时，黄冈市区域特色金融核心区投资管理有限公司可参照本方案中金融体系的设计进行相关具体工作。

参考文献

[1] Francois Perroux. The Domination Effect and Modern Economic Theory [A]. In: Rothschild K. W (ed). Power in Economics [C]. Harmonds Worth, Penguin, 1983.

[2] Dufey G, Giddy I H. The International Money Market [M]. Prentice-Hall, 1978.

[3] H C Reed. The Pre-eminence of International Finance Centres [M]. Praeger, New York, 1981.

[4] Park. The Economics of Offshore Financial Centers[J]. Columbia Journal of World Business. 17(4):1-5.

[5] E. P. Davis. Interactional Financial Centers-An Industrial Analysis[R]. Bank of England Discussion Paper, No. 51, September, 1990, P23.

[6] 胡坚,杨素兰. 国际金融中心评估指标体系的构建——兼及上海成为国际金融中心的可能性分析[J]. 北京大学学报(哲学社会科学版),2003(5):40-47.

[7] 潘英丽. 论金融中心形成的微观基础——金融机构的空间聚集[J]. 上海财经大学学报,2003(1):50-57.

[8] 冯德连,葛文静. 国际金融中心成长的理论分析[J]. 中国软科学,2004(6):42-48.

[9] 倪鹏飞,孙承平. 中国城市:金融中心的定位研究[J]. 财贸经济,2005(2):17-22,96.

[10] 王敏. 关于金融产业集聚与区域金融中心建设的思考[J]. 南方金融,2010(11):36-40,11.

第五章　黄冈市主导产业金融工程支持体系

第一节　研究背景和相关文献综述

一、研究背景

黄冈市主导产业金融工程规划与实施是运用市域金融工程的理论思想与技术手段,在国家宏观政策和省市级政府的共同支持下,通过切实合理的产业金融制度创新安排,协调政府与金融机构的角色定位,系统整合各种财政金融资源,建立联系金融与经济发展的促进机制,构建符合黄冈市域经济发展的产业链和金融支持体系。该体系的建设与完善对于推动黄冈市产业发展本身和黄冈经济的发展,促进金融资源的有效配置,以及促进区域金融发展与改革具有十分重要的战略意义。

二、产业金融工程概述

(一) 产业金融工程介绍

产业金融工程是用金融工程的手段推动产业的发展,通过产业的发展推动经济的增长。具体来说,就是通过金融工具与金融手段的创新和组合,以及金融工具的调整和金融制度的创新,来解决产业发展中面临的问题。在县域经济中,产业处于非常重要的位置,在传统的定义中,产业是指社会中的主要物质生产部门,用生产产品的不同来定义行业。

产业金融工程的具体内容就是将金融工程的具体理论与思想运用到产业发展的问题研究中。具体来讲,是指创造性地利用各种金融手段(包括金融工具、金融工序、金融制度建设等)解决产业发展的各项问题(资金需求、风险管理等),核心是在控制产业风险的前提下实现产业的增值,推动产业的跨越式发展。

产业发展是经济发展的重要内容,金融的发展也离不开实体经济的支撑,金融只有与实体经济结合,才能形成良性发展的态势,一旦虚拟经济丧失了实体经济的基础,就容易形成资产泡沫,引发金融危机。

（二）产业金融工程支持市域产业发展的主要内容

市域产业的金融工程支持体系主要包括市域产业价值工程、市域产业资金工程、市域产业风险管理工程与市域产业政策制度设计,包含了价值创造过程、资金筹集过程、资金运作过程、利益分配过程四个方面。通过四个过程的通力协作,产业的增值过程最终得以完成。

1. 市域产业价值工程

产业价值的创造是基于产业链的价值增值过程。通过产业链的整合可以使产业链的产业价值发生改变,从而达到产业增值的目的。

（1）降低成本。通过对产业链的资源整合,实施标准化生产、企业内部成本管理等,可以有效地在物流、库存、包装和销售等环节实现成本的降低。

（2）延伸产业链。通过产业链的延伸,有助于企业增强自身在同类行业的竞争力,有利于技术创新和管理创新,发挥企业的规模效应。产业链的延伸往往能形成产业集群。

（3）品牌打造。在一定的区域内,通过产业链的发展,同一产业内涌现出众多的龙头企业,就可以形成品牌效应。单个企业想要形成品牌,难度是很大的,然而企业通过集群的力量,打造区域品牌,使得一个集群中所有企业都获利时,就能使区域经济得到跨越式发展。区域品牌与单一企业品牌相比,具有更大的品牌效应。

2. 市域产业资金工程

产业资金融资包括内部融资、外部融资及新型融资方式。

内部融资是指企业通过公司的自有资金作为企业发展的资金来源,它具有风险小、自主性强、成本低的特点。内部融资方式主要包括如下几种。

（1）留存盈余融资。留存盈余与企业的股利是此消彼长的,公司在股利分配政策上具有很大的自主性,盈余资金能够以较低的成本方便地筹到企业资金。

（2）票据贴现融资。票据贴现就是将票据转让给银行,银行根据相应的票据金额和贴现率将资金给予收款人。目前我国票据融资的主要对象是具有规模的大型企业,对于中小型企业而言,进行票据融资较为困难。

（3）资产典当融资。资产典当是用实物作抵押,通过实物所有权的转移来获取临时性的贷款。典当业务对于抵押物没有价值限制,能比较方便地获得资金,不像银行贷款手续复杂,审批周期长。

外部融资方式主要包括如下几种。

（1）银行贷款。目前我国银行主要分为政策性银行和商业银行。商业银行贷款是最常用的贷款方式,可操作性强、手续简便。

(2) 民间金融。民间金融主要以借贷为主,在企业急需资金并且缺乏抵押物的情况下,民间融资是企业家选择的重要手段之一。

(3) 信用担保。信用担保的特点在于担保公司的介入,对于抵押物不足的企业,担保融资是解决中小企业担保物不足的途径之一。

(4) 融资租赁。对于有大型设备使用要求的企业来说,融资租赁的门槛较低,租赁周期长,还款方式灵活。

(5) 债券融资。目前我国企业债的发行受相关法律法规的约束,业务量不算太大,目前已经有一些企业尝试在银行间市场发行债券融资工具。

(6) 股权融资。融资者不用还本付息就可以得到资金,具有长期性和不可逆转性的特点。

(7) 项目融资。项目信贷融资主要是商业银行、政策性银行和国外金融机构贷款,还可以通过产业基金、投资基金和银团贷款的方式获得。

项目债权融资即主要发行企业债和可转换债(债权人可以将债券转为公司的普通股)的方式获得资金。

新型融资方式主要包括如下几种。

(1) 信托融资。信托公司通过出售信托产品来向社会募集资金,然后将募到的资金贷给企业。

(2) 产业基金。产业基金又称产业发展基金和产业投资基金,基金对有发展潜力的企业进行股权投资,后期通过股权转让的方式来实现收益。

(3) 政策性融资。主要包括政策性银行、政策控股的投资平台以及政策性担保、财政贴息等。

3. 市域产业风险管理工程

(1) 微观金融工具。衍生金融工具和保险是应用最为广泛的两种微观金融工具。期货能够实现价格发现和套期保值,产业保险能够对自然灾害和意外事故所造成经济损失提供赔偿。

(2) 产业经济资本。企业为了缓冲风险损失的权益资本,它是产业所需的最小风险准备金。

(3) 产业风险监控体系。最重要的指标是产业综合风险指数,将代表各种风险因素的风险指标进行加权平均,然后将产业风险划分为相应的等级。当产业风险扩大时,需做好防范。

4. 市域产业政策制度设计

产业价值工程的政策支持的重点是打造产业的优势产业链,完成产业价值的提升。主要内容是中小企业的合并和大企业的扶持,对于大型企业,在政策上给予上市、银行贷款的优惠以及审批上的便利，引入小额贷款公司、担保公司和各种有关民间资本运营的金融机构，建立并完善地方性股权市场、资产交易市场和大宗商品交易市场。

三、相关文献综述

叶永刚、宋凌峰（2007）[1]首次在《宏观金融工程论纲》中提出了宏观金融工程的概念。宏观金融工程的主要内容包括国家金融资产负债表、国家金融风险管理和国家经济资本管理三个方面。宏观金融工程主要采用资产负债表分析、或有权益分析、在险值分析和蒙特卡罗模拟等分析方法，从微观金融工程的研究路径出发，探索解决宏观经济发展的问题。另外，叶永刚、刘宇奇（2014）[2]认为现代金融包括货币市场、证券市场、保险市场、衍生品市场，是一个大型金融的概念，要在传统的信贷产品基础上，使用应收账款质押的金融租赁和票据融资的方式为企业提供资金，并且建立各个行业的融资平台，实现政府、金融机构、企业和投资者的合作，共同促进产业升级。对于潜在的新兴产业，可以考虑建立产业基金，在政府资金的帮助下，引入更多的社会资本参与。实现金融和工业配套机制的结合，提高保险行业推广的强度，为部分有发展潜力的企业提供贷款利息和税收优惠，同时规范市场，创造良好的投资经营环境。孟庆轩、蒋涌（2011）[3]认为产业经济在性质上属于介于宏观经济和微观经济之间的中观经济，产业金融就属于这一层面的中观金融，它研究整个行业的中观金融以及金融工程属性。他们从金融行业的角度，认为企业应该管理资本，获取战略资源的发展创新，实现现阶段增长方式的转变，并且分析了“非证券化”产业功能的趋势、金融企业增长的战略内涵和转换行业财务战略选择。

第二节　黄冈市产业发展概况

一、黄冈市产业发展现状

在黄冈市 2012 年地区生产总值中，第一产业增加值 332.78 亿元，增长 4.6%；第二产业增加值 464.87 亿元，增长 14.9%；第三产业增加值 395.23 亿元，增长 10.1%。如图 5-1 所示，2012 年，黄冈市三次产业结构由 2011 年的 27.75 : 38.92 : 33.32 调整为 27.90 : 38.97 : 33.13。从近 5 年的发展趋势看，黄冈市第一产业占比不断下降，而第二产业占比保持上升趋势，同时第三产业占比保持在 33% 的水平左右，波动幅度相对较小，总体产业结构有所优化。

此外，在黄州区层面，如图 5-2、图 5-3 所示，其产业结构则相对比较稳定，

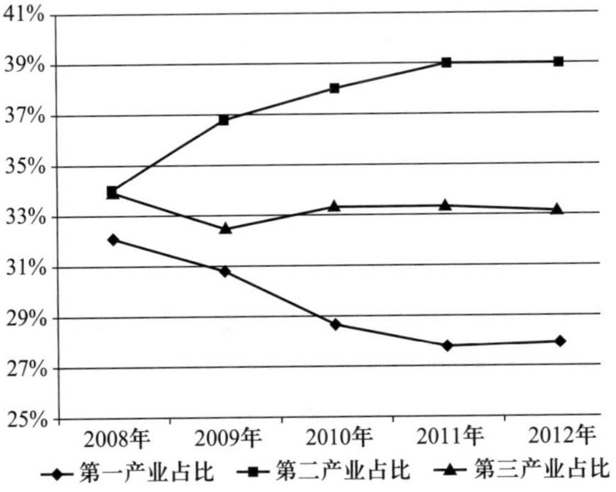

图 5-1　2008—2012 年黄冈市三次产业占比

变化虽不明显，但产业结构较为合理，主要以第二、三产业为主，并且第三产业近年来呈现上升的趋势，其第二、三产业对当地经济发展起到较大的贡献作用，已初步呈现现代城市的经济格局(见图 5-3)。

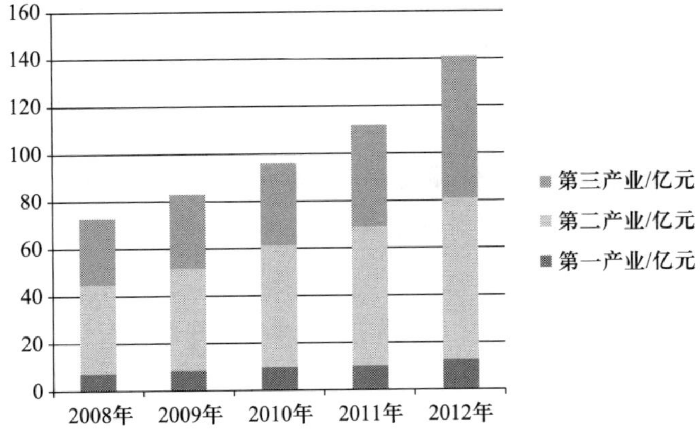

图 5-2　2008—2012 年黄州区三次产业增加值

虽然黄州区的 GDP 增速较快，产业结构合理，但与聚集在武汉、宜昌、襄阳、黄石、荆门、随州等市周边，交通区位优势明显，经济较为发达的市、区相比较，黄州区的总体经济实力并无明显优势。2012 年，湖北县域生产总值达到 12 901.7 亿元，占全省的比重已由上年的 56.7% 增加到 58%。其中生产总值过 200 亿元的县市区增至 24 个，比上年增加 5 个；过 300 亿元的县市区由 5 个增加到 14 个。黄州区在湖北省 80 个县域经济体中综合排名为第 37 名，在黄冈市下辖的

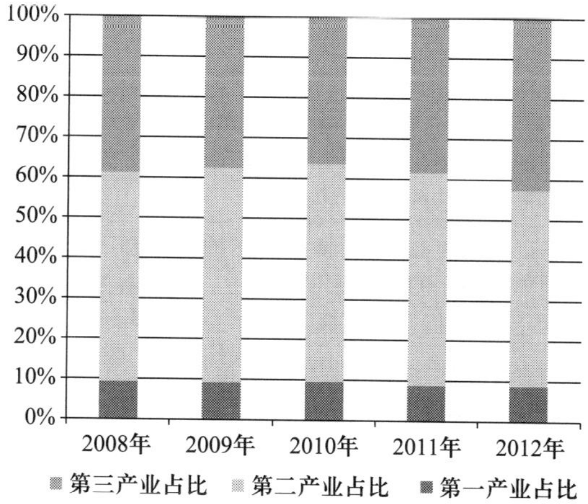

图 5-3　2008—2012 年黄州区三次产业占比

十个市区县中生产总值排名位于第五名，均处于中等水平。

在产业分布方面，黄冈市需重点投资的行业有健康产业、城市建设产业、装备制造产业、船舶港航产业、纺织服装产业、汽车配件产业、光电信息产业、食品饮料产业、商贸流通产业、医药化工产业、农副产品加工行业等，如表 5-1 所示。

表 5-1　黄冈市主导产业概览

产业	产业前景
健康产业	黄冈市背靠大别山，空气清新、环境优美，北部山区是"大别山天然氧吧"
城市建设产业	黄冈市城区人口 42 万人，建成区面积 42 平方公里，远期规划建成 100 万人口、100 平方公里的较大中等城市
装备制造产业	一是占全国市场份额 50% 的窑炉热工；二是团风县的中国中部钢构产业基地；三是全市一批减速机、数控机床、纺织服装机械、重钢等装备企业；四是正在建设的宁波装备产业园、红安县高端装备产业园
船舶港航产业	拥有华海造船、南华江北造船、鄂海造船、海明星造船等规模以上造船企业 13 家，全市船舶生产能力超过 300 万载重吨。引进了中船重工 712 所建设舰船大功率电池项目
纺织服装产业	一是蕲春县、黄梅县、黄州区为主的服装加工产业；二是以龙感湖管理区为主的棉纺产业；三是以稳健集团为主的无纺布、医用纱布产业；四是以飞客国际为主的体育运动服装产业
汽车配件产业	全市拥有汽车零配件生产企业将近 30 家（其中规模以上生产企业 15 家），其中行星减速机公司正在与中关村企业合作生产汽车节能变速箱，武汉元丰汽车配件公司将在黄州区建设汽车车桥项目，红安县正在建设汽车零部件产业园

续表

产业	产业前景
光电信息产业	一是以长耀明太阳能真空集热管、太阳能固定架等产品为主的太阳能配件生产；二是以武汉梅曼激光焊割机床为主的激光生产；三是以蕲春节能灯产业园和市区 LED 产业园为主的节能产业；四是以黄冈电子商务为主的信息产业
食品饮料产业	一是以南京衡润、佳农食品为主的肉禽加工产业；二是以伊利集团、娃哈哈集团为主的乳制品加工产业；三是以融园食品产业园、上好佳为主的食品产业；四是以汇源果汁为主的饮料产业
商贸流通产业	一是以楚江物流等一批武汉新港为主的黄冈物流企业；二是以黄商集团、中百仓储等为主的一批商贸零售企业；三是以一批五星级、四星级酒店和东坡外滩为主的酒店餐饮业；四是各县市区一批建材、家具、水产等专业交易市场
医药化工产业	一是形成了以广济药业核黄素、宏源药业甲硝唑、华阳生化肉碱等企业为主的原料药产业；二是以中石油黄冈 500 万方/天 LNG 项目及液化天然气开放利用为龙头的液化天然气产业；三是以青江化工为龙头的硫酸及钛白粉产业；四是黄冈化工园一批精细化工产业；五是祥云化工等肥料产业；六是以蕲春李时珍医药产业园为主的中药材深加工产业
农副产品加工产业	一是形成中粮集团油脂加工等为主的粮油加工产业；二是形成了以浠水小龙虾、黄州及大泊湖水产等为主的水产品加工产业；三是以英山茶叶、罗田板栗、蕲春稻米、红安花生红薯等产品为主的茶叶果蔬大米加工产业；四是以黄州区和黄梅县为主的畜禽鱼饲料加工产业

二、黄冈市产业发展面临的问题

（一）产业结构有待优化

黄冈市在“十二五”规划中提出，要“把转变经济发展方式、调整优化产业结构作为主线”，逐步降低第一产业比重，提高第二、第三产业比重。伴随一些资金密集型的工业从武汉向外转移，黄冈市第二产业占比有所提升，如图 5-4 所示。总体来说，黄冈是一个农业大市。

（二）产业实力有待增强

由于历史原因，黄冈市投入不足、发展不够的问题仍然十分突出，自身产业结构不均衡，基础设施建设不足，经济仍处于欠发达阶段。受限于自身财力不足、社会投资较低、环境条件滞后等限制，黄冈市产业实力仍然相对较弱。

第一，虽然黄冈市已经初步形成农业、农产品加工、建筑建材、机械电子、纺织服装、医药化工等产业，但其规模相对较小，尚未形成具有地区特色的支柱性产业，缺乏主导产业和重大项目的支撑；第二，黄冈市产业发展缺少具有实力的

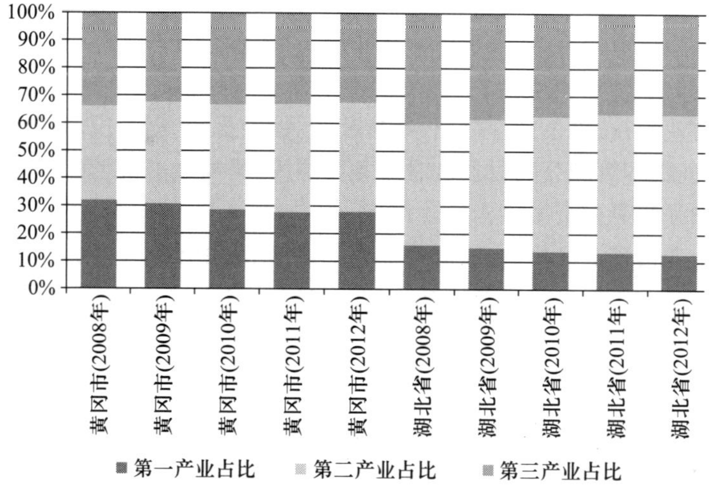

图 5-4　2008—2012 年黄冈市与湖北省三次产业结构

龙头企业,不能充分发挥龙头企业对产业的带动作用;第三,由于黄冈市产业集群度不高,企业产品普遍处于价值链中较为低级的阶段,缺乏具有竞争力的高附加值产品。

第三节　黄冈市产业金融工程整体规划

一、黄冈市主导产业金融工程规划目标

黄冈市主导产业金融工程是黄冈市大别山金融工程中的重要环节,也是黄冈市引导金融资源服务于实体经济的落脚点。黄冈市主导产业金融工程的实施,是以提升黄冈市主导产业整体实力,促进金融与经济交互发展,最终推动黄冈市经济跨越式发展为宗旨。具体而言,黄冈市主导产业金融工程规划目标包括以下两类。

（一）分阶段目标

1. 第一阶段(2014—2015 年)

在黄冈市金融工程实施的第一阶段,应健全金融体系,加强政府同金融机构的合作,加强金融创新,扩大企业在资本市场的融资规模,推动信用生态环境建设,促进主导企业形成产业集群。

（1）健全金融体系

提高政策性银行、邮政储蓄银行、农村商业银行、国有商业银行的经营效率,

积极拓展资金来源渠道；完善小额贷款公司的内部控制和审计制度，提高风险识别能力和风险防范能力；加强担保体系建设，有效整合资产、资源、资金、资本，提高已有担保公司注册资本金；引进更多类型商业银行，如股份制商业银行、中小型地区性商业银行，以及证券公司、期货公司、保险机构、创业投资和私募股权投资机构、民间资本管理公司以及金融服务公司等，提高金融市场的整体活力。

(2) 加强政府同金融机构的合作

建立企业信息共享机制，实时动态了解企业的融资需求。整合财政资金以及各类专项基金等形成风险补偿基金，并充分利用政府的投融资担保平台，促进商业银行等对企业的信贷投放。双方聚焦重点行业、重点企业，为其融资提供优惠政策。政府进一步鼓励和推动金融机构开发出有针对性的金融产品，共同解决企业的融资问题。

(3) 加强金融创新

鼓励金融机构在做好传统业务的基础上，加大创新力度，如小微贷款等。引进创新型金融人才，增强创新意识，营造创新氛围。政策向创新导向转变，给予创新型金融机构一定的优惠政策及扶持力度。同时大力促进科技的发展，使其成为金融创新的最大驱动力，特别是促进科技金融的发展，加强科技金融孵化器的研究，缓解科技型企业融资难的问题。

(4) 扩大企业在资本市场的融资规模

进行上市后备企业名单管理，将企业分阶段分梯队进行辅导和培育，引导中介机构协助企业开展上市工作。对接武汉股权托管交易中心，建立黄冈产业板块，协助和激励企业上市，推进企业转板进程，实现资本市场平台升级。借助企业上市挂牌，拓宽融资渠道，并且鼓励企业利用互联网金融平台进行融资。

(5) 推动信用生态环境建设

一方面，以人民银行的征信系统为依托，充分发挥信用体系作用，引导企业居民诚实守信。加大“信用城市”“信用社区”创建力度，推动将信用创建纳入市领导的业绩考核指标。另一方面，积极组织、引导经信、商务、发改等部门配合银行机构做好A级及以上信用企业的培植工作。税务部门对符合条件的企业积极争取各项税收优惠政策，精心培育，帮助企业尽快达到银行信贷准入条件。市政府将A级以上信用企业的培植工作纳入各级政府和政府部门业绩考核范围进行考评。

(6) 促进主导产业形成产业集群

大力推动产业结构升级，以技术进步促进主导产业发展。加强科学规划，优化产业集群环境，为产业集群提供必要条件。突出各主导产业的优势和特色，提高产业内部专业化协作水平。培育和壮大龙头企业，依靠龙头企业的带动作用促进整个产业的全面发展。

2. 第二阶段(2015—2016 年)

在黄冈市金融工程实施的第二阶段,应促进已上市企业实现转板,完善信用平台建设,推动主导产业形成完整的发展链条。

(1) 促进已上市企业实现转板

督促、引导企业提高核心竞争力,使其尽快达到转板要求。同时出台一系列扶持政策,给予挂牌企业一定的税收优惠,为其转板提供一定的条件。加强组织领导,强化行政服务,及时解决有意向转板的企业在转板过程中遇到的困难和问题。

(2) 完善信用平台建设

利用已开发的信用平台,进一步完善个人及企业信息。在实现信用征询、信用评级等基础功能后,继续进行功能创新,使得信用信息得到充分利用。根据不同业务对信用信息的不同需求,有针对性的分类开发出各种信用平台,使得信用信息的利用更加高效。同时,实现信用信息共享,将不同信用平台和人民银行的平台进行对接。

(3) 推动主导产业形成完整的发展链条

在主导产业集群基本成型的基础上,做好产业链的整体设计方案,提炼出产业链中缺失的环节,有意识、有针对性地扶持和培育有关企业。医药化工形成供应商—加工—研发—生产—销售产业链;纺织服装形成供应商—面料生产—服装设计—服装加工—服装商贸产业链。同时,继续推动已有上下游企业的技术创新等工作,使得最终形成的产业链能够更为高效的运作。

3. 第三阶段(2016—2017 年)

在黄冈市金融工程实施的第三阶段,应推动上市企业往主板市场靠近,促进形成完整的信用体系,以主导产业带动其他产业发展。

(1) 推动上市企业往主板市场靠近

继续督促企业提高综合实力,在追求利润、扩大规模的同时有意识的营造品牌效应,从而尽快达到主板上市的要求。政府和金融机构达成合作,对即将在主板上市的企业给予一定的支持和帮助。

(2) 促进形成完整的信用体系

在良好的信用氛围以及较为完善的信用平台的基础上,构建完整的信用体系,使得信用数据更加全面,信用平台的覆盖面更加广阔,信用评级标准趋于统一,信息来源更加权威、有说服力。

(3) 发挥主导产业的品牌效应

继续引导主导产业持续健康的发展,在产业集群及产业链的基础上,争取形成在国内外市场具有一定知名度的相关品牌。同时依据黄冈市的实际情况,有意识地扶持其他有潜力的产业加快结构升级及技术创新,以主导产业带动其他产业的形式,共同促进黄冈市经济的全面发展。

总体而言,到2016年年底,黄冈市实施主导产业金融工程的定量目标如下:

第一,累计实现在中小板、创业板、“新三板”、四板挂牌上市200家企业,直接融资120亿元以上。

第二,提升黄冈市产业实力,争取在2016年年底,使黄冈市农业总产值突破500亿元,服装纺织、医药化工分别突破400亿元、300亿元,旅游业突破200亿元,并且使这些产业成为黄冈市主导产业。

(二)长期目标

1. 解决企业融资瓶颈

2013年,黄冈市贷存比仅为38%,不仅在湖北省处于相对较低的位置,同时其逐年下滑的趋势也较为严重,对于黄冈市企业发展造成了较大制约。黄冈市主导产业金融工程的实施,将通过引导政府财政资金和政策,在降低银行贷款门槛、提高银企对接效率的同时,综合运用助保贷、助农贷、产业互助基金等新型金融工具,丰富企业贷款渠道,并大力推动黄冈市企业赴“新四板”上市工作,通过资本市场解决企业融资瓶颈问题。

2. 促进产业转型升级

目前,黄冈市产业实力不强、特色产业不突出的问题亟待改善。黄冈市主导产业金融工程在解决企业融资瓶颈的同时,通过提升企业核心竞争力、增强同行业企业间的帮扶和协作效用,提高行业凝聚力与整体实力,并以农产品交易市场、服装纺织市场、医药化工市场等金融要素市场为依托,促进黄冈市农业、服装纺织、医药化工等产业的快速发展,带动物流、旅游等产业联动发展,打造一批具有高产值和高带动作用的产业。

3. 推动经济金融发展

黄冈市主导产业的发展和企业实力的提升,能够为金融业务提供更多需求,进而反过来对金融业的发展起到极大的促进作用,从而进入产业和金融交互发展的良性循环;通过金融促进产业、产业带动金融,完善黄冈市金融机构与金融市场体系,促进产业转型升级,最终实现黄冈市经济的跨越式发展。

二、黄冈市主导产业金融工程规划思路

黄冈市主导核心产业金融工程规划将充分运用产业金融工程的有关思想,根据市域的特色资源选择适合当地发展的产业和项目,并以大别山金融中心建设为契机,促进黄冈市金融与产业的有效结合,综合运用金融手段整合相关资源,进行产业链开拓,促进产业内部结构高级化、合理化,实现产业升级、价值增

值及公共效益,有效支持相关产业的发展。另外,还通过充分发挥核心产业中核心企业的杠杆效应与导向作用,形成具有一定规模的产业集群以及有较强辐射力的产业链条,并进一步吸纳当地人力参与,带动当地居民自力更生、发展致富。

黄冈市主导产业金融工程规划主要基于“三横三纵”的架构进行研究。以上游产业链、中游产业链以及下游产业链金融工程支持体系为三条横向发展路径,以产业层面、对接层面、金融资源层面为三条纵向发展路径,形成“三横三纵”的立体式战略框架,如图5-5所示。

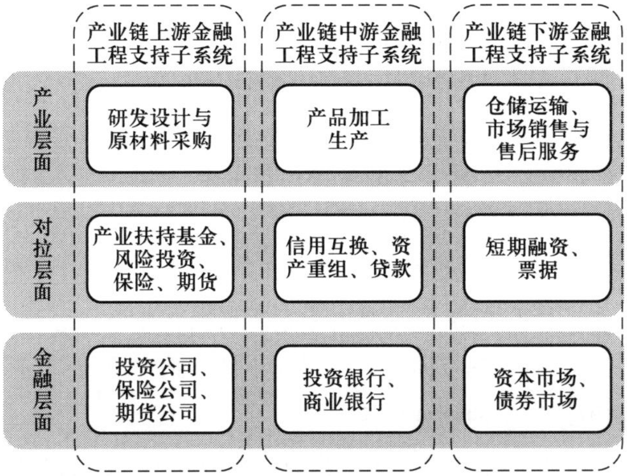

图5-5 黄冈市主导产业金融工程实现方式

三、产业发展政策建议

(一)建立产业投资基金

通过基金对具有发展潜力的企业进行投资,企业发展成熟后再通过转让股权获得收益。虽然基金在短期内不能获得收益,但通过资产增值,特别是企业顺利上市,带来的收益会超过债权等其他投资方式。通过建立产业投资基金,集中发展同一产业内的企业,能有效促进产业发展。

(二)发展产品交易市场

包括现货市场和电子商务市场,在交通便利的地方建立特色产业的产品交易中心,建立网络交易中心,提高黄冈市在定价上的话语权,拓宽销售渠道。

(三)建立产业园区

产业园区是产业集聚、发展壮大的平台和载体。建议在各县市区建立符合当地特色的产业园区,实现产业集聚。

(四)推动龙头企业上市

支持培育龙头企业,提升辐射带动能力和区域经济发展的实力。

(五)利用湖北省要素市场进行融资和风险管理

整合现有资源,引导企业兼并重组,组建集团公司,重组后给予一定的税费优惠,打造企业品牌,鼓励上市融资,以达到产业链的全覆盖,将产业做大做强。湖北省要素市场的门槛低于主板市场,企业易上市,企业也可以利用要素市场进行风险管理,控制价格波动。

(六)优化产业发展外部环境

一是加强银企合作。定时召开银行、政府、企业三方对接会,政府主管部门介绍产业的发展经营情况,企业推介自己的项目,商业银行通报货币信贷政策,然后银企双向选择。二是建立金融支持信息平台。整合税务、工商、水电、社保等信息数据库,解决信息不对称问题。

(七)发展小额贷款公司及担保公司

考虑由金融办牵头,联系当地具有申请资格的企业申请成立小额贷款公司,发展行业贷款公司,对于现有的担保公司和小额贷款公司,要将业务做大。

(八)发挥财政资金的杠杆作用

利用财政资金支持融资担保体系建设,引导民营资本参股政府主导的中小企业担保公司。

第四节　黄冈市产业金融工程应用实例——黄冈市农业金融工程规划

黄冈市农业面临的主要难题是企业规模小,产业化程度不高。要解决这个难题需要在产业链的加工环节做文章。拉长产业链获得更高的利润,是企业做大的核心问题。

一、农业价值链条分析

黄冈市农业产业价值链条的基本构成:上游的农业生产要素为农药、化肥、种子、机械等生产企业,中游为以农民为主体的农业生产活动,下游为农产品加工、销售的企业,农民的农业生产将两端连起来,农业价值链条相对简单。现有价值链条存在较大的问题,体现为上下游的企业规模化不够,特别是下游加工企业的利润率不高。需要拓宽产业链,提高产业链的价值增值,如图 5-6 所示。

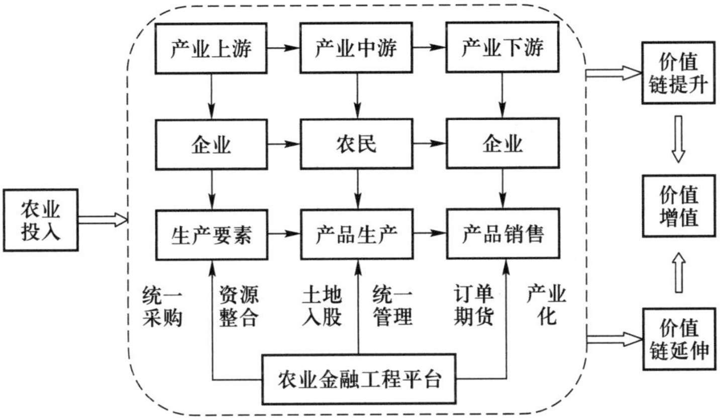

图 5-6 黄冈市现有农业价值链条分析

农业产业价值链条价值较低的主要原因是价值链条本身很短,那么提升产业价值链条就可以通过价值链的延伸来完成。

通过价值链的延伸,结合金融的手段,改变现有农业产业链,形成新型农业产业链,如图 5-7 所示。

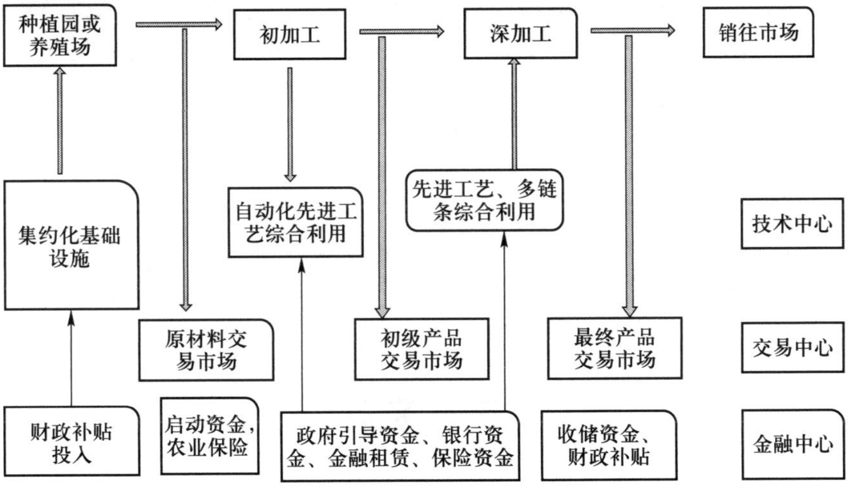

图 5-7 新型农业产业链

农业价值链条的延伸重在提高农产品附加值,并进一步提升农业资源使用效率。主要体现在上游资源整合、服务提供,下游农产品加工、销售的延伸。可以在农业金融工程平台的统一协调下,加速推进农业产业化,实现农业生产、加工、销售、服务一体化。可以协调成立服务站，负责引进农业科技及信息整理、农业生产资料的统一采购，在发展到较高阶段时逐步实现生产资料的研发生产。成立农产品加工厂，根据当地农业实际，加工农产品，迎合市场需求，并成立专门的销售公司，实现农产品附加值的提升。

二、农业金融服务支持体系

1. 服务农业内容及重点

金融服务农业的重点在于如何支持农业产业化的发展，支持的重点对象应是农民、农业合作社组织、农业产业化龙头企业。具体可以包括三个方面：支持农业基础设施与基地建设；加大对农业科研开发企业的信贷支持；支持农业技术培训与服务管理。

2. 创新开展农业金融服务

利用利益机制调节产业链利益分配。对于产业链中的各个主体，从维护每个主体的利益出发，利用利益机制来调节产业链的利益分配问题。

盘活农民手中资产。现在农民手中的主要资产是在集体土地上自建的房产和土地经营权、山林使用权。要让这些不可流动与不可变现的资产成为可变现的资产，只有盘活了农民手中的资产，农民才能有资金投入到农业生产和其他生产经营活动中，农民才能真正实现富裕。因此，必须探索盘活这些巨额资产的方式与途径，探索林权证与附着物抵押融资的机制与模式，探索土地承包经营权抵押融资的机制与模式，让资产变成资本，再以资本支持农业产业化的发展。

建立农村资产交易平台，完善交易机制。建立农村资产交易平台，成立农村集体资产交易管理机构，建设多级管理平台。在这个系统下，农村集体资产将实行分级交易。新成立的农村集体资产交易管理机构不以营利为目的，免费为农村集体资产的交易提供各种服务。

建立保险体系服务农业。大力发展农业保险，聚集和建立农业风险基金，及时有效地补偿农业灾害损失并迅速恢复生产，最大限度消除农业风险的不良影响，保障农业持续、稳定、健康发展。

参考文献

[1] 叶永刚，宋凌峰. 宏观金融工程论纲[J]. 经济评论，2007(1).

[2] 叶永刚，刘宇奇. 金融支持区域经济发展的路径选择[N]. 光明日报，2014(5).

[3] 孟庆轩，蒋涌. 企业增长模式转变的产业金融路径解析[J]. 区域发展战略，2011，2(6).

第六章　黄冈市红色文化旅游金融工程支持体系

第一节　研究背景与相关文献综述

一、研究背景

旅游业是凭借旅游资源，以旅游设施为条件，向游客提供游览服务的“无烟工业”。在市域范围内发展旅游业而形成的区域经济形态称为市域旅游经济，它是我国旅游业发展的基本载体和基本单元。近年来，我国对于将旅游业培育成国民经济的战略性支柱作出重要部署，提出要进一步加大金融对实体经济的支持力度，因此从金融工程支持角度研究市域旅游产业发展显得格外重要。

二、相关文献综述

关于大别山旅游产业发展，国内学者做了大量研究。余维祥(2012)[1]认为，发展大别山红色文化旅游唯一的办法是打破区域壁垒，加强区域金融资源的整合，提高服务水平；周海琼、任全玉、万琴(2014)[2]认为旅游业是最敏感的互联网行业之一，它与软件、网上书店一起被称为最适合网上经营的三大产业，发展网络营销和网络旅游是未来旅游发展的必然方向；汪立敏(2010)[3]认为黄冈应以黄冈市为中心，建设大别山红色旅游区、大别山生态旅游区、文化宗教旅游区，构造“一心三区”格局，打造“激情岁月红安游”“魅力黄冈名山名寺游”“大别山旅游圈跨区游”三大空间产品组；方华国(2007)[4]认为发展大别山旅游业，能够实现大别山旅游区年可接待 1 500 万人次，提供就业岗位 50 万个以上，带动相关产业增加收入 500 亿元以上，年旅游收入达 100 亿元以上；朱书刚(2011)[5]提出大别山旅游产业发展五大建议：在谋划上要有大思路、努力实现资源大整合、着力解决资金不足的问题、加强与安徽省和河南省的联动、实现资源与环境永续利用。

第二节　黄冈市旅游业发展概况

一、黄冈市红色旅游产业发展概况

黄冈地处湖北省东部,大别山中部,北临长江,地处京九铁路中段。“英才辈出黄冈市,风光秀美大别山”,黄冈市大别山区旅游资源丰富,建设大别山红色生态文化旅游经济带是黄冈市政府为促进黄冈市经济发展做出的重大战略决策。黄冈市旅游业逐渐形成“一心三区”的重大战略格局,即以黄冈市为中心,以红安、麻城为主的大别山红色旅游区,以罗田、浠水、英山、武穴为主的大别山生态旅游区,以黄州、团风、蕲春、黄梅为主的文化宗教旅游区。

(一) 黄冈市红色旅游产业现状

黄冈既是鄂豫皖革命根据地的中心,还是中共早期活动的重要基地。在这里相继发生了“黄麻起义”、新四军中原突围、刘邓大军千里跃进大别山等重大革命历史事件,培育了董必武、陈潭秋、包惠僧三名中共一大代表,董必武、李先念两位国家主席,林彪、王树声、韩先楚、陈再道、陈锡联、秦基伟等 200 多名开国将帅,组建了红十五军、红四方面军、红二十五军、红二十八军等革命武装力量,先后有 44 万黄冈儿女为中国革命事业英勇捐躯,铸就了“紧跟党走、不屈不挠、艰苦奋斗、无私奉献”的老区精神。大别山是名副其实的红色旅游胜地,黄冈市因此被列入全国红色旅游十二大旅游区之一。

黄冈在大别山旅游区中具有举足轻重的地位。红色旅游资源、生态旅游和文化旅游资源都非常丰富;黄冈是四省交界的边区,属于武汉城市圈、两型社会综合配套试验区,是湖北长江经济带的重要组成部分,区位优势十分明显。

目前黄冈市红色旅游主要有以下几个景点:

1. 黄麻起义和鄂豫皖苏区纪念园

黄麻起义和鄂豫皖苏区纪念园位于红安县城,是全国重点文物保护单位。1956 年为了纪念在黄麻起义和鄂豫皖苏区革命根据地斗争中牺牲的烈士而兴建。纪念园主要纪念建筑物有“一碑两场两园五馆”,即黄麻起义和鄂豫皖苏区革命烈士纪念碑、纪念碑广场、英烈广场、将军墓园、老红军墓园、黄麻起义和鄂豫皖苏区革命烈士纪念馆、黄麻起义和鄂豫皖苏区革命历史纪念馆、董必武纪念馆、李先念纪念馆、红安将军馆。

2. 李先念故居纪念园

李先念故居纪念园位于红安县高桥镇,与黄陂区的木兰生态旅游区隔湖相望。由李先念故居、李先念故居纪念馆、李先念图书馆等主体建筑和牌坊式门楼、停车场、围墙、综合服务房等附属设施组成。其中李先念故居是全国重点文物保护单位。整个建筑群北靠青山，南临池塘，西倚李家大屋水库，东望九龙冲口，是一个山清水秀、人杰地灵的地方。

3. 麻城烈士陵园

麻城烈士陵园位于麻城市城区，是全国重点烈士纪念建筑物保护单位，国家国防教育示范基地，全国 100 个红色旅游景区（点）之一，为纪念"黄麻起义"和缅怀鄂豫皖苏区革命先烈的英雄事迹修建。陵园主要景点有黄麻起义和鄂豫皖苏区革命烈士纪念碑、李硕勋烈士纪念广场、"红色中国"音乐纪念广场、麻城革命纪念馆、王树声纪念馆、王树声大将墓等。其中麻城革命纪念馆收录了 76 位烈士、44 位麻城籍将军、86 位英模的资料。

4. 七里坪长胜街

七里坪长胜街位于红安县七里坪镇，原名正街，始建于明末清初，距今已有三百多年历史。大革命时期是鄂豫皖革命根据地政治、经济、军事、文化中心，其南北走向长 650 米，均宽 5 米，条石铺面。沿街有光浩门遗址、七里坪工会、郑位三故居、苏维埃银行、食堂、红军经济公社、红四方面军指挥部、革命法庭等。长胜街内现有革命遗址 18 处之多，其中 8 处为全国重点文物保护单位，被誉为"一街八宝"，属典型的"革命文物一条街"，也是多部革命题材影片和电视剧专题片的摄制景点，是进行革命传统教育的重要基地。

5. 麻城博物馆

麻城博物馆位于麻城市城区，是一座以保护、收藏、宣传研究麻城革命文物和历史文物为主的综合性市（县）级博物馆。陈列内容分七个部分，从追寻历史、探索文化至家园更新、迈向复兴，再现了麻城人民走过的艰难曲折道路，展示了麻城从古至今的历史，以及改革开放以来取得成就，展出了大批珍贵的革命文物和历史文物。现有馆藏文物近万件，其中国家一级文物 9 件，二、三级文物 300 余件。

6. 英山革命烈士陵园

英山革命烈士陵园位于英山县城，是全国红色旅游百家经典景区之一。陵园主要收藏有毛泽东、周恩来、刘少奇、邓小平照片和相册 29 套；重点革命烈士照片 88 张；烈士人物档案 138 份；红军用过的杯子、布军鞋、大刀、刺刀、土枪土铳等 198 件。

7. 陈潭秋故居

陈潭秋故居位于黄州区陈策楼镇，由陈潭秋故居主体馆舍、陈策楼楼址和陈潭秋铜像广场三部分组成。1980 年修建的故居纪念馆，由原国家主席李先念亲笔题写馆名；陈潭秋烈士居室展出文物50余件，史料百份；陈潭秋铜像立于故居纪念馆院内，形象为身着西服（中共“一大”代表照），右手持一本进步刊物，眺望远方，代表了对中国革命充满必胜的信心。

8. 林育南故居

林育南故居位于团风县回龙山镇。林家大塆是林氏三兄弟（林育南、林育英与林彪）出生地。当地人自发集资修缮的三兄弟故居，虽因陋就简，但保存完好。其中林育南与林彪故居位于林家大塆，林育英故居位于回龙镇林家染铺湾，均为土砖建筑，基本保存了当年的风貌，故居内陈列了当年林家生活起居及耕作的器物。

（二）黄冈市自然生态旅游产业现状

目前黄冈市主要自然景观景点有：

1. 遗爱湖公园（国家 AAAA 级旅游景区）

遗爱湖公园位于黄冈市区，是一座集东坡文化、生态保护、休闲娱乐等于一体的综合性开放式公园。湖岸蜿蜒曲折，移步换景，整个湖泊小岛点缀，湖汊相通，丽质天成。公园由“一环、两片、五区、十二景”构成。一环是沿湖观光旅游的环形主路线；两片是东湖片区和西湖片区；五区是东坡文化休闲区、文化商业休闲区、竹园生态休闲区、原生态自然保护区和市民户外运动游乐区；遗爱“十二景”包含了中国传统文化中春夏秋冬、风花雪月、梅兰竹菊等元素，并且都与苏东坡人格魅力、人生历程、艺术作品紧密相连，情景交融，富有诗情画意。

2. 大别山主峰风景区（国家 AAAA 级旅游景区）

大别山主峰风景区位于英山县，又名吴家山国家森林公园。园内自然景观“主峰旭日”“挂天飞瀑”“石瀑鉴心”“松林奇观”“龙潭河谷”和“千年檵木园”“百年古藤园”被称为“神奇七绝”。人文景观包括石鼓庙和南武当则可佛、道双修，其中南武当武圣宫景区由九宫三院构成，已开放景点有武圣宫、灵宫殿、龙虎殿、钟鼓楼、配殿、宗师府、万人太极广场、书画院等。

3. 薄刀峰（国家 AAAA 级旅游景区）

薄刀峰位于罗田县，原名鹤皋峰，是鄂东著名的避暑胜地。景区由数十个群山组成，主峰大弧坪海拔 1 404 米。山势南北走向，侧看形如薄刀，横看如雄狮虎踞。诸峰中部的卧龙岗山峰奇拔，形如卧龙脊背，怪石嶙峋，千姿百态。景区历史悠久，人文景观十分丰富。现存有魏晋南北朝时期的“爵主庙遗迹”、南宋时期的“独尊古寺”、元朝时期的“铜锣峭壁”、元末明初的“鹤皋古寨”，还有明朝时期的“献旗岭”“摇旗岗”“歇马亭”“就义场”等人文景观。

4. 杏花村（国家 AAA 级旅游景区）

杏花村位于麻城市岐亭镇，是湖北省旅游名村。据专家学者考证，此村是晚唐诗人杜牧《清明》诗“清明时节雨纷纷，路上行人欲断魂。借问酒家何处有？

牧童遥指杏花村”所写的杏花村。另有《题木兰庙》诗为证,“弯弓片战作男儿,梦里曾强与画眉。几度思归还把酒,指云堆上祝明妃。”这是杜牧任黄州刺史时登木兰山(当时属齐安郡,今为武汉黄陂县)为木兰庙所题的诗。杜牧从黄州到木兰山,必定经过杏花村。杜牧清明遇雨,想借酒消忧解乏,正是这里,与隐居在杏花村的旧友陈季常邂逅。明清诗人也多有诗赋。清乾隆皇帝曾御赐巨匾“杏花古刹”于村庙。现有杜牧广场、杏花古刹、杏花书院、农耕文化博物馆、九骡山摩崖石刻等景点。

5. 东坡赤壁风景名胜区(国家 AAA 级旅游景区)

东坡赤壁位于黄冈市区,是全国重点文物保护单位。因为有岩石突出像城壁一般,颜色呈赭红色,所以称为赤壁。东坡赤壁的楼阁始建于西晋初年,距今约一千七百余年,后多次重建,现有面积四百余亩。

6. 三角山(国家 AAAA 级旅游景区)

三角山位于浠水县,因其三柱奇峰,状如兽角,突兀苍弯而得名。三角山素有黄州府“笔架山”之称,以雄、奇、幽、秀而闻名遐迩。三角山有大小山峰 28 座,有名胜古迹、革命纪念遗址等旅游景观景点 156 处,其中主要名胜景点有“两大革命遗址”“两大险境”“两大古寨”“三大主峰”“三大古寺”“四大古庵”“四大古树”“四大名洞”“八大奇石”,还有老鼠过粱、鹰沟峡谷、舍身崖、一线天,号称鄂东四大险境,雨后云海、林曦日出、森林沐浴等自然体验游各具特色,四季旅游皆宜。

7. 龟峰山——杜鹃花(国家 AAAA 级旅游景区)

龟峰山位于麻城市,被誉为“中华长寿山,世界杜鹃园”。龟峰山由神奇的龟头、雄伟的龟背和形象逼真的龟尾巴等九座山峰组成,最高峰海拔 1 320 米,景区标志性的奇特景观神形绝似一只翘首苍天的巨形神龟,堪称世界地质奇观,被誉为“天下第一龟”,又称“长寿山”。龟背岭上连片面积 10 万余亩古杜鹃群落,是当今世界发现的“分布最集中,林分结构最纯,种群面积最大,树龄最古老,保存最完好,株型最优美,景观最壮丽”的古杜鹃群落。

(三)黄冈市文化旅游产业现状

黄冈市历史文化源远流长。黄冈的历史文化名人有中国佛教禅宗四祖道信、五祖弘忍、六祖慧能,宋代活字印刷术发明人毕昇,明代医圣李时珍,地质科学家李四光,作家闻一多,国学大师黄侃,哲学家熊十力,文学评论家胡风,《资本论》中译者王亚南,等等。

目前黄冈市文化旅游景点主要有:

1. 四祖寺(国家 AAAA 级旅游景区)

四祖寺位于黄梅县大河镇,又名双峰寺、幽居寺、正觉寺,建于唐武德七年

(公元624年),是中国佛教禅宗第四代祖师道信大师的道场,也是五祖弘忍大师得法受衣之地,是中国禅宗丛林之始,被尊为"第一座禅宗祖庭"。如今的四祖寺是全国首批僧众集体定居传法、过团体生活、实行农禅双修的典范寺院。

2. 天台寺(国家AAAA级旅游景区——天台山)

天台寺位于红安县天台山,是佛教"天台宗"的发源地,以禅乐、禅茶、禅林为特色。目前天台寺禅乐成为中国佛教界一大亮点,并致力将天台寺打造成为国内第一座佛教禅乐寺院,着力把天台寺打造成为全国佛教五大名山——达摩道场。天台寺寺内有国内最高的一尊室内汉白玉佛像。

3. 将军红民俗文化村

将军红民俗文化村位于红安县七里坪镇,集住宿、餐饮、会议、娱乐休闲于一体,着力宣传红色旅游文化,参观红色革命人文景点;凸显地域特色民俗文化,欣赏民俗文化歌舞;展示农副土特产品,品尝农家饭菜,采摘蔬菜水果,体验农耕生活,是一个独具红色旅游文化的农家胜地。

4. 李四光纪念馆(国家AAA级旅游景区)

李四光纪念馆位于黄冈市区,与东坡赤壁风景名胜区毗邻,是全国科普教育基地、全国防震减灾科普教育基地。纪念馆由李四光纪念馆主体馆舍和李四光铜像广场两部分组成。主楼为四层"回"字形的仿古建筑。馆内陈列面积2 200平方米,展出藏品190余件。现常设八大展厅,内容以李四光生平事迹和科学研究为主线,其中以李四光生平展厅为重要组成部分。

5. 李时珍纪念馆

李时珍纪念馆位于蕲春县蕲州镇,依托李时珍墓而建,文物、文献展览和科普碑廊面积五千平方米,是全国重点文物保护单位,也是全国中医药文化宣传教育基地。

6. 普阳观

普阳观位于蕲春县城,建有"一观、二区、一带",是打造李时珍医道养生品牌的旅游景区。主要景点有:灵官殿、三清殿、钟鼓楼、五百灵宫殿、两殿三堂、放生池、元辰殿、太清殿、祖师殿、文昌殿、玉皇殿及普阳医院、普阳养生院、养生素菜馆、民族中医药文化一条街、太极医道广场、游客购物广场和教授苑等。

二、黄冈市红色文化旅游业发展面临的问题

(一) 资金短缺,红色文化资源、自然人文资源保护和开发相对薄弱

井冈山、延安、韶山是闻名全国的红色圣地,但是大别山的名声稍显逊色。然而,黄冈有着其他革命老区不可比拟的自然美景和历史文化。不可否认的是,

大别山地区是个贫困山区,资金匮乏,许多历史遗迹由于政府资金的匮乏没有得到有效的保护,而自然资源的开发也远远未达到要求。

（二）省市间缺乏实质性联合,旅游开发各自为政

最近几年,鄂豫皖三省在大别山旅游资源的开发中各自为政,合作甚微。2004年鄂豫皖三省签署了大别山红色旅游合作开发协议;而2007年大别山三省六市36县红色旅游骨干管理人员培训班、2008年大别山红色旅游骨干培训班、2009年鄂豫皖三省构建大型红色旅游景区等短暂合作只是昙花一现,没有建立长期合作的机制。

（三）旅游景点景区级别不高,缺乏特色旅游路线设计

大别山旅游线路设计较不合理,没有全国性的知名景点,景点分布较为分散,各地在宣传上各自为政,并没有形成一个整体。从旅游路线设计来看,中国30条红色旅游精品线中大别山只有两条,还需要凝练出更多的精品旅游路线。

（四）旅游形式单一,缺乏看点和兴奋点

目前的旅游景点都是静态的图片、物品和影像资料,游客并没有身临其境,得不到最好的旅游体验。如果在现有的景点中增加一些互动性和体验性的项目,必然会对大别山旅游业的整体提升有巨大的促进作用。

（五）旅游基础设施滞后,服务质量有待提高

大别山旅游区基础设施落后,通往景区高速公路较少,路标不明显,路况较差;旅馆条件简陋,卫生状况堪忧,餐饮服务较差;更缺少规模接待的集会议、住宿、餐饮、休闲娱乐为一体的大中型会议中心。

第三节 黄冈市红色文化旅游金融工程整体规划

一、市域旅游业金融工程支持框架

金融支持市域旅游业发展实质是银行等金融机构和金融市场,通过金融工具和手段影响资本的分配,为旅游业各部门和企业提供各种资金支持,进而作用于其他生产要素的分配,最终调整和优化旅游产业结构。金融相关机构不仅要从量的方面保证旅游业发展的动力,还要在质的方面注重金融产品的创新。

金融业对旅游业的支持主要体现在三个方面:金融资本支持、金融服务支持和金融政策支持,如图6-1所示。而支持渠道或方式有两种:一是通过金融市场

的运作对旅游产业的资金供给和需求进行匹配，从而促进旅游产业结构调整和升级；二是通过金融支持（包括信贷政策、财政政策和税收政策）和产业政策共同影响旅游业的发展。

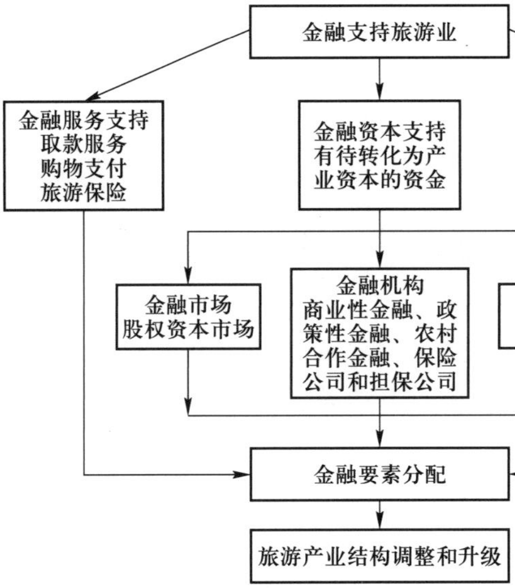

图 6-1　市域旅游业金融工程支持框架

二、金融支持市域旅游业的发展模式

金融支持市域旅游业发展的模式主要包括以下几种。

（一）政府主导，以财政资金为主的管制性支持模式

该模式主要包括政府财政资金和政府债务融资，旅游业完全由政府主导投资与建设，政府的高投入是旅游业增长的源泉，一般来说国有企业是最大的投资主体，还包括源于招商引资、拍卖土地资源和转让部分国有企业事业资产所得资金。

首先，这种政府主导投资模式对于规划产业布局、控制产业规模有益，但缺点是资金存量的有限性日益突出；其次，影响了资源的有效配置，尤其是降低了资本效率，使中小企业受困于封闭自营状态；最后，投融资渠道单一、狭窄，不仅限制了产业链整体投资规模，还阻碍了旅游产品的有效整合。

（二）政府主导，以信贷市场为核心的传统金融支持模式

这是一种传统放贷模式，例如我国旅游胜地丽江和张家界就是采用这种模式，如表 6-1 所示。

表 6-1　张家界旅游业金融支持模式

资本市场	1～2 家上市企业带头	
信贷市场	项目	资金来源
	基础设施建设	四大行贷款+外国政府贷款
	景区景点	银行贷款
	酒店	银行贷款
	旅游产品	银行贷款
	旅游文化产业(民营中小企业)	银行贷款+自筹+非正规渠道

（三）市场主导,以民营资本为主的金融支持模式

这是一种市场化发展模式,即完全依赖市场进行资源包括资本配置的模式。该类市域旅游业在开发初期便以民营资本为主,以民资开发为特点的"一次创业"成功使旅游市场实现了产业的原始积累。市场化的投资模式将全社会的资金都引入旅游产业链,资金来源于政府之外的多元化投资渠道,为旅游发展注入活力,有利于支持旅游业中小企业发展。

但是市场化投资是以完全竞争为基础的,而旅游资源和产品的稀缺性和独特性,不具备完全竞争的条件,因此运用该模式的市域很少。同时通过市场价格来调节供需具有一定的局限性和滞后性,也导致市场化模式的失效。

第四节　黄冈市红色文化旅游金融工程实施路径

一、旅游产业价值链条分析

（一）旅游产业链

旅游产业链是旅游产业内部不同企业承担不同的价值创造职能,共同向消费者提供产品和服务时形成的分工合作关系。

旅游产业链以旅游产品为基础。游客在旅游产业链条的所有环节享受不同供应商的产品和服务,不仅包括旅行社、交通部门、饭店、宾馆、景区景点、商店、休闲娱乐设施等旅游核心业务,而且还涉及农业、园林、建筑、金融、保险、电信、政府、媒体和广告协会等辅助行业和部门。前者是产业链的各个环节,后者为产业链运转提供必要的保护和支持元素。

如图 6-2 所示,旅游核心产业链包括上游旅游资源开发、中游旅游产品生产、下游旅游产品销售到最终产品消费四个部分。旅游资源规划开发是由政府和协会组织,对景区进行基础设施建设和景点设计和开发。旅游产品生产环节

涉及餐饮、酒店、交通、景区、购物、娱乐等产业。旅游产品销售是由批发零售商、广告媒体等承担的。旅游产品的销售对象是个人散户和团体游客,如图 6-3 所示。

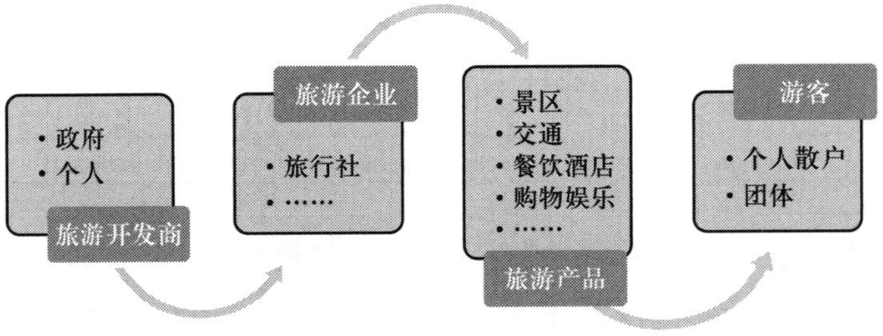

图 6-2　旅游产业链

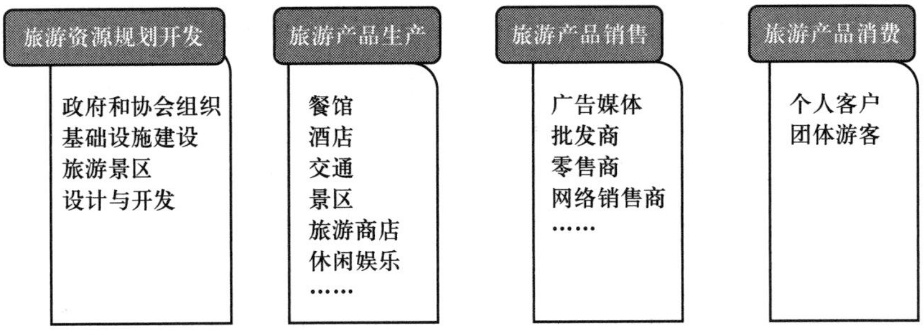

图 6-3　黄冈旅游核心产业链

如图 6-4 所示,在旅游辅助产业链中,林业、电力、建材、房地产、金融、保险、医疗卫生等辅助产业和部门起着保障和支持旅游产业链的动态链接和正常运营的作用。

图 6-4　黄冈旅游辅助产业链

（二）旅游产业链的增值

旅游产业链的增值可以通过建立纵向产业链体系、纵向产业链延伸以及横向产业链整合三种具体途径来实现。

1. 纵向产业链体系

旅游垂直产业链系统由上游和下游节点企业组成，如图 6-5 所示。产业链上游是大型旅游运营商，其中包括大型旅行社和大型旅游网站（如携程网）。旅行社是旅游者和景点之间的接口，是旅游产品的“分销商”。旅游网站、旅游运营商平台掌握了大量的信息和市场话语权，而且还可以成为产业链核心企业。

产业链下游的节点企业——旅游服务提供商，包括直接提供游客食、宿、行、游、购、娱等旅游产品或服务的节点企业。它们直接面向旅游消费者。

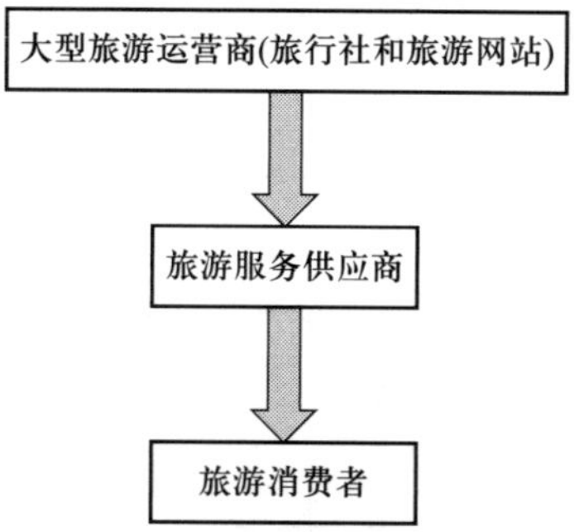

图 6-5　旅游纵向产业链

2. 纵向产业链延伸

纵向产业链延伸包括核心、节点企业之间纵向扩张和节点企业延伸两个方面。产业链纵向扩张包括纵向一体化和纵向约束两种情况。纵向一体化指企业向其上游产业或下游产业的扩张，包括前向一体化和后向一体化两种形式。旅游交通运营商为了更好地利用客源销售渠道，向上游兼并旅行社就是前向一体化。大型旅游运营商为了节约成本，直接收购景区就是后向一体化。纵向约束是对节点企业施加的若干限制行为，包括权利限制和价格限制，而旅游产业链延伸中以价格限制为主。

节点企业可以根据自身特色，延伸出若干链条。例如，处于节点位置的餐饮企业，对餐饮部门上游企业（农产品及特色产品种植企业、农产品加工企业、包装企业）和下游企业（运输企业、销售企业）进行整合，使之向上游拓展，向下游延伸，在加强自身企业核心竞争力的同时，打造出一条食品产业链条。

3. 横向产业链整合

这是对产业链核心企业或节点企业实行兼并、重组等方式，扩大经营规模或组建产业链的若干子链。产业链水平(横向)整合可以有两种方式,一种是进行水平(横向)合并;另一种就是建立横向联盟,典型的就是价格联盟。旅游产业链的横向整合目的不是提高市场势力、增加垄断利润,而是减少横向分散风险。

产业链横向整合主要表现为横向对接,即实现旅游产业链中六部门(吃、住、行、游、购、娱)的连接以及旅游产业链中企业之间的联合和重组,还包括同一类旅游资源的对接。如旅游景区实现横向兼并,收购当地的饭店、宾馆、旅游纪念品生产制造商、地接社、旅游车队等企业,以及旅游景区之间的横向合作等,从而实现链条横向整合。

二、旅游业发展金融工程支持体系研究

旅游业是黄冈市的主要产业之一,也是黄冈县经济发展的重要支撑。大力发展旅游业离不开金融支持。利用金融的手段能够帮助黄冈市募集资金,大力发展旅游业,推动经济的跨越式发展。

黄冈市的旅游业应该上升到文化产业的高度。目前,我国正在大力推进文化产业的发展。“十二五”规划纲要提出,“要推动文化产业成为国民经济支柱性产业,增强文化产业整体实力和竞争力”。这标志着国家已经将文化产业认作支柱产业,上升到国家战略的高度。在文化产业的大旗下促进旅游业的发展,能够更好地利用各类资源。

(一)旅游产业链融资体系的基本框架

黄冈市旅游产业的融资体系应当在符合黄冈市经济特点的前提下,坚持以政府为引导、以信贷市场为基础、充分运用资本市场的原则,大力开发新型多元化融资方式覆盖旅游产业链,保证旅游开发的持续进行。

“以政府为引导”是指在构建黄冈市旅游产业链融资时,政府发挥引领作用,带动各金融机构和企业实现有效对接,使各市场主体的融资行为规范、有序地进行。

“以信贷市场为基础”是指进一步加大传统信贷资金的支持力度,创新贷款抵押方式,旅游行业的景点门票收入、娱乐项目收入、酒店收入、餐饮收入、会展收入等都可以作为整合的资源,开发丰富多样的信贷品种,充分发挥银行类金融机构的支撑作用。

“充分运用资本市场”是指通过组建发达的金融市场,综合考虑各资金需求方的风险及收益特征,用市场化的行为将资金配置到旅游产业链的各个阶段和不同规模的企业中,力争实现资金使用的高效性。旅游企业可以在金融市场上选择发放债券或股权融资的方式融资,努力使市场上的融资额占到旅游企业融资需求的一半。

"多元化"既指投资主体多元化,也指融资方式多元化。大力开发新型融资方式,如发展融资租赁服务公司、建立旅游信托基金、组建金融控股公司、筹集风险资金以及运用项目融资等。

图 6-6 为旅游业产业链融资体系框架。

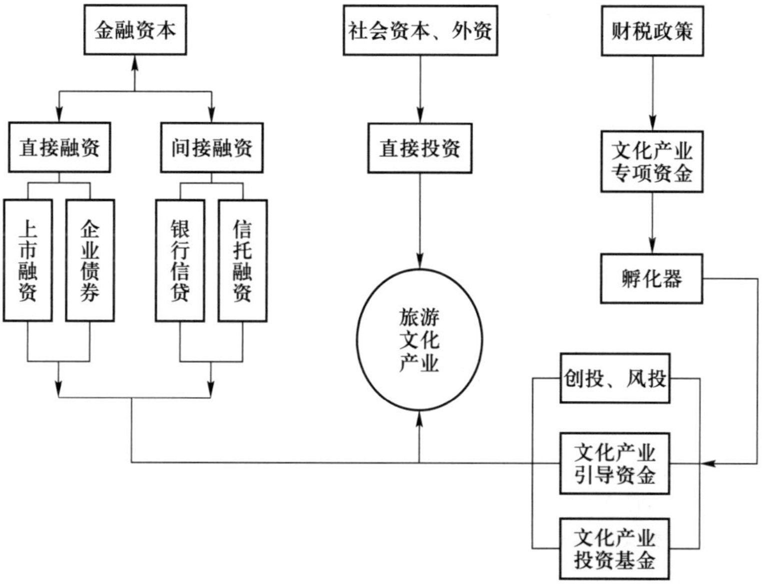

图 6-6 产业链融资体系框架

（二）旅游产业链融资体系构建

1. 纵向产业链融资

根据旅游产业链特点和各阶段风险的大小,资金来源如表 6-2 所示。其中在旅游产品生产阶段,由于涉及的企业和产业种类众多,因此融资方式较多,应积极发展集合融资和项目融资等新型融资方式,调整融资结构。

集合融资是解决中小企业融资难的重要途径,具体包括中小企业集群贷款、旅游产业集合债和集合资金信托计划等。项目融资是指推出有利于调整产业结构的项目,来吸引各方企业和机构投资,一般以项目最终的运营收益来偿还本息的一种融资方式。具体来说,包括 ABS、BOT 等,可以来共同承担旅游景区景点的建设项目投资。ABS 即资产证券化,将未来能产生稳定现金流的资产证券化,如景区的门票收入、酒店餐饮收入、娱乐休闲项目收入和会展收入都可以作为整合资源,以此发行资产支持债券来筹集资金;BOT 即建设—经营—移交模式,政府与私人机构或外商达成协议,与项目公司签订协议规定双方权利和义务,政府提供部分资金和信誉方面的支持,运营期限结束后将项目移交给政府。

表 6-2　纵向产业链阶段融资

产业链阶段	旅游资源规划与开发	旅游产品生产	旅游产品销售
风险大小	非常大	中等	正常
资金主要来源	政策性资金 风险投资 银行贷款	项目融资 股权融资 债券融资 集合融资	银行贷款 商业融资 集合融资

2. 横向项目融资

按照旅游业产业链上各项目的性质可以划分为经营性项目、准经营性项目和非经营性项目三类，再根据项目的性质决定项目适用的投资主体、融资渠道和融资产品，如表 6-3 所示。

表 6-3　横向项目融资

项目属性分类	旅游项目	效益属性	融资方式
经营性项目	旅游地产、景区建设、旅游购物建设项目、酒店餐饮、旅游车船购置等	经营性	创新贷款抵押方式，尝试旅游证券化，景区和酒店餐饮等相关企业可采取门票收入质押贷款、存款抵押贷款、应收账款抵押贷款、股权质押及注册商标权质押贷款等，旅行社可采取旅游车辆动产抵押贷款等，还可以培育旅游企业上市，实行企业债券融资等
准经营性项目	基础设施建设以及水电、污水卫生处理、环保处理等	兼具公益性和经营性	市场化融资和政府资金结合，政府资金包括财政资金、旅游业发展基金、税收减免、政府信贷
非经营性项目	前期规划、不能收费项目、项目前期工作等	公益性	政府政策性资金（包括财政担保的银行信贷资金和政府直接财政资金）

3. 多元化融资体系

图 6-7 为多元化融资体系。

三、旅游股份有限公司上市工程

（一）成立旅游股份有限公司

首先，黄冈市的旅游资源丰富；其次，黄冈市旅游景点众多，可以成立旅游股份有限公司来整合零散的资源，达到聚集要素的作用；最后，利用股份有限公司

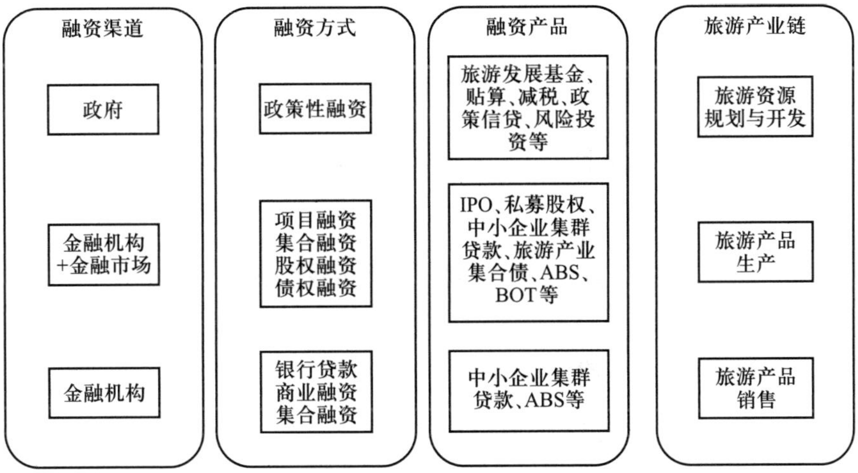

图 6-7　多元化融资体系

的设立，自然地发挥股份制改造的作用。

（二）选择多个发起人联合上市

多个发起人联合上市可以增加上市的资金力度，提高上市的成功率。多个发起人的选择可以是旅游股份有限公司和黄冈市拥有大额资产的旅游类公司，例如高档酒店。公司的资产可以整合景点全部资产、经营性资产、房产。上市的板块可以选择中小板或者创业板。

（三）整合全县的旅游资源

成立旅游股份有限公司，整合所有景点资源。同时根据各景点的分布情况成立分公司，在这种总公司、分公司的组织架构下，资金运作更加便捷。

1. 资产证券化

资产证券化并不体现在资产负债表项，它出售的是未来的收入，由金融机构评级并担保，更为安全。旅游基础设施建设的特征是持续、稳定、收入安全，适合采用资产证券化融资。

2. 景点门票收入权质押

银行现行贷款模式通常是固定资产质押模式，但是旅游企业往往有更多的无形资产，固定资产较少，并且旅游公司有更为稳定的现金流——门票收入。用门票收入质押融资，可以更为持续和稳定地获得融资。

3. 建立黄冈旅游产业基金

旅游项目规模不断扩大，应该相应增加旅游投资的规模，单个投资者往往难以完成大规模的投资项目。现在黄冈旅游区没有相应的产业发展基金，资金不能整合，投资规模小，投资回报较差。应采取市场化融资方式，加强经营，投入基础设施项目。通过产业发展基金的方式直接融资，不仅有利于分散风险，充分吸收社会闲散资金，同时也有利于改善社会资本和资本市场的配置结构。中国已颁布了《设立境外中国产业投资基金管理办法》《证券投资基金管理暂行办法》和《产业投资基金管理办法》，对基金的设立和运作提供了法律保障。

第五节　政策支持建议

一、因地制宜，培育旅游品牌

一是发展罗田县罗九、罗胜两个百里板栗经济带，每年举办一次板栗节，通过节日的契机来吸引消费需求，从而打造旅游品牌。

二是发展休闲农业旅游区，大力发展农家乐等旅游形式，让城市居民品尝农家饭菜，欣赏田园风光。

三是建立大型花卉苗木及中药材生产基地，尤其是蕲春的中药材研发基地。通过花卉、苗木和中药材的种植，向游客宣传普及黄冈的地理特征和历史文化以及科学常识。

四是围绕李时珍、万密斋保健医学和罗田三里贩、英山城关温泉疗养，开发康复保健旅游，并开办万密斋养生学培训班，建设两个温泉疗养度假旅游胜地。

五是围绕板栗、甜柿、根雕、竹制工艺品、森林野菜、民间工艺品、丝绸、酒类及其他土特产品，精心设计包装，形成有特色的知名地方品牌。

二、打破区域障碍，科学合理规划旅游路线

大别山红色旅游的发展要打破区域壁垒，形成统一的红色旅游市场。与井冈山、延安、韶山等红色旅游不同的是，大别山红色旅游资源不是在省级地区，而是分布在三个省份，包括河南、湖北、安徽的共六个城市，也就是说，大别山红色文化资源属于河南、湖北、安徽共有，任何一个省开发的范围都只能是部分大别山红色文化，并不能反映全貌。因此，大别山红色旅游开发合作，只能采取省际合作的方式。第一步是整合文化资源，设计一些旅游线路，旅游线路既要考虑历史传承和当地的风俗，还要体现现代旅游特色，凸显大别山区的特点和建立电子商务市场，建立地方特色工业产品展示和交易中心，建立网络交易中心，以提高黄冈市的定价话语权，拓展销售渠道。

三、深入挖掘整理和保护红色文化资源

在整个新民主主义革命时期,黄冈一直是大别山革命老区的战略后方,遗留了丰富的革命文物,也有大量革命古迹和名人革命旧址,尤其是一些非常有趣的战争故事,如果没有收集,很可能会慢慢流失。因此,各地要组织专门人员收集红色旅游资源,尽可能还原历史的真相,各个线索相互印证,增强红色文化的资源真实性和信誉。

四、加大宣传力度,提升大别山旅游区的形象和地位

大别山红色旅游宣传推介活动要改变以往各自为政的单兵作战做法,形成整体包装、统一协作、立体交叉和全方位多途径多形式的大兵团作战机制,将大别山这张红色旅游品牌打遍全国,推向世界:一要有统一的宣传口号,要从大别山红色文化资源整体出发,凝练出具有大别山红色文化特色的主题广告词,建议以“红色的摇篮,将军的故乡;魅力大别山,一览永难忘”作为统一的广告宣传主题口号。二要多途径宣传推介,利用广播、电视、报纸、杂志、网络等大众传媒工具扩大对外宣传力度,要在大别山区域内和周边地区的城市和交通要道设立大型户外广告牌,在旅馆、车站、机场、码头等人流集中的地方设立标语广告,强化大别山红色旅游形象。要充分利用国内旅游交易会、推介会,争取旅行社的支持,将大别山红色旅游作为重要旅游产品向社会推介。三要运用多种形式宣传大别山红色文化资源,要将大别山革命根据地艰苦卓绝、如诗如画的斗争场景,通过图书、电视、电影、演唱会、研讨会等形式展现给全国亿万观众,提升大别山在人们心目中的位置,让大别山真正成为人们向往的旅游目的地。

五、多渠道融资,打造精品旅游产品

旅游品牌投资开发资金需求量大,绝非仅依靠黄冈市或湖北省自身投入就能解决所有景区景点建设的资金问题。要按照内引外联、“谁投资谁受益”的原则吸引各方资金向旅游产业聚集,在积极争取中央红色旅游专项资金支持省市加大投入的同时,要遵循市场经济规律,坚持国家、集体、私人、外资四轮驱动,采取上争、内引、外联等办法多方筹措资金,不断推进投资主体多元化,鼓励民间资本、民营企业参与旅游投资开发经营,努力拓宽旅游业的融资渠道。由黄冈市县两级政府共 12 个股东单位共同出资组建的注册资金 3 亿元人民币的黄冈市大别山旅游开发有限公司于 2010 年 5 月 31 日正式成立,建议组成股份公司,争取早日以黄冈旅游或大别山旅游的公司名称在深圳中小版上市,还可通过发行企业债券等融资方式筹措资金。

六、要改善旅游路线的交通等配套设施条件

黄冈位于楚头吴尾和鄂豫皖赣四省交界，与省会武汉山水相连，是武汉城市圈的重要组成部分。境内依傍一条黄金水道（长江），紧邻两座机场（武汉天河机场、九江机场），贯通四条铁路（京九铁路、合九铁路、京广铁路、沪汉蓉快速铁路），飞架六座长江大桥（鄂黄大桥、黄石大桥、九江大桥、鄂东大桥以及建设中的黄冈长江大桥和九江二桥），纵横六条高速公路（沪蓉高速、黄小高速、麻武高速、武英高速、大广北高速以及建设中的麻竹高速），具有“承东启西、纵贯南北、得中独厚、通江达海”的区位优势。

对精品旅游路线，要尽可能以高速公路贯通，或与高速铁路对接，通往分散景点的道路，也要拓宽硬化，设置明显道路和旅游指示标志，以方便游客游览，完善旅馆、餐饮、购物、会议、疗养、休闲、娱乐等配套设施建设，强化服务功能。要提高旅游配套基础设施的档次和水平，让游客住得舒适、吃得香甜、买得满意、玩得开心。

七、加强与安徽省和河南省的联动

大别山红色旅游无疑是一个整体品牌，它不专属于某一省或一市，而是鄂豫皖三省六市共同的资源和财富。黄冈市要想真正打造好大别山红色旅游这一品牌，加快推进黄冈市大别山旅游经济带建设，就必须切实加强与安徽、河南两省的联动，联手打造大别山旅游精品。目前鄂豫皖三省已签署了大别山区域六市政府红色旅游合作协议和鄂豫皖三省六市 36 县大别山红色旅游区域联合宣言，这对形成大别山旅游品牌合力起到了很大的推动作用，对大别山三地实现旅游资源共享、优势互补、客源互送、利益互惠起到了推动作用。协议和宣言需要有组织或机构去落实，建议建立大别山红色旅游区域协作联合会，或者大别山红色旅游区域协作协调办，制定协商章程，可由鄂豫皖三省的全国人大代表和全国政协委员在全国两会期间联名提出议案和提案，倡议国家设立跨省市的大别山旅游经济带，争取国家有关部门给予更多的政策资金和基础设施建设方面的支持。

八、保护景区生态环境

黄冈市属于武汉城市圈两型社会综合配套试验区，旅游业虽说是最契合两型社会建设要求的产业，但并不等于是无污染产业。旅游业也会产生各种废物垃圾，由于开发不当、管理不善和一些游客缺乏环保意识，也会有意或无意地破坏旅游景区的环境和生态。要使旅游业长盛不衰，就要保护环境和生态，要严格执行旅游项目环境影响评价制度，提升旅游景区的开发档次和品质，加强对景区

和文物古迹的有效保护，防止破坏性建设和建设性破坏，倡导低碳旅游、绿色旅游方式，实现资源与环境的永续利用和旅游业的可持续发展。

参考文献

[1] 余维祥. 大别山红色文化旅游资源的整合与开发[J]. 黄冈职业技术学院学报,2012,14(2).

[2] 周海琼,任全玉,万琴. 大别山旅游网络营销策略研究[J]. 中国市场,2014(34).

[3] 汪立敏. 构建大别山旅游经济带,加快黄冈旅游产业深度开发[N]. 湖北旅游,2010(1).

[4] 方华国. 关于黄冈大别山旅游开发的思考[N]. 黄冈日报,2007-02-10(1).

[5] 朱书刚. 关于加快推进黄冈大别山旅游经济带[J]. 财经政法资讯,2011(5).

第七章　黄冈市保险业金融工程支持体系

第一节　研究背景和理论框架

一、研究背景与意义

2014年黄冈全市商业保险机构实现保费收入54.88亿元,增长21.75%;各项赔付和给付支出22.38亿元,增长39.71%。黄冈市保险业存在的主要问题在于:一是车险市场竞争仍然不规范,行业整体合力不足,受制于掮客,大多数主体公司运营维艰;二是中介搅局,既抬高销售费用,又导致保源流失,影响了区域保险业发展;三是寿险市场销售误导,合同纠纷时有发生,折射出保险销售管理方面有待加强;四是"新国十条"政策利好落地不够,保险业社会地位和作用难以彰显,业务发展困局仍然没有得到缓解。

市域保险业金融工程旨在从金融工程的全新视角,研究市域保险业风险管理和发展策略,以及市域保险业和其他金融业态共同服务市域民生保障和经济发展的问题。实施市域保险业金融工程具备显著的现实意义:第一,助力政府构建"三农"全面保障体系。改善市域民生保障仅仅依靠政府财力往往捉襟见肘,市域金融工程平台通过建立政府与市场有效衔接的民生保障机制,在市域巨灾保险、农业保险以及农村居民健康、养老保险方面大有作为。第二,推进市域新型城镇化建设步伐。新型城镇化建设资金缺口较大,市域保险业金融工程将促进保险资金的多元化运用,充分发挥保险资金期限长、成本低的特点,在支持市域基础设施建设、棚户区改造、农村危房改造等民生领域发挥重要作用。第三,促进市域产业做大做强。通过为市域小微企业和主导产业提供资金支持,能够实现主导产业价值链的增值与拓展。同时,通过推出中小企业贷款保证保险、商品价格波动保险、物流保险、旅游保险等业务品种,能为相关产业的经营和发展提供保障。

二、市域保险业金融工程的理论框架

市域保险业金融工程的主要内容包括价值工程、资金工程、风险控制工程和

宏观调控工程四个支持体系。价值工程是探索市域保险公司价值增值和价值创造的方法途径,运用金融工程的结构化思想,整合各类资源,在实现保险业盈利目标的同时,实现对市域经济和产业发展的保障;资金工程则是保险业实行保费收入与保险资金运用的动态平衡,是指市域保险业和其他金融业态一起,在控制风险的前提下,为市域经济发展提供融资支持;风险控制工程是指以整个市域保险业为标的,在分析流量指标之外,综合运用静态的宏观资产负债表和动态的或有权益分析法,通过宏观与微观、动态与静态分析的统一,实现对市域保险业风险的度量和控制,减少自身经营的不确定性,为保险业可持续发展提供保障;宏观调控工程是指用好政府和市场的手,实现市域保险业机制创新与资源整合。

市域保险业金融工程的理论框架如图 7-1。

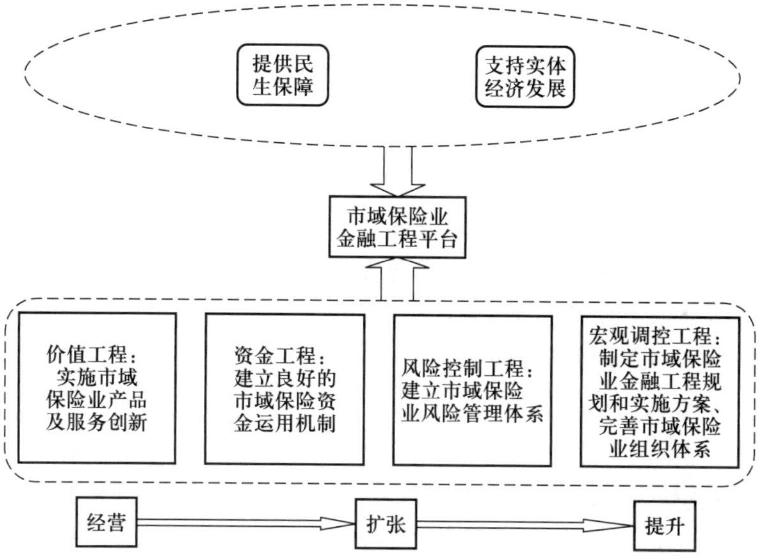

图 7-1　市域保险业金融工程整体框架

第二节　市域保险业金融工程的主要内容

市域保险业金融工程涉及五个方面的工作:制定市域保险业金融工程规划和实施方案、完善市域保险业组织体系、实施市域保险业产品及服务创新、建立良好的市域保险资金运用机制、建立市域保险业风险管理体系。

一、制定市域保险业金融工程规划和实施方案

具体包括:召开本市保险业调研会;制定市域保险业金融工程的规划并征求相关部门意见;制定市域保险业金融工程的实施方案,包括目标要求、实施内容、实施步骤、考评细则、制度、组织和经费保障等;市级党委政府会议通过规划及其实施方案;各县(区)动员和推进;各级金融办负责协调和督办。

二、完善市域保险业组织体系

完善市域保险业组织体系,主要是指在政府引导下,构建政府和市场优势互补的局面,充分发挥保险业对市域保险保障和经济发展方面的双重功能。

(一)加强政府引导

一是把发展市域保险业金融工程平台作为市域经济和社会发展的重大计划,应用财政手段给予支持,建立涵盖保险业监管机构、保险企业、其他金融业态、保险保障机构、投保对象和保险业智库的开放式系统;二是市级政府要以制度建设为基础,以财政支持下的多层次风险分担为保障,结合本市经济金融发展的特点,研究地方风险点,结合民生保障的现实需求,有针对性地出台扶持政策。包括研究落实三农保险专向补贴或保障基金、政策性保险全覆盖、鼓励创新政策性保险和商业保险相结合的业务品种等方式。要协助有关部门设计推出巨灾债券、巨灾期货等保险衍生产品,通过资本市场将庞大的社会资本引到保险市场中,解决保险业发展过程中的资金瓶颈。

(二)健全保险业监管机构

应积极探索保险监管的有效方法和模式,不断提高对保险市场的驾驭能力,切实防范和化解风险,保险被保险人权益,实现监管水平的不断提升。具体实施方式上,可实施监管机构下沉,完善监管职能,通过设立保监派出机构或者县域保险业协会,加强行业监管,弥补县域保险经营机构良莠不齐、监管缺位、恶意误导销售等现状。此外,还应加强诚信教育,提高市场透明度,开展行业自律,强化监管约束,多措并举,综合治理保险市场不诚信、不规范行为,努力形成诚实守信、依法经营的健康保险文化,实现诚信规范领先。

(三)丰富保险主体数量和类型

应当综合考虑本市经济总量、发展速度、人口数量、居民可支配收入、风险暴露程度等多重因素,科学测定区域内保险业机构容量,既能保证本市保险业的服务能力,又能避免机构饱和后的无序竞争。借鉴国际成熟市场经验,在区域保险业机构容量的承载范围内,丰富保险主体数量和类型,完善各类主体之间以技

术、业务、人才为纽带的专业协作机制，形成多元发展、门类齐全、功能互补、充满活力的保险市场体系，实现市场体系领先，提升保险业整体服务能力。

三、实施市域保险业产品及服务创新

保险机构要因地制宜地开展金融创新服务，开发适合本市经济发展和居民需要的保险产品，完善保险服务渠道，做好保险产品宣传和推广工作。一是充分结合市域风险特点和居民实际购买力，开发面向本地区居民的教育、健康、医疗、养老和财产保险，以及保单质押融资、中小企业贷款保证保险等融资支持业务品种；二是积极探索通过银保合作、保险中介机构、邮政窗口、村镇保险营销专员等多种方式，构建多层次、全覆盖的保险销售和服务网络，快速响应市域保险服务需求；三是开辟银证保合作的新局面，促进政策性保险和商业保险的快速发展。

四、建立良好的市域保险资金运用机制

借助市域保险业金融工程平台，通过保险业与其他金融业态的协同发展，加大对区域实体经济的支持力度。具体包括：第一，实施市域保险业金融工程与主导产业金融工程、新型城镇化金融工程的协同发展。市域保险资金要发挥机构投资者的优势，利用债权投资计划、股权投资计划、资产证券化、产业投资基金等方式，积极支持市域重大基础设施建设、新型城镇化建设等民生领域，同时为市域小微企业和主导产业发展提供资金支持。第二，实施市域保险业和银行、证券、担保、小贷、互联网金融、民间金融机构等多层次资本市场对接，发挥保险资金对社会资金的先导作用。第三，鼓励设立专业型保险资产管理机构，为保险资金的运用提供更专业和便利的服务。

五、建立市域保险业风险管理体系

保险业风险管理体系包括管理制度和管理工具两个方面。管理制度包括：第一，在金融办指导下，建立由人民银行牵头，保监部门和行业协会协助的金融监管协调机制，签订监管备忘录，建立联合检查机制，以利于联合行动，提高监管效率；建立紧集磋商和风险处置制度，对风险事件实行分级管理，制定分类处置预案。第二，建立市域保险机构经理联席会制度，制定行业自律公约。第三，编制本市保险业宏观资产负债表，构建日常管理机制和应急管理机制，对保险业的金融风险进行监测和管理。第四，建立市域保险业金融信息服务中心，完善保险业金融工程信息管理体系。

管理工具包括：一是通过保险业信用环境建设实现风险分散；二是通过期权

和衍生品工具实现风险转移；三是通过引入担保机构、政府风险保障基金和风险补贴等方式，缓释保险业风险。

第三节 黄冈市保险业金融工程方案设计

一、基本原则

市域保险业金融工程是保险业在新形势下创造性地保障市域经济、造福市域人民、构建和谐湖北和实现中部崛起的重要举措，有利于加快市域保险业发展进程，为经济运行保驾护航；有利于完善社会保障体系，实现支农惠农；有利于优化市域金融资源配置，健全金融体系；有利于创新社会管理和公共服务体系，提高政府行政效能。

二、工作目标

借助黄冈市市域保险业金融工程平台，建立政府与市场优势互补的民生保障机制，满足本市全方位的保障需求；发挥本市公共服务功能，提升本市公共服务水平和运营效率；优化配置保险资金，加快本市新型城镇化建设步伐，促进经济提质增效；完善本市农业支持保障体系，为发展三农事业奠定坚实基础；促进本市主导产业和特色产业的持续稳定发展。

（一）总量目标要求

黄冈市保险业金融工程的总量目标要求包括：保费收入、保险深度、保险密度、保险覆盖率、成立县域保险业协会、新引进保险机构的数目等。

（二）保险资金运用目标

黄冈市保险业金融工程保险资金运用目标要求包括：保险资金投资规模及投资结构，诸如保险资金投资新型城镇化建设规模、保险资金投资“三农”规模、保险资金投资小微企业规模、保险资金投资本市主导产业规模等。

（三）市场组织体系目标

黄冈市保险业金融工程市场组织体系目标包括两个方面：一是构建黄冈市保险业金融工程支持平台，实现本市保险业与其他金融生态的互动发展；实现保险业与货币市场、资本市场以及各类金融要素市场的对接；建立包含保险、银行、证券、担保、信托、小贷、民间金融、互联网金融机构等在内的市场体系。二是积极推进黄冈市保险机构的产品和服务创新，创新政策性保险、商业性保险、农业保险、信用保险、商品价格指数保险、保单质押、银证保等业务品种。

三、工作机制

成立黄冈市保险业金融工程建设领导小组，全面负责保险业金融工程的总体规划、全面管理及具体实施。

四、实施内容

（一）制定黄冈市保险业金融工程规划和实施方案

（1）召开黄冈市保险业调研会，对于本市保险市场发展情况、银行代理保险业务经营情况、保险市场环境、保险监管等方面展开深入调研；对于三农保险、农村居民养老保险、保险资金运用等重点领域要展开专题研究。结合黄冈市保险业发展目标，制定本市保险业金融工程的规划并征求相关部门意见。

（2）制定黄冈市保险业金融工程的实施方案，包括目标要求、实施内容、实施步骤、考评细则、制度、组织和经费保障等。

（3）黄冈市党委政府会议通过规划及其实施方案，各区（县）动员和推进。

（4）黄冈市金融办负责协调和督办。

（二）完善黄冈市保险业组织体系

1. 建立黄冈市保险业金融工程平台

建立黄冈市保险业金融工程平台，实施保险业和银行、证券、担保、小贷、互联网金融、民间金融机构等多层次资本市场对接，发挥保险资金的社会保障以及对社会资金的先导作用。

2. 设立黄冈市县域保监派出机构或者县域保险业协会

银行代理销售和营销人员代理销售在县域保险销售中占比较高，受制于县域保险监管的缺位，容易造成对县域居民的保险知识普及教育不够，保险理赔难或者投保人权益无法得到保障等问题。通过设立县域保监派出机构或者县域保险业协会，有利于加强行业自律，促进县域保险业规范发展。

3. 引进新的保险市场主体，鼓励创新型保险业态发展

一方面，应结合本市的实际需求引进新的保险公司，建立良性竞争的市场环境；另一方面，可以尝试丰富保险市场主体类型，鼓励创新型保险业态发展。例如，设立或引入黄冈市专业性保险公司、保险中介服务机构、相互保险组织、自保公司、信用保险公司、互联网保险公司等保险机构，完善保险产业链。使其成为股份制保险公司的合理和必要补充，可以突破保险业现有商业模式的局限，促进保险市场专业化、差异化、特色化、多元化发展，为丰富完善保险市场体系增添新的力量，为保险市场快速发展打造新的业务增长点。通过各类主体之间以技术、

业务、人才为纽带的专业协作机制，形成多元发展、门类齐全、功能互补、充满活力的保险市场体系，实现市场体系领先，提升保险业整体服务能力。

（三）实施黄冈市保险业产品及服务创新

1. 加大黄冈市三农保险创新力度

探索促进农业保险科学发展的长效机制。探索运用合作社等新型模式，进一步扩大农业保险覆盖面，提高农业保险对水产养殖、观光农业、农机具、农田水利设施等保障范围；延伸农业保险产品链，开发农产品市场价格波动险等新型农险品种；进一步完善农业保险补贴政策，逐步建立和完善农业保险巨灾风险分散机制。同时，稳步提高农村居民的风险保障水平。结合城镇化建设的需要，积极探索商业保险公司开办失地农民补充养老保险；提高保险机构参与新型农村合作医疗保险工作水平，逐步扩大新农合附加意外伤害保险的试点区域和范围。具体而言，可从以下几方面入手：

（1）拓展保险产品范围。随着黄冈市农业产业化和集约化经营程度的不断提高，很多种养大户及农业龙头企业对保险的需求越来越多样化。保险公司要联合政府在实施政策性农业保险基础上，依据各地特点、结合农民需要、有针对性地开发相应的商业农业保险险种，将保险范围从抗击自然风险向防御市场风险延伸。要遵循“边试点、边推广、边总结、边完善”的原则，继续增设抗击农业自然风险的险种，如各类主要粮食作物保险；对于高投入、高产出、高风险的特种养殖、特种水产和高效农业，要积极稳妥地增设地方性险种，积极探索并适时推出主要粮食作物保险、特种种植特种养殖保险等险种；同时，要积极探索如何帮助农民防御农产品市场风险，探索推行农产品价格指数保险、天气指数保险等新型险种。

（2）拓展保险对象。目前，黄冈市政策性农业保险的参保对象主要是小农户，投保面积最小的只有几分地，保费只有几元钱，导致农民参保不参保无所谓，并大大增加了政府和保险公司的成本，而另一方面，随着我县各类种植专业合作社、家庭农场、承包土地的龙头企业的增多，可尝试探索开展合作社农业保险，即以合作社为单位，由合作社组织和带领农户参加农业保险，并由合作社协助政府和保险公司开展查勘、定损、理赔。这将提高农民参保的组织化程度，极大降低政府和保险公司的服务成本。同时，也可开发针对合作社、家庭农场、农业龙头企业和农民的一揽子组合保险产品，提供风险整体解决方案，从而探索出一条新型特色化政策性农业保险的道路。

（3）转变农业保险的开办模式。目前，黄冈市三农保险采用的仍然是政策性农业保险的形式，由政府进行保费补贴，委托保险机构进行承办。日后，可逐步加大商业保险的参与程度，由“委托代办”转为“政府推动、联办共保”的模式。

具体做法可以是：政府与保险公司合作，按照“政府推动、商业运作、节余滚存、风险共担”的原则，由政府和保险公司按照一定比例进行联合办理、共同赔付，双方按比例分摊赔款。政府部分的结余，留作地方政府农业风险基金；保险公司结余部分，按相关规定提取准备金。

通过实行该政策，可做到四个统一。第一，统一政府与保险公司赔偿责任的比例。初期可定位为四六开，即保险公司承担赔偿资金的40%，政府承担60%，保费收入也按此比例分账管理。后期随着保险公司承保能力的增加，可定位为各50%。第二，统一各险种各级财政补贴的比例。第三，统一农业保险条款和费率。对于水稻、小麦、奶牛等主要作物及养殖业产品可进行统一。第四，建立统一的农业保险实务操作规程。

该开办模式的具体操作方法如下：

① 合作方式。为了避免政府的直接商业行为，并考虑到财务的独立性，可以考虑让保险公司与现有的国有资产的商业公司联合开展保险工作。

② 出资方式。政府、集体、家庭（个人）三者共同缴纳保险费，政府（集体）为投保人（有的险种农户为投保人），农户作为被保险人和受益人。政府、集体出大部分保险费。为了体现“普惠性”原则，避免每个家庭收费的繁琐，财务状况好的镇、村，家庭缴费部分可以由村（集体）承担。

③ 推动方式。政府提出需求（作为惠民办实事），保险公司积极设计方案；政府和保险公司联合下达文件；明确承办部门或机构；建立相关业务网络；保险公司依靠网络积极宣导；及时发现问题并总结经验。

④ 理赔方式。发生个别保险事故，由保险公司负责理赔。大面积发生保险事故时（水灾、暴风雨、地震等），政府和保险公司及各村协保员组成联合查勘组，确定不同受灾程度的赔偿金额，经过公示，及时进行赔付。

⑤ 保险公司选择方式。可采取招标方式确定保险公司。为了保证偿付能力的充足和稳定，可以确定几家公司按比例共同保险的方法。各保险公司按比例收保险费，承担同比例保险赔偿责任。

（4）拓展保险领域。将商业保险从农业生产领域向整个三农保险领域延伸。政府大力支持与鼓励保险公司逐步推出三农商业险种，开办包含人身、财产、责任等方面的综合性保险。对于先富起来的农民，应该改善他们的养老、医疗、生育、融资等保险保障。结合他们的实际购买能力，设计开发一些养老保险、医疗补充保险、意外伤害保险、婚嫁教育保险等系列险种。

2. 加大黄冈市居民医疗健康和养老保险创新力度

实行“政府主导—多方资金支持—商业保险公司经办”型居民医疗健康和养老保险模式。这种模式可以充分利用政府和商业保险公司的双重优势，拓宽养老资金来源,减轻政府财政压力,充分发挥保险机构在条款精算、资金运用、产品创新、核算理赔、风险防控等方面的优势,提升保险服务质量,优化保险经营效率,健全社会保障体系。积极支持全市有条件的企业和社会单位建立商业养老保障计划,鼓励保险机构开发设计灵活、保障适度、流动性较强的补充养老保障计划,满足企业和社会单位多层次、多样化的养老保障需求。加快扩大企业年金、职业年金的覆盖面。支持保险机构参与企业年金、职业年金业务管理,充分发挥保险公司在方案设计、账户管理和投资管理中的技术和服务优势。

3. 以提升保险服务为支撑,推动新型城镇化产业结构调整升级

一是保险服务开放型经济。积极发展海外投资保险、海外承包工程保险、海外租赁保险、出口信用保险、出口信贷保险,支持企业"走出去"。二是保险服务小微企业、地方特色企业。完善农村银保互动机制,积极发展小额贷款保证保险,改善小微企业融资环境,缓解中小企业融资难问题。三是保险支持科技型企业。保险公司创新科技保险产品,探索建立保险公司、科研机构、中介机构和科技企业共同参与的科技保险产品创新机制,为技术创新提供保险保障。服务低碳经济,推动城镇化进程及产业转型升级。

4. 加大黄冈市小额保险创新力度

小额保险可以看作是对社会保障和社会救助的一个补充,可为低收入人群尤其是农村居民提供基本的风险保障,防范化解生产生活中的风险,增强个人和家庭抵御风险的能力。作为一种低收入人群对于未来的"看跌期权",对低收入人群的风险保障、国家社会保障体系完善以及保险公司市场开拓和业务发展均有积极的意义。

(1) 开展模式。小额保险业务应秉持"低保障、广覆盖、多形式、联办共保、收支平衡"的经营理念,采取"政府引导、财政补贴、保险运作"的开展模式。依据具体产品的不同,可采取"全村统保模式"或者与政府惠农政策相衔接的"联合互动模式"。全村统保模式是指由政府指定特定保险公司,力争做到"一张保单保全村"。依靠村委会向农民宣传和介绍产品,在农民广泛认可的基础上,以团险保单对全体符合条件的村民进行统保。按照筹资方式的不同,在具体实施中可从以下三种方式中选取:一是由村民承担全部保费;二是由村委会通过村办企业、村企业家或村级经济,为农民支付保费;三是多方按比例分担保费,实现政企联合模式,例如由政府出20%,保险公司让利20%,农民负担60%,具体比例可根据实际情况调整。与政府惠农政策相衔接的"联合互动模式"。近年来新型农村合作医疗发展迅速,利用新农合的服务网络收费和提供相关服务,可减少额外销售和服务渠道的费用,快速提高覆盖面。通过这种"联合互动"共保障模式,可创造性地将小额保险产品作为新农合的有益补充,使得地方政府在为农民

提供基本医疗保障的同时,还提供意外伤害保障等服务。

(2) 产品设计。通山县在城镇化进程中,农民因失地失业致穷、城镇化给农民带来意外风险的增多、农村老年人群因生活环境改变后生活风险的提高等都可以作为小额保险产品设计的参照系。现阶段的小额保险主要包括小额人身保险和小额财产保险。小额人身保险有小额健康保险、小额人寿保险、小额意外保险等险种;小额财产保险有小额农业保险、小额农房和家庭财产保险、小额责任保险和小额信用与保证保险等险种。各地区可依照本地农民需求进行种类选择和具体产品的设计。

(3) 营销模式。首先,充分发挥政府部门在政策支持方面空前的号召力,保险公司给予配合,大力提升农村居民的保险意识,实现“政府搭台、保险唱戏、群众受益”,这是小额保险发展壮大的前提;其次,保险公司可与当地政府、农业部门、社保部门、财政部门、基层街道共同组成农民工或失地农民等保险工作专班,建立农民工、失地农民等农村居民信息数据库,进村入户,送保上门;再次,为方便服务和宣传,要逐步设立镇、村一级的保险经营机构;最后,还可与当地小额金融机构合作,发挥政府、保险机构、小额金融机构三方的优势。

5. 加大农村民生贷款领域保险创新力度

首先,建立农村金融和保险合作机制。一方面,鉴于县域内农业产业化程度不断提升对于资金的需求越来越大,同时出于降低信贷资金风险,可研发“信贷+保险”金融服务安全运行模式,由保险公司开发种植及养殖等险种,由涉农金融机构进行出售;另一方面,伴随城镇化进程的加快,失地农民增多,可向失地农民推出“养老保险贷款+创业贷款”的金融创新产品,以解决基本生活保障及长远生计等失地农民关心的现实问题。其次,对于农业生产化过程中导致农户生产经营范围的延伸,保险机构需有效创新融入农业产业链的模式,实现农村经济产业链与保险产业链的深度融合。

其次,为拉动居民内需,促进经济结构的调整与增长,发挥保险业“经济助推器”的作用,政府可联合保险公司开发“易贷险”产品,该类产品由保险机构为银行的借贷申请人提供“保证保险”服务,由银行给予申请人信用贷款的融资服务。该项贷款可用于医疗、教育、资金紧急周转、提高生活水平等合理的消费和应急需求。客户无法按期还款,并达到预期条件的,视为发生保险事故。公司根据产品条款向合作银行进行理赔,赔偿范围包括截至实际赔付日,根据借款合同,客户全部未偿还的贷款本金、利息。

6. 加大中小企业贷款保证保险创新力度

中小企业贷款保证保险是一项为贷款借款人还款提供一定保障的创新型金融产品,在金融机构和贷款借款人之间架起“桥梁”,即投保人向保险公司支付保费,当债务人的相关债务不能按期归还时,由保险公司就支付的保险金代为偿还。这一保险创新举措旨在解决中小企业借款者因缺乏有效的抵押担保所导致的融资难问题,优化金融资源配置。对于我国中小企业促进经济增长、扩大城乡就业、推动技术创新、优化产业结构具有重要作用。

(1) 开展模式。可采取"中小企业+保险公司+政府"的模式,该模式由中小企业向保险公司投保,其被保险人为银行或者小额贷款公司。政府通过对保险公司提供一定的财政支持,对符合政府中小企业发展方向的小额贷款保险进行一定的保费补贴,从而提高保险公司对中小企业提供贷款保险的积极性,分担保险公司承担的风险,当发生贷款逾期未还时,政府按照补贴比率承担贷款损失。

通过该模式可以有效提高中小企业贷款效率,同时由于保费由中小企业自己承担,通过增加中小企业贷款成本,约束中小企业贷款行为,使其选择合理的贷款水平,有效利用社会资金。而政府通过保险公司对中小企业的贷款保费补贴,可以根据经济周期、国内外经济情况以及国家产业政策及时调节补贴比例。

(2) 政府先行,加大支持。中小企业贷款保证保险作为一定扶持性质的保险产品,其成功实施首先必须由政府先行推出政策,进行主导。依靠政府制定政策,对险种的具体支持对象、实施细则、责任义务等方面进行规范,以保证在今后发展过程中,各金融机构能够有序竞争,防止金融机构间的恶意竞争和转嫁风险。同时拨备一定的财政资金用于对中小企业进行保费补贴和对保险公司的出险承担一定的补偿,减少中小企业的融资成本,分担保险公司的风险。

(3) 加大各金融机构的协作。在政府和各行业协会的共同努力下构建合作平台,形成保险机构、小贷公司、银行的合作,加强金融机构之间的协作,共同商定中小企业贷款保证保险实施的具体方式,明确规定各自承担的风险和责任等问题,为中小企业构建更加多元化的融资平台。

可在目前银行资信系统联网的基础上扩大范围,通过对各金融机构进行信息联网,构建统一的中小企业档案系统。通过记录中小企业过往在银行、小额贷款公司、保险公司、担保公司的借款、保险和担保信息,便于今后申请中小企业贷款保证保险以及贷款时的资信调查,防止保险公司与小额贷款公司、银行的重复调查,同时也对中小企业的贷款行为进行约束,减少骗贷、恶意贷款等行为的发生,使得贷款保证保险发挥实际作用。

(4) 拟定具体方案。

① 具体支持对象及融资成本。在初期政府扶持下,可将支持对象初步定为向试点银行申请中小企业贷款保证保险的农业养殖大户、初创期小企业和城乡创业者(含个体工商户),可随着方案的推广,逐步扩大对象范围。

借款人的融资成本由银行贷款利率、保证保险利率及附加保险费率三部分构成。试点期间，银行贷款利率不超过同期基准利率上浮 30% 的水平，银行与保险公司可暂按 3 : 7 的比例分摊贷款成本损失风险。

② 财政建立补偿基金。为了保证中小企业贷款保证保险能够防范风险，当地政府可建立超赔补偿基金，可通过向市级或省级财政申请拨款，专项用于超赔补偿。

③ 试点推广，统一制度，分工监管。可首先通过试点形式开展该险种，由政府选定 2 家保险机构组成共保体，与银行签署合作协议。可使用统一的条款费率、统一的承保政策、统一的审贷批准流程，从而确保扶持政策真正有效实施，合理控制贷款额度和期限。同时，明确保险合同及理赔标准。贷款保证保险合同作为贷款合同的附属合同，借款人为投保人，银行为被保险人。保险机构对借款人欠息累计或连续达 3 个月以上，或贷款到期后 1 个月内未偿还本金的，向贷款银行进行理赔，并获得对欠款人的追偿。同时，银行对贷款实施全过程风险管控，重点监控信息的真实性及资金用途的合理性。保险公司则拥有核保决定权，并且可以实施贷款风险叫停机制，负责审贷最后一关，对借款人进行风险审核，拥有放贷的一票否决权，并在贷款逾期率达到 10% 或赔付率超过 150% 时，停办此业务。

7. 打造黄冈市保险业服务网络，创新服务模式

积极探索通过银保合作、保险中介机构、邮政窗口、村镇保险营销专员等多种方式，构建多层次、全覆盖的保险销售和服务网络，快速响应市域保险服务需求。引导黄冈市保险公司加大投入，依托互联网保险、村委会驻点服务站等新型服务形式，及时为农户提供保险投保和索赔等业务指导。保险经营主体应建立和健全基层网络，充分利用本市农商行、邮政储蓄银行、卫生防疫部门、农机站等机构的客户资源优势，延伸保险营销网络。并在此基础上，完善承保、查勘、定损、理赔和赔款支付流程，发挥风险控制和专业服务等方面的优势，全面提升保险服务专业化水平。同时，加强渠道和服务模式的创新，具体而言，可从以下几个方面入手。

(1) 鼓励保险机构运用网络、云计算、大数据、移动互联网等技术促进保险业销售渠道和服务模式的创新。

(2) 支持保险机构与商业银行、证券公司、小额贷款公司、融资性担保公司、商业保理公司、互联网企业等各类型机构进行业务合作，鼓励其在服务领域融合发展。

(3) 支持保险机构参与养老健康服务产业链整合。支持符合条件的保险机构投资养老健康服务业。鼓励保险机构创新养老保险服务，为不同群体提供个性化、差异化养老保障。支持保险机构提供与商业健康保险产品相结合的疾病

预防、健康维护、慢性病管理等健康管理服务，提高服务业品质。

(4) 鼓励保险机构探索建立综合性社区保险服务点，集医疗、健康咨询、财富管理、人身财产保险产品咨询、销售及服务为一体，实现对风险的全面管理。

(5) 鼓励保险机构开发适合黄冈市域经济发展特点及需求的保险产品和服务，优化服务流程，规范服务标准，为保险消费者提供专业、便捷的保险服务。

(6) 鼓励保险机构积极开展演艺、赛事、旅游、会展等保险业务，促进黄冈市保险与文化产业融合发展。

8. 开辟银保农合作的新局面，最大化支农惠农

建立融资担保平台，开辟银保农合作新局面，并以其为基础开发创新性保险产品，实现最大化支农惠农。融资担保平台应从黄冈市现有银行、保险公司、小贷公司和担保公司中挑选出愿意合作的金融机构来实施农户融资解决方案。

第一步，政府召集所有的这些金融机构召开支农金融工程动员大会。向与会金融机构阐明支农金融的意义，讲明农户融资解决方案的基本原理，强调该解决方案低风险、银保农三方共赢的特点。动员会上要当场确定合作保险公司和合作银行。

第二步，融资担保平台公司和合作保险公司共同商定新农保的具体内容和行动方案，包括新开发哪些农业品种险、单位保险费率、单位保险金额、结构化保险协议等内容。其中，在结构化保险协议中，保险公司一般作为优先担保人，担保平台一般作为次级担保人，当某一保险品种的赔付比例超过一定限度时，启动次级担保，由融资担保平台赔付剩余额度。如需要再保险，再保险事宜由担保平台和合作保险公司共同商定。双方协商妥当之后，签订《黄冈市融资担保平台公司与××保险公司结构化保险支农协议》(简称《协议》)，编写《黄冈市融资担保平台公司与××保险公司结构化保险支农实施细则》(简称《细则》)。《协议》和《细则》除双方保留之外，分别另送一份给黄冈市政府办和黄冈市金融办。

与此同时，融资担保平台公司和合作银行共同研究支农创新金融产品。这些金融机构可以利用现有的创新产品，也可以研究开发新金融产品，利用创新型金融产品扩大对企业、合作社和农户的间接融资，开展保单质押融资、助保贷、中小企业贷款保证保险等融资支持业务品种。如邮政储蓄银行和中国建设银行可以推广利用现有的“助农贷”金融产品。其他银行也可以向宜昌市的银行学习，利用上级银行推出的创新金融产品，推出具有黄冈特色的创新支农金融产品。融资担保平台同时和金融要素市场对接，确保农村三权抵押落实到位。对于新农保范围内的农产品生产农户，融资担保平台应要求合作银行降低利率。融资

担保平台就担保范围和担保额度与合作银行进行协商。

双方协商妥当之后,签订《黄冈市融资担保平台公司与××银行合作支农协议》。协议至少应包括以下内容:农村三权抵押条款,林权抵押条款,信用贷款条款,担保平台公司担保条款,担保公司免责条款等。

此外,还要编写《黄冈市融资担保平台公司与××银行合作支农实施细则》。《协议》和《细则》除双方保留之外,分别另送一份给黄冈市政府办和黄冈市金融办。

第三步,融资担保平台公司派工作人员到各个村进行调研,宣传保险业金融工程规划中的农户融资解决方案,收集群众意见。在这些意见的基础上,编写《黄冈市农户与合作社参与县域金融工程诚信承诺书》。这之后,融资担保平台工作人员再次下村,宣传县域金融工程和农户融资解决方案,发放《黄冈市农户与合作社参与县域金融工程诚信承诺书》一式四份,一份平台公司备留,一份签新农保时备用,一份留银行贷款时备用,另一份农户自己保留。此承诺书具有法律效力。

第四步,平台公司组织保险公司下乡与农户签订保险合同。

第五步,有贷款需求的农户向融资担保平台公司提出融资担保申请,平台公司审核通过之后,向合作银行出具《农户(合作社)融资担保函》,合作银行按协议向农户发放贷款。

第六步,融资担保平台监督贷款没有还清的农户或合作社及时还本付息。

第七步,如果农户或合作社发生逾期或呆坏账事件,融资担保平台启动担保应急方案。

(四)建立良好的黄冈市保险资金运用机制

应拓宽保险融资渠道,提高保险资金运用水平。充分利用黄冈市信用体系优良、市场空间大、体制机制灵活等特点,鼓励保险公司以股权融资、债券融资、大额协议存款以及设立区域性专业资金管理公司等方式,参与黄冈市的重大基础设施、保障房、产业投资基金、创投企业以及社区养老、医疗机构等建设,进一步开辟保险直接融资和间接融资渠道,支持经济建设和社会发展。

1. 保险资金支持黄冈市产业发展模式

通过"政府引导—保险保障护航—多层次资本市场资金支持—产业(企业)发展"模式,促进黄冈市保险业由单一保险型向金融服务型转变。"政府引导"是指以政府财政手段和制度建设作为市域保险业金融工程平台的强大支撑,包括提供农业保险补贴、保险保障基金等;"保险保障护航"是指黄冈市保险机构对本市产业(企业)提供贷款保证保险、商品价格指数保险,同时以保险资金作为信贷支持,提供完备的保险保障服务;"多层次资本市场资金支持"是指在上述各方面的强劲保障下，引导银行、证券、担保、小贷、互联网金融、民间金融机构等多层次资本市场将企业投保情况作为授信评级和信贷支持的重要依据，探索提升黄冈市企业信用额度的业务拓展模式，为“产业及企业发展”提供资金保障。

此外，鼓励保险机构通过投资企业股权、债券、基金、资产支持计划等形式，在合理管控风险的前提下，为科技型企业、中小企业、战略性新兴产业提供资金支持。

2. 保险资金支持黄冈市新型城镇化发展模式

通过“政府引导—失地居民保险保障—多层次资本市场资金支持—新型城镇化建设”模式，加快黄冈市新型城镇化建设步伐，保障失地及城镇化居民权益。黄冈市保险资金要发挥机构投资者的优势，利用股权投资计划、保险资产管理计划、资产证券化、产业投资基金等方式，支持市域新型城镇化建设步伐，同时引导多层次资本市场的资金支持。特别是，充分发挥保险资金长期投资和保险业务风险保障的独特优势，建立城镇化建设重大项目政保企社四方合作对接机制，支持保险机构通过债券、投资基金、基础设施投资计划、资产支持计划等方式参与重大工程投资，满足重大工程建设融资需求，加强保险业对经济增长和结构调整的支撑作用。

3. 设立黄冈市不动产、基础设施、养老、健康等专业保险资产管理机构

通过设立黄冈市不动产、基础设施、养老等专业保险资产管理机构，更加有力服务产业经济发展及民生保障。鼓励符合资质的保险资产管理机构探索与黄冈市社会保障基金和医疗保险基金的合作模式，提高基金市场化运作水平。资产管理机构在运营过程中，要树立服务客户为核心、价值为目标、创新为手段、服务为抓手、能力为基础的理念，切实提升资产管理水平和质量。提升专业化的运作，引进专业化的机构，切实发挥治理功效。从激励机制上看，适合市场密集型、人才密集型、高度依赖专业团队的特点，改善激励的约束，探索员工持股、项目跟踪等机制。创新管理模式，加快保险资产管理产品化的进程，逐步改变现有保险资产管理机构账户式管理为主的模式，通过发行多期限、多类别的资产管理产品，更好地满足资产负债匹配的需要，改变保险资金投资的被动局面，提高保险主业的竞争力。债权投资计划的发展重心应当从公司融资或平台融资转变为项目融资，以项目本身的经营性收入作为偿债资金来源，减轻对银行担保等外部信用担保的依赖，产品期限与项目投资回收期相匹配，偿债安排与项目的经营性现金净流量相匹配，减少偿债主体的再融资风险及保险资金的再投资风险。同时支持保险资产管理机构设立夹层基金、并购基金、不动产基金等私募基金。

（五）建立黄冈市保险业风险管理体系

1. 建立并完善农业保险监管体系

相较一般商业性保险，农业保险监管在监管的性质、监管内容方面均存在很大差异，若仍然由保监会对两类不同性质的保险进行监管，采取相同监管目标和监管理念则会导致政策性质的农业保险和商业性保险业务之间出现管理上的冲突。再者，农业保险业务管理较商业保险的业务管理更加复杂，农业保险体系的运行，涉及保险监督管理、财政、农业、林业、气象、发展改革、税务、民政等有关部门，农业保险的监管机制涉及保险、财政、农业、审计等职能部门的监管。

（1）必须有效协调和整合各相关部门的监管工作。在目前我国农业保险多头监管、监管职能分工的基础上，建立由农业、保险、金融、财政等各职能监管部门共同组成的农业保险监管工作领导小组，建立农业保险信息的共享机制，形成上下联动、横向协作、职责明确的监管协调机制，以期发挥政府监管的最大效用。待条件成熟时，政府可选择在农业部设立相对高度独立、专门的农业保险监管机构，并通过法律法规来规范其职责。

（2）改进监管方式及手段。一方面，探索适合农业保险特点的监管方式，结合农业保险技术操作特点，切实增强监管方式的针对性，实现对农业保险赔款资金全程跟踪监管；另一方面，提高监管技术，改进监管手段。建立监管预警机制，增强农业保险监管的主动性和前瞻性。

（3）引导社会力量参与监管，建立和完善社会监督机制，提高行业透明度，增强各界媒体对农业保险经营组织违法违规行为的曝光度，增强保险公司主动规范操作、规范经营的意识，创造公平、规范、有序的农业保险市场，切实保障参保农民的合法权益。

2. 成立黄冈市保险机构经理联席会制度

为推动黄冈市保险机构进行行业自律和维权工作、建立业内沟通交流渠道、提升行业服务水平，保险行业应建立保险机构经理联席会制度。保险机构经理联席会制度是本市内保险行业自律、维权、沟通、协调、交流、宣传工作的议事机构，其主要职能和工作任务是：加强自律意识，规范从业行为；打击侵权行为，维护成员权益；提高服务水平，提升行业形象。

3. 编制黄冈市保险业宏观资产负债表

编制黄冈市保险业宏观资产负债表，将本市所有保险机构的资产负债情况进行加总，构建日常管理机制和应急管理机制，对保险业的金融风险进行监测和管理。保险业宏观资产负债表包括账面资产负债表和或有权益资产负债表两部分。

（1）账面资产负债表。保险业账面资产负债表如表 7-1 所示。

表 7-1　保险业的账面资产负债表(单位:万元)

总资产	年份 1	年份 2	负债及所有者权益	年份 1	年份 2
货币资金			短期负债		
拆出资金			拆入资金		
交易性金融资产			交易性金融负债		
衍生金融资产			衍生金融负债		
买入返售金融资产			卖出回购金融资产		
应收利息			应付账款		
应收保费			预收款项		
应收分保账款			预收保费		
应收分保准备金			应付手续费及佣金		
保户质押贷款			应付分保账款		
债券计划投资			应付职工薪酬		
其他应收款			应交税费		
定期存款			应付利息		
可供出售金融资产			应付赔付款		
持有至到期投资			应付保单红利		
长期股权投资			保户储金及投资款		
商誉			保险合同准备金		
存出资本保证金			长期借款		
在建工程			应付债券		
固定资产			其他负债		
无形资产			独立账户负债		
其他资产			负债合计		
独立账户资产			所有者权益		
资产账户总计			负债和所有者权益合计		

(2) 或有权益资产负债表。或有权益数据表包括部门或有权益资产负债表、部门风险指标简表和部门稳定评估指标表,如表 7-2、表 7-3、表 7-4 所示。

表 7-2　黄冈市保险业或有权益资产负债表

	年份 1	年份 2	年份 3	年份 4	年份 5
资产市值					
负债市值					
权益市值					

表 7-3　黄冈市保险业部门风险指标简表

年份	贷存比 R_{LD}	账面资产负债率	或有权益资产负债率	资产市值/违约点	违约距离
年份 1					
年份 2					
年份 3					
年份 4					
年份 5					

表 7-4　黄冈市保险业部门稳定评估指标表

年份	资产波动率	违约概率	违约距离	信用价差
年份 1				
年份 2				
年份 3				
年份 4				
年份 5				

表 7-5 为市域各保险公司信息一览表。

表 7-5　市域各保险公司信息一览表

条目	填写或选择内容				单位	备注
公司名称						
公司地址						
公司联系方式						
公司法人代表						
本区域总经理(或 CEO)						
公司本区域主要高管						
公司职工人数					人	
公司属性	寿险公司	财险公司	寿财险综合公司			
公司网站主页						
本年度公司总资产	=流动资产+长期资产+其他资产					
其中:	—					
流动资产					万元	
长期资产					万元	
其他资产					万元	
本年度公司总负债	=流动负债+长期负债+其他负债					
其中:	—					
流动负债					万元	
长期负债					万元	

续表

条目	填写或选择内容					单位	备注
其他负债						万元	
本年度所有者权益						万元	
本年度保费收入						万元	
本年度保费支出						万元	
新保险品种						个	
与政府、银行合作情况（或支持本地实体经济的创新型金融产品）						万元	
其他							

表 7-6 为保险业金融工程考核指标表。

表 7-6　保险业金融工程考核指标表

指标名称	指标选项	请用＊号做出选择或填写实际数据	
		年份 1	年份 2
保险公司概况	寿险公司数量		
	财险公司数量		
保费收入	寿险公司保费总额		
	财险公司保费总额		
主要涉农保险品种	国家规定的涉农保险品种是否全覆盖	＊	＊
	有无创新型金融产品；如果有，请在下一行列出其名称		
保费再投资	投资或借贷给本地的总资金		
政银保合作情况	合作银行（填写银行名称）		
	合作保险公司（填写保险公司名称）		
	政府投入政银保的风险准备金		
	政府、银行、保险公司风险分担比例		
	当年政银保贷款总额		
	当年享受政银保的农户和中小微企业数量		

表 7-7 为黄冈市保险业信息一览表。

表 7-7　黄冈市保险业信息一览表

指标＼年度	年份 1	年份 2	年份 3	年份 4
本市域保险公司总数				
本市域寿险公司总数量				

续表

指标 \ 年度	年份 1	年份 2	年份 3	年份 4
本市域财险公司总数量				
本年度保险行业总资产				
本年度保险行业总负债				
本年度保险行业保费收入				
本年度保险行业保费支出				
保险深度				
保险密度				
保险资金投资本地总额				
银政保合作保险公司数量				
新保险品种				
其他				

表 7-8 为黄冈市县/市/区保险业信息一览表。

表 7-8 黄冈市县/市/区保险业信息一览表

指标 \ 区域	A 县	B 市	C 区	D 县
保险公司总数				
寿险公司总数量				
财险公司总数量				
本年度保险行业总资产				
本年度保险行业总负债				
本年度保险行业保费收入				
本年度保险行业保费支出				
保险深度				
保险密度				
保险资金投资本地总额				
银政保合作情况				
新保险品种				
其他				

第八章 黄冈市新型城镇化金融工程支持体系

第一节 研究背景与意义

一、研究背景

新型城镇化是指坚持以人为本，以新型工业化为动力，以统筹兼顾为原则，推动城市现代化、城市集群化、城市生态化、农村城镇化，全面提升城镇化质量和水平，走科学发展、集约高效、功能完善、环境友好、社会和谐、个性鲜明、城乡一体、大中小城市和小城镇协调发展的城镇化建设路子。

段进军、殷悦（2014）[1]指出，新型城镇化的内涵与传统城镇化相比体现出六个方面的不同：第一，发展机制方面，应实现由政府主导型城镇化向市场主导型城镇化的转型；第二，发展阶段方面，应实现由"土地城镇化"到"人口城镇化"的重大转变；第三，发展模式方面，应实现由外生城镇化模式到内生城镇化模式的转变；第四，需求动力方面，应实现由投资出口驱动到消费驱动的转变；第五，空间布局方面，应由"非均衡"的城镇化转为"均衡型"的城镇化，优化城镇体系空间格局；第六，发展目标方面，应由"一维"的经济目标向资源环境、社会和经济发展等"多维"目标转型。在2014年《国家新型城镇化综合试点方案》的基础上，国家发改委联合国家开发银行印发了《国家发改委、国家开发银行关于推进开发性金融支持国家新型城镇化综合试点有关工作的通知》（发改规划［2015］647号）（以下简称"通知"）。在此研究背景下，我们对黄冈市的新型城镇化建设进行了全面的研究。

二、研究意义

新型城镇化是转变经济发展方式的内在动力，是工业化和现代化的重要标志，是破解"三农"问题的有效途径，是实现区域协调发展的重要保障，对于加快推进社会主义现代化建设具有重大战略意义和深远历史意义。黄冈市通过建立农业转移人口市民化成本分担机制、建立多元化可持续的城镇化投融资机制、改革完善农村宅基地制度、创新行政管理和降低行政成本的设市模式、改革创新体制机制等改革探索，有望为全省乃至全国积极稳妥推进新型城镇化提供可复制、可推广的经验和模式。

（一）有利于扩大内需，支撑经济跨越式增长

内需不旺、产能过剩和产业结构失衡成为制约我国经济发展的现实障碍，新型城镇化过程中，一方面会带来农村转移人口在消费水平和消费结构上的转化，蕴含着巨大的市场容量，另一方面会激发城市基础设施建设、公共服务设施建设和房地产开发等领域的投资需求，释放消费红利和中小城市发展红利。据测算，城市化率每提高一个百分点，新增投资需求6.6万亿元，能够替代10万亿元出口[2]。根据国家发改委宏观经济研究院课题组测算，到2020年我国城镇化将带动投资和消费需求22.5万亿至49.4万亿元，未来10年可拉动经济增长3.5至6.8个百分点。因而，新型城镇化将成为扩大内需的巨大引擎，是经济发展跨越式增长的突破口和支撑点。

（二）有利于调整经济结构，促进产业结构优化升级

新型城镇化有利于资源高效配置和集约利用，可以产生规模效益，降低能源消耗，集约利用土地等资源，提高资源利用率，有效缓解资源短缺的矛盾，对经济结构调整和产业结构的优化升级具有重要的促进作用。

（三）有利于解决“三农”问题，推进城乡区域协调发展

新型城镇化有利于打破城乡二元结构，实现城乡土地、劳动力、资本等要素资源的优化配置，实现农业现代化、农民市民化和农村城镇化，改变农村发展面貌，增加农民收入，实现农业人口向非农产业转移，从本质上解决“三农”问题。从我国的现实情况出发，有序推进中西部欠发达地区的城镇化进程，通过新型城镇化增强城镇集聚和扩散能力、提升城镇建设和发展水平的同时，能增强工业对农业的反哺能力和城市对农村的辐射带动作用，促进经济增长由东向西梯次推进，推进城乡区域协调发展。

第二节　黄冈市新型城镇化现状

一、黄冈市作为新型城镇化试点的基础

（一）多个国家及省级战略叠加，政策优势明显

黄冈市面临着武汉城市圈“两型社会”综合配套改革试验区、大别山连片扶

贫开发两个国家级战略机遇和两个省级战略机遇，具备进行新型城镇化综合改革试点的政策支持和要素保障。

（二）人口规模适中

2014年末黄冈市总人口741.43万人，常住人口626.25万人，城市人口约300万人。

（三）勇于创新，深化改革决心大

黄冈人民敢于创新、勇于创新，极富改革创新精神和担当意识。在历次改革中都走在前列，在户籍改革、土地流转、投融资体系、行政管理体制等方面均进行过先行探索，为新型城镇化综合改革试点积累了丰富经验。

二、黄冈市新型城镇化现状

（一）指导思想

全面贯彻落实党的十八大、十八届三中全会和中央城镇化工作会议精神，以国家新型城镇化规划为指导，以人的城镇化为核心，以提升质量为关键，充分发挥市场在资源配置中的决定作用和更好地发挥政府的作用，围绕试点任务，大胆突破，按照“先存量，后增量”的原则，梯次推进各项改革。

（二）总体目标

到2020年，实现全市新型城镇化量质并举，城镇格局更加优化，城镇发展模式科学合理，城镇生活和谐宜人，体制机制不断完善，城镇常住人口公共服务均等化基本实现，城镇化率达到62%，实现新增64万农业转移人口和111万常住人口在城镇落户。

（三）发展现状

黄冈市位于湖北东部，属武汉城市圈核心圈层，是大别山革命老区经济社会发展试验区的重要组成部分。2014年城镇化率42.1%，比上年提高1.25个百分点。武穴城乡一体化、24个全国重点镇、21个文化小镇、109个美丽乡村试点顺利实施。18个村列入“中国传统村落”。2014年房地产开发投资完成额174.3亿元，增长31.3%。商品房屋施工面积1 554.2万平方米，增长24.8%，其中新开工面积590.2万平方米，下降2.5%；竣工面积426.7万平方米，下降0.9%；销售面积432.7万平方米，增长2.7%；商品房屋销售额149.7亿元，增长13.1%。商品房平均销售价格为3 459元/平方米，比上年末上升317元/平方米，上涨幅度约为10.1%。商品房屋空置面积207.7万平方米，上升5.1%。

截至2015年3月，黄冈市共有建筑业单位数229家，比上年增加28家，总产值 634.47 亿元,增加 145.44 亿元,增长 30.4%。实现增加值 110.52 亿元,增长 12.1%。建筑单位房屋建筑施工面积 4 053.9 万平方米,其中,招投标承包面积 3 269.6 万平方米,比上年增长 138.7%。房地产开发投资完成额 132.7 亿元,增长 68.9%。商品房屋施工面积 1 245.8 万平方米,增长 91.8%,其中新开工面积 605.3 万平方米,增长 79.6%;竣工面积 430.6 万平方米,增长 68.7%;销售面积 421.3 万平方米,增长 64.1%;商品房屋销售额 132.4 亿元,增长 66.8%。商品房平均销售价格为 3 142 元/平方米,比上年末上升 51 元/平方米,上涨幅度为 2%。商品房屋空置面积 197.6 万平方米,上升 152.3%。

(四)存在的问题

1. 城镇化综合水平不高,统筹城乡发展的辐射作用不强

2014 年全市城镇化水平为 42%,城镇化率低于全国、全省平均水平,中心城区地位不突出,首位度不高;县市城区带动力不够强,城镇化率的比较优势仍相对较弱。

2. 城镇功能不完善,推动城镇化发展的承载能力有限

基础设施建设滞后,城乡社会服务、第三产业设施不足,医院、学校、文体等公共服务难以适应城乡一体化发展的要求。

3. "土地城镇化"快于人口城镇化,建设用地粗放低效

有的地方新城区、开发区和工业园区占地过大,建成区人口密度偏低;有的地方过度依赖土地出让收入和土地抵押融资推进城镇建设,加剧了土地粗放利用,浪费了大量耕地资源,威胁到粮食安全和生态安全,也加大了地方政府性债务等财政金融风险。

4. 体制机制不健全,阻碍了城镇化健康发展

现行城乡分割的户籍管理、土地管理、社会保障制度,以及财税金融、行政管理等制度,固化着已经形成的城乡利益失衡格局,制约着农业人口市民化,阻碍着城乡发展一体化。

三、黄冈市新型城镇化融资现状

(一)资金需求日益攀升

随着黄冈市国家新型城镇化试点工作的逐步推进,可以预见,城市建设资金需求压力将逐步加大。

(二)外部政策压力较大

《国务院关于加强地方政府性债务管理的意见》(国发[2014]43 号)的出台,将迫使平台公司实施转型,包括从融资导向转型为经营导向、从资产注入型

转型为价值导向型、从资产经营型升级为资本控股型、从行政化企业转型为市场化企业,这给黄冈市城市建设投资有限公司(以下简称“黄冈城投”)提出了巨大的挑战。

（三）抵押缺乏有效性

黄冈城投现有土地资产都抵押给各银行金融机构,按照银行金融机构抵押物一般是土地资产、房产的要求,公司可用土地资产抵押物偏少,或者缺乏有效性。

（四）融资手段不丰富

黄冈城投目前仍以政策性贷款、城投债、商业银行贷款等方式筹措资金,尚未真正实现与资本市场的广泛对接。

（五）融资困境严峻

黄冈城投作为黄冈市本级的投融资平台,是黄冈市的国有独资公司,是黄冈市新型城镇化过程中基础设施及重大项目的融资建设主力军,面临着巨大的融资困境。公司收入来源主要是不多的土地出让收入及少量的股权收入,随着还款期的陆续到来,还本付息压力越来越大,同时在建项目仍需继续融资。以目前这种模式走下去,黄冈城投的生存将变得岌岌可危,黄冈市财政也将承担巨大的隐患和压力。与此同时,受国家政策所限,无论是发债渠道还是银行贷款渠道,都全面收紧,传统的金融贷款举步维艰,黄冈城投融资困境已十分突出。

第三节　黄冈市新型城镇化融资的总体思路

一、指导思想

新型城镇化的核心内涵有三:人口城镇化、空间城镇化和产业城镇化。产业城镇化是支撑,空间城镇化服务于人口城镇化,同时人口城镇化和空间城镇化反过来共同促进产业城镇化的发展步伐。最终目的是通过“人”“产”“城”的集聚和融合,真正实现以人为本的新型城镇化。

人口城镇化是人口由乡村向城镇转移,实现农村人口的迁移和身份转换,实现农民收入的提高,最终目的是要为人的全面发展创造条件,实现农民市民化。空间城镇化服务于人口城镇化,是指优化空间布局,以城镇和城镇群建设为载体,为农业转移人口提供现代化的基础设施、公共服务设施、公用事业、宜居的城市生态发展环境,实现城乡基层设施一体化和生态环境优化。空间城镇化的高级表现形式是城市集群。产业城镇化主要是指产业布局的优化和产业就业创业支撑,是实现人口城镇化和空间城镇化的保障。新型城镇化的内涵界定如图 8-1 所示。

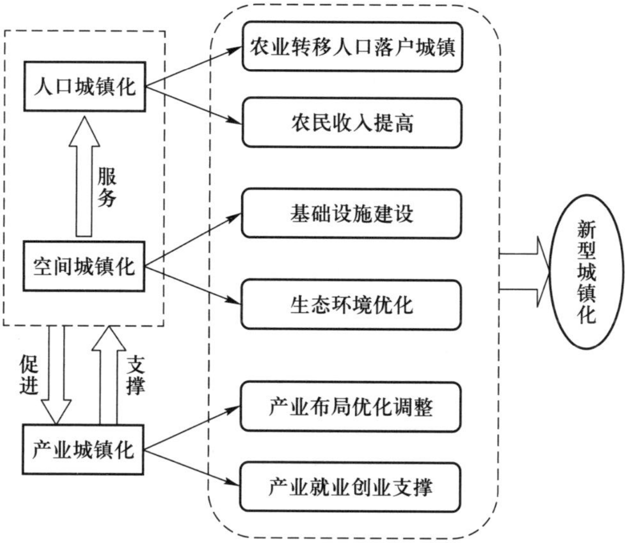

图 8-1 新型城镇化的内涵界定

二、基本原则

新型城镇化系统性融资是一个全新的概念,是指充分整合利用各种金融资源、政策资源和社会资源等,解决新型城镇化发展过程中遇到的相关问题,实现以人为本的新型城镇化发展目标。

新型城镇化系统性融资主要包括价值创造系统、资金融通系统、风险管理系统和制度安排系统四个部分,同时涵盖对城镇化的综合效益评价。价值创造系统实现新型城镇化的资源整合和价值提升;资金融通系统实现新型城镇化的融资和运作;风险管理系统为新型城镇化提供运作保障;制度安排系统实现新型城镇化的政策设计和制度管理。综合效益评价具体包括经济效益、社会效益和生态效益的评价。

三、融资目标

新型城镇化系统性融资把新型城镇化视同一个“综合体”,将人口城镇化视同这一“综合体”的上游,将空间城镇化视同中游,将产业城镇化视同下游,形成“三横三纵”结构化、工程化的新型城镇化系统性融资设计框架。该体系将金融服务体系与新型城镇化“产业链”深度对接,最终在满足新型城镇化融资目标的同时，实现农业人口市民化、城市面貌现代化、金融深化与相关产业发展。

“三横”是指以人口城镇化、空间城镇化、产业城镇化三个子系统为横向发展路径，“三纵”是指以综合体具体实施内涵、系统性融资支持新型城镇化的平台对接、综合性金融服务体系为纵向发展路径。其中，对接平台由政府及市场上的各类主体共同搭建，合理运用金融服务体系提供的金融工具和手段，推动新型城镇化建设的稳定进行。

新型城镇化系统性融资体系如图 8-2 所示。

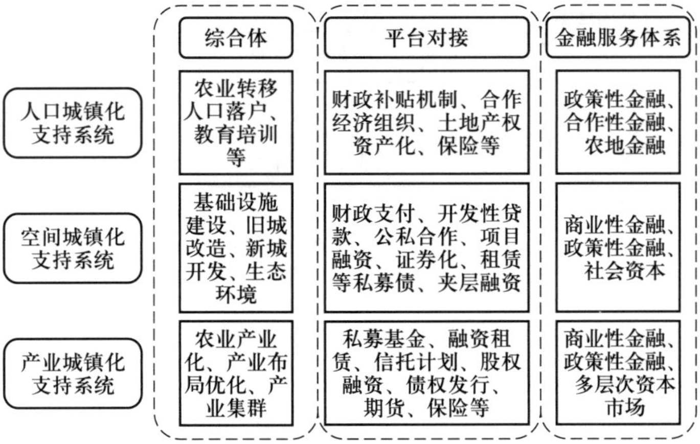

图 8-2　新型城镇化系统性融资体系

第四节　黄冈市新型城镇化融资支持体系

一、人口城镇化系统性融资支持体系

人口城镇化系统性融资支持体系主要是通过政府财政补贴机制的引导、政策性金融和农地金融撬动、盘活农村存量资产等方式的结合，同时引入保险资金作为保障，通过系统性融资工具创造性地解决“农民进城、资本下乡”所面临的问题，金融服务体系主要为政策性金融、合作性金融和农地金融。

人口城镇化支持体系主要以农民互助合作组织、农地金融、土地产权资产化等方式，同时配合农村教育培训、就业指导等人力资本建设机制，户籍制度、土地制度改革等政策机制，以及农业政策性保险、商业性保险及风险准备金等风险分担和补偿机制，最终实现农村存量资产盘活，使农民赖以生存的根本利益得到保障。同时,农民无障碍地实现社会迁移,享受到均等化的公共服务和社会保障,提升迁移能力和城镇融入能力,实现农村转移人口市民化。

人口城镇化系统性融资支持体系框架如图 8-3 所示。

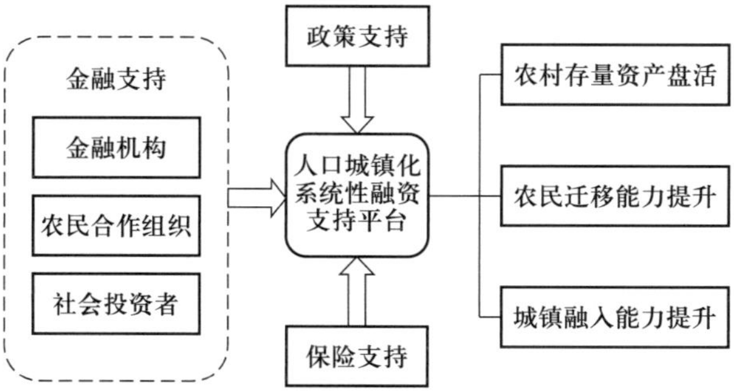

图 8-3　人口城镇化系统性融资支持体系框架

二、空间城镇化系统性融资支持体系

空间城镇化系统性融资支持体系即运用工程化的思想,充分利用金融市场及金融工具,创造性地解决新型城镇化过程中基础设施和生态环境建设的相关问题,涉及创造新的融资产品与融资渠道,以及建立城镇建设项目的风险监测体系,进而在风险可控的前提下,有序推动城镇建设和发展。金融服务体系主要为商业性金融、政策性金融和社会资本。

空间城镇化支持体系旨在解决三个问题:第一,融资问题,即如何打通资金渠道,丰富融资品种,平抑资金成本;第二,项目完成后的运作问题,保证项目的社会效益和经济效益并举;第三,项目融资平台的风险控制。

具体的设计如下:在当地政府的支持下,依托当地的城市建设投资公司建立平台,将包括银行、非银行金融机构和社会资本在内的资金来源方与地方政府、城镇建设项目联系起来。通过该平台,城镇建设项目融资将由单一的财政拨款和银行贷款,转向利用金融市场,进行直接融资和间接融资相结合的多渠道融资。依托空间城镇化支持平台,开辟市场、政府在空间城镇化建设中各司其职的新模式,有力提升城市建设投资公司的运营能力,即银行、信托、保险、证券、担保、租赁等各类金融机构和社会资本形成“金融要素包”;地方政府统筹规划各类优质项目,形成“项目包”,通过科学的投资管理运作和决策模式,二者相对接,实现金融资源的优化配置。在建设项目投资风险控制的环节:一是该平台对相关项目进行可行性分析(风险-收益分析),并为优质项目提供有力的政策支持;二是在项目完成后,对建设项目进行绩效考核评价,保证各项目参与方的项目收益;三是为确保该平台自身的顺利运作,对其引入诸如担保和保险等征信措施。

空间城镇化系统性融资支持体系框架如图 8-4 所示。

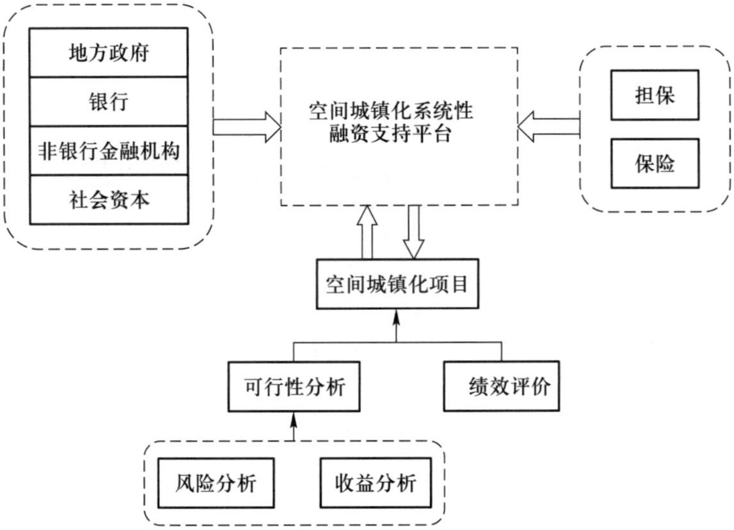

图 8-4　空间城镇化系统性融资支持体系框架

三、产业城镇化系统性融资支持体系

产业城镇化系统性融资支持体系是指以产业和产业链为基础平台来探索产业层面的价值增值,整合金融资源、产业资源、政策资源,在控制风险的前提下解决产业发展中的金融问题,提高生产效率、资金效率和政策效率,从而实现产业化与城镇化协调发展,避免城市空心化或伪城镇化现象。平台对接包括私募基金、融资租赁、信托计划、股权融资、债权发行、期货、保险等,金融服务体系主要为商业性金融、政策性金融和多层次资本市场。

产业城镇化系统性融资支持体系框架如图 8-5 所示。

新型城镇化系统性融资主要有两大创新。一是将黄冈市新型城镇化视同一个"综合体",将人口城镇化视同这一"综合体"的上游,将空间城镇化视同中游,将产业城镇化视同下游,形成"三横三纵"结构化、工程化的新型城镇化系统性融资设计框架。二是以价值创造系统、资金融通系统、风险管理系统和制度安排系统作为系统性融资的基本思想,探索突破公共财政作为城镇化主要资金来源的现状,寻找新型城镇化的内生增长动力,实现工业化、城镇化、农业现代化同步发展。

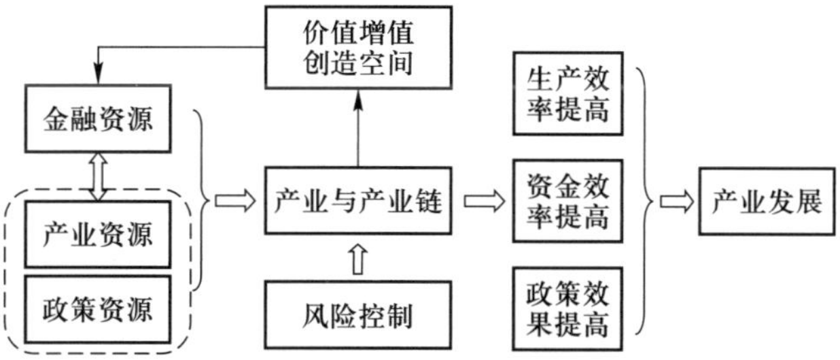

图 8-5　产业城镇化系统性融资支持体系框架

第五节　新型城镇化重点领域建设任务与融资模式

一、基础设施领域:以交通领域为例

黄冈市基础设施领域建设主体主要依托黄冈城投及各区县的投资建设公司建立,应采用“政府引导+市场化运作+公司化经营+社会参与”的方式,实现政府资源和市场资源在城镇建设项目上的优化配置。根据基础设施领域的项目特点分为公益性项目和收益性项目两大类。对于公益性项目,主要依靠财政补贴机制、银行贷款、债券发行、资产证券化、政策性保险和商业性保险等方式予以对接,金融服务体系主要为政策性金融和合作性金融。对于收益性项目,可以通过银行贷款等项目融资、债券发行、资产证券化和融资租赁的方式,或者更高级别的房地产信托基金、产业投资基金、私募股权基金、股权融资、利用外资、并购重组和整体上市的方式。金融服务体系主要为商业性金融、政策性金融和多层次资本市场。

对已有的基础设施,政府可采用出售、租赁、经营、维护合同承包等形式;对扩建和改造的基础设施,可采用租赁-建设-经营(LBO)、购买-建设-经营(BBO)和外围建设等形式;对新建基础设施,可采用建设-经营-转让(BOT)、建设-转让-经营(BTO)和建设-拥有-经营(BOO)等形式;对于具备盈利潜力的大型公共基础设施项目,比如地铁站、文化广场等,政府可通过特许经营权、减免土地出让价格等方式,实现公共基础设施建设与土地、物业、商业地产“捆绑”开发,或者由企业统一投资、开发、建设,项目建成后商业项目的经营权让渡给企业,公共设施的所有权和经营权归政府所有。黄冈市交通领域融资模式设计如图 8-6 所示。

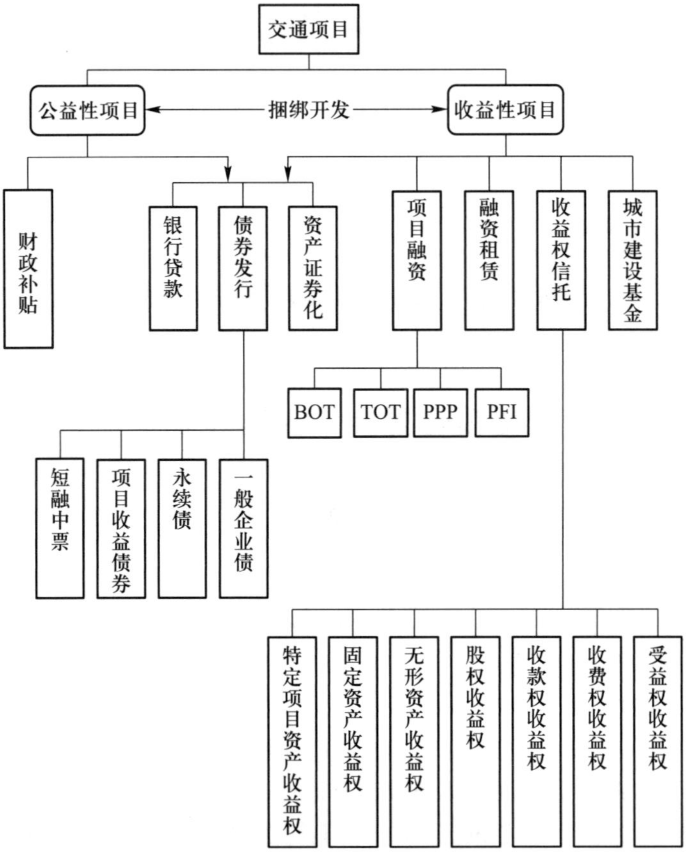

图 8-6　黄冈市交通领域融资模式设计框架

二、公共物品与服务领域

公共物品及服务领域包括垃圾处理、给排水设施、生态环保、信息化等方面。以生态环保项目为例，同样实施公益性项目和经营性项目的捆绑开发模式，如图 8-7 所示。

三、民生领域

民生领域包括住房保障、教育医疗、公共交通等方面，本节重点就农民市民化进行方案设计。

（一）价值创造系统

人口城镇化价值创造系统主要包括农村转移人口人力资本增值和收入提升

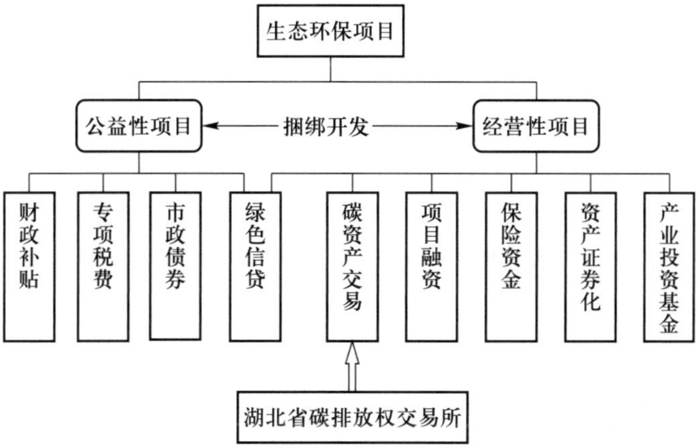

图 8-7　黄冈市生态环境项目融资模式设计框架

两个方面。随着黄冈市经济社会发展与产业结构升级,更多的岗位需求将产生于制造业和服务业,而不是传统的建筑业,就业创业环境将更加规范,劳动力市场对从业者文化程度和操作技能的要求越来越高。对农村地区及农村转移人口提供教育、培训和指导应是黄冈市人口城镇化的重要一环。对农村人口应形成从基础教育到高等教育体系完善、功能合理的现代国民教育体系,学校正规教育和非正规教育协调发展的终身教育体系,从而提高教育的软、硬实力。对农村转移人口,应形成以政府为主导,辖区居委会和职业教育机构为载体的农村转移人口培训机制,从而使全市农村转移人口具备在城镇融入、就业和发展的能力,顺利完成由农业向非农产业的迁移提升。提升农业转移人口对城镇经济社会发展的匹配度和贡献率,同时使其工资收入得以相应提高。

农村转移人口收入提升,一是上面说到的工资收入提升。二是农村存量资产盘活,农民带着资本进城,并持续享受土地增值的收益,无后顾之忧。黄冈市应树立典型,因地制宜,推动全市土地流转进程。三是广义的非货币化的福利收入提升,除了教育,还包括医疗、养老方面,使农村转移人口享受到均等化的社会保障和公共服务。

(二) 资金融通系统

市域资金融通系统应包括两个方面。一方面是指通过政策性金融、商业性金融、微型金融和资本市场等多种方式,为人口城镇化过程中的农村人口教育、转移人口培训、社会保障水平和创业就业指导提供融资支持。政策性金融应通过教育基金等方式支持农村教育基础设施建设,或为农村贫困学生提供助学贷款服务。商业性金融应加大对职业技能培训机构的信贷支持,以及农民工商业性助学贷款服务,通过商业性保险为农村转移人口的医疗、养老、健康等社会保障方面提供服务。微型金融包括社区银行、村镇银行,也包括小额贷款公司和民间资本等,为低收入人群或者农村转移人口提供小额无抵押信用贷款、存款、结算、金融产品等服务,满足其多样化的金融服务需求。当人口城镇化发展到一定阶段,可以借由资本市场推动有实力的农村转移人口教育培训服务机构上市,通过股票筹措更多的资金,用于农村教育经费。此外,通过发售教育专项债券或者成立创业投资基金、培训教育基金的方式,以参股、融资担保等方式,引导社会资金的注入,为人口城镇化提供多渠道的资金融通服务。

另一方面,黄冈市政府应充分考虑就地城镇化、就近城镇化的“三农”问题,改变农民、农村的生产、生活方式。以黄冈所辖县域为重点,兼顾镇(乡)、村的发展,统筹发挥政策性金融、商业性金融和合作性金融的作用,激活民间资本,发展小型金融机构,从全局上配套农村金融服务机制。鼓励社会资本以农业发展基金、农村发展基金的方式,投向农村基础设施建设和社会事业,引导更多人才、技术、资金等要素投向农业农村建设。

人口城镇化资金融通系统如图 8-8 所示。

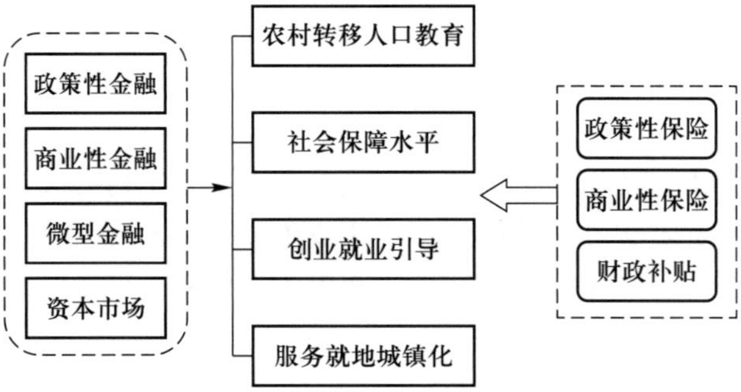

图 8-8　黄冈市人口城镇化资金融通系统

（三）风险管理系统

人口城镇化的风险管理系统主要包括两方面,一是通过政策性保险、商业性保险、政府财政补贴、计提风险准备金等方式,对风险进行缓释。二是金融机构应加强农村个人信用体系建设,建立个性化的信贷管理和评审机制、核算机制、风险控制机制和风险定价机制,规避人口城镇化过程中的潜在风险。

（四）制度安排系统

1. 实施全口径预算管理

一是将黄冈市全部政府性资金,包括公共财政预算、政府性基金预算、社会保障预算、国资经营预算和政府性债务计划等，均纳入预算管理，编制黄冈市全口径预算表；二是编制公开透明的黄冈市政府资产负债表，测算全市债务总规模、年度偿债规模和偿债缺口。

2. 进行市政债自发自还试点

按照黄冈市全口径预算管理表和资产负债表测算的年度偿债缺口，向国务院申请自发自还市级政府债券的规模，自行组织黄冈市政府债券的发行、利息支付和本金偿还。开展债券信用评级，及时发布信用评级报告，及时披露债券基本信息、黄冈市财政经济运行及债务情况等。建立偿债保障机制，统筹安排综合财力，切实履行偿债责任，维护政府信誉。黄冈市政债只能用于城市建设等公益性资本支出或置换存量债务，不得用于经常性支出。

3. 按照市场化方向规范地方城投公司

对黄冈市及下属市县各级城投公司进行清理，提高地方政府投融资平台信息透明度，及时公开投融资平台自身资金使用情况和信贷债务，接受地方人大以及广大投资者和社会公众的监督。增强城投公司自我造血功能，强化融资平台的实力。

4. 加快城镇化合作金融机制建设

放宽民资和社会资本的准入限制，扶持农村民间金融的发展，如混合所有制形式的小贷公司、社区银行、担保公司、典当公司等组织体系，形成多元投资主体。

5. 变现国有资产设立城镇化基金

盘活现有国有资产，使国有资产资本化，投入城镇化建设和发展，使国有资产更好地保值增值，为新型城镇化开辟一条来源更广、支持力更强、更具“造血”功能的可持续融资渠道。

6. 加强城市运营，增加运营收益，弥补城市建设资金不足

运营城市实现资产—资源—资本—资金的良性循环，即通过注入土地、自来水厂、天然气等优质资产到相应的城市运营公司，开发城市良好的有形或无形资源，如广告资源、广电资源、自然湖泊资源，甚至城市形象资源，通过土地的一级、二级开发，形成完整的商业链，变换成巨大资本，获得有效可持续的资金并投入城镇化建设中，实现城市建设的良性发展。

7. 加快土地流转试点推进进程，最大限度保障农民权益，促进农村经济社会转型和城镇化发展

在自愿平等的原则下，帮助农民根据自己家庭的实际情况采取转包、出租、互换、转让、托管分红等多种方式，避免流转方式过于单一，保障离土离乡农民利益；加强土地流转后的监管力度，保障土地流转工作顺利持续地开展，确保国家粮食安全，防止流转土地出现“非农化”的情况；持续对三农进行财政补贴，大力扶持各种新型农业经营主体，保持土地政策、农业政策的连贯性，协助现代职业

农民降低经营风险,避免“掠夺式耕种”的短视行为,建立一种良性的长效机制;完善相关法律,解除土地流转双方的后顾之忧。

8. 创新金融服务和金融产品

通过深化农村产权制度改革,完善和推广农村“五权”(即土地承包经营权、房屋所有权、集体建设用地使用权、林权和水面滩涂养殖权)抵押贷款,全面推广“联保互保”“合作社+银行”等金融创新,开展农业大型机具设备金融租赁业务,大力发展供应链金融;鼓励中小企业发展中小企业集合票据、短期融资券和中期票据;对保障房建设的贷款予以倾斜,灵活运用小额担保贷款、创业贷款支持农业转移人口创业就业,加大对生源地助学贷款、农民职业技能培训、教育、娱乐文化等方面的信贷支持,全面优化农村金融生态环境。

第六节　政策与建议

一、扩大新型城镇化信贷规模

(一) 充分发挥商业性银行力量

充分发挥农业银行、中国邮政储蓄银行湖北省分行等商业性金融机构的作用,要积极在商业化运作和服务“三农”之间寻找平衡点,加大对于黄冈市新型城镇化的信贷支持规模。

(二) 有效运用政策性银行资源

要扩大政策性银行的支农力度,使农业发展银行将业务重心由目前的农产品流通领域转向农业生产领域,从主要提供短期资金转向主要提供中长期农业开发资金;有效利用“四台一会”开发性金融支持农业中小企业融资模式,实现平台统贷、统贷统还。

(三) 鼓励合作金融

鼓励农民兴办专业合作和股份合作等多元化、多类型合作社。要深化农村信用社改革,增加湖北省农村合作金融的供给;充分发挥湖北省村镇银行、小额贷款公司和农村资金互助社在服务农村金融中的作用,全力推动新型农村金融机构的健康有序发展,从总体上扩大信贷规模。

二、拓展政府融资渠道

(一) 存量国有资产证券化

黄冈市政府可以将长期稳定的、可以预见的资产组合打包,通过资产证券化、收益权信托、融资租赁等新兴融资工具，将流动性较差的存量资产盘活，提高地方财力。比如水电管网等基础设施资产，高速公路、铁路收益权，污水和垃圾处理收费权等，均可以纳入此范围。此外，研究制定公私合作的时间进度表，做好项目筛选、合作机构遴选、风险控制等工作。

（二）变现国有资产设立城镇化基金

通过推出经营性国有资产、股份制公司改造、整体出让、股权出让、引入战略投资者、合资经营等多种方式，一企一策，循序渐进地将国有实物资产转换为现金资产。再通过设立城镇化基金，助力黄冈市城镇化建设。基金的投向可以包括四个方面：一是直接投资新型城镇化项目；二是注资黄冈城投，加快城投公司转型发展；三是通过阶段性的持股引导社会资本进入黄冈市新型城镇化建设领域；四是为中央财政的新型城镇化投入提供配套资金，以及为新型城镇化建设的银行贷款提供担保等。

（三）建立完备的市政债自发自还管理机制

按照黄冈市全口径预算管理表和资产负债表测算的年度偿债缺口，向国务院申请自发自还市级政府债券的规模。在国务院批准的发债限额内，遵循公开、公平、公正的原则，自行组织黄冈市政府债券的发行、利息支付和本金偿还；发行的政府债券为记账式利率付息债券；实行年度发行额管理，年度发债规模限额当年有效，不结转下年。

开展债券信用评级，及时发布信用评级报告，及时披露债券基本信息、黄冈市财政经济运行及债务情况等。建立偿债保障机制，统筹安排综合财力，及时支付债券本息、发行费等资金，切实履行偿债责任，维护政府信誉。

三、加大资本市场融资力度

（一）创新债券融资机制

充分借鉴运用地方政府债、企业中期票据、一般企业债、项目收益债、永续债等债券融资工具的先进操作经验，并按项目性质予以分类管理。对于公益性项目，由地方财政收入作为偿债来源；对于经营性项目，以项目收益作为偿债来源。

（二）创新股权融资机制

鼓励有实力的支柱企业、城投公司通过兼并收购、债务重组、资产注入的方式，增强实力，通过首次公开募股（IPO）、定向增发、借壳上市、夹层融资的方式到资本市场上市融资。鼓励中小企业积极推进新三板、新四板挂牌，通过股权质押进行融资。

四、大力吸引民间资本

（一）尽快研究制定民间投融资管理办法

目前，民间融资大多采用高利贷模式，投资人既缺少投资的风险意识，盲目追求高回报，又缺乏风险控制能力，无法辨别项目质量优劣。制定民间投融资管理办法，旨在规范民间投融资行为，激活民间资本的活力。

（二）推广私募股权投资基金模式

具体操作路径是：在《合伙企业法》的基础上成立投资企业即有限合伙企业，以企业的名义在工商部门登记注册，使投资资金形成资金池，委托专业的管理公司管理控制风险，管理公司承担无限连带责任，并在资金“募集、投资、管理、退出”等环节实行规范化、流程化、标准化操作。投资者直接把钱投资给自己决策的项目，投资人通过决策委员会集体商议决策。股权投资基金模式的特点是：利润相对较高，风险可控，承担有限责任。这样，民间融资采取股权投资的形式，既可以帮助投资人合法投资，降低投资风险，又便于缓解中小企业的融资困难，解决银行不能提供资金的难题，为地方经济发展打通资金血脉。传统的民间融资属于商业银行模式，贷款人不知道借款人向多少人借了钱，也不知道借款人的资金去向，往往是借新还旧，最后不堪重负。上述股权投资基金模式属于投资银行模式，相对而言“合法、安全、公开、透明”，这是民间金融走出“非法集资”“高利贷”等黑洞的有效方式，也是民间资本投资的趋势所在。

（三）争取民营金融经营机构试点资格

鼓励民间资本参与金融机构重组改造，积极筹备、探索设立民间资本发起的自担风险的民营银行或金融租赁公司、消费金融公司，为民间资本由“非”转“正”打通道路。

参考文献

[1] 段进军，殷悦．多维视角下的新型城镇化内涵解读[J]．苏州大学学报（哲学社会科学版），2014(5)．

[2] 钟兵．新型城镇化促进经济社会发展的效应分析[J]．内蒙古财经大学学报，2014(4)．

第九章 黄州区金融工程支持体系

第一节 研究背景与相关文献综述

一、研究背景

黄州区位于湖北省东部、大别山南麓、长江中游北岸，东连浠水，北接团风，西南与鄂州隔江相望，距武汉60千米，为湖北省黄冈市委、市政府，黄州区委、区政府两级政府所在地，是黄冈市政治、经济、文化中心。黄州区交通便利，区位优势独特。南靠长江黄金水道，拥有新港、唐家渡综合码头，上可入川，下通宁沪；区内京九铁路、大广高速公路、鄂黄长江大桥、江北一级公路网络纵横，北至北京，南至广州、深圳，东至上海，西至重庆均可朝发夕至；航空可依托武汉天河机场到达世界各地。

二、相关文献综述

近年来我国经济发展速度迅猛，经济规模逐步扩大。中心城市在迅速发展的同时也对周边地区产生了巨大的影响，这也成为我国城市化进程中的一个闪光点。但是在这些中心城市迅速发展的同时，一些大城市所独有的问题也随之产生，比如城市人口密度过大、交通堵塞、环境污染、生态破坏、住房短缺、城市管理难度加大、治安环境日趋恶化等。李锦兰(2007)[1]在《武汉中心城市与周边卫星城市协调发展研究》中收集、整理并分析了国内外有关中心城市与卫星城市协调发展的研究成果，对有关中心城市与卫星城市协调发展的理论进行了梳理和总结，运用计量理论和社会经济统计分析方法对武汉中心城市与周边卫星城市包括黄冈等地区的发展现状进行了比较评价，探讨了武汉中心城市与周边卫星城市协调发展过程中存在的一些突出问题及其产生的原因，并提出武汉中心城市与周边卫星城市协调发展的对策，这对黄冈等武汉周边地区城市的繁荣和长足发展具有重要的意义。

张莹(2007)[2]在《土地利用总体规划实施评价研究》中根据评价标准评判

了土地总体规划，又结合黄冈市黄州区上一轮土地利用总体规划编制和实施情况，通过效用函数综合评价方法进行了实证研究，对黄州区上一轮土地利用总体规划目标执行情况、实施效益情况和社会影响情况进行了综合评价。根据评价结果分析了黄州区上一轮规划存在的问题，并提出了新一轮规划修编和实施管理的建议。

张春艳(2012)[3]的《黄州蔬菜产业发展现状与对策》在认真调研的基础上，总结分析了黄州蔬菜产业发展现状及近十年来的成功经验和存在的问题，研究了黄州蔬菜产业发展的优势和有利条件，提出了今后一个时期黄州蔬菜产业发展的措施与对策。

吴和平(2009)[4]在《黄州服务棉花产业发展——农业订单当法宝》中指出地处大别山南麓的黄州区是鄂东重要的棉花产区，棉花年产量达 1 500 吨。然而由于当地棉花收购加工企业与棉农之间缺少互动，棉花产业一直得不到较快发展。

杨辉鹏(2011)[5]在《冷链物流视角下蔬菜产业竞争力的提升策略研究——以黄冈市黄州区蔬菜产业为例》一文中以黄冈市黄州区蔬菜产业为例，有针对性地分析了蔬菜产业存在的问题，明确发挥政府的主导作用，实施基于冷链的绿色农产品供应链管理，积极推行蔬菜冷链物流的标准化和专业化，建立“从田间到餐桌”的冷链质量体系的蔬菜产业竞争力提升的形成路径。

余国平(2007)[6]在《新时期渔民增收对策——以湖北省黄州区为例》一文中提出加快转变渔业增长方式，不断提高产业发展质量；加大渔业资源的保护力度和强度，适时适当地延长承包期，坚持促进渔业可持续发展；加快社会化服务体系建设，不断增强渔民增收的能力三条对策来使渔民在新时期里完成增收。

第二节　黄州区经济金融发展概况

一、黄州区经济发展概况

近年来黄州区积极把握国家层面重点开发区域、长江经济支撑带和长江中游城市群建设、大别山振兴发展、市校科研院所合作等战略机遇，释放资源环境、老区政策、区位交通优势，坚持“一港三区”的发展定位，强力推进“双强双兴”，扎实实施“三大行动”，致力于实现“融入大武汉，服务大黄冈，建设中心城”的发展目标，在经济建设和产业发展上已经取得了一定的成果。

1. 黄州区 GDP 及其增速情况

2011—2013 年黄州区经济总量持续快速增长，如图 9-1 所示，2013 年黄州区 GDP 达到 108.3 亿元，同比增长 13.6%。2013 年全国、湖北省和黄冈市 GDP

分别实现了7.7%、10.1%和10.5%的增长率,在国家整体经济增速放缓、中西部崛起的大背景下,黄州区经济的确十分具有活力和潜力。

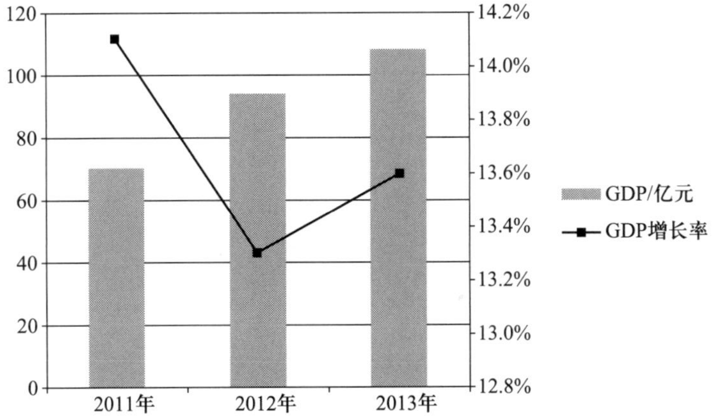

图 9-1　黄州区 GDP 及增速

2. 三大产业产值与结构

全区三大产业产值稳步增长,且在2012年第三产业产值首次超过第二产业,如图9-2所示,2013年三大产业产值分别达到13.3亿元、46.07亿元和48.93亿元。第一产业方面,2013年全区农业总产值19.95亿元,同比增长5.72亿元,其中,种植业产值11.11亿元,增长6.01%;林业产值0.29亿元,增长24.76%;牧业产值3.48亿元,增长3.18%;渔业产值4.74亿元,增长6.25%。这得益于黄州区的都市农业发展战略,即以“三线三片”为重点,大力发展有机水果蔬菜种植采摘、生态健康养殖垂钓、高档苗木花卉种植观赏、农业生态休闲观光、农耕生活体验、农技展示和教育等现代农业项目,与生态文化休闲旅游业融合发展。

第二产业方面,2013年全区工业企业达到109家,比上年净增21家,实现工业产值105.28亿元,增长12.43%;实现工业增加值33.47亿元,增长13.46%。建筑业实现总产值167.8亿元,同比增长16.1%。黄州区初步形成了以昆仑能源为龙头的液化天然气及配套产业集群,以伊利、中粮为龙头的食品和农产品加工产业集群,以中船、华海为龙头的海洋工程和船舶装备产业集群,以青江化工为龙头的化工产业集群,以三泰、新昌、富华、德鑫等为龙头的纺织服装产业集群。同时积极实施新兴产业培育工程,深化与东湖高新区、北京中关村和武汉经济技术开发区的合作,培育以晨鸣、贵格纸业为龙头的纸业和包装产业集群,以烽火科技为龙头的光电子信息产业集群,引进发展生物医药、汽车配件等新产业。

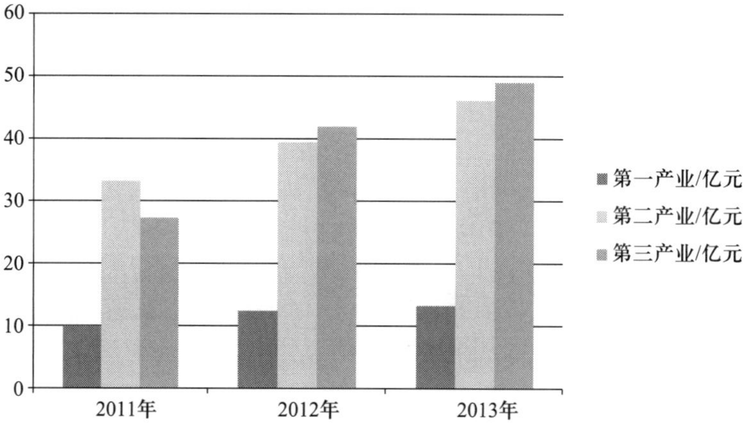

图 9-2　黄州区三大产业产值

第三产业方面,旅游业可能会成为黄州区经济增长的一个新突破口。2013年辖内共接待国内外游客170万人。实现旅游收入9.56亿元,增长29.19%,远高于全区经济总量增速,也高于湖北省旅游业收入22.6%的增速。黄州区旨在建设武汉东高水平民生服务业基地和旅游休闲目的地,大力发展文化旅游业,精心设计和推介旅游线路,积极开拓旅游市场,服务和推进恒天文化创意城建设,谋划和推进螺蛳山文化产业园、禹王城遗址公园、生态有机农业观光园区、旅游集散中心等项目建设。

当前黄州区旅游业的发展战略为充分利用黄州境内特色旅游资源,打造“三色”旅游:以陈潭秋故居等革命传统教育为主题的“红色”旅游,着力推进陈潭秋故居及红色旅游经典景区、陈策楼旅游名镇项目建设;以青云塔、安国寺、太平寺、禹王城遗址等历史文化为主题的“古色”旅游,着力推进安国寺旅游景区、禹王战国文化景区建设项目;以沿江、沿河、沿湖生态休闲为主题的“绿色”旅游,着力推进滨江森林公园开发和白潭湖旅游景区建设项目。

3. 固定资产投资

2013年,全区实现全社会固定资产投资109.6亿元,增长43.1%,其中,500万元以上城镇项目投资95.4亿元,增长44.2%。按经济类型划分,国有经济投资52.8亿元,增长40.9%;集体经济3.1亿元,增长30.2%;私营经济投资49.9亿元,增长45.2%;其他经济投资3.8亿元,增长40.4%。虽然与2013年湖北省固定资产投资25.8%的增速相比,黄州区固定资产投资量一直保持着较高的增速,但近年来增速开始下滑,如图9-3所示,并且固定资产投资更多地集中于城镇化建设,真正用于扩大产能的比例不高。

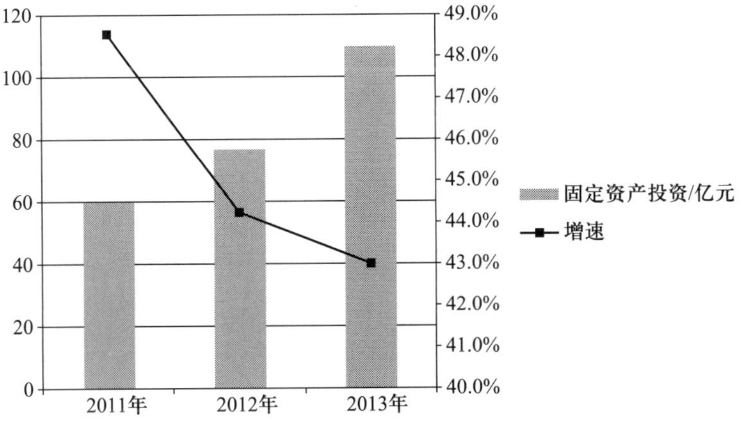

图 9-3　黄州区固定资产投资

4. 财政收支状况

《黄州区 2013 年国民经济和社会发展情况统计公报》显示，2013 年全区实现全口径财政收入 10.2 亿元，增长 18.1%。公共财政预算收入 5.6 亿元，增长 21.5%；地方税收收入达到 4.05 亿元，比上年净增 0.93 亿元，税收收入占地方一般预算收入的比重达到 72.4%，比上年提高 4.6 个百分点。财政支出 18.19 亿元，增长 37.5%。其中，公共财政预算支出 15.26 亿元，增长 33.3%。城乡社区事务、社会保障和就业支出、住房保障等民生支出分别达到 1.36 亿元、3.57 亿元、0.35 亿元，分别增长 134%、16.6% 和下降 27%。

如图 9-4 所示，虽然黄州区财政收入逐年增加，但财政缺口也逐年扩大，2013 年占 GDP 比重甚至达到了 9%。当前黄州区财政收入主要来源仍为税收收入，缺少其他来源作为补充，这无疑为黄州区日后的城镇化建设以及公共开销带来资金压力。

5. 人民收入水平

如图 9-5 所示，2013 年，全区城镇居民人均可支配收入 21 154 元，增长 9.9%；农村居民人均纯收入 9 501 元，增长 13.4%。2013 年湖北省城镇和农村人均收入为 22 906 元和 8 867 元，黄冈市城镇和农村人均收入为 18 432 元和 6 966 元，与此相比，黄州区城镇居民人均收入水平在黄冈县市中处于较高水平，但还未达到湖北省的平均水平；农村人均纯收入则是远高于湖北省和黄冈市的平均水平。总的来说，黄州区人民收入水平相对可观，城乡收入差别在全省范围内处于较低水平，虽然人民收入水平增速呈下滑态势，但其绝对增速仍高于湖北省平均水平。

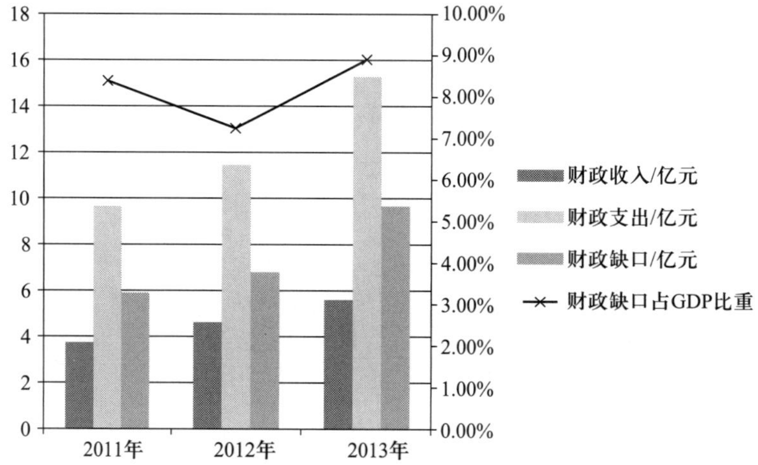

图 9-4　黄州区财政收支状况

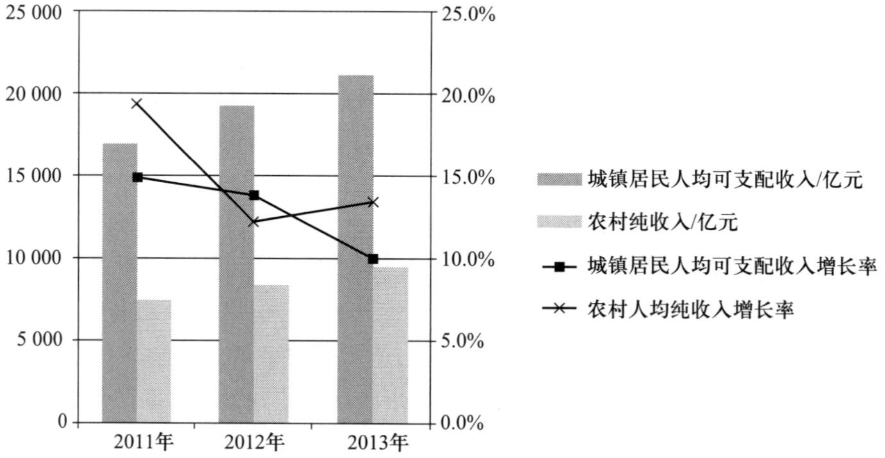

图 9-5　黄州区人民收入水平

二、黄州区金融发展现状及存在的问题

(一) 黄州区金融发展现状

如图 9-6，截至 2012 年 12 月，全区金融机构人民币各项存款余额 226.37 亿元，比年初增加 51.67 亿元，增幅 22.83%；全区金融机构贷款余额为 104.81 亿元，比年初增加 15.08 亿元，增加 14.39%。2012 年黄州区贷款余额的增长速度赶不上存款余额的增长速度，贷存比为 46.30%，低于湖北省平

均水平。除去存款准备金上交外，贷存差约为76.29亿元，说明有76.29亿元的资金流出了区县外，资金外流现象较为严重，这一点在很大程度上制约了本区域的经济发展。

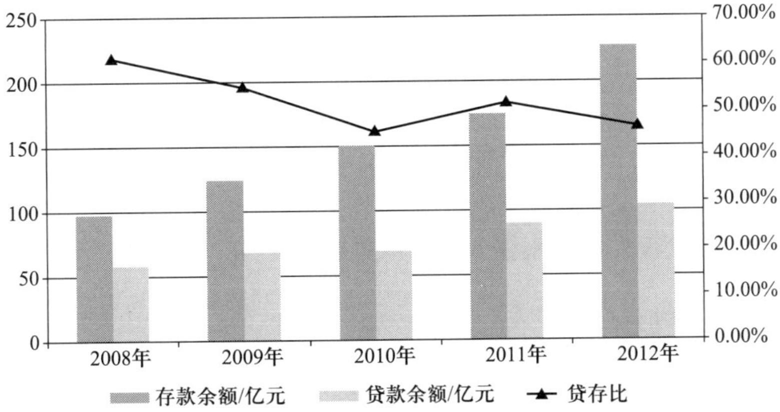

图 9-6　黄州区金融机构存贷结构

（二）黄州区经济金融发展中存在的问题

1. 经济总量有待进一步提升

黄州区经济增速远高于湖北省和黄冈市平均水平，但还未能充分发挥黄州区的区位优势和产业规模优势，具有十分巨大的发展潜力。要实现黄州区经济的跨域式发展，首先必须从黄州区的企业和产业层面下手，通过便利企业融资活动，来推动企业发展及产业转型升级。

2. 资金外流现象严重，金融供给不足

2012年黄州区贷存差约为76.29亿元，占GDP的比重高达54.37%，说明相当于一半以上GDP的资金流出了区外。黄州区资金不断向外净输出，未能充分有效地支持区域经济发展，这在很大程度上制约了当地的经济发展。

3. 商业银行的运营体制与实力制约其县域的服务水平

首先，黄州区商业银行县域分支机构委托代理链条长，其自主经营决策权小，缺乏灵活性，当地实际经济发展与上级行推行的金融产品以及服务方式创新脱节的可能性较大，加上人员稀缺且人口老龄化现象比较严重，无法对大量的中小微企业和农户信息有深入的了解。因此，在其县域信贷中经常出现“嫌贫爱富、恋大落小”的现象。其次，地方中小商业银行虽具有贴近县域实际情况、委托代理链条短、经营决策机制灵活、金融产品和服务方式创新针对性强等优势，但同时又存在经济实力弱、工作人员整体素质较低、科技水平落后等劣势，自然也无法满足黄州区中小微型企业的需求以及农户的资金和服务需求。

4. 金融要素市场仍处空白

目前,黄州区的金融要素市场仍为空白。多层次有效的资本市场可以迅速为企业融到发展的第一笔资金,为中小企业未来的进一步发展提供广阔的天地。但是,在黄州区资本市场仍处空白,使得中小企业融资难问题雪上加霜。

第三节　黄州区主导产业金融工程——特色产业及其典型举措

一、金融工程支持黄州萝卜与水产养殖业发展

(一) 黄州萝卜

黄州萝卜是黄冈市具有浓郁地方特色的农家品种,被誉为"古黄州三绝"之一,有着悠久的种植历史。东汉时期,曹操驻兵黄州时,曾因"兵吃萝卜、马吃菜"而使黄州萝卜名满天下。著名词人苏东坡居住黄州时吃的"东坡肉""东坡鱼"都要用黄州萝卜相佐。明弘治《黄州府志》记载:黄州萝卜体大皮薄,水分充足,含糖量高,肉脆味美,生食甜脆可口似水果,熟食味佳,回锅而不烂,有"生萝卜甜、熟萝卜香、腌萝卜脆,冬藏春吃更有味"之称。新中国成立前,每到寒冬时节,黄州长圻廖一带,每天都有上百条帆船运载黄州萝卜到武汉、鄂城、黄石及周边省市出售。

1959 年黄州萝卜被选送到北京参加国庆十周年农展馆的展览并获奖。1992 年又被选入湖北省名、特、优、新农产品开发项目库,成为湖北省具有开发前景的名优农产品资源之一。黄州萝卜凭借其自然禀赋的特别风味和绵厚的历史渊源,2008 年被国家质量监督检验检疫总局批准为国家地理标志产品,2011 年被评为湖北省名优蔬菜,成为该省市蔬菜产业的一张名片。黄州萝卜系列产品的开发,以速冻保鲜、脱水、腌制品、饮品等为主要生产产品。

1. 生产规模

全市现有黄州萝卜的总产量约 3.7 万吨,产值达 1.2 亿元。生产基地主要分布在黄冈市黄州区陶店乡、路口镇、堵城镇、禹王街道办事处、东湖街道办事处、南湖街道办事处 6 个乡镇街道办事处所辖区域。

2. 销售情况

当地农民种植的萝卜主要是自给型、商品型和应急型,主要销往各县市区的蔬菜批发及零售市场,其次是销往武汉、黄石、九江等地,也有一部分为萝卜加工企业提供生产原料。

3. 萝卜产业专业合作社组织与龙头企业运行情况

2007 年黄冈市黄州区通过招商引资建设黄州萝卜产业化龙头企业,积极推进全市以黄州萝卜为主打品种的萝卜产销工作。成功引进北京银山食品有限公司并使之落户黄州,兴建了黄冈市康尔达食品有限公司,进行黄州萝卜系列产品开发,主要生产速冻保鲜、脱水、腌制品、饮品等产品,年加工量 4 200 吨,产品注册商标名称菔贝。黄冈市种植基地在省业务主管部门支持下,不断研究黄州萝卜传统品种、尝试开发新品种,坚持不懈进行黄州萝卜原种生产繁殖,组织建设黄州萝卜示范基地,不断加强加大科技力量的投入。

4. 黄州萝卜产业发展存在的问题

黄州萝卜产业发展存在的问题具体如图 9-7 所示。

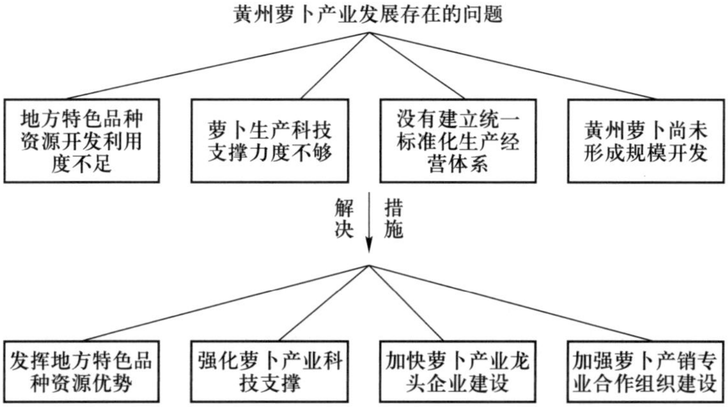

图 9-7 黄州萝卜产业发展存在的问题

(二)水产养殖业

水产养殖业是黄州区重点扶持与发展的产业。近年来,鱼苗孵化、黄颡鱼、南美白对虾等特色水产养殖和休闲渔业进一步发展,并成功进入全省水产名特优板块。

2011 年 4 月,自黄州区白潭湖渔场现代农业水产标准化项目建设开工以来,共计投入人力 450 人次,大型机械 45 台次,清理淤泥 2.3 万方,运送预制板 3 万块。中央财政连续支持 3 年,共计支持 3 000 万元,地方财政 3 年整合资金 9 000 万元。项目主要建设内容包括两方面:一是白潭湖 2 000 亩基地核心区,以鱼池护坡为核心的鱼池升级改造工程及相关配套设施建设;二是 5 000 亩基地辐射区,以鱼池清淤、技术推广为主。计划 2014 年 10 月底完工,项目建成后,核心区标准化健康养殖面积达到 2 000 亩,亩产可突破 1 000 千克,辐射区面积可达到 5 000 亩,亩产达到 800 千克,整个项目可实现总产量 6 000 吨/年,销售总收入达到 7 600 万元。该项目可为市民提供优质无公害动物性食品，消除动物性食品因质量问题对人类身体健康的影响，保证广大消费者食用“放心鱼”。黄州水产养殖业金融工程支持体系如图 9-8 所示。

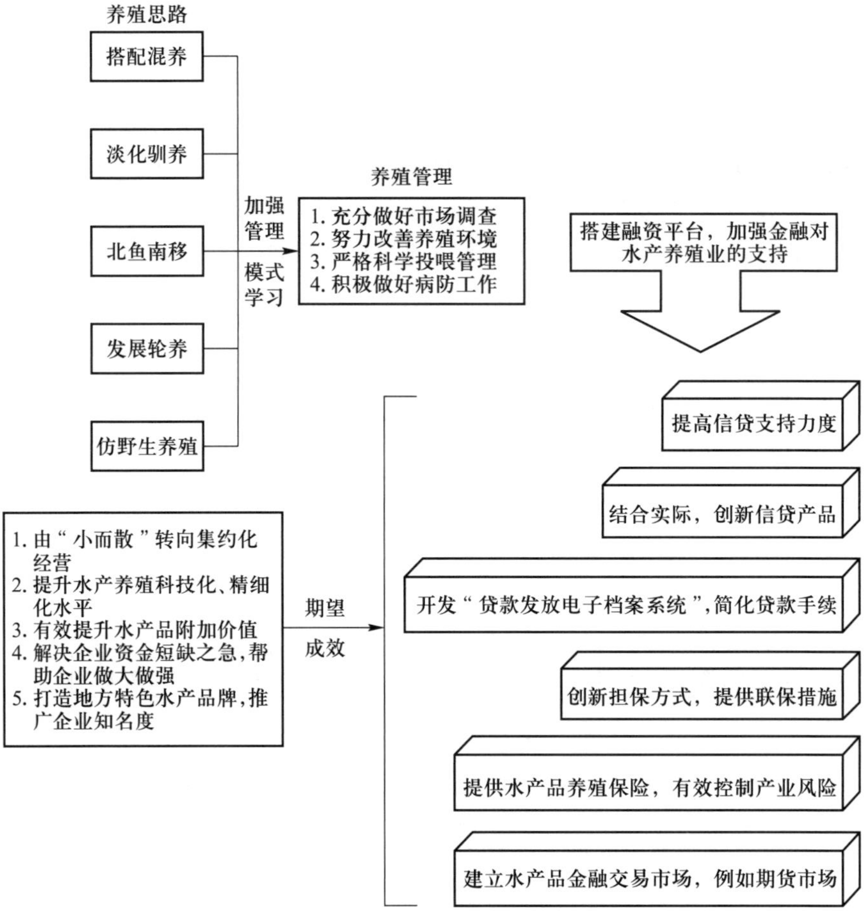

图 9-8　黄州水产养殖业金融工程支持体系

二、金融工程支持新型建材产业发展

（一）发展现状

近年来，黄州区政府抓住经济发展和城乡建设机遇，大力招商引资，推进项目建设，建材产业结构逐步优化，各项实力逐步增强，成为全区重要支柱产业。2006 年，全区规模以上建材企业发展到 5 家，资产总值 2 780 万元，完成工业总产值 8 600 万元，实现利税 450 万元，其中新型墙材企业仅 1 家（恒基砖业）。

2007 年上半年,全区新增规模以上新型墙材企业 8 家,其中灰砂砖企业 7 家,新型板材企业 1 家(合力建材)。

目前全区已建成和在建的灰砂砖生产企业有 9 家,共 48 台砖机、34 条釜。其中东湖办 2 家:黄州灰砂砖厂(恒基砖业)、东湖办长江社区汇金墙材有限公司;陶店乡 1 家:茶园昌泰建材有限公司;陈策楼 1 家:张家铺灰砂砖厂;火车站开发区 1 家:黄冈市祥燃建材有限公司;路口镇 1 家:李家寨康正建材有限公司;赤壁办 2 家:龙王山灰砂砖厂(兴隆建材)、黄冈市长润贸易有限公司;禹王办 1 家:佳华建材有限公司。在建企业投产后,全区灰砂砖年生产能力 4 亿块左右,当前产量 2 亿 ~3 亿块,一半供应城区市场,一半销往周边县市区。此外,全区现有黏土砖生产厂 10 家左右,年产红砖 6 000 万块左右,灰砂砖在城郊及农村还有一定市场。

(二) 存在的问题

黄州新型建材产业存在的问题如图 9-9 所示。

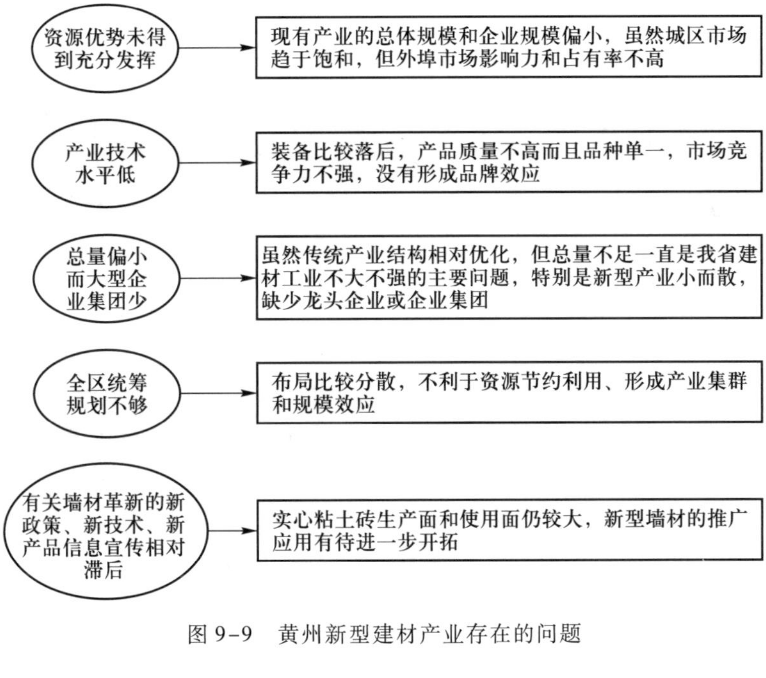

图 9-9 黄州新型建材产业存在的问题

(三) 黄州区发展新型墙材产业的有利条件分析

国家产业政策鼓励发展的新型墙体材料中,以黄砂为主要原材料的产品较多。黄州区发展新型墙材产业具有许多独特优势和有利条件。

一是原料资源极其丰富。河砂是黄州区的优势资源。黄州区仅巴河,黄砂年开采量 1 000 万吨左右，长江江砂可供开发利用的潜力更大。此外，全市黄砂静态储量近 10 亿吨，动态储量超过 3 亿吨，完全能确保建设大型新型墙材基地的长期需求。

二是交通运输十分便利。黄州地处于华中腹地，位于武汉、鄂州、黄石、黄冈连绵城市群，区内及周边公路、铁路网络纵横，具有承东接西、纵贯南北、通江达海的物流之利。特别是拥有长江黄金水道和新港、唐家渡、汽渡等港口码头，可上溯武汉、巴蜀，下至九江、南京、上海，适宜于发展运输成本低、运量大的墙材产业。

三是产业发展具有一定基础。各地客商纷纷看好黄州区的资源禀赋、区位交通条件和市场前景，在建、拟建、在谈的砂资源利用项目多，成为招商引资的一大热点。随着黄州区“禁实”工作力度加大和市场的缩小，一些原来生产实心黏土砖的企业纷纷转产，民间投资的热情也很高，新型墙材产业初具规模。

（四）市场因素分析

1. 本地市场

根据调查，目前黄州市场新型墙材的容量为每年 2 亿 ~3 亿标砖（见图 9-10），其中灰砂砖 1.5 亿 ~2 亿标砖。

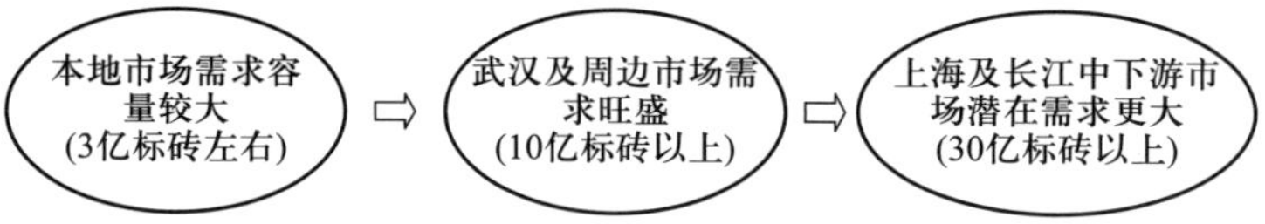

图 9-10　黄州区新型墙材市场需求分析

2. 武汉及周边市场

2003 年 7 月 1 日，武汉全面禁止生产、经营使用实心黏土砖，到 2005 年年底，累计关闭实心黏土砖企业 231 家，新型墙材应用比例上升到 96%。到 2010 年，武汉市新建建筑新型墙材推广应用率达到 100%，现有 156 家多孔黏土砖企业全部关停。黄石、鄂州等周边城市新型墙材的年需求也都在 10 亿标砖以上。

3. 上海及长江中下游市场

上海从 1991 年开始限制实心黏土砖的生产和使用，新型墙材的应用比例保持在 96% 以上。据测算，上海年需新型墙材 70 亿标砖以上，其中本地生产 50% 左右，其余由江、浙等外地供应。南京市新型墙材年需求也在 30 亿标砖以上。如果加上沿江其他中小城市，新型墙材的潜在市场更大。

（五）新型建材产业发展金融工程支持体系研究

1. 发展思路

以科学发展观为指导，按照新型工业化的总体要求，全面贯彻国家的产业政策，紧紧抓住新农村建设、武汉城市圈建设、中部地区崛起、长江经济带开放开发等战略机遇，充分发挥本地资源优势和区位交通优势，以技术进步和体制创新为动力，以产业园区为依托，大力发展以河砂为主要原料的新型建材产业，提高资源综合利用水平，提升建材产业综合实力，把黄州建设成为湖北乃至长江中下游地区最大的新型建材生产基地。

黄州区新型建材产业具有广阔的发展空间，但缺乏一个推力助其升级、整合，做大做强，其中最为重要的推力就是对整个产业链的金融服务。黄州区新型建材产业的发展离不开庞大的资金链的支持，金融工程支持体系通过整合这些分散化的资源，将各环节连接成一个统一的经济发展产业链，形成一个完整的系统，根据不同环节的特点和问题，制订相应的解决方案。在各个环节中运用金融资源支持企业生产、扩大规模、促进发展，让整个体系有序顺畅运行。

2. 新型建材产业融资体系设计

黄州区新型建材产业融资瓶颈主要体现在中小新型建材企业的融资难，本方案设计的融资体系是直接融资与间接融资相结合的方式，拓宽黄州区新型建材产业的资金来源，降低融资风险，提高融资的可能性。黄州区新型建材产业发展金融工程支持体系如图 9-11 所示。

金融层面着力解决新型建材产业发展中的瓶颈问题，打通产业的各个环节，为产业发展提供全面的金融支持。根据不同环节，分别建立如下原材料开采环节金融工程支持体系、加工环节金融工程支持体系、深加工及销售环节金融工程支持体系。

（1）原材料开采环节金融工程支持体系。在原材料黄砂、陶土等开采环节拟解决的主要问题有：一是开采企业的融资问题；二是提高原材料开采效率；三是加工企业的原料供给。

黄砂、陶土等开采环节金融支持体系构建的要素包括财政引导资金、产业发展基金、新型建材企业联合投资基金、银行信贷资金、金融租赁等。

以财政引导资金作为担保，由银行向黄州区相关黄砂、陶土等开采企业提供信贷支持，支持黄州区黄砂、陶土等开采企业开采水平的提升。另外，由财政引导建立新型建材企业联合投资基金，一方面进行黄州区本地的黄砂、陶土等资源整合；另一方面新型建材企业抱团去周边、外地或境外开采原材料，从而解决新型建材加工企业的原料供给问题，以及降低原料的开采成本。

同时，以财政资金作为引导资金，在社会范围内筹集设立专门的新型建材产业发展基金，筹集对象包括国内外的金融机构或发展基金，定向投放新型建材产业，拓宽、做大新型建材产业链。基金的主要用途在于为中小新型建材企业贷款提供担保，提供科研经费支持，助其扩大生产规模等，以解决相关新型建材企业

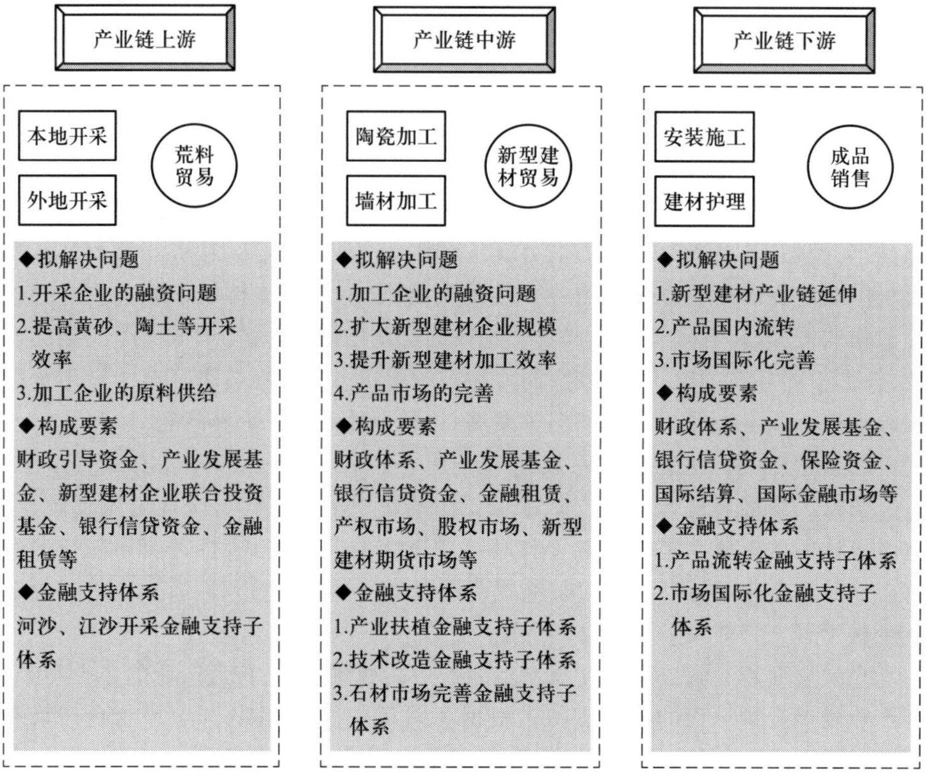

图 9-11　黄州区新型建材产业发展金融工程支持体系

技术攻关项目资金不足等问题。

(2) 加工环节金融工程支持体系。在加工环节拟解决的问题有:一是加工企业的融资问题;二是扩大新型建材企业规模;三是提升原材料加工效率;四是产品市场的完善。

加工环节金融支持体系的构成要素包括财政体系、产业发展基金、银行信贷资金、金融租赁、产权市场、股权市场、新型建材期货市场等。

① 产业扶植金融支持子体系,如图 9-12 所示。

在原材料加工环节,产业发展基金一方面为小型建材加工企业提供一定的资金支持,另一方面向银行提供担保,由银行向小型建材加工企业提供贷款,或者以金融租赁的方式促进新型建材加工企业的技术设备升级。当发展至中型企业时,新型建材加工企业具有了一定规模的实力,可通过抵押设备等方式获得抵押贷款,同时还可以尝试通过产权市场融资。当发展至大型企业时,新型建材加工企业一般具有了较强的经济实力,可自行向银行申请贷款,还可以考虑金融股

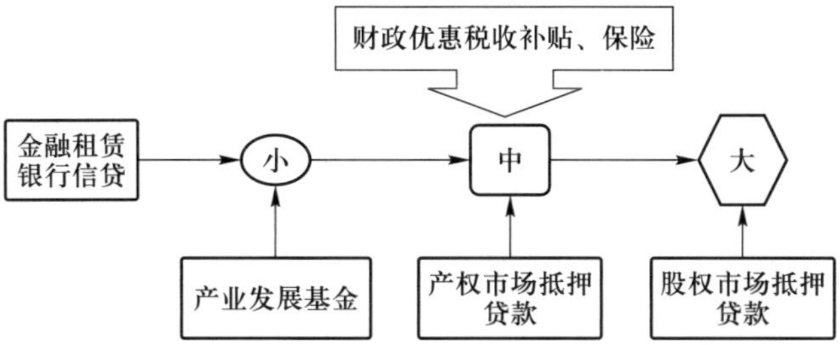

图 9-12　黄州区新型建材产业扶植金融支持子体系

权市场进行直接融资。在企业规模壮大的过程中，政府给予适当的税收优惠，促进其发展，并在各个阶段进行保险，严格控制风险。

在现有基础上，黄州区可以筛选符合条件的新型建材企业在湖北省产权交易中心挂牌上市，有助于解决相关新型建材企业的融资困境，有效推动新型建材企业的发展，从而带动黄州区整个新型建材产业的发展。

另外，黄州区可以考虑整合现有资源，引导新型建材企业兼并重组，组建集原材料开采、原材料加工、产品研发、新型建材贸易、建筑装饰及产品展示等后续服务为一体的大型新型建材集团公司，并鼓励其进行上市融资，以实现黄州区新型建材产业的科学发展、跨越发展。

② 技术改造金融支持子体系，如图 9-13 所示。

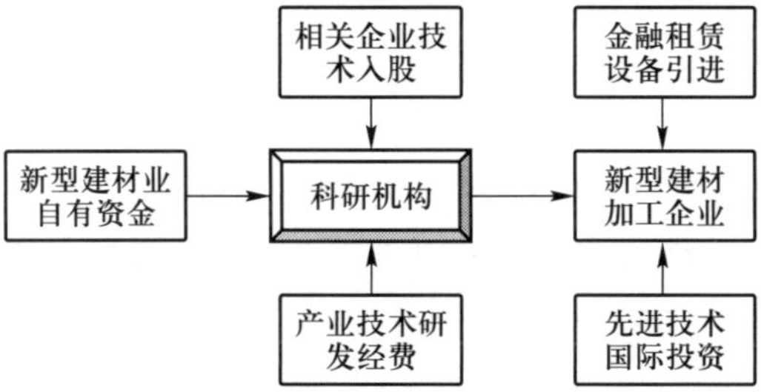

图 9-13　黄州区新型建材产业技术改造金融支持子体系

值得注意的是，就灰砂砖产业而言，国内较之国外还存在很大差距，主要原因是生产设备陈旧、工艺技术落后、管理水平低下，致使灰砂砖产品长期在低成本、低价格、低质量上徘徊发展甚至每况愈下。单就成型和强度来讲，国外使用 300 吨乃至 1 200 吨以上的自动液压砖机双面加压，而我国目前使用的砖机压力一般只有 60～120 吨；国外灰砂砖强度达 300～500 标号，而我国一般在 150 标号左右。此外，灰砂砖最大的优势是节土，但节能效果不明显，与新型墙材节能利废、轻质高强、保温隔热的发展方向有较大差距，其缺陷必须通过技术创新、加强科研开发加以弥补。

以国家或黄州区自设的新型建材产业科研经费与相关新型建材企业的自有资金为主,与相关高校的科研所进行合作研究,支持独立科研机构或新型建材企业附属研发机构进行技术创新,或直接引进国内外先进生产技术,以技术入股方式入主新型建材加工企业研发部门,也可直接由政府牵头,促成国内外先进新型建材加工企业直接投资,并利用金融租赁的形式引进先进设备,促进生产技术的提高。首要任务便是把提高装备技术水平和生产工艺水平、提高产品质量标准放在首位,从而适应多样化的市场需求和建筑节能等市场准入要求。

③ 新型建材市场完善金融支持子体系,如图 9-14 所示。

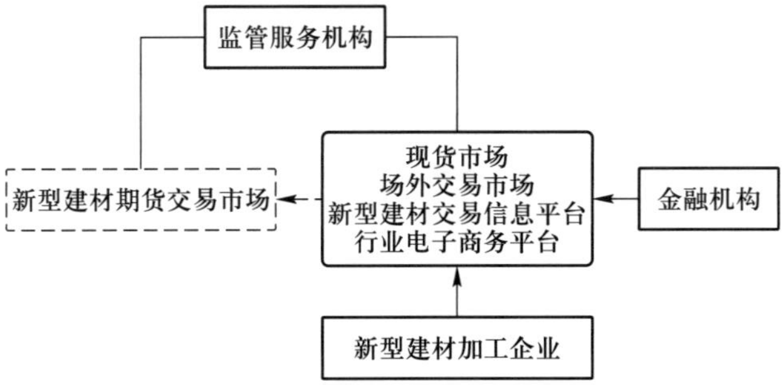

图 9-14　黄州区新型建材市场完善金融支持子体系

在现有的现货交易市场基础上,建立场外交易市场,为新型建材加工企业提供更加个性化的套保品种,将需求量大的定制化产品投放到场外交易市场中交易,并在产品成熟形成标准化合约之后,与期货交易所合作推向期货及其衍生品市场,并需要监管机构提供风险管理。同时,组建新型建材交易信息平台或新型建材行业电子商务平台,消除买卖双方的信息不对称,撮合新型建材交易,形成成熟的价格形成机制和信息传递机制。

(3) 深加工及销售环节金融工程支持体系。在深加工及销售环节拟解决问题有:一是新型建材产业链延伸;二是产品国内流转;三是产品市场的国际化完善。

生产销售金融支持体系的主要构成要素有财政体系、产业发展基金、银行信贷资金、保险资金、国际结算、国际金融市场等。

① 产品流转金融支持子体系,如图 9-15 所示。

在政府给予一定的政策优惠条件下,由银行等金融机构直接参与新型建材相关产品的消费信贷,促成新型建材相关产品的快速成交,在物流环节由各类金融机构提供物流金融,实现短期物流成本的降低,将资金压力平摊到生产销售的

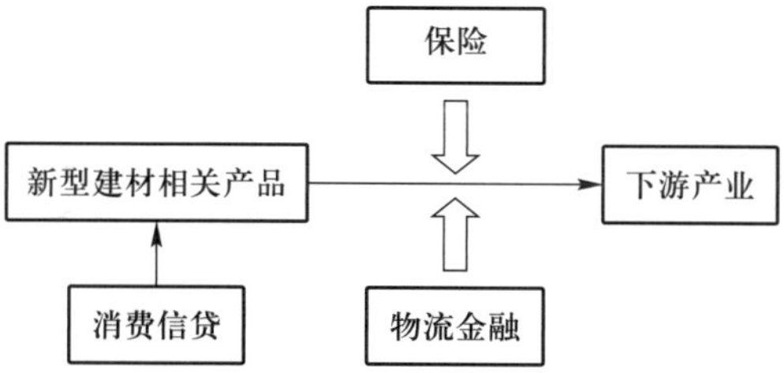

图 9-15　黄州区新型建材产品流转金融支持子体系

其他环节,并为运输过程提供保险,控制风险。

② 产品市场国际化金融支持子体系,如图 9-16 所示。

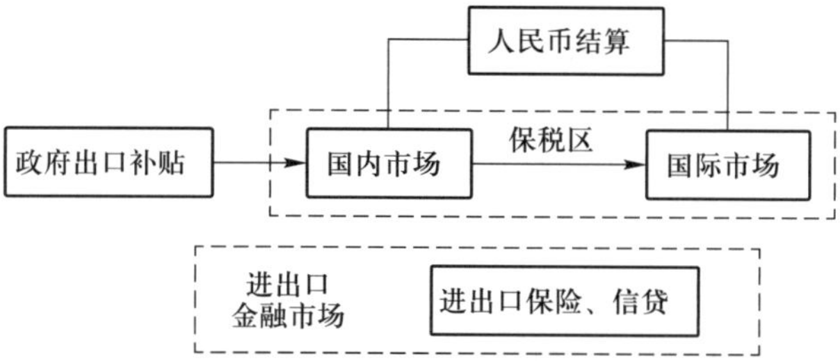

图 9-16　黄州区新型建材产品市场国际化金融支持子体系

由政府提供新型建材企业相关产品的出口补贴,以保税区的形式,集中国内外深加工及销售企业,推动黄州区新型建材产品走向世界。在此环节中推动人民币结算,并实现国外市场产品进入国内时也以人民币进行定价、结算,为人民币国际化助力。利用进出口金融市场或机构(如国家进出口银行)的资金,提高国际贸易的效率,进一步促进市场国际化。

3. 新型建材产业风险控制体系设计

风险控制主要包括风险管理计划编制、风险识别、定性和定量风险分析、风险应对计划编制及风险的监管和控制,如图 9-17 所示。具体来说,在风险较为凸显时,应仔细测定并限定准备金,并且应该在规定期限内实施风险减少措施。在该风险与严重事件后果相关的场合,必须进行进一步的评价以更准确地确定该事件的后果,以决定是否需要改进风险控制措施。

一般来说,风险控制措施包括应急性管理措施和日常管理措施两个层面的内容。应急性管理措施需设置应急预案,建立以地方政府为主导的管委会;日常管理措施可通过构筑预警指标体系、加强实施监管等途径进行风险控制。

针对上述新型建材产业发展所面临的相关风险提出以下对应的控制管理办法:

图 9-17　新型建材产业风险控制体系

(1) 对于生态风险的管理可以从以下两个方面展开:其一,完善生态风险综合评价工作,加强生态风险的理论研究;依据生态环境系统的具体情况,构建更为合理的生态系统风险源指标体系,优选评价模型。其二,为生态管理和建设提供具体、切实可行的建议,如整合河砂、江砂资源,限定合理的开采量,提高开采使用效率,严禁过度使用;对水资源进行科学探测;对植被覆盖面积实施监控预警机制等。

(2) 对于市场风险,黄州区可考虑从以下几个方面着手:其一,在现有新型建材产业集群的基础上,培育龙头企业,加大高附加值产品研发投入与力度,提高产业核心产品竞争力,并带动其他中小新型建材企业共同发展。其二,整合新型建材企业资源,组建覆盖新型建材全产业链的大型集团公司,形成产业集聚效应,消除黄州区新型建材产业的内部不良竞争。其三,建立荒料交易中心、新型建材交易信息平台,在黄州区形成规格较高、管理规范的新型建材批发市场,从而拓宽黄州区新型建材企业的销售网络,解决其产品销路方面的问题。

(3) 对于政策风险,黄州区新型建材产业应加强技术研发工作,发展循环经济,使新型建材产业链向绿色、低碳产业链的方向发展。发展新型墙材产业是建设资源节约型、环境友好型社会的需要。生产和使用实心粘土砖等传统墙材,大量占用耕地,浪费能源资源,破坏生态环境,不利于经济社会的可持续发展。新型墙材具有节土、节能、节水、利废、环保等特点,属于“绿色建材”和“生态建材”,符合人与自然和谐发展的理念,符合循环经济的发展模式,符合国际建材产业发展趋势。发展新型墙材产业对于版图面积有限、耕地资源极其宝贵的黄州区而言,意义更加重大,任务更加紧迫。政府需大力推动创新改造,荒料用尽其材,充分将资源循环利用。首先,企业必须严格遵从国家宏观管理的要求,做好企业节约资源、节能减排工作,启用新设备和新加工技术,提高产品附加值,降低成本,减少污染,实现可持续发展。其次,在废弃物再利用环节中,变废为宝,大力倡导循环经济和绿色经济,做好再生产的指导工作。最后,必须加强企业管理,提高行业管理水平,使企业管理水平从传统管理向科学管理、现代化管理提升。

(4) 对于投融资风险,因为其主要与项目的选取和投融资的规模有关,所以新型建材企业项目的选取要考虑企业的实际能力和市场的资金成本。对于融资来说，只有项目的预期收益大于市场上的融资成本才具有可行性，在进行融资之前要进行全面的估算。项目投资时也要选取合适的项目，特别应关注政策导向，选取具有政策支持的项目。投融资规模的选取也要取决于企业的实际，如果企业的闲置资金较大，则不必进行过大的融资，如果企业在后续发展中对于资金的需求量较大，则可以提前进行融资。

（5）对于违约风险，一方面，新型建材企业应采取各种措施提高自身的盈利能力；另一方面，对荒料循环利用、高附加值新型建材产品的研发等项目提供政策性贷款，并扩大贷款抵押范围。

第四节 黄州区金融规划预期成效

一、经济效益

1. 金融体系扩容增量

累计引进5家商业银行、保险公司、证券公司、期货公司等金融机构的分支机构。

2. 多层次资本市场体系初步建成

争取30家企业在区域性资本市场（四板）上市挂牌，增加直接融资10亿元人民币；资产证券化业务发展加快，进行政府债、城投债及企业集合债券的试点。

3. 社会融资规模持续增长

3年内表内新增社会融资量累计达到70亿元人民币。到2017年年末，表内贷款余额贷存比达到55%以上。

4. 推动社会经济跨越式发展

通过金融支持实体经济发展，扶持黄州区主导产业，促进黄州区经济的跨越式发展，使黄州区地区生产总值在2017年年末突破170亿元人民币。

二、社会效益

1. 带动农民致富

通过多种途径相结合的方式有效解决黄州区的“三农问题”，为农民致富创收提供有利机会。同时，有效解决劳动力转移问题，而且通过产业、市场和金融的互动发展大力提高社会就业水平。实现以城带乡、以工促农，充分发挥城区优势，加大城镇化和新农村建设力度，实现城乡互动融合和公共服务均等化的良好局面。

2. 打造黄州旅游文化

黄州是一座历史文化名城，拥有大量文化底蕴丰厚的名胜古迹。通过建设文化黄州,宣传特色黄州,紧紧围绕“打造旅游休闲胜地,建设旅游经济强区”的目标,抢抓“大别山革命老区试验区”建设机遇,大力实施“一港三区”战略和构建“一心一轴四片区”的旅游策略,将黄州区旅游业打造成全国知名旅游品牌。

3. 推动县域市场和新型产业发展

推动水产养殖品市场、金融市场、技术市场等的发展以及装备制造产业、循环经济产业、轻纺产业、高新技术产业等的发展与创新。

三、生态效益

黄州区的建设应当走可持续发展道路,包括合理利用各类自然资源、矿产资源,减少盲目开发,保证耕地占补平衡,推进村庄整治“乡村清洁工程”建设,实现城乡园林绿化一体化,有效控制农业面源污染和工业污染,实现农业机械化、农村信息化,完善农技推广和服务体系,从而达到人与自然协调发展,创造和谐的人居环境。

参考文献

[1] 李锦兰. 武汉中心城市与周边卫星城市协调发展研究[M]. 北京:中国地质大学出版社,2007.

[2] 张莹. 土地利用总体规划实施评价研究[M]. 武汉:华中科技大学出版社,2007.

[3] 张春艳. 黄州蔬菜产业发展现状与对策[J]. 长江蔬菜,2012(6).

[4] 吴和平. 黄州服务棉花产业发展——农业订单当法宝[N]. 中国工商报,2009-01-06.

[5] 杨辉鹏. 冷链物流视角下蔬菜产业竞争力的提升策略研究——以黄冈市黄州区蔬菜产业为例[J]. 物流工程管理,2011(11).

[6] 余国平. 新时期渔民增收对策——以湖北省黄州区为例[J]. 渔业致富指南,2007(13).

第十章 团风县金融工程支持体系

第一节 研究背景与相关文献综述

一、研究背景

（一）团风县简介

团风县地处湖北省东部，隶属于湖北黄冈市，南滨长江，北临大别山，内与黄冈市黄州区、麻城市相邻，外与湖北省鄂州市、武汉阳逻经济开发区相接。全县面积为838.4平方千米，下辖8镇2乡以及290个行政村，截至2015年共有人口38万余人。团风县土地肥沃，物产丰富，气候条件优越，拥有一个省级经济开发区——团风经济开发区，其主要产业为钢结构产业及农业。

从经济上来看，团风县是一个新县，经济基础比较差，工业起步晚，农业效益低下。近年来，县政府为实现强县富民的目标，大力发展了一批特色优势产业，保证了全县各项经济指标增长都保持在10%左右。此外，县政府还大力支持团风县县域经济的发展，使得团风县县域经济综合实力排名在全省上升了19位，综合实力排名由黄冈市最后一位升至第四位。

（二）团风县农业、工业简介和交通区位

农业是团风县的重要产业，团风县以农业产业化为目标，形成了以优质稻、蛋鸡、水产、蔬菜、林果特产为主的优势农业，构建了以团风兴隆米业、湖北永信食品、新华扬公司三大龙头企业引领农业板块基地建设的格局，主要的农业特产有淋山河辣椒、上巴河莲藕、杜皮红皮花生、团风荸荠等。截至2010年，团风县拥有耕地面积26.76万亩，农作物播种面积为73.04万亩，粮食面积为44.29万亩，棉花种植面积为3.62万亩，油料面积为17.64万亩，蔬菜面积为5.07万亩。2014年，全县农林牧渔业总产值达到23.00亿元，增长5.3%，其中农业产值10.83亿元，林业产值0.81亿元，畜牧业产值7.88亿元，渔业产值2.91亿元，农业服务业产值0.57亿元，同比分别增长4.5%、2.5%、6.5%、6.2%和1.8%。

从团风县的农业生产结构看，近郊和远郊分别以叶类蔬菜和非叶类蔬菜为主。此外，近郊还以养殖业为辅，主要饲养乳牛、猪和鸡鸭等禽类，远郊以果树种植为辅。

工业上团风县起步较晚，目前形成了以钢结构、建筑建材、纺织服装、食品加工、电子电器、医药化工为主的六大工业支柱产业，其中，钢结构、建筑建材产业得到迅猛发展。2014 年，全县实现工业增加值 20.50 亿元，同比增长 10.1%，其中，规模工业增加值增长速度为 10.2%。全县规模以上工业（年主营收入 2 000 万元及以上）企业达到 64 家，其中产值过亿元的企业有永康油脂、馥雅食品、开源饲料、鸿路钢构、中南钢构、金众联机、东坡粮油、中慧牧业、高德防护用品、福鑫钢构、潮流钢构、华立染织、明丰米业、永信食品、辉创重工、精诚钢构 16 家，其中鸿路钢构年产值突破 15 亿元。

交通区位上，团风县区位紧邻大武汉，处于武汉城市圈“核心区”和长江经济开发带主轴线上。距合肥、南昌、长沙、郑州等省会城市均在 300 千米左右，处于武汉、鄂州、黄石、黄冈城市群中。交通十分便捷，已形成水陆联运、铁空并举的交通网络，是北上南下、承东接西的交通要塞，易于接受各大中城市的物资流、技术流、资金流，发展潜力巨大。水运上，有长江岸线 10 余千米，沿岸建有 5 个港口，距长江武汉港和阳逻国际集装箱转运中心分别为 60 千米和 30 千米，万吨级船舶可通上海港和海外各地；公路运输上，106 国道、318 国道贯穿全县，大广、武合、黄鄂三条高速路线交叉纵横，县城北距武汉市区 50 千米，南距黄冈市区 21 千米，东距黄州火车站 16 千米；铁路运输上，京九铁路从团风县穿过，县城距离京广铁路汉口站 50 千米，距武汉新站仅 40 千米；空运上，到武汉天河国际机场 70 千米，到阳逻机场 30 千米，均在 1 小时车程内。

团风县这一便利的运输环境和交通区位，为农产品的生产、运输、保鲜提供了保障，也为工业产品原材料的采购、成品销售提供了渠道，有利于推动团风县特色优势产业的发展和县域经济的发展。

二、研究意义

（一）理论意义

（1）通过对湖北省黄冈市团风县金融工程支持体系的研究，深化对于宏观金融工程理论的认识，结合对于其他县金融工程的研究，将我国宏观金融工程理论进一步细化到县级，为我国县域金融工程的理论发展提供支持。我国金融工程研究起步较晚，近年来虽然取得了长足发展，但是效果并不显著，特别是县市一级的金融工程更是进展缓慢，其中一个重要原因就在于我国对于县域金融工程的理论支撑不足。因此从实证角度出发，推动我国县域金融工程的理论发展是我国宏观金融工程工作的一个重点。

(2) 研究团风县的金融工程支持体系,可以在帮助我们了解我国县域金融工程基本框架的基础上,由点及面帮助我们把握和制定范围更广的区域金融工程的框架,进一步推动我国金融工程事业的发展。在对整个大别山地区金融工程进行研究的过程中,对于团风县金融工程的研究显然是其中的重要一环。在对团风县以及大别山地区其他县的金融工程进行理论和实证的研究之后,才能以此为基础构建整个大别山地区金融工程的框架,再进而以大别山地区为基础,构建范围更广的金融工程框架。

(3) 通过研究团风县金融工程中存在的种种问题,有助于为其他情况相似的县在发展金融工程中遇到类似的问题提供相应的解决途径和理论依据。我国县域金融工程刚刚起步,难免会遇到诸多问题,在对团风一个县的金融工程体系进行系统研究的同时,可以梳理出不少问题和解决方案,这些都可以为大别山地区乃至全国与团风县情况相似(例如产业结构、金融结构)的县提供一定的政策依据。

(二) 实践意义

(1) 通过对团风县金融工程支持体系的研究,为团风县县域金融工程提供框架和明确的目标,做出详细的规划与严格的设计,也为进一步的实施提供细则,使得团风县的金融工程有计划、有步骤地进行,为团风县金融工程的良性发展提供保障。

(2) 改革开放以来,中国经济实现了快速发展,跃升为世界经济第二大国。2008 年全球金融危机的爆发,给世人敲响了警钟,泡沫经济的破灭告诉我们经济的发展要落到实处。十八届三中全会更是强调了要加快完善市场体系,健全城乡发展一体化体制结构。在此背景下,县域经济的发展进入了重要机遇期。县域经济既是国民经济的基本单位,也是我国经济的重要板块,因此与我国经济发展之间联系十分紧密。县域分布着我国人口的大部,这其中大多为低收入居民。让这部分人进入现代分工体系,提高其生产效率和收入水平,是我国实现城乡社会经济一体化目标的关键任务。因此,发展县域金融工程已经成为我国当代经济建设中十分重要的一项任务。而对团风县的金融工程支持体系进行研究,为我国其他县的县域金融工程提供了思路和样板,也为其他县的金融工程建设提供了大量的借鉴经验,并进一步有利于促进宏观金融工程的发展,最终对我国经济的发展产生促进作用。

三、相关文献综述

吕文娟(2013)[1]在对湖北省贫困县的经济发展战略的研究中,分析了团风县经济发展面临的挑战和机遇。他认为团风县农村贫困人多面广、贫困程度极深，农民的现金收入水平远远低于全省和全国水平，工业发展基础差，产业发展困难重重，经济基础薄弱，基础设施建设近年来虽然取得一些成绩但仍然比较落后，教育、卫生等基本民生服务仍然远远滞后于湖北省其他县，生态环境极其脆弱，森林覆盖率远低于全省水平，乱砍滥伐、矿区无序开采等现象仍然存在，以上因素都严重制约着团风县经济的发展。但面临着很多问题的同时，团风县也迎来很多发展机遇：自身经济与文化的积淀为经济发展夯实了基础，“五大支柱产业”“一乡一品”特色产业等的发展为革命老区的扶贫开发奠定了物质基础；人文文化的发展和宣传为经济发展提供了精神支柱，老区精神不断地鼓舞着团风人民自力更生、艰苦奋斗；“两圈一带”战略部署以及一系列支持政策为团风县经济社会发展提供了广阔的平台。

胡兰捷（2014）[2]在对团风县钢结构产业集群的研究中，运用SWOT分析方法总结了团风县钢结构产业集群发展的优势、劣势。他认为，团风县钢结构产业集群发展的优势体现在：毗邻大武汉，能够利用武汉城市圈的市场优势，因此在区位上占优势；团风县距离武钢、鄂钢、冶钢近，拥有很大的资源优势；团风县南临长江黄金水道，武黄一级公路、大广高速、武黄高速、京九铁路等便利的交通为团风钢结构产业集群提供了运输通道，交通占优；团风县位于鄂东大门，通信基础设施建设完备，拥有信息优势。劣势体现在：钢结构行业产品主要为轻钢结构，产品覆盖范围窄；除鸿路钢构外，基本没有具有全国影响力的龙头企业，不利于打造品牌优势；由于处于大别山山区，团风县引进钢结构相关方面的技术人才比较困难。

团风县拥有众多的农业资源，农业也是团风的第二大产业。周权（2014）[3]在总结团风县发展蛋鸡产业的做法时认为，团风县的蛋鸡养殖中最重要的是要大力推进养殖新模式，指导养殖户推广鸡-沼-粮、鸡-沼-菜、鸡-沼-果、鸡-沼-林等循环利用模式，从源头有效控制新增畜禽养殖污染源，其次要完善生产设施和诊疗设施，保障安全防范能力的同时提高饲养水平。

第二节　团风县经济金融发展概况

一、团风县经济金融发展的现状分析

（一）团风县经济发展现状

1. 增量可观，总量低下

2010年至2014年，团风县经济呈现快速增长的趋势：2010年，团风县全县

实现 GDP 为 42.68 亿元人民币，与上一年相比，增长率为 15.2%；2011 年，团风县全县实现 GDP 为 49.5 亿元人民币，与上一年相比，增长率为 14.8%；2012 年，团风县全县实现 GDP 为 56.5 亿元人民币，与上一年相比，增长率为 10.2%；2013 年，团风县全县实现 GDP 为 64.35 亿元人民币，与上一年相比，增长率为 10.4%；2014 年，团风县全县实现 GDP 为 71.76 亿元人民币，与上一年相比，增长率为 10.0%。虽然近年来团风县的经济增量始终维持在 10% 以上，但其经济总量依然低于湖北省平均水平，处于黄冈市最后一位，如表 10-1 所示。

表 10-1　2012 年黄冈各县区经济发展情况

	GDP(亿元)	人均 GDP(元)	第一产业占比	第二产业占比	第三产业占比
武穴市	180.383 3	27 704.39	24.94%	48.36%	26.70%
麻城市	176.387 1	20 431.73	24.59%	44.05%	31.37%
浠水县	145.078 6	16 567.16	29.48%	37.57%	32.95%
蕲春县	143.106 5	18 819.9	24.69%	40.42%	34.88%
黄州区	140.306 9	38 033.86	8.79%	48.70%	42.51%
黄梅县	132.721 9	15 375.57	31.88%	40.87%	27.25%
红安县	95.973	15 900.1	24.57%	47.79%	27.63%
罗田县	85.073 2	15 561.22	24.91%	39.55%	35.57%
英山县	63.571 6	17 707.97	43.53%	28.25%	28.22%
团风县	56.535 4	16 628.06	23.12%	55.36%	21.51%

2. 产业结构特征突出

2014 年，团风县第一产业增加值 16.36 亿元，同比增长 5.1%；第二产业增加值 39.87 亿元，同比增长 11.4%，其中，工业增加值 20.50 亿元，同比增长 10.1%；第三产业增加值 15.53 亿元，同比增长 10.1%。三次产业结构由上年的 24.2∶54.3∶21.5 调整为 22.8∶55.6∶21.6。可见，团风县第二产业占比较大，第一产业、第三产业优势不明显，亟待发展。

3. 财政收入与预算支出逐年增长

团风县的财政收入与预算支出自 2010 年起呈现逐年增长的趋势，2014 年全年完成地方财政总收入 5.80 亿元，比上年增长 18.7%，其中公共财政预算收入 4.32 亿元，比上年增长 17.6%。全年财政总支出达到 25.73 亿元，其中，农林水事务支出 3.62 亿元，同比增长 13.5%；教育支出 4.28 亿元，同比增长 18.56%；社会保障和就业支出 2.59 亿元，同比增长 9.7%；医疗卫生支出 2.04 亿元，同比增长 33.3%。从数据不难看出，团风县存在较大的财政收支资金缺口（见图 10-1），这一事实表明，政府的财政支出与政府投资是拉动团风县经济增长的主要动力，但随着时间的延长，内生性的增长效应会逐渐弱化，团风县急需通过招商引资等手段吸引县外资金，促进经济发展。要以更大的力度，实施好项目建设、招商引资、服务企业“三大行动”,充分发挥投资对经济增长的拉动作用,加快建设重大项目。深入研究中央和省有关政策,加强与长江中游城市群、大别山革命老区振兴发展、长江黄金水道开发等重大规划的对接,抓好重点项目策划、论证、申报和储备。采取更加灵活的方式,加大项目和资金争取力度,确保全年向上争资 10 亿元。全力推动固定资产投资工作,确保圆满完成年度目标任务。大力推进绿色能源示范县、抽水蓄能、风力发电等重大项目,做好武汉新港江北铁路等重大项目前期工作。加快罗霍洲洲滩开发行政许可进程,积极推进一期码头建设,做好二期四个泊位码头行政许可前期工作,全面加快团风港区建设步伐,为全县经济社会发展注入新的活力。

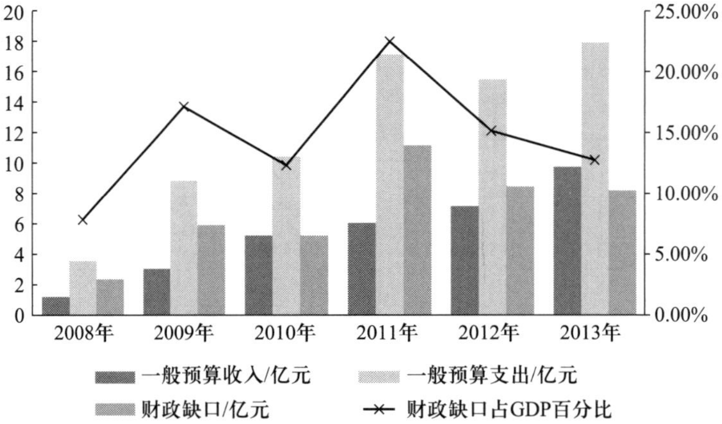

图 10-1　团风县近年来财政收支情况

4. 社会保障全面加强

2014 年,全县五项社会保险参保总人数达到 6 万余人,被征地农民养老保险在全省率先破题;社会救助标准全面提高,新改扩建农村福利院 2 所,新增城市社区居家养老服务中心 4 个、农村老年人互助照料活动中心 4 个,养老服务能力不断提高。扶贫工作深入推进,完成 15 个重点贫困村、老区村和插花乡贫困村的整村推进扶贫工作。保障性安居工程完成任务,全县开工建设各类保障房 979 套。

5. 就业体系不断完善

2014 年,城镇登记失业率达到 2.87%,控制在年度目标以内;开展农村劳动力转移培训 5 565 人,组织 724 名大学生来团风县实习实训和创业就业,建立大学生创业孵化基地和“创业俱乐部”;全县城镇新增就业 4 959 人,完成年度计划 171%。

（二）团风县金融发展现状

1. 团风县金融体系现状

截至2013年年底，全县共有银行业金融机构8家，分别为人行、工行、农行、中行、建行、邮政储蓄银行、农发行和农商行。其中，县级支行7个，县级法人金融机构1个，分理处3个，储蓄所11个，乡镇二级支行14个，全县金融机构网点数合计35个。银行业金融机构从业人员385人。其他金融机构布点情况：保险公司6家，融资担保公司1家，小额贷款公司2家，均在县城设置。团风县金融机构存在情况如表10-2所示。

表10-2　团风县金融机构存在情况

金融机构种类	存在情况
政策性银行	有
国有商业银行	有
邮政储蓄	有
农村信用社	有
保险公司	有
担保公司	有（团风县中小企业融资担保有限责任公司）
证券公司	无
期货公司	无
小额贷款公司	有
村镇银行	无
融资租赁公司	无
民间金融	无

2. 团风县金融业发展状况

与团风县整体经济发展状况相比，团风县的金融业发展相对滞后，对整个县的经济发展并没有起到很好的推动作用。截至2014年年底，全社会金融机构各项存款余额87.19亿元，比年初增加14.11亿元，增长19.3%；全社会金融机构各项贷款余额42.58亿元，比年初增加7.76亿元，增长22.3%。贷存比为48.84%，可见团风县资金的利用率比较低下。这是由于其资金的净流向基本是沿着"村—乡镇—县—市区"这样一个路径运行，资金通过储蓄、信贷、投资等渠道不断地向本市之外输出，流向了更发达的中心城市。因此，团风县需要通过发展县域金融工程，使得流出的资金回流到本县，使得本县的资金为本县的经济发展所用。

此外，团风县委、县政府高度重视企业上市、上柜工作，坚持将资本运营作为企业做大做强的有效手段。2013年，县政府制定出台了《团风县推进企业上市工作实施方案》（团政办发[2013]14号），对全县企业上市工作作了具体的部署安排。利用一年多时间，经过各方努力，精诚钢构、辉创重工、天马砂纸三家企业被列入全省上市后备企业名单;精诚钢构、福鑫钢构、高德急救三家企业在武汉光谷联交所挂牌上柜,并成功融资 1 700 万元。

二、团风县经济金融发展存在的问题

(一)团风县经济发展面临的问题

团风县经济发展面临的问题主要表现在经济总量偏低,产业结构不合理。2014 年,全县实现生产总值(GDP)71.76 亿元,比上年增长 10.0%,经济总量的排名仍然处于黄冈市所有县最后一名,GDP 总量仅为全市排名第一的武穴市的 1/3 左右。此外,团风县是以工业为主导产业的,在 GDP 总量中,第二产业所占比重近年来都高于 50%。例如 2014 年 71.76 亿元的 GDP 总量中有 39.90 亿元来自第二产业,可见团风县的产业结构很不合理,第二产业所占比重太大,致使第一、第三产业的优势无法体现。从第一产业来看,虽然目前基本形成了优质稻、蛋鸡、水产、花生、蔬菜、林果六大板块的优势农业,也引进了一些龙头加工企业,但除了几个省级重点企业初见规模之外,其他小型企业规模和资金都不足、技术欠缺、营销渠道有限、效益偏低。农业市场体系的建设也相对滞后,市场信息的流通性不高,缺乏比较具有规模的农产品交易和批发市场,使得农户的交易行为存在盲目性,经营不成规模,同时也无力抵御市场风险。从第三产业来看,由于建县时间短、县城规模小等客观原因,使得第三产业起步较晚,因此发展也比较滞后,在整个产业中批发零售贸易业、饮食住宿业、交通运输业、房地产等传统行业占比较大,而电子商务、信息产业、现代物流、中介服务、文化娱乐等新兴行业占比小,对民众的服务性能较差,与团风县工业发展的速度相比十分不相符。此外,团风县拥有大崎山、林家大塆等优美的自然风光,拥有浓厚的革命气息和诸多名人故里等人文景点,但团风县对这些旅游资源的开发和利用却远远不够,因此旅游业的发展也十分滞后,旅游基础设施与服务水平还处在低档次、低水平,不能满足团风县经济发展的要求。

仅从第二产业内部看,其工业产业的结构也存在一些问题,工业结构需要进一步优化,运行质效有待提高。以钢结构为主的新兴产业,目前大部分还属于简单的来料加工,产品附加值和竞争力不高;以回龙山为主的传统纺织业,以但店为主的石材加工业,仍处于粗放发展阶段,与江浙发达地区相比,工艺落后,产品附加值偏低,企业抗击风险能力弱,竞争力不强,难以产生更大的规模效益。

(二)团风县金融发展面临的问题

1. 县域金融体系不完善

完善的金融体系应该是具备多种类型的多层次的金融机构以满足不同客户

的不同金融服务需求,但是团风县的金融体系没有达到这一条件。团风县金融体系不完善主要体现在县域金融机构的种类不齐全,有些种类的金融机构刚刚在团风县落户,有些种类的金融机构甚至缺失(例如村镇银行等)。团风县的金融机构以银行为主,即便如此其银行种类也只有中国工商银行、中国农业银行、中国银行、中国建设银行四大国有商业银行及国家开发银行、农村商业银行以及中国邮政储蓄银行,而更加适合团风县农村经济特点的村镇银行是缺失的。在贷款额度方面,四大国有商业银行并没有满足主要的贷款需求,而是另外三家银行承担了绝大部分对农业及石材产业的贷款任务,此外团风县仅仅拥有一家小额贷款公司,无法满足县域的贷款需求。在金融市场方面,团风县目前只拥有银行信贷市场,其他的货币市场、资本市场、外汇市场、黄金市场等都未建立,因此在团风县目前只能从事银行类的金融市场业务。

2. 融资体系不完善

完善的信用担保体系可以帮助初创期企业、中小型企业解决企业担保物不足等问题,帮助企业解决融资难的问题,协助初创企业和中小型企业解决资金不足问题并实现进一步的发展和壮大。然而目前团风县没有建立适合县域经济发展的融资担保体系,也没有形成专业化、规模化的融资平台,金融要素市场仍为空白,多层次的资本市场也还没有形成。这就使得我国本就大范围存在的企业融资难的问题在团风县更加突出,初创企业和中小型企业生存能力本就不强,在这样困难的融资背景下也就更加举步维艰,企业的发展壮大无从谈起,也就无法有力地为县域经济发展做出贡献。此外,由于团风县金融业起步较晚,金融知识的普及工作也没有全面展开,使得少数部门、少数民众的信用意识薄弱,甚至出现拖欠贷款的现象,使得金融机构向个人和小型企业的贷款欲望不强,使得团风县融资难问题更是“雪上加霜”。

第三节　团风县主导产业金融工程
——特色产业及其典型举措

近年来,团风县大力发展第二产业,工业逐渐取代农业成为团风县的第一大产业,工业的产业结构又以钢结构、建筑建材、纺织服装、食品加工、电子电器、医药化工六大产业为主要支柱产业,其中钢结构产业占比最大。团风县钢结构产业发端于2005年,壮大于“十一五”期间,现已成为团风县工业经济的主体、科技创新的主流及社会发展的主动力。仅在2008年一年,团风县就引进了钢结构企业20家,总投资32.6亿元,全部投产后可年创产值100多亿元,创税收6亿元，还打造了“中国中部钢结构产业基地”的产业品牌，这对于一个县来说是不错的成绩。但是，团风县的钢结构产业发展也面临着一些问题，金融体系对钢结构产业的支撑体系也不够完善，因此分析金融工程如何支撑钢结构产业取得更大的进步也就具有了实践意义。

一、团风县钢结构产业的发展现状

（一）钢结构产业发展规划现状

最近几年，团风县委、县政府深入贯彻落实科学发展观，以县域经济特色化为核心发展思路，牢牢把握钢构产业的市场潜力，充分发掘团风毗邻武汉、交通便利的区位优势，积极抢抓武汉城市圈和“两型”社会建设的机遇，最大限度地利用冶钢的资源和技术长处，将团风的区位优势转变为产业优势，通过市场主体的不断引进、产业平台的积极建设和对钢构产业扶持政策力度的逐步增强，使得团风县钢构产业的发展环境得到极大优化，而对于钢结构产业发展规划的制定越来越严谨科学，使得团风的钢结构产业不断迈上新的台阶。

在完善发展思路和理念的同时，团风县委、县政府还积极将其与钢结构产业发展的实际情况相结合，按照“八个一”的目标要求，对团风县钢结构产业发展的指导思想、基本原则、目标任务和措施步骤做出详细规划，规划中重点探讨的问题包括产业结构调整、产业布局和组织优化等，此外还为团风县钢结构产业的未来发展明确了方向。

（二）钢结构项目投资现状

近年来，团风县不断增强对钢结构产业招商引资的重视程度，以招商带动项目建设，以项目建设引导资金流入团风，以流入资金带动钢结构产业乃至工业的大力发展。截至 2014 年，团风县共引进钢结构产业相关项目 32 个，项目投资总额达到 51. 2 亿人民币，其中已完全建成并投入生产或者部分建成投入生产的项目有 11 个，投资总额为 11. 48 亿元人民币。有 7 个在建的钢结构项目和 10 个钢结构配套项目，总投资分别为 9. 65 亿元人民币和 27. 9 亿元人民币。

（三）钢结构产业龙头企业发展现状

近年来团风县钢结构产业的迅猛发展带来了一大批相关企业落户，团风县委、县政府顺应这一发展趋势培植了几家钢结构龙头企业，例如潮流钢构、辉创重工、湖北精诚钢构等骨干企业。在这些龙头企业中，成立于 2007 年 7 月的湖北鸿路钢结构有限公司是团风县重点培养的企业，该公司注册资金 2. 64 亿元人民币，总投资达 20 亿元人民币，已通过 OHSAS18001 职业健康体系认证、ISO9001 质量体系认证、ISO14001 环境管理体系认证等。

（四）钢结构产业链发展现状

在 2012 年至 2014 年间，团风县先后引入了一些钢结构相关企业，例如立丰水性漆、富迈仕防腐涂料、康劲厨具和佳鑫气体厂等。罗霍州码头与团风钢材大市场的启动，使得团风县钢结构产业链不断延伸、企业数量逐渐增加，钢结构产业集群内部包括的产业有钢结构研发、钢结构制造与施工、彩钢板和管桁架生产等，由钢结构产业衍生的业务包括金属防护材料、气体供应和物流运输等。

二、团风县钢结构产业发展面临的问题

团风县钢结构产业在取得上文所述硕果的同时，也存在诸多问题。这些问题制约着团风县钢结构产业规模的扩大和第二产业的发展，构建团风县金融工程支持体系的一大目的就在于消除这些问题的影响，促进第二产业的发展，进而带动整个县域经济的发展。

（一）企业多而不强

近年来，虽然团风县钢结构企业的发展日新月异，钢结构产业的发展也让团风县工业发展走在黄冈市的前列，但是团风县具有全国影响力的钢结构企业数目不多，团风县的钢结构企业虽多但不强，规模普遍较小，企业业务多停留在制造和加工阶段，很少有企业集研发、设计、生产、安装、检测于一体，这不利于团风钢结构企业打造知名品牌。除了鸿路钢构是上市公司外，团风县只有精诚钢构和福鑫钢构两家企业在武汉股权交易中心挂牌，龙头企业十分匮乏，无法对其他企业起到很好的带头和推动作用。

（二）产品涵盖范围窄

团风县钢结构企业生产的产品多为轻钢结构，与其相关的配套产品很多都还要从外地采购，企业间产品关联度低，具备安装资质的企业不多，产业链较短。

（三）专业技术人才匮乏

团风县地处大别山山区，教育体系相对落后，甚至很多地方教育程度十分低下，因此对技术型人才的培养本来就十分困难，由于地理位置不优越，培养出来的技术型人才往往还面临着流失的可能，人才引进更是举步维艰，所以团风县钢结构产业的技术人才特别是一级建造师和熟练技工、焊工十分短缺。由于人才的短缺，使得团风县的钢结构产品特色不强、附加值不高，这严重制约了团风县钢结构产业的发展。

三、团风县钢结构产业金融工程支持体系

前面分析了团风县钢结构产业发展过程中面临的种种问题，这些成为制约

团风钢结构产业发展的瓶颈,因此也制约着团风第二产业的发展。针对这些问题,团风县要做的就是帮助企业扩大规模,促进龙头企业上市,延伸钢结构产业链,建立辐射全国的钢构交易中心,扩大团风县钢结构产品的全国影响力。此外还要大力引进专业人才,加大对人才培养的资金投入。

(一) 金融工程对团风钢结构企业的带动

近年来团风县钢结构企业数目虽然在逐年增多,但是大多数企业在经营过程中注重当前或者未来几年的收益,当企业发展到一定程度后就遇到进一步做强做大的瓶颈,不能更好地扩大经营规模。主要原因在于很多企业对资本市场融资的认识不够,仍然偏向于通过银行等传统渠道进行融资,还有一些企业对上市认识不足,上市愿望比较淡薄。因此团风县首先要帮助钢结构企业加深对资本市场融资和上市的认识,由武汉股权交易中心或县金融办牵头,召集一些具有上市潜力的企业(例如中南钢构、潮流钢构、同信钢构等)开展融资交流会、上市研讨会等活动,提升企业对资本市场融资的意识,鼓励这些企业通过多渠道的融资手段进行融资,在减轻银行借款压力的同时也为其他小型企业提供了向银行贷款的可能性。与此同时,还加强了企业对上市的认识,扩宽了企业视野,让企业更加注重长远收益。

金融办要构建企业培育体系,为企业上市营造良好的环境,筛选出 2 ~ 3 家拟上市公司,主动关心、重点培植,实行区级领导挂钩联系、有关部门下派指导,协调解决实际问题。此外,要鼓励银行或其他金融机构设立辅助龙头企业上市的专项贷款,为企业上市提供资金,加快企业上市进程。企业自身也可以通过股权质押贷款,向非银行金融机构获取发展资金,或者利用信托公司、小额贷款公司、典当行进行资金融通。

目前,应城市的资本市场处于空白,不利于企业融资的多样化。为促进应城市规模化企业进一步拓宽融资渠道和提升影响力,应加快促进重点产业的龙头企业与武汉股权托管交易中心、武汉农畜产品交易中心、武汉金融资产交易所等金融要素市场进行洽谈,促使发展前景较好、成长性较强,但是还未达到场内上市标准的企业实现在场外交易市场挂牌上市。

(二) 以金融工程带动团风钢结构产业链延伸和交易中心建设

在做大做强钢结构产业的同时,要努力抓好配套产业发展。结合团风钢结构产业发展的实际要重点引进一批油漆、焊条、紧固件生产、金属冷热处理等项目,为主导产业的发展提供配套服务。金融办要积极构建起企业与武汉股权交易中心等资本市场之间交流的桥梁,再通过资本市场的信息优势和资源整合优势,为企业在原材料购买、生产加工、运输物流和销售等环节提供帮助,成立钢结构产业链建设的专项基金,为企业产业链的各个环节提供相应的资金。

近年来建成的团风经济开发区是湖北省级开发区,园区内建设开发了城南工业园、城北钢构产业园、十里湖钢构高新技术产业园,总面积达 20 平方千米。已初步形成以钢结构、建筑建材、纺织服装、食品加工、医药化工为主的 5 大主导产业,其中尤其是钢结构产业发展迅猛,被中国钢结构协会命名为中国钢结构产业基地。目前与钢结构相关联的项目已达到 43 个,投资总额达 75 亿元人民币,初步形成以钢结构设计、生产、安装及防腐涂料、金属制品等相配套的产业链。因此,团风县要大力支持这一优势产业的发展,建立钢结构交易中心,促进钢结构产品走向全国、走向世界。钢结构交易中心的建立,要立足于湖北、着眼于世界,其运输和交易范围要涵盖华中、辐射全国。具体来讲,要以湖北省建立钢结构产品电子交易平台为落脚点,连通全国和世界各地钢结构市场,推动市场向国际化方向发展。总体以钢结构产品交易平台为中心,最终形成涵盖多种交易方式并且可靠、安全、开放的交易系统。

(三) 金融工程对人才培养计划和研发的支持

对于团风钢结构产业的发展,人才是关键,因此团风县要做好人才的培养工作。一方面,要留住本土人才,做好本土人才的培养,组织县内培训机构做好定向培训和联合培训,提高人才培养效率和人才质量;另一方面,要大力引进外部人才,制定相应政策激励人才引进,通过借智、聘请等方式引进相关的高端人才,以人才带动产品质量和市场竞争力的提高。县各大银行为县内技术培训机构提供专项助学贷款,帮助和鼓励学生接受专业技术培训,为钢结构产业的发展积蓄人才力量。

此外,团风县可以通过实行政府、企业、高校三方合作参与支持的方式,采取市场化、企业化的运作模式,与相关高校的相关学院进行合作研究,整合高校科研力量和自身生产经验进行钢结构方面的研发,为钢结构企业提供技术支撑服务。同时,还可以通过引进高新技术和项目、研发机构,推广先进的加工设备,扩展与国内外第三方机构的合作,通过与第三方机构的合作加工,扶持中小钢结构企业的发展。

第四节　团风县新型城镇化金融工程

城镇化是由乡村向城市转变的一个过程,是经济和社会发展的必然趋势,是社会进步的重要标志。而新型城镇化概念既不同于传统城镇化,也不同于西方城市化,而是我国在社会经济发展过程中提出的一个具有中国特色的独特概念,是属于中国、满足中国发展需要的城镇化建设路子，其目的在于全面提升我国城镇化的质量与水平，使我国真正做到城乡一体。县域新型城镇化金融工程是指将县域层面的新型城镇化看作一项“资产”，该“资产”以新型城镇化建设具体项目（如“城市综合体”“农村城镇化”等）为载体，通过金融工具与手段的创新设计与重新组合、金融结构的调整和金融政策制度的创新变革，解决新型城镇化过程中的各种问题。

一、团风县新型城镇化金融工程思路

（一）积极稳妥地开展现代农村金融体系建设

完善的县域金融体系是县域经济发展壮大的前提，是疏通产业、盘活企业的关键，发展县域经济金融需要先行。完善县域金融体系需要以健全农村金融体系和优化金融生态环境为基础，将我国农村金融结构建设成为真正的现代农村金融结构，满足机构完善、市场活跃、功能完备的要求。县域金融体系的建设要将商业性、合作性和政策性相结合，将政策性农业保险当做保障，以民间资金作为补充，实现真正的资本充足、功能全面、服务到位和运行顺畅。同时以此为基础，加大对于重点企业（中小企业、创新型企业和龙头企业等）的信贷支持。

（二）加强地方金融生态环境建设

加快形成信用征集、评估等功能完善的县域信用体系，健全企业内控制度，达到场外交易市场上市的标准，以促进县域资本市场建立。加强金融创新，开创涉农金融服务新机制、新途径、新模式，积极开发适合县域经济实际的金融产品和服务方式，不断满足县域和农村多元化金融服务需求。

（三）依托县域金融平台支持重点产业和乡镇建设

充分发挥金融资源支农资金的杠杆作用，结合优惠政策优化投融资环境，形成引导各方社会资金流向农村、流向重点产业以及乡镇企业的长效机制。依托石材、旅游、农业等优势资源，加快建立特色和支柱产业集群，形成具备一定辐射力的交易市场，发展资源型特色经济，同时兼顾环境保护，形成良性可持续经济发展圈，促进县域经济自由、外向型发展。

二、团风县城区建设现状

（一）城区基本设施建设规划设计已完成

在《黄冈市城市总体规划》对团风相关区域的发展定位、空间发展和规模等提出新要求后，团风县的城区总体布局也应运而生。而且团风县目前正面临着武汉城市圈确定为“两型”社会建设综合配套改革试验区、湖北沿长江产业带的崛起、大别山革命老区经济社会发展试验区的正式启动,在当前完成团风城区的规划正当时。团风县目前已对城区有了全面恰当的定位:国际健康养生之都,全国中医药科研生产基地,鄂东现代化工商宜居城市。

(二)基础设施建设顺利

团风县目前对于整体城区的建设正在全面展开,范围包括漕河镇、蕲州镇、横车镇、彭思镇、管窑镇、赤东镇、八里湖农场七个行政辖区范围,总面积为890.14平方千米。此次城区的建设有如下特色:跳出老城建新城,强化以现代金融、现代物流、旅游休闲、商务科技、研发以及会展、信息咨询、教育培训等为主要内容的现代服务业集聚中心的建设,提升中心城区作为县域中心的综合服务职能。完善路网,优化过境交通,减少其对城市的影响,改善城市内部交通网络,提升路网密度,协调交通组织与用地布局,利用城市道路等重大项目建设引导新区开发,构筑城市发展的主框架。整山治水,优化团风人居环境,提升城市空间品质,彰显城市特色,打造生态宜居城市。完善大型公共设施的配置,引导新区功能和用地开发的有序拓展,促进城市职能和形象品质的全面提升。留足城市空间形态和结构的弹性,实现自我完善和更新。合理确定城市发展的远景空间架构,综合考虑发展条件,确定城市发展的底线。

(三)基础资金得以保障

团风县目前对于基础设施的投资十分顺利,有力加快了城市发展变化的步伐。团风县投资6.89亿元兴建东璧大道、梅家塘大桥。预计未来在进一步城市建设中,会有更多的资金需求。

三、团风县新型城镇化存在的问题

团风县目前正处于改造旧城区与建设新城区并行的关键时期,资金需求量较大。融资方面造血功能不强,工作运转靠政府主导,缺乏投入产出的良性运行机制,没有稳定的投资收入来源,每年银行还贷靠土地出让和财政借款支付。

团风县资金投入基础设施建设中,投资盈利能力不足,不少投资难以收回成本。由于大量资金被用于进行基础设施建设,用于土地收储的资金则相应减少。对于其他项目的开发程度不够,导致项目的盈利性不足,融资困难。

团风县城市建设面临上述问题,既有国家宏观经济与法律法规的因素,也有其特有的因素在内。

城市建设不仅需要具体建设方面的支持,更需要有关金融方面的支持。由于城市建设发展的特殊性,导致与金融的结合不够紧密。融资渠道单一是面临的大问题,这就是与金融结合不紧密产生的问题。如果能够充分发挥金融的功能,打破原有单一融资模式,创新运用金融手段,就可以解决融资难的问题。

团风县城市建设项目资金绝大部分来源于财政资金和间接融资,即银行贷款部分。由于银行贷款门槛较高,审批严格,能够获取的资金是有限的。近年来,团风县财政支出较大,对于日益增长的城市建设资金需求逐渐力不从心。

近一段时间,中国宏观经济面临严峻考验。外部环境继续恶化,房地产市场开始进入中期调整期,且有可能持续两至三年时间,房地产投资增长将会明显放缓,这些宏观因素对城市建设工作一定程度上造成了不利影响。

四、团风县新型城镇化金融工程的融资支持体系

团风县的新型城镇化离不开城投公司,城投公司的全新定位应该是:依托产业发挥投融资平台作用。县级城投公司与大型城市城投公司有所区别,按照目前团风县的具体情况,适合团风县的一条道路就是依托团风县的优势产业,利用城投公司的投融资平台功能,促进团风县的经济实现跨越式发展。因此要构建适合城投公司发挥作用的县域新型城镇化金融工程的融资体系,协助城投公司为县域新型城镇化做出贡献。

(一)非市场化融资

1. 财政融资

团风县政府要从财政收入和某些专项资金中拨款,结合基础设施建设税,作为支持团风县新型城镇化的财政融资来源。

2. 土地储备融资

土地储备制度是指地方政府依照法律程序,运用市场机制,对通过收回、收购和征用等方式取得的土地,进行前期开发、整理,并予以储存,以满足城市各类建设用地的需求,确保政府垄断土地一级市场的一种管理制度。土地储备融资主要是将土地收购储备后,再通过市场将土地出让,获得的资金可作为融资来源。

(二)市场化融资

1. 银行贷款

从目前来看,我国城市基建资金的主要来源是国内政策性银行以及工、农、中、建四大国有商业银行的贷款。这种融资手段虽然十分常用,但是办理手续一般十分复杂并且资金取得的周期比较长,再加上一些苛刻的附加条件,使得融资规模大、回收期长的城市基建并不适合采取这种融资手段。

2. 市政债券

市政债券是指地方政府为了短期融资或者弥补赤字而委托授权机构发行的一种债券。通常情况下,政府通过一般手段无法弥补自身的资金短缺时,就应该

考虑通过发债的方式筹集资金。因此,团风县政府可以通过发行城市基建的专项政府债券筹集资金,将所筹资金用于当地新型城镇化建设。

3. 资产证券化

资产证券化是将缺乏流动性,但能够产生可预见的、稳定的现金净流量的资产,通过一定的法律和融资结构安排,对资产中的风险和收益要素进行分离和重组,进而转换成在金融市场上可以出售和流通的证券的过程。团风县可将某些特定资产将在未来某一时期产生的一些可预计的收入转让给相关公司,由这些公司将其证券化,然后通过在资本市场流通这些证券实现融资的目的,并将融得的资金用于新型城镇化建设。但是,这种融资方式关键在于该资产的未来收入是否可以预计、是否稳定,因此具有一定的局限性。

五、团风县新型城镇化金融工程的风险控制体系

(一) 风险控制系统

1. 建立必要的联合监管机制

当前县域金融监管普遍存在监管真空,为解决这一问题,团风县政府要着力建成以县金融办为核心、各乡镇相互协调的县域金融综合监管机制,由县金融办统筹县域银、证、保的监管工作,充分发挥现有金融监管资源的作用,给县金融办提供监管便利和监管条件,使县域金融监管做到有效、有力、有用,防范县域系统性风险的发生,保障县域金融的稳定。在做好金融监管的同时,要促进行业自律,相比于刚性的监管体制而言,行业自律更具有道德优势,是避免县域金融风险发生的更有力的保护墙。

2. 加强政-银-企沟通合作

政府经济主管部门加强对企业财务管理的指导和督促,帮助企业提高经营和财务管理水平,尽快使企业与银行的审批标准对接。加强政策性银行与政府对接,加大对县域基础设施(老城区改造、交易市场建设)的支持力度。强化政企沟通,深化银政关系,建立政-银-企三者联动的良性沟通机制。

3. 创建“信用工程”体系

开展“信用工程”创建活动,推动县域信用环境的根本改善,培育和规范多元化的信用主体,设立以信用征信、信用评价、信用自律和失信惩戒为主的企业信息系统。加大“信用乡镇”“信用社区”创建力度,推动将信用创建纳入乡镇领导的业绩考核指标;积极组织和引导经信、商务、发改等部门配合银行机构做好A级及以上信用企业的培植工作。

4. 完善担保平台

要从业务范围和地域范围多方面完善县域担保平台建设,既要覆盖中小企

业信用担保业务及各类融资服务，保持与县域主要金融机构长期稳定的合作关系，实现中小企业担保公司的市场化运作，自主经营、控制风险，同时要制订相关可行性方案，扩大担保业务及贷款业务覆盖范围，实现县域“担保全覆盖”，为银行支持企业做大做强提供有力的担保支持。

（二）风险管理系统

风险管理系统主要包括风险计划编制、风险识别与分析、风险应对及风险的监控。风险计划编制包括风险管理计划和风险应对计划。风险识别和分析包括定性和定量两个方面。风险应对是指在风险十分凸显时，要在规定期限内迅速测定准备金，采取相应措施，将风险降至最低。风险监控包括应急性措施和日常管理措施两个层面的内容。应急性管理需设置应急预案，日常管理可通过构筑预警指标体系、加强实施监管等途径进行风险控制。

应结合区域总体情况和未来发展预测分析，形成对全市新型城镇化的总体风险判断。对于重点领域或重大项目存在的风险因素，根据该领域项目的共性特点，在系统性融资支持体系下做好风险的防范、识别和应对工作。在实施过程中，应结合上文所述的人口城镇化、空间城镇化和产业城镇化三个维度，对于道德风险、信用风险、政策风险、自然风险和市场风险等进行分类管理。

第五节　团风县金融工程预期效益

一、团风县金融发展的预期效益

（一）金融体系的扩容增量

2015 年年底全县共有银行业金融机构 8 家，分别为中国人民银行、中国工商银行、中国农业银行、中国银行、中国建设银行、中国邮政储蓄银行、中国农业发展银行和中国农业商业银行。其中，县级支行 7 个，县级法人金融机构 1 个，分理处 3 个，储蓄所 11 个，乡镇二级支行 14 个，全县金融机构网点数合计 35 个。银行业金融机构从业人员 385 人。其他金融机构布点情况：保险公司 6 家，融资担保公司 1 家，小额贷款公司 2 家，均设在县城。

团风县预期在 3 年内，在银行业金融机构方面，引进 3 ~ 5 家适合团风县县域经济发展的商业银行入驻团风，例如中国交通银行、中国招商银行等；建立起完整的乡镇银行体系，争取使团风县的 8 镇 2 乡都拥有一家乡镇银行，使银行服务能普及农村；要大力引进金融从业人员和金融人才，实现银行业金融机构从业人员翻倍。非银行业金融机构方面，至少再引进 4 家保险公司，使县内保险公司数量突破 10 家；要累计引进至少 3 家证券公司和 1 家期货公司在团风县设立分支机构，实现团风县证券公司和期货公司零的突破。

（二）多层次资本市场的建立

目前团风县总共有 2 家企业在上海股权交易中心和天津股权交易中心上市，这是远远不够的。在未来的三年里，通过政府推动与政策激励双轮驱动，完善企业上市服务工作制度，建立上市后备企业培育机制，大力促进企业股份制改造，力争到 2018 年年底实现团风县上市企业数量的重大突破，全县上市企业达到 3 ~ 5 家，其中 1 家企业进入沪深证券交易所上市，1 ~ 2 家企业进入省股权交易所上市，10 家左右企业成为省上市后备企业。2016 年，完成 3 ~ 5 家企业的股份制改造，并成为省上市后备企业，确保 1 家企业进入省股权交易所挂牌交易；2017 年，完成 2 ~ 3 家企业的上市辅导，向中国证监会报送上市材料，新增 1 ~ 2 家企业的股份制改造，并进入省上市后备企业，新增 1 家企业进入省股权交易所挂牌交易；2018 年，力争 2 家企业进入主板、中小板或创业板上市。在区域性资本市场即四板市场，3 年之内，要实现约 30 家企业的挂牌上市，增加直接融资 10 亿元人民币，并在未来的发展中逐步实现转板的工作。

（三）社会融资总量增加

在未来三年团风县县域金融工程的发展中，要实现社会融资规模的不断扩张，表内社会融资总量的增加量要实现 120 亿元人民币（见表 10-3），表内贷存比由现在的不足 50% 达到 55% 以上。具体来讲，相比于其他商业银行贷款量的增加要更大地提高四大国有商业银行的贷款额，改变团风县现有四大国有商业银行贷款额度小、其他非国有商业银行承担主要贷款的现状，相应的也要提高四大国有商业银行的贷存比。

表 10-3　三年内团风县银行表内贷款增加预期值

银行	3 年累计贷款增量（亿元）
中国工商银行	20
中国农业银行	25
中国银行	15
中国建设银行	20
中国农业发展银行	10
中国农业商业银行	10
中国邮储银行	8
村镇银行	7
其他商业银行	5
总计	120

二、团风县经济发展的预期效益

推动社会经济跨越式发展，通过金融支持实体经济发展，扶持团风县农产业加工、钢结构、服装纺织以及医药化工等主导产业，促进团风县经济的跨越式发展，使团风县地区生产总值在2018年年末突破110亿元，三年内GDP增长率维持在10%左右。三大产业每年平均增加量要基本达到第一产业、第三产业20亿元，第二产业25亿元。

在就业方面，每年城镇登记失业率要维持在2.5%之内，每年城镇新增就业人数要达到4 500人左右。

参考文献

[1] 吕文娟. 湖北省贫困县经济发展战略的思考[D]. 武汉：武汉轻工大学，2013.

[2] 胡兰捷. 湖北团风县钢结构产业集群发展现状及对策探讨[J]. 产业与科技论坛，2014(13).

[3] 周权. 团风县发展蛋鸡产业的做法及成效[J]. 湖北畜牧兽医，2014(7).

第十一章　浠水县金融工程支持体系

第一节　研究背景与相关文献综述

一、研究背景

（一）地理位置

浠水县位于湖北省东部，长江中游北岸，隶属黄冈市，地处鄂东中部，南临长江水，北依大别山，是大别山革命老区的重要组成部分。浠水县地理位置得天独厚，自古以来就有“七省通衢”“水陆要冲”之称，是湖北省的东部门户和正在崛起的中三角的黄金走廊。同时浠水县也是长江中游的重要节点之一，长江流经浠水县的面积高达47.5千米，约占全省面积的1/20，这使得浠水县水路运输具有极大的先天优势；同时黄石长江大桥、鄂东长江大桥的修建使得浠水、黄石以及鄂州相互连接为一个整体；浠水县境内的沪蓉、大广、黄黄、武英等多条高速公路形成回形大连环，都为其提供了巨大的交通便捷，为浠水对接大武汉、融入黄鄂黄，建设沿江开发聚集区奠定了良好的基础。

（二）资源禀赋

浠水县境内的矿产资源以非金属矿产为主，其中水晶、石英、白云岩等资源储量较大，具有极大的潜在价值和开发前景。同时浠水县内水资源丰富，加之浠水上下游落差达141米，这都使得其水力发电以及农业灌溉具有很好的发展条件。浠水县山清水秀，风景优美，旅游资源丰富。国家森林公园三角山、禅宗三祖僧璨驻锡地天然寺、人工湖白莲河水库以及斗方山、策湖等风景名胜都吸引着大批游客。

（三）经济现状

2013年浠水县全县的贷存款资金差额达到近150亿，已十分接近该年全县的GDP，这表明该县的资金利用率很低，资金的大量外流会在一定程度上制约该县的经济发展。另一方面浠水县区位交通得天独厚，素有“七省通衢”“水陆要冲”“鄂东门户”之称，同时浠水县产业结构也比较合理，旅游资源相对丰富，具有很强的发展潜力。目前浠水县正在通过加快农业经济产业化和陶瓷特色产业的建设，力图通过开放县内经济存量，运用县域金融工程的相关手段，盘活县域经济资源，利用区域性的资本市场大力促进湖北省县域经济的发展。

（四）特色产业

浠水县传统建筑陶瓷产业集群经过20多年的发展，环境污染、能源浪费情况较为严重，同时由于我国建筑陶瓷、卫生洁具产品量重体大、技术含量和附加值低、花色品种陈旧、设计落后等原因，在整体技术水平、自主创新开发能力、产品质量、档次和管理营销等方面与国外先进企业相比还有不小差距，所以国际市场竞争力低下，同国际市场的价格相比有明显劣势。

而产生这一情况的根本原因就是我国传统建筑陶瓷行业集群化程度不够，无法通过集群式发展推动产业链在空间上的整合，在不断的近距离创新、合作以及竞争中促进相关企业的发展，为整个行业带来规模效益的提升。而产业集群的产生和生态陶瓷产业的发展需要大量的投入资金和金融支持，因此研究如何通过金融工程推动陶瓷产业的发展，特别是县域经济中陶瓷产业的发展具有重要的作用。

二、相关文献综述

浠水县作为一个传统的农业大县，以“工业强县”为战略目的，正在向着工业化、农业产业化迈进，现已形成初具规模的产业群。但是在浠水县工业化的进程中，由于县域资本大量外流，没有用于本地社会经济的发展，这对浠水县产业的进一步壮大具有重要影响。目前国内将农村作为一个整体，从国家的层面考虑农业现代化的金融支持问题，但是针对县域工业化和农业产业化金融支持的论著还比较零星，关于湖北省县域相关的金融支持研究就更为缺乏。

张旭梅（2006）[1]在内生增长理论的框架下对山东省经济增长和金融发展之间的关系进行研究，提出农村金融发展对农村繁荣工业化具有显著促进作用。姚耀军（2006）[2]在对农村金融体系中资金配置效率研究的过程中运用计量分析提出农村金融体系的功能异化为资金攫取，并未对城市经济发展提供金融支持，造成农村资本外流是农业工业化进程缓慢的原因。而对于生态陶瓷产业的建设和发展方面，徐雪峰（2009）[3]从全球价值链的视角找到促使我国陶瓷产业集群升级的两条途径。黄弘（2012）[4]通过对陶瓷产业集群发展模式进行研究，从产业集群、循环经济发展和经济的可持续发展方面对陶瓷产业发展模式进行研究，对生态陶瓷产业的发展提出了相关的政策建议。

第二节　浠水县经济金融发展概况

一、浠水县经济发展现状

近年来,浠水县高举新型工业化和农业产业化大旗,国民经济、社会事业实现了较快发展。工业初步形成生物工程、教育装备、健康器械、模具制造、电子信息、农副产品深加工、陶瓷窑炉等特色产业。农业建成70万亩优质稻、40万亩双低油菜、50万头三元猪、20万亩板栗、20万亩蔬菜、10万亩名优水产等六大板块基地。全县城乡建设日新月异,社会事业协调发展。

当前,浠水县正在全力推进鄂东滨江新区开发和北城新区建设。鄂东滨江新区开发被列为省级发展战略,已经编制完成150平方公里概念性规划和38平方公里核心区控制性详细规划,正在加快推进道路、管网等基础设施建设,已成功引进碧桂园等省内外知名企业51家,投资近400亿元,逐渐成为鄂东地区经济发展最具活力的增长板块。北城新区是浠水县高标准规划和建设的新城区,规划面积4.8平方公里,人口5.5万,已经启动了“一桥四路”、楚街等基础设施建设,将努力打造为富有楚文化特色、山水情调、人文积淀交相辉映的滨湖新城。2014年,浠水县中禾粮油、京华陶瓷、福瑞德化工、湖北中大建设、四方饲料、十月集团、洪都广场商贸、湖北神鹭八家企业跻身黄冈市百强企业。

(一) 浠水县生产总值及产业结构

从2009年以后的走势看,受到2010年全国经济放缓态势影响,经济增速明显下降。2012年浠水县人均生产总值16 584元,比上年增加2 306元,增长16.15%。2013年共实现地区生产总值165.24亿元(见图11-1),比2012年提高20.67亿元,增长14.3%。与2012年相比,GDP增速仍稍有下降,但是远高于黄冈市平均增速近4个百分点。而据最新数据,浠水县2014年前三个季度地区生产总值达到107.54亿元。

2013年是浠水县加快建设大别山最具特色生态经济示范县和绿色发展先行区的攻坚之年,在经济金融发展方面取得了一定的成效。如图11-2,浠水县的经济总量在不断上升,2013年该县的GDP总量为黄冈市县的1/5左右。通过与黄冈市各县经济总量对比可知浠水县的经济总量位于黄冈市前列。

浠水县产业结构呈现良好格局。浠水县2013年三次产业占比中,第一产业总产值共实现7.5亿元,第二产业生产产值10.85亿元,同比增长17.33%。

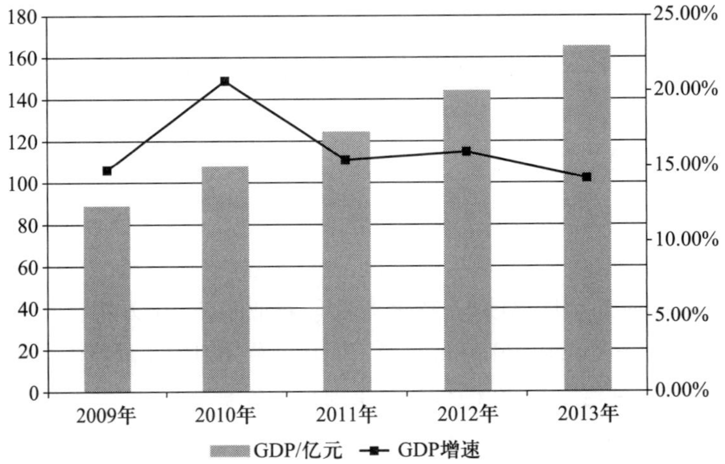

图 11-1　浠水县 GDP

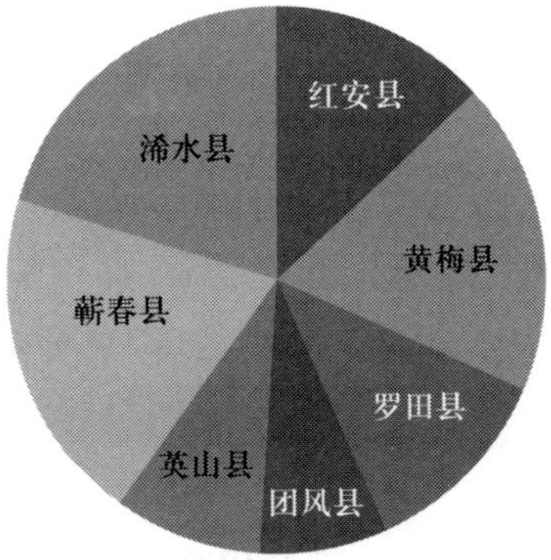

图 11-2　2013 年黄冈市各县 GDP 总量对比

2013 年全年三次产业产值比由 2009 年的 36.67∶32.15∶31.19 调整为 30.31∶36.84∶32.85，其中第一产业占比自 2009 年以来一直逐年下降，第二、三产业占比在逐年上升，且第二产业增长的速度高于第三产业，如图 11-3。

浠水县的经济布局日趋合理，在 2009 年之前，第一产业的比重远大于第二产业和第三产业；但在 2010 年时，第二产业所占比重最大，第一产业次之，最后是第三产业；2011 年，第二产业仍然占比最大，第三产业实现了快速发展，所占比重与第一产业相当，形成了以第二产业为主体，第一产业和第三产业两翼齐飞的格局。到 2013 年，逐渐形成以第二产业为主导，第三产业居中，第一产业第三的产业格局。由此可见浠水县实施“工业强县”战略的明显效果。

由图 11-4 可知，浠水县固定资产投资总量自 2009 年以来逐年增加。该县

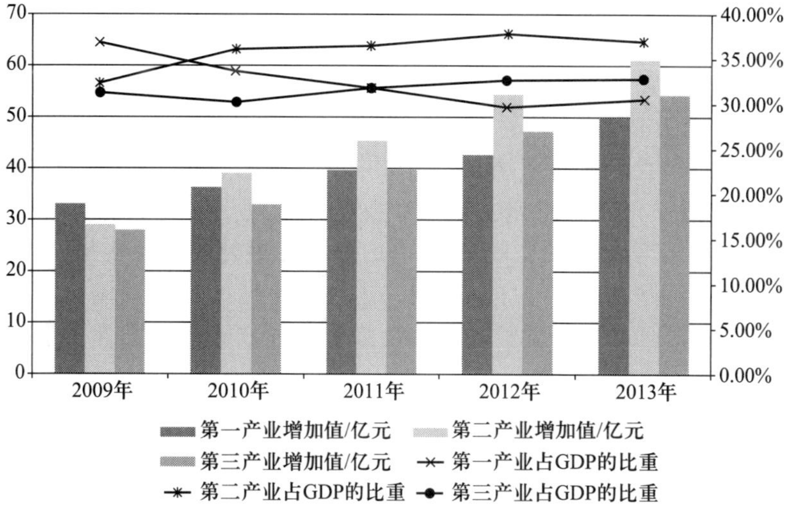

图 11-3　浠水县三大产业增加值

近五年来固定资产投资水平均远高于黄冈市各市县平均水平,2013 年浠水县固定资产投资总额达到 141.09 亿元,大大超出同期黄冈市平均水平 98.84 亿元。2014 年前三季度全县固定资产投资总额为 104 亿元,固定资产投资增速受国际经济形势的影响自 2010 年后迅速滑至低位。近三年来随着国际经济的复苏,浠水县的固定资产投资增速出现缓慢上升态势。

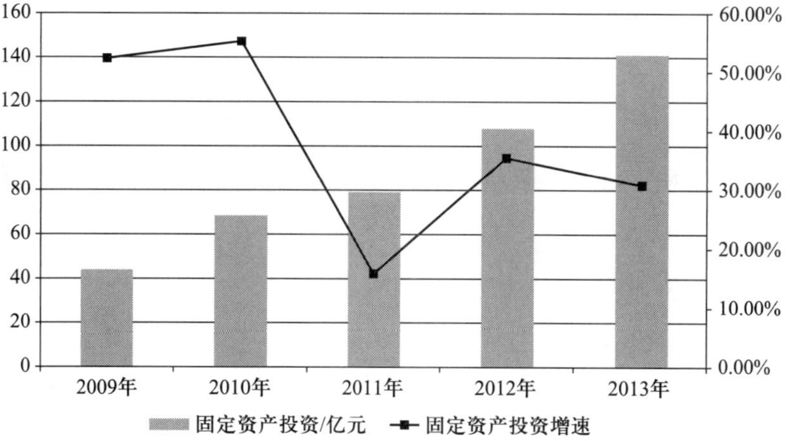

图 11-4　浠水县固定资产投资

（二）财政收支

如图 11-5,浠水县财政收入增长缓慢。2014 年前三季度,浠水县实现全口径财政收入 10.43 亿元。继 2012 年浠水县财政收入出现 17.36% 的下滑后，2013 年全年财政总收入缓慢回升，实现 12.59 亿元，比上年增长 17.55%。浠水县财政缺口从 2011 年以来逐年扩大，财政不平衡状况明显。由 2011 年的 6.23 亿元扩大到 2013 年的 17.87 亿元，浠水县财政缺口占 GDP 的比重在 2011 年的最低位之后迅速反弹，由 2011 年的 5% 增长至 2014 年前三季度的 13.85%。2009—2012 年浠水县财政收支连续出现资金缺口，且资金缺口占 GDP 的比重不断增大的事实表明，政府的财政支出与政府投资是拉动区内经济增长的主要动力，但随着时间的延长，这种内生性的增长效应会逐渐弱化，浠水县政府急需通过招商引资或税收政策引导等方式吸引县外资金，从而促进经济的发展。

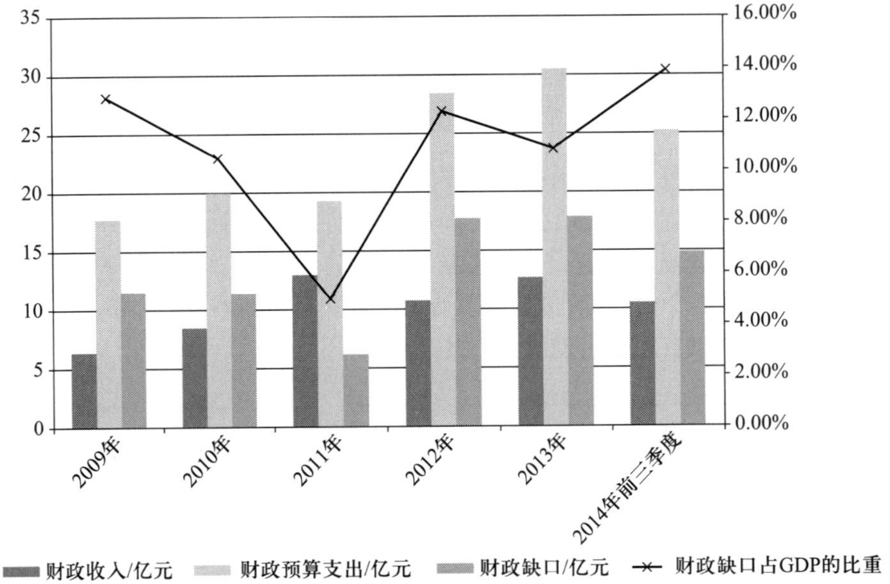

图 11-5　浠水县财政收支

（三）主导产业和企业规模分析

浠水县现有规模以上企业 128 家，2014 年一至五月份，全县规模以上工业企业实现产值 67.5 亿元，同比增长 13.6%；实现增加值 16.9 亿元，同比增长 12.8%，增加值增幅在全市排第 3 位；上交“两税”3 246.22 万元，与去年同期持平。主要分为六大主导产业，分别是医药化工产业、汽车机械零部件产业、农副产品加工产业、建筑材料产业、纺织服装产业、陶瓷窑炉产业。2013 年度实现销售收入 1 521 962 万元，实现资产总额 646 597 万元，实现利润总额 61 780 万元。2014 年一至九月份销售收入 1 202 077 万元，实现资产总额 685 981 万元，实现利润总额43 657万元。

医药化工产业企业共计10家,2013年度医药化工产业实现销售收入79 629万元,实现资产总额为106 047万元,2014年一至九月份实现销售收入65 156万元,同比增长20.7%,资产总额为124 604万元。

汽车机械零部件产业企业有16家,2013年度汽车机械零部件实现销售收入86 385万元,实现资产总额为81 476万元,实现利润总额为3 024万元。2014年一至九月份实现销售收入66 625万元,同比增长15.7%,资产总额为80 528万元,利润总额为2 757万元。

农副产品加工产业企业有23家,2013年度农副产品加工产业实现销售收入566 198万元,实现资产总额为198 693万元,实现利润总额为21 014万元。2014年一至九月份实现销售收入456 821万元,同比增长18.7%,资产总额为175 261万元,利润总额为10 579.7万。

建筑材料产业企业有38家,2013年度建筑材料产业实现销售收入399 220万元,实现资产总额为94 093万元,实现利润总额为19 126万元。2014年一至九月份实现销售收入298 157万元,同比增长25.3%,资产总额为110 816万元,利润总额为17 957万。

纺织服装产业企业有14家,2013年度纺织服装产业实现销售收入93 824万元,实现资产总额为26 222万元,实现利润总额为3 826万元。2014年一至九月份实现销售收入72 858万元,同比增长14.4%,资产总额为36 153万元,利润总额为2 969万元。

陶瓷窑炉产业企业有11家,2013年度陶瓷窑炉产业实现销售收入136 687万元,实现资产总额为79 022万元,实现利润总额为7 662万元。2014年一至九月份实现销售收入123 980万元,同比增长48.9%,资产总额为94 915万元,利润总额为7 119万元。

(四)浠水县企业上市现状分析

浠水县规模以上工业企业共一百多家,但还没有一家企业成为上市公司,这也意味着企业在将来进行市场拓展、提高客户信任、提高公众认知及获取政府支持方面都会受到诸多限制。在企业上市工程方面,通过组织引导企业了解上市、接触上市、走向上市,扩大浠水县境内企业在资本市场融资的愿望与能力。但是总体而言,浠水县企业上市推进较为缓慢。

二、浠水县金融发展现状

(一)浠水县金融机构存贷量

存贷款较快增长。如图11-6所示,2013年全县金融机构人民币贷款年末余额 208.45 亿元，比上年末增长 32.86 亿元，增长率 18.71%；全县金融机构人民币存款年末余额 59.38 亿元，比上年末增长 10.53 亿元，增长率 21.55%；金融机构贷存比在经历 2010—2012 年的大幅下滑后，一直处于明显增长趋势，由 2012 年的 27.82% 增长到 2014 年前三季度的 30.43%。但是浠水县贷存比仍然处于较低水平，2013 年浠水县贷存比 28.49%，在黄冈市中处于相对较低的水平（2013 年黄冈市贷存比为 38%）。总体来看，浠水县金融机构贷存比偏低，资金没有得到有效利用。

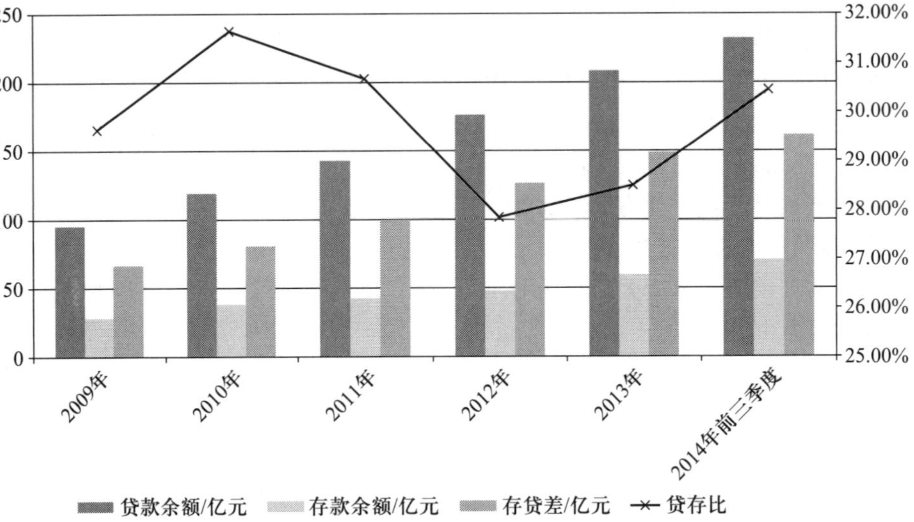

图 11-6　浠水县金融机构贷存比

浠水县金融机构贷存比从 2012 年以来呈现明显的上升趋势，如图 11-6。虽然表面看，浠水县的存贷款数量都在上升，但从存贷款之间差额的角度出发，2013 年存贷差达到 149.07 亿元，截至 2014 年前三季度，两者相差近 161.08 亿元，已十分接近该年全县 GDP，贷款数额严重缺失，资金流出现象严重，这将会在一定程度上严重制约该县的经济发展。

（二）浠水县企业上市情况

在企业上市工程方面，浠水县已建立上市后备企业资源库，邀请楚商资本集团来为企业作上市辅导培育，继续推进企业挂牌上市工作。有 3 家企业正在启动新三板上市工作，1 家企业正在启动四板上市工作，另有 20 家企业正在与楚商集团进行对接洽谈上市工作，已签约合作企业 8 家。

（三）浠水县非银行类金融机构统计

担保公司、小额贷款公司等金融机构还处于起步阶段，数量少且规模小。仅有两家小额贷款公司:兴昌小额贷款有限公司和汇晟小额贷款有限责任公司,如表11-1。两家融资担保公司为正晴融资担保公司和卓越融资担保有限公司。只有长江投资开发有限公司一家政府融资平台。浠水县目前没有期货公司,也没有PE和VC等风险投资机构。

表11-1 浠水县非银行类金融机构统计

非银行类金融机构	浠水县
农村信用社	有
保险公司	有
担保公司	有
政府融资平台公司	有
证券公司	有
期货公司	无
小额贷款公司	有
村镇银行	有
典当行	有
融资租赁公司	无

(四)城投公司经营状况

浠水县的城投公司是县凤翥投资开发有限公司,于2006年3月8日成立以来,充分履行政府融资平台职责,不断拓宽融资渠道、创新融资方式,在筹措项目建设资金方面发挥了积极作用。凤翥公司运营至今,已发展成为一家具有较好经济实力和良好信誉的县级平台公司,在服务浠水县基础设施建设方面,发挥着融资、建设、经营、管理、偿债"五位一体"的重要功能。截至目前,公司对园区及新老城区等项目累计投入174 162.1万元,其中当年投入37 202.3万元。投入资金包括道路等基础设施建设,以及土地征地、平整、地上附属物拆迁补偿及项目暂借款等。

与此同时,城投公司也存在着一些问题,主要表现在:

(1)公司运营存有风险。公司面临着严重的信用风险、经营风险和偿债风险。

(2)公司年度投资计划普遍金额偏大,预算收支存在不平衡。

三、浠水县经济金融发展优势

结合浠水县经济金融发展现状及发展环境,其在经济金融发展方面具有以下几点优势。

（一）特色农业，产业化发展

浠水县主要特色农副产品有优质稻、双低油菜、巴河藕、茅山大闸蟹。

粮食、油料、畜牧、水产、林果等特色板块基地已形成规模。全县按照打造区域性大板块、大基地的农业产业发展思路，立足贫困镇、村的现有资源优势，着力建设健康水产、生态家禽、绿色蔬菜、优良生猪、优质稻、双低油菜等几大特色产业基地，带动农民增收。全县建设优质稻 45 万亩，双低油菜 40 万亩，水产养殖 17 万亩，万只蛋鸡养殖场 388 个，万头猪场 11 个，千头奶牛场 2 个，农业产业化水平进一步提高，贫困农户脱贫致富步伐明显加快。

龙头企业队伍不断壮大，企业实力不断增强。到 2009 年止，全县已发展农业产业化龙头企业 35 家。其中，国家级 1 家，省级 7 家，市级 12 家，县级 15 家；2009 年新发展省级 3 家，市级 6 家，县级 4 家。农产品品牌开始叫响，农产品市场优势明显增强。2009 年全县农业"三品"认证产品达 53 个，其中无公害农产品产地认证 43 个，绿色食品产地认证 10 个。至目前为止，全县有 280 个农产品获得国家"三品"认证，其中绿色食品 28 个，无公害农产品 252 个。

农民专业合作组织不断发展壮大。2009 年全县新增各类农民专业合作组织 41 家。至目前为止，全县登记注册农民专业合作组织 160 家。其中，农民专业合作社 80 家。

（二）交通通达

浠水县位于大别山南麓，湖北东部，长江中游北岸，隶属黄冈市。2011 年，浠水县公路通车里程 2 789.255 千米，其中，省干线 4 条（中大、兰罗、黄标、大巴，一级公路 35.35 千米，二级公路 135.809 千米），171.159 千米；县道 9 条，190.416 千米；乡道 3 条，14.65 千米；村道 2 413.03 千米。全县干支线公路有桥梁 98 座，其中，特大桥 1 座，计 2 600.00 延米；大桥 5 座，计 1 099.28 延米；中桥 13 座，计 815.83 延米；小桥 79 座，计 1 521.54 延米。农村公路有桥梁 436 座、8 430 延米。2011 年，全县有二级客运站 1 座（浠水县汽车客运站），三级客运站 1 座（浠水团陂客运站），四级客运站 1 座（浠水十月客运站），五级客运站 2 座（浠水县巴河客运站、青鲜客运站）；简易站 1 座（浠水县散花汽车客运站）；二级货运站 1 座（南城货运站），四级货运站 1 座（浠水十月都得利货运站）。2011 年，全县列管渡口 31 处，分布在全县 11 个乡镇场。有巴河、兰溪、散花 3 座港口，码头 44 座，46 个泊位，港口年吞吐量达 800 万吨。

（三）旅游业天然资源丰富

浠水县地处巴楚文化和吴楚文化的融汇地，有着灿烂的历史和深厚的积淀，自古就有崇文重教传统,享有“全楚文乡”之美誉。境内佳山秀水,风光绮丽,有国家级森林公园、4A 级旅游风景区三角山,有鄂东佛教名山斗方山、鄂东第一人工水库白莲河水库、宋代建筑群文庙、孙策操练水军的策湖、闻一多故乡望天湖等名胜风景区。

四、浠水县经济金融发展中的不足

(一) 经济增速与固定资产投资同步下滑

从人均水平看(见图 11-7),浠水县人均 GDP 在黄冈市各县中处于下游,低于黄冈市的平均水平。说明浠水县经济总量相对人口来说是不合理的,有很大的提升空间。

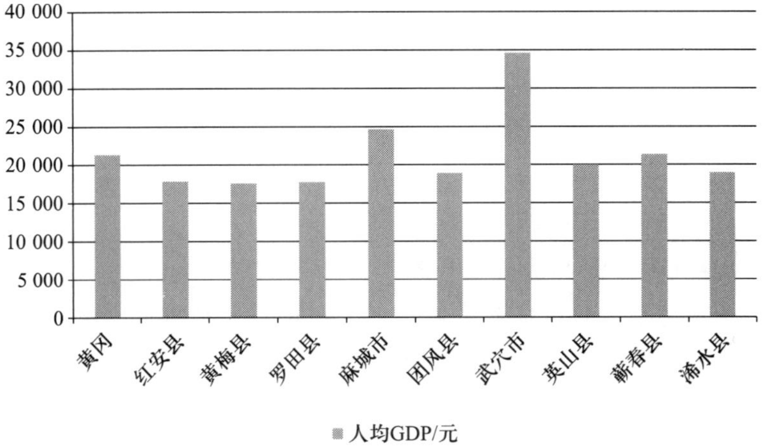

图 11-7　浠水县人均 GDP

从之前对浠水县地区生产总值的分析中可以发现,虽然该县 GDP 增速在黄冈市乃至湖北省处于相对较高的水平,但应注意到,2010 年至 2013 年浠水县 GDP 增速分别为 20.69%、15.35%、15.95% 和 14.3%,其 GDP 增速呈现明显的下降趋势,说明该县经济增速出现整体放缓现象,表明经济增长后劲相对不足。除此之外,浠水县 2009—2013 年 GDP 平均增速为 16.2%,低于黄冈市 2009—2013 年的平均增速 17.34%。经济增速的相对不足表明该县经济发展潜力大,仍然有很大的提升空间。

与 GDP 增速相对应的是固定资产投资增速,2010 年后浠水县固定资产投资增速一直处于低位,这将严重影响区内的经济发展。

2014 年 1 ~ 5 月,全县工业投资同比增长 5.2%,较上年同期回落 35 个百分点,低于全市固定资产投资增速 6.1 个百分点。工业投资不仅具有当期的投资效应,从长远看,工业投资规模的扩大对形成新的工业增长点以及提升整体产业水平、加快工业结构转型升级等方面也发挥着基础性、支撑性作用。而目前工业投资的较低增长对全县工业经济增长的支撑作用有限,工业经济快速发展的后劲不足。

（二）产业结构合理,缺乏金融支持

浠水县经济发展较为全面,2014 年虽显现出第二产业主导的趋势,但三大产业分布比例较为均匀,说明其第二产业的主导位置并不十分稳固,第二产业中陶瓷业、食品加工、医药化工、纺织服装产业等均是县内重点扶持产业。而各个主导产业中,金融的支持力度十分薄弱,主要的金融业务都集中在与银行之间的存款管理上。

（三）金融结构不合理,证券业空白

浠水县银行相关行业发展较为健全,四大国有银行工、农、中、建都有,有一家农业发展银行浠水支行。银行服务已不只局限在县城镇,而是走进每个村,但相比于发达的经济而言,单纯注重银行的发展远远不够,浠水地区目前在证券、期货方面尚未发展。2001 年 5 月落成的申银万国证券营业部是浠水县首家证券营业部,而期货公司方面仍旧处于空白阶段。

（四）存贷差较高,资金外流严重

2013 年浠水县存贷款资金差额近 150 亿元,已十分接近该年全县 GDP,说明该县资金利用率很低,主要供给县外其他地区,资金的不充分利用会一定程度上制约该县的经济发展,导致贷款难问题仍然突出。浠水县企业贷款难主要有几个原因:一是企业缺少抵押物,二是企业自身管理和经营存在问题,三是商业银行的逐利行为,四是融资成本高。该县长久致力于工业、农业的现代化和自身的城镇化,却忽视了金融的重要性,而且忽略了全面利用该县的资金创造更多价值。而且该地区贷款数量明显与其高 GDP 不相符,这表明该县的信用贷款发展程度较差。

（五）融资渠道单一,企业资金链风险不断累加

目前企业融资仅仅局限于银行传统信贷,对银行贷款的依赖性较高,融资渠道和结构单一。运用现代金融工具融资尝试较少,经验不足。受企业管理水平、偿债能力、政策以及信息不对称等因素制约,债券融资、融资租赁等方式利用得不够好。

企业资金链风险不断累加。融资贵、融资难加上两项资金占用较高导致企业资金短缺现象严重,且受市场需求持续萎缩、利润增速下滑、融资环境偏紧等因素影响,企业资金链、担保链脆弱等问题不断累积。2014 年 5 月,通过

对全县 40 家重点企业进行调查发现,90% 企业反映融资难,50% 以上的企业因资金不足而达不到设计生产能力。初步统计,全县 40 家企业资金缺口达 6.26 亿元。

（六）融资担保业务受限,推进作用不明显

完善的信用担保体系可以解决企业担保物不足等问题,协助中小企业成立、成长与发展,支持当地经济加快发展。而目前,浠水县现有两家融资性担保企业,分别是浠水县正晴中小企业融资担保有限公司和湖北卓越担保有限公司。

正晴公司 2014 年上半年累计为浠水中小企业开展担保业务 58 笔,担保余额 18 660 万元,其中本年新增 10 360 万元。

湖北卓越公司 2013 年与中国农发银行签订合作协议,担保贷款比例 1∶5。2014 年该公司开展担保业务 22 笔,担保金额 10 400 万元,其中本年新增 1 100 万元。

2014 年上半年两家担保公司保费收取总额 700.5 万元。正晴公司收取保费比例为 1% ~2% 之间,卓越公司收费比例为 1.2% ~1.5% 之间。卓越公司只入围农发行,服务对象为农副产业加工企业,加之没有国有资金入股,与其他商业银行的合作受到限制,故为本地中小企业提供担保服务无法进行。正晴公司 2014 年度虽然从事了一定的担保业务,但大多为大别山发展基金担保,纯担保业务不多。因而目前浠水县的融资担保业务还无法对地区经济产生较大推进作用。

（七）资本市场融资滞后

目前,浠水县的金融要素市场仍为空白。多层次有效的资本市场,可以迅速为企业融到发展的第一笔资金,为中小企业未来的进一步发展提供广阔的天地。但是,在浠水县资本市场仍处空白,使得中小企业融资难问题“雪上加霜”。除此之外,资本市场的融资滞后。浠水县只有银行信贷市场和保险市场,虽然有一家申银万国证券营业部,其他的资本市场、货币市场、外汇市场、租赁市场、黄金市场和其他投资品市场都没有建立。在浠水县目前只能从事银行、保险两类金融市场业务。资本市场的融资滞后既严重影响了企业生产和扩大再生产,同时严重削弱了该区招商引资的吸引力。

（八）投融资平台功能未能完全发挥

浠水县成立了城镇建设投资开发公司、长江投资开发有限公司、农业投资开发公司、旅游投资开发公司、文化产业投资开发公司以及相对应的五大投资中心等投融资平台,运用投资公司的杠杆来撬动浠水经济的快速发展。

但是目前,各个公司投融资、带动社会投资的功能作用没有真正发挥。投融资公司基本都面临着以下几个问题:

（1）随着银监部门及各金融机构对融资平台的融资条件不断增加，国家对政府融资平台管理及融资政策不断收紧，为融资平台融资工作带来一定的困难。

（2）体制、机制还不到位。还没有真正实施盘活资源、整合资源和资本运作，还没有实现真正的融资、投资的突破。

（3）公司实体经营还没起步，自身抗御市场风险的能力不够，职能职责难以发挥。

第三节　浠水县主导产业金融工程——特色产业及其典型举措

一、金融工程支持浠水县产业发展整体思路

（一）浠水县产业发展现状

浠水县作为传统农业大县，其农业发展开始呈现产业化、区域化、品牌化特色，目前全县已建成优质稻、双低油菜、优质畜禽和名优水产“四大产业”，系列产值占农业总产值的75%；同时在现代制造业，目前形成了以医药化工产业、汽车机械零部件产业、农副产品加工产业、建筑材料产业、纺织服装产业、陶瓷窑炉机械产业为核心的主导产业结构。

（二）金融工程支持浠水县产业发展

1. 扩大工业规模，加快企业挂牌上市

继续加大企业培育力度，增强企业在品牌、渠道、创新等核心竞争力。加大推进“小上规”工作，进一步加强调查摸底，让更多接近或具备条件的企业及早进入规上企业，力争全年完成30家进规任务。突出重点企业培育，继续对重点企业实行分类指导，因企施策，提高重点企业发展速度，对确定的20家重点企业优先扶持发展壮大。

2. 扩大信贷规模，引入金融创新

针对目前浠水县的情况，大力引入金融技术和金融创新来解决产业问题，可以有很好的成效。产业发展的重点在于企业自身发展，而县域经济中的企业常存在融资难现象，所以当前应采取的措施是大力解决资金问题。除了传统的外部注资，应充分发挥银行和其他金融机构的作用，建立完整的投融资平台，运用各种创新的方式有针对性地解决各个产业的投融资问题。

3. 加快土地流转，提高机械化水平

土地流转为农民带来了双收益，转出土地的农民不仅可以获得流转收益，有

的农工还能被返聘到龙头企业、专业合作社就近务工,成为“农业工人”。通过“公司+合作社+基地+农户”的模式吸收失地农工就业,提高农工综合收入。

二、金融工程支持浠水县陶瓷产业发展

(一)浠水县陶瓷产业发展现状

浠水县联手佛山新中陶集团,共同建设集陶瓷原料开采、瓷砖生产于一体的大型陶瓷产业园,力争建成中部地区乃至全国规模最大的低碳陶瓷生产基地。目前,已有湖北雄陶、湖北澳晟、湖北汇星、上海新安储、南山包装5家陶瓷生产及配套企业落户园区。整个园区计划总投资200亿元,分两期进行建设。其中一期工程总投资60亿元,计划用6年左右的时间建成60条现代化生产线,主要生产中高档建筑陶瓷。一期工程建成后年产值将达100亿元,年创税收过4亿元,安排就业将近3万人,并充分带动运输、包装、机械加工、窑炉、服务等相关产业的发展。

浠水县目前已形成窑炉加工设备生产、窑炉机械制造、窑炉建筑、瓷土瓷器加工、技术研发等完整的产业链条,初步形成窑炉机械产业集群。劲马、华杰、中鑫、京华等窑炉陶瓷龙头企业建有3家研发基地,拥有3项发明专利、15项实用新型专利和45项外观设计专利。

(二)浠水县陶瓷产业发展规划

1. 强化自主创新,提升竞争能力

传统建筑陶瓷业的发展一方面对当地环境保护造成了巨大的压力,另一方面由于在自主创新品牌方面的缺失,本土陶瓷产业的发展受到了巨大的限制,相应的竞争力也不够强。因此需要完善技术创新体系,鼓励企业建立研发机构,要以企业为主体,加大对企业的鼓励和扶持力度,加强公共检测平台的建设。

2. 优化产业结构,促进产业升级

一般而言,一个产业结构的优化升级和高度化是体现该产业核心竞争力的重要因素。因此,浠水县陶瓷产业必须跟上国际产业调整重组的步伐,推进产业结构的战略性重组,提升结构竞争力,不断优化行业结构和产品结构。

3. 大力推动浠水县低碳陶瓷产业园的建设

通过推动低碳陶瓷产业园的建设,可以在浠水县域范围内形成产业集群的效应,从而在此基础上形成有效的市场竞争,构建专业化生产要素优化集聚洼地,使企业共享区域公共设施、市场环境和外部经济,降低信息交流和物流成本,形成区域集聚效应、规模效应、外部效应和区域竞争力。

4. 发展循环经济,实现陶瓷行业持续发展

传统陶瓷产业的发展是建立在资源的高消耗和环境的高污染上的,但是这明显不符合我国目前所提倡的经济可持续发展战略,不利于经济的长期发展,因此浠水县大力推动本地陶瓷产业发展的同时,需要考虑陶瓷产业对社会经济的负面影响,发展具有循环经济模式的生态陶瓷产业。按照“减量化、再利用、再循环”的原则,循环利用陶瓷废物,将陶瓷废物加工成可再利用的产品或作无害化处理。同时有必要在陶瓷产业中大力推广清洁能源、资源节约与综合利用。

(三) 陶瓷产业金融工程支持体系

1. 陶瓷产业价值链

目前而言,中国建陶产业链结构大致可以分为三个部分,如图 11-8。第一部分是供应商,为生产厂商提供生产所需的原材料。第二部分为生产厂家,包括为建陶企业提供运输、配套产品工具、通讯等服务的企业。第三部分为分销商。

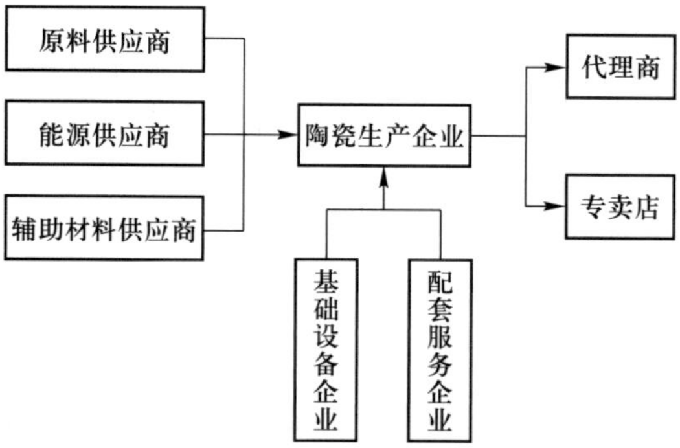

图 11-8　我国建陶产业链结构

2. 陶瓷产业的金融需求分析

浠水县陶瓷产业的金融需求分析如表 11-2 所示。

表 11-2　陶瓷产业的金融需求分析

对象	厂商名称	金融需求分析
上游供应商	原材料供应商	原材料供应商一般提供陶土、色料、釉料等原料,燃油、煤、天然气等能源,防污剂、添加剂等辅助材料和其他材料等的供应。在购买货物的同时,价格风险也是企业所面临的经营难题之一。大量的存货积压,在遇到存货价格大幅度波动的时候,很可能会给企业带来严重的损失,因此企业往往会持有期货合约来进行风险对冲或者提前支付货物的订金,以便防止货物价格波动带来的损失,这就会给资金原本就不充裕的企业进一步带来资金压力
	生产设备供应商	

续表

对象	厂商名称	金融需求分析
中游企业	建陶生产企业及提供基础设备、运输、配套产品工具、通信等服务的企业	陶瓷产业中游企业面临较大的风险暴露，一方面需要承受上游企业原材料供给的可能冲击，另一方面还面临着下游销售环节可能出现的产品滞销。另外对于建陶厂商而言会有大量的存货滞压，占用企业的货币资金，从而使得企业的资金周转存在一定困难
下游经销商	代理商和专卖店	对于建陶而言，产成品一般都是采用批发销售，因此由于批发量很大，所需要的资金就很多，此时就会存在资金紧缺问题。而消费者一般都会大批购买，往往会造成赊账问题

（四）陶瓷产业金融工程支持体系研究

在积极完善工业园区陶瓷产业链的基础上，进一步加强政府、金融机构以及相关企业在供应链融资方面的深度合作，应该结合金融机构、电商物流、核心企业、供应商以及经销商等各方，根据产业特点围绕供应链上核心企业，基于交易过程向核心企业和其上下游相关企业提供综合金融服务。

1. 利用地方性资本市场，整合县域内陶瓷产业

对于金融支持比较薄弱的浠水县而言，要想在目前县内资金大量外流的状况下通过整合县域内陶瓷产业，发展具有相当竞争力生态陶瓷产业，可以通过在外部引入相关发展较好的上市企业，通过资本重组等手段，将其融入本地的陶瓷产业链发展中，通过联合持股等手段，引进先进的科技与管理技术。

因此，进一步地进行相关产业资本的重组，对于浠水县引入外部资金，发展本地生态陶瓷产业具有重要意义。

2. 创新金融支持产业方式，推动陶瓷产业的发展

浠水作为窑炉之乡，在承接佛山陶瓷产业转移的过程中，利用本地资源优势，积极拓展招商引资空间，建设低碳陶瓷产业园，打造中部陶都。同时浠水在陶瓷产业园的发展中，创新招商举措，将陶瓷产业园的招商运营工作交付给佛山新中陶陶瓷有限公司，实行“以商招商”，激发招商活力。

同时浠水县近几年来，以工业为代表的第二产业发展迅猛，为了更好地支撑第二产业的进一步发展，以及平衡第一、第三产业的发展，就需要创新金融支持产业方式。

3. 金融工程支持企业扩大规模

企业为了走资本市场发展道路，需要大量的资金支持，银行贷款无法满足企业融资的需求，需要通过金融工程手段拓宽企业融资的渠道。企业可以通过股

权质押贷款，向非银行金融机构获取发展资金，也可以利用信托公司、小额贷款公司、典当行进行资金融通。很多企业有好的发展项目，由于资金的缺乏，好的项目得不到实施，通过金融工程手段让企业拥有更多的融资渠道，便于企业扩大经营投资规模。

第四节　浠水县金融工程政策建议

一、增强企业上市意识

提升企业对资本市场融资的意识，使企业了解挂牌上市利用股权融资的好处，让更多企业使用多渠道的融资机制解决融资问题。同时强化企业对上市的认识，开展企业上市工作研讨会，扩宽企业的视野，使其注重长远收益。为了提升企业资本市场融资意识，强化企业对上市的认识，企业可以引进专业化的人才，帮助企业在上市方面做出合理的规划。

二、与金融要素市场对接，推进企业四板上市

目前，浠水县资本市场处于空白，不利于企业融资的多样化。为促进浠水县规模化企业进一步拓宽融资渠道和提升影响力，应加快促进重点产业的龙头企业与武汉股权托管交易中心、武汉农畜产品交易中心、武汉金融资产交易所等金融要素市场进行洽谈，促使发展前景较好，成长性较强，但是还未达到场内上市标准的企业实现在场外交易市场上挂牌上市，即四板上市。“四板”就是为一些不能上市交易的企业提供股权交易的地方，兼具融资功能，是一个资本中介平台。通过挂牌交易，企业股权获得市场认可，还能从银行获得股权质押贷款，一举两得。

三、政府引导企业上市，树立示范效应

浠水县可以优先选择主业突出、经济效益好、成长性强的企业，加强跟踪培植、贴身服务和重点辅导，优选 3 ~ 5 家企业进行上市辅导。聘请企业上市专家开展企业上市培训，完善企业上市相关制度，加强调度，积极解决企业上市前的困难，帮助其顺利挂牌上市。上市企业的便利融资渠道和低融资成本将对其他相关企业形成示范效应，带动整个产业同步发展。

四、推进“四板”上市企业转板，引导上市企业开展股权质押

对发展较快、成长性较高的上市企业给予更多的财政资金支持，扶持其进行

新三板、创业板、中小板的转板工作。利用上市企业优势积极开展股权质押融资、增资扩股、私募债券发行等新型融资业务，拓宽企业融资渠道。与此同时，上市企业的示范效应也能带动其他企业在资本市场寻求资金来源。

参考文献

[1] 张旭梅. 我国农村金融发展理论与实证研究综述[J]. 河北金融,2006(2):65-67.

[2] 姚耀军. 农村金融体系资金配置:金融功能观视角下的反思与展望[J]. 金融理论与实践,2006(4):29-32.

[3] 徐雪峰. 基于全球价值链视角的陶瓷产业集群升级研究[D]. 济南:山东理工大学,2009.

[4] 黄弘. 新兴建筑陶瓷产业集群发展模式研究[D]. 武汉:武汉理工大学,2012.

第十二章　麻城市金融工程支持体系

第一节　研究背景与相关文献综述

一、研究背景

麻城市是湖北省黄冈市下辖的县级市，紧邻省会武汉，位于三角经济区域中心，地处鄂豫皖交界处，面积达到 3 747 平方公里。麻城地表资源非常丰富，耕地面积达到 123 万亩，多样化的土种也利于多种类的农作物生长。

麻城是武汉城市圈规划的地区性中心城市，106 国道贯穿全境，也是"三高（大广高速、沪蓉高速、麻竹高速）三铁（京九铁路、沪汉蓉铁路、汉麻铁路）"的交叉点，可以称为中部地区至关重要的交通节点城市。

麻城全年工业生产保持快速发展态势，工业增加值占 GDP 的比重达到 40.7%，已形成"五大集群"，分别是电力能源、汽车配件、医药化工、冶金机械、花岗石材，五大产业集群企业数量分别达到 24、10、37、24、3 家，实现产值分别为 24.2 亿元、59.4 亿元、36.1 亿元、27.4 亿元、28.6 亿元。

二、相关文献综述

县域金融的发展是经济跨越式发展的机遇。胡灿伟（2011）[1] 介绍了县域经济发展的理论，从中部崛起的角度深入分析了湖北省县域经济的发展，阐述了县域经济发展的战略选择，对县域经济产业集聚优化进行了分析。周飞（2014）[2] 从优化产业结构的角度分析了经济发展战略，同时认为应完善金融服务体系体制的改革。冯湘勇（2011）[3] 主要分析了地方中小金融机构如何支持县域经济发展。

石材产业是麻城第二大优势产业，在石材产业的发展方面，杨静（2015）[4] 阐释了麻城石材产业的发展对麻城工业经济提质增效的积极影响，认为麻城石材产业集群的发展将为省域外贸发展增加动力。苏桂军等人（2015）[5] 从"绿色化"的角度构想了麻城石材产业在未来十数年的发展路径，从绿色石材矿山建设、引进国外石材品种、整合周边资源和调整优化产业结构等方面进行了具体分析。

福建的石材产业在国内的影响力非常之大，矿产资源丰富，徐彤飚等人(2010)[6]以黄冈岩储量第一的罗源县为研究对象，认为要想更好地发展其石材产业的金融支持体系，应创新贷款机制、开办个人经营性贷款和推广非现金结算工具；民生银行设立了石材金融事业部，并落户福建泉州南安，周鹏峰(2012)[7]认为这是一个长远看来非常有潜力的业务创新，能助推整个行业的发展；尹博(2014)[8]认为商业银行的产业链金融是能为整个产业链解决金融问题的服务模式，是解决中小企业融资需求的最好的一种方法，而且可以通过质押物管理规避贷款风险；余建平等人(2009)[9]介绍了福建南安市的石材产业金融工程体系，这是麻城发展规划的一个优秀样本。

第二节 麻城市经济金融发展概况

一、现状分析

2013 年麻城的生产总值在大别山革命老区经济发展试验区中遥遥居于首位，为 203.4 亿元，较 2012 年增长 11.8%，实现了“黄冈争首强”的短期目标。与 2010 年麻城的主要经济指标相比，其增长幅度也更为惊人，最具代表性的几项指标分别是地区生产总值、固定投资完成额、金融机构存款和规模以上工业增加值。这几项指标的增长中地区生产总值增长 90.5%，固定资产投资完成额增长 148.8%，金融机构存款增长 112.8%，招商引资到位基金增长 187%，规模以上工业增加值的涨幅最高为 189.4%。产业上的改变不仅是规模以上工业产值的骤增，还有产业结构比例的调整。从 2005 年至 2013 年，第一、二、三产业的增加值都保持在较高的水平，但是增幅却有截然不同的变化，在 GDP 中所占比例也发生不同的变化趋势。2005 年以来，麻城市第二产业为首要产业，而第一产业虽然每年递增，所占比重却最小，麻城从以农业为主的产业格局演变为工业为主的产业格局。从时间上分析，这种产业结构变化最可能是源于“十一五”规划，变化最为明显的 2010 年也就是第十一个“五年计划”的完成时间，麻城市在这期间工业经济发展迅速，已发展到工业化中期阶段，并逐渐成为大别山地区经济中心。

2013 年，麻城的财政收入为 24.97 亿元，几乎是 2009 年财政总收入的 3 倍，而且是逐年递增。但是与此同时，财政支出也在较高的水平上逐年增加。因此，财政缺口在这几年的时间内也没有的得到妥善解决，一直保持在 10 亿元至 15 亿元之间。2014 年较之于 2010 年，地方税收在公共财政预算收入中的比重增长了20%，工业增加值占GDP的比重增加了10%，规模以上工业企业超过200家，三次产业结构比例由2010年的34.9∶32.7∶32.4调整为22.61∶43.22∶34.17。麻城市的贷存比从2009年的74.5%降低至2013年的55.8%。

发展至今，麻城全市的金融机构贷款高达160.78亿元，是全省最佳金融信用县市。在2015年的前三季度，麻城在大项目集中还贷15亿元的情况下，金融机构新增贷款仍然高达14亿元，余额贷存比为54.6%。

麻城的金融机构有政策性银行（中国农业发展银行）、国有商业银行、农村信用社、保险公司、一家P2P互联网金融平台、两家担保公司、邮政储蓄银行、三家证券公司、三家资产管理公司、四家小额贷款公司，没有期货公司、股份商业银行和融资租赁公司，机构数总计达45个。2011年麻城市引进大别山地区首家外资金融机构汇丰村镇银行，2014年海通证券落户麻城，2015年武汉农商行筹划开业。

二、存在问题

麻城的经济增长速度虽然在大别山山区中非常突出，但是在经济快速增长的同时，也出现了仍需改善的地方。一是虽然经济快速增长，经济总量规模扩大，但是比起发达地区仍然有明显的差距；二是主导产业发展方式的转型和优化亟需实现；三是城市基础设施历史欠账的不良状况需要从根本上进行改善。

（一）资金外流造成金融供给不足

2013年麻城市的贷存比为55.8%，比全省平均水平还低11个百分点，资金外流的状况严重，而本市资金不足，金融经济发展都需要更多的资金支持。

（二）金融体系有待进一步完善

麻城市目前有村镇银行、担保公司、证券机构、资产管理公司、小贷公司，市域范围内已培植20个信用乡镇、32个信用社区、142个A级信用企业，全市建立了1 257个金融服务联系点，开通79个营业网点，乡镇及以下具有贷款功能的金融网点有42个。无论种类还是数量都与发达城市有非常大的差距，因此金融资源的配置效率也比较低下，融资渠道狭窄，信贷信用体系也不完善，中介机构的种类和数量也远远不够。2009年上半年，麻城市金融机构农业贷款余额为7.9亿元，仅占新增贷款额的9.86%，无法满足县域经济发展对金融的需求。

企业股权融资在发达资本市场上很普遍，但是在县域却一直没有发展起来，麻城在尝试的阶段，其间有38家企业进入四板市场、3家企业进入“新三板”资本市场，甚至有一家企业进入“主板”市场。2014年10月，有7家麻城企业在武汉股权托管交易中心挂牌上市，截至目前麻城市共有8家企业在四板市场挂牌，打造了一个新的板块——“大别山麻城发展板块”。此板块效应日渐凸显,意向融资达到 1.3 亿元。麻城市是大别山山区第四个企业挂牌上市的县市。

第三节 麻城市金融工程实施典型案例

麻城不能长久保持粗放型产业增长模式,产业结构调整势在必行。麻城市的自然资源和农业资源都十分丰富,且有地处长江中游和京九铁路中段的地域优势,这决定了麻城工业进行整体结构优化的必然趋势。机械电子产业在 2010 年占麻城工业增加值的 17%,依托东风、雪铁龙等大企业进行产业升级,引进先进的数控机床及其他专用设备,重点开发重型车、轻型车和汽车零部件的生产,加速三环气门、黄梅飞剑泵业等公司的发展,延伸零部件的生产产业链。纺织服装业也是麻城的重点产业,增加值占工业增加值的 14%,应引进先进装备和技术,扩大生产能力,形成围绕优势企业的产业链。建材业占工业比重为 12%,其产业链则是以武穴田镇为重点企业,研究新型建筑材料。虽然产业涉及方面广泛,却有共通的守则,即以市场为导向,以骨干企业为龙头,依托一家或数家优势企业形成稳定的产业链,提高生产效率和规模。

发展工业产业集群。麻城已有特色鲜明工业产业集群如石材、汽配等,基于这些产业带动其他产业的发展,以形成区域产业链。将个体企业的优势推广到集成产业群的群体优势。在产业结构升级后,可以培植出口,建成宽领域的开放格局,培育自主出口品牌,提高出口产品的科学技术含量,加快传统出口产业的结构提升。整体目标是通过金融支持实体经济发展,使麻城市地区生产总值在 2017 年末达到 200 亿元左右。

一、特色产业之一:石材金融工程

(一)石材产业发展现状

麻城的石材产业发展开始于 2003 年,以花岗石的规模化生产为中心,在十几年快速发展的累积下,石材产业已经成为麻城支柱产业之一。2013 年麻城石材行业总产值达到 53.2 亿元,并且加工聚集区也在临近的南湖、白果、龟山三镇兴建形成。近年来,石材产业逐渐向中西部地区转移,这主要是由于全国区域经济结构的明显调整,东部地区石材资源日渐枯竭使得开发成本日渐升高,而麻城具有区位交通优势,产业条件优越,市场前景广阔。

1. 石材储备丰富

麻城石材不仅品质优良,而且整体性好,出采率也较高,其探明的资源储藏量高达50亿立方米。主体也是裸露岩体,易开采,射性也相对较低,抗压强度大,吸水率小,是高品质的石材。

2. 发展趋势良好

2002年以来,麻城已形成占地5 000亩的白果石材工业集中区,以及南湖大别山石材工业园。据统计,麻城市有66家石材企业,1.2万从业人员,520台大切机,680套磨光机,花岗石板材的生产量为3 500万平方米,基于以上原因麻城2008年被授予“中国花岗石之乡”称号。麻城的石材品牌在全国乃至国际上都具有相当的竞争力,“麻城白”“浪淘沙”都是业内具有影响力的品牌,大部分产品销往国内大中城市,部分产品深加工之后以更高的品质外销到日本和东南亚等市场。

2014年6月10日,日本最大石材商代表到麻城考察石材产业的生产状况,对麻城产的石材品种的齐全和产品的高质量表示了赞许,认为其完全能适应日本市场,并准备大量采购麻城产品,麻城市是中国中部的石材加工基地,产品市场范围广泛且能稳定的供应,在世界石材行业,麻城已经成为一股新的力量。

3. 集群日益显现

麻城市政府设立了石材产业园,至今已开发3 000亩,67家企业入园。石材行业在麻城的经济中起到主要导向作用,对麻城的经济产值贡献非常大,其产业链涉及的方面非常广,包括石材开采加工业、物流运输业、雕刻加工业、冶金业、石材机械业、建筑业、包装业、装饰业和钢铁工业等。石材产业的升级能够带动众多的产业升级,带动整个经济的增长。

由于麻城石材基础产业不断发展壮大,产业结构不断优化,花岗石石材产业已成为五大支柱产业之一,物流运输企业也蓬勃发展起来。麻城随之启动了中国中部石材集散中心建设,其规划占地2 000亩,集配套服务于一体。麻城石材产业的影响程度不断加深,带动了整个中部石材产业的发展。

（二）石材产业发展的不足

1. 总体布局不合理,资源利用方式不当

在麻城矿区存在矿权设置不合理的问题,矿山采场环境十分杂乱,开拓道路陡坡路窄、布置凌乱,没有安全可靠的废石场,采易弃难、重采轻剥的现象也非常常见,矿山开采程序需要从根本上得到优化,矿产资源开发需要给予统一规划和监督管理。

2. 产业结构不合理

麻城石材产业结构较为单一,主要是花岗石大板,规格板、工程板等高附加值产品较少;企业规模也以小型企业为主,缺少引导行业发展的大型企业;生产模式止步于传统的模仿式简单再生产,生产效率低下。

3. 产业链不完善

石材产业链长，当前麻城石材业以矿山开采和产品初加工这种初级技术为主，产品附加值低，中游和上游产业链的行业未能充分发展起来，生产性服务业体系尚未形成。

4. 专业技术人才短缺

麻城从事矿产行业的人数虽多，但是大多数是没有专业素质的技术人员，石材加工企业也急需技术、设计或机械等方向的专业人员。技术工人大部分没有经过专业培训，技能欠缺，导致加工行业只能停留在浅加工层面，更不用说高级管理和市场营销策划人才，科技研发投入比例较小，行业内创意、设计人才匮乏。

（三）石材产业金融工程发展状况

1. 中国中部（麻城）石材循环经济产业园

中部（麻城）石材循环经济产业园是国家战略大别山经济区的引擎，产业发展促进城镇化进程，产业升级助力经济转型。2015 年 7 月，麻城市政府牵头在湖北省华建石材工艺有限公司会议室召开金融工作暨银企合作对接会，以推进石材产业金融工作。政府作为中介牵线搭桥，为银行、石材企业提供面对面的沟通交流机会，实现银行和企业的互惠合作，促进麻城经济和金融事业共同繁荣发展。参加会议的金融部门有市金融办、工行、农行、中行、建行、农发行、邮储银行、汇丰村镇银行、农商行、保险机构等，还有一些提供小额贷款的金融机构如长信小贷、新融通小贷、中小企业担保公司。市政府各部门及各银行、保险机构等主要负责人分别表示为石材产业量身定制金融产品，帮助企业做大做强。

中部（麻城）石材循环经济产业园董事长李龙才强调了金融工作提高思想认识和金融服务发展突出重点的重要性。麻城石材产业是麻城支柱产业之一，金融工作应该促进石材产业发展，帮助企业解决难题，要准确把握形势，据此应势而变、谋势而动、顺势而为，充分发挥金融对经济社会发展的推动作用。金融服务发展也要呈现新气象，银行提升服务水平、扩大贷款规模，为石材产业健康发展提供有力保障，促进石材产业良性稳定发展。石材企业要着力规范经营管理，建立现代企业制度，健全财务制度，壮大自身实力。各部门要着力搭建合作平台，加强企业融资服务。

2. 金融机构支持

麻城石材产业园的企业客户绝大多数为福建等地投资商，在本地普遍缺乏抵押物，邮储银行麻城市支行积极响应政府号召，对园区石材行业开展走访调研，提供了协会会员弱担保类互惠贷产品。邮储银行已为辖内 29 户年产值 3 000 万元以上的石材企业共投放贷款 7 500 万元，在当年发放的小企业贷款中占比 68.18%，并建成小企业特色支行。邮储银行麻城支行这种对企业逐个调研评级和授信的模式，有效解决了29位外省企业主在本地无抵押物下融资难的问题，大大提升了该行深耕县域小微企业的战斗力与普惠金融的生命力。

麻城2015年新增信用企业67家，新增小微企业贷款15亿元，比2014年增加11.2%，引进广东道怡资产管理公司投资，组建政府参股担保公司，注册资本从初始的1亿元增加至2.2亿元，形成了两级放大效果，完善了担保市场体系，两家担保公司共放大贷款规模至12亿元。另外，麻城建立了小微企业贷款风险补偿金，大别山基金中抽出6 000万元作为“助保基金”，就业专项基金出资1 500万元作为创业贷款担保基金，扶贫专项资金出资800万元作为扶贫小额贷款担保基金，一般预算资金出资500万元作为小额贷款保证保险风险补偿基金。最后，石材协会牵头建立了“互惠贷”基金，由28个成员单位组成，以基金作为担保，使邮政储蓄银行放大贷款规模，现在基金已达到1 000万元。

而从中部（麻城）石材循环经济产业园最近关于金融工作的会议来看，涉及麻城石材产业的金融机构的层次越来越广，数量越来越多，愿意提供小型贷款的针对性金融机构的出现为麻城石材产业的发展再添新机。

（四）石材产业发展规划与实施路径

1. 石材产业业态结构调整规划

石材行业偏重于矿石的开采和初加工这几个分行业，产业链下游的行业发展水平明显不足，因此产业链还需扩展。事实上，中下游产业链的精加工与后续修饰环节对于石材产品更大价值的实现有重要作用，延伸下游产业链可以促使石材的开采、加工直至销售连结成完整的整体。仔细分析产业链的各个环节，找出提升价值的突破口。优势企业之间应该强强联合，参与大型工程的招投标，以提升企业的生存空间和利润空间。可以延伸产业链，转型升级为石材加工与生产性服务业为一体的全产业链经济体，提升产业整体水平，改变麻城石材产业初加工的单一模式，实现业态结构优化。

麻城市石材产业传统的发展模式为以石材初加工产品为主，低价恶性竞争严重，资源消耗严重，产品低质低价，土地占用面积较大，生产性服务业水平不足，生态环境破坏严重，产业结构单一，竞争力下降，配套产业不足。产业转型升级后，产业链完善，生产性服务业发达，产品多元，企业结构合理，资源开发有序。

实施石材产业“强链、延链、补链”三个方面的工程，打造从矿山开采直至工程安装的完整产业链条。“强链”是增强产业链各个环节，例如提升矿山开采和加工水平，增加产品的种类和品质，增强产业核心竞争力。“延链”是延伸石材加工产业链条，使物流配送、工程安装一体化等环节更加完善，完善园区生产性服务业。“补链”是拓展产业发展领域、循环经济等发展。

在业态结构调整方面的具体规划是预期到2020年，提高技术水平和产品档次达到国内先进水平,完成石材综合贸易市场的建设,基本完成主产业链建设,生产性服务业初步建立;完成保税区建设的前期工作,发展循环经济产业。到2025年,石材产品进出口贸易有大幅度的提升,生产性服务业能达到基本成熟的水平,业态根本性转变得以实现。到2030年,形成开发有序、产品多元、绿色环保的现代化石材产业集群,建成生产性服务业发达的石材产业体系;大幅度优化业态结构,提高产业水平。

2. 石材产业布局结构调整规划

推进与阳逻港进出口贸易的对接。提高企业通关速度,降低企业运输成本。为了实现集中式布局,在麻城建设中部石材产业园,按照资源优化、产业聚集、产城同步、集约发展的原则,打造汇集全产业链的国际化、现代化石材产业基地。园区布局将打破行政界线,对其他乡镇的石材产业进行整体设计。对分散在辖区范围内的石材企业进行调查、分类,重组、整合不符合城市规划和石材产业发展规划要求的企业。

预期到2020年,确立与阳逻港对接及建设设施;龟山镇及其他乡镇企业经联合重组后全部入园,南湖及白果镇企业入园率达到70%;基本完成园区内加工企业布局。

预期到2025年,与阳逻港实现仓储、物流、贸易一体化服务,全市石材企业基本完成入园工作,园区内商贸、会展等生产性服务业布局基本完成。到2030年,形成港口-园区物流、贸易优势明显的外向开放型布局模式;园区成为贸易优化设置、专业分工协作、配套发展成熟的现代化石材聚集区。

3. 引进国外石材品种

改善投资环境有利于外向型企业进驻。在石材产业园中引进国际石材功能区的建设,保证进口石材企业建设用地需求。加强与武汉阳逻港对接,也可利用汉新欧大通道,发展铁路石材国际商贸业务,开辟其他对外通道。

同时,加强与其他石材产业壮大的地区对接。一是加强与石材资源丰富的国家的联系,引导国外企业入驻麻城,以园中园形式,建立类似于“土耳其石材园”和“伊朗石材园”等石材专题产业园。二是加强与国内石材发展迅速的产区对接,建立战略合作、利益共享机制,在麻城设立窗口,建立类似于“贵州大理石石材园”的石材专题产业园。

预期到2020年,石材园区建成荒料交易市场,引进不少于10家的大理石加工企业,外部荒料加工占园区全部加工荒料比例达到20%。到2025年,建成中部规模最大的石材荒料交易市场,保税区建设初步完成,建成2~3个专题园中园。

4. 石材企业调整

麻城石材企业调整的目标是引进一批、改造一批、转移一批、淘汰一批。

“引进一批”指的是引进国内外重点企业,例如大型进出口贸易公司,同时也可以引进行业经验丰富、资金实力雄厚的石材加工企业,有助于提高产品核心竞争力,而诸如房地产公司等下游大型企业或者废料处理加工企业也有利于麻城石材产业的全局发展。“改造一批”是指园区内优势企业的改造升级,企业可以联合或者转型来提高产品档次和技术装备水平,中小企业也有明确的发展方向,即加工生产批量要求小以及个性化强的产品,也可以致力于为大型企业提供专业化配套。“转移一批”是指引导园区外符合入园条件的企业进驻园区,集约利用生产要素,降低生产成本,提高集聚效益。“淘汰一批”则是指去除技术工艺落后、环境污染严重、秩序混乱的小企业。

5. 石材产品结构调整

麻城石材产品急需进行结构调整,不应再继续专注于生产单一的中低档初加工产品,而应向多元化的深加工、集成化方向转变。引导企业产品多样化发展,向高质量、高档次的品牌化发展。重点鼓励花岗石产品、大理石产品和石文化创意产品的开发。

石材品种也不应该只是花岗石产品的单一结构,加大引进国内外大理石等的力度,形成多种石材资源共同发展的产业格局。发挥麻城紧邻长江黄金水道的优势,紧抓长江经济带发展和东部沿海区域产业转移的机会,汇集各类石材资源及产品。

6. 石材产业金融服务的完善

对产业链的金融服务也需要密切跟上。产业链的拓展离不开资金链的支持,因此需引入金融技术和金融创新来解决资金链的问题,打通产业的各个环节。以石材产业为例,资金链应创新性地分别设立矿山开采金融工程支持体系、加工环节金融工程和深加工及销售金融工程支持体系来应对各个环节的资金融通。矿山开采环节金融工程支持体系是以财政引导资金作为担保,矿山开采企业从银行得到信贷支持,使麻城市矿山开采企业开采水平得到全面提升。另外,建立石材企联合投资基金,不仅可以进行本地的矿山资源整合,而且可以去外地或境外开采矿山,拓宽石材加工企业的原料供给来源,而且石材原料的开采成本也大大降低。同时筹集设立石材产业发展基金,向国内外的金融机构筹措资金,这些基金可以为中小石材企业贷款提供担保,并且也能支持科学技术的研发。石材加工环节金融工程的投入也是来源于产业发展基金,这个专门针对石材产业的发展基金不仅能支持矿石开采,也能为小型石材加工企业提供资金支持,产业发展基金向银行提供担保,银行便能向小型石材加工企业提供贷款。当小型石材加工企业发展到一定的规模,便有了更多的融资方式,到规模扩大到一定程度便可以直接向银行申请贷款。对于深加工及销售金融工程支持体系,可以利用麻城市自设的石材产业科研经费与相关高校的科研所进行合作研究，进行技术研发创新，或直接将经费用以引进国内外先进生产技术，以改善深加工产业结构。在石材销售的方面，可以组建石材交易信息平台和石材行业电子商务平台，方便推进石材交易，形成成熟的价格形成机制，同时还可以推进麻城石材产品的出口，政府提供出口补贴。麻城市可以尝试引导石材企业兼并重组，将产业链各环节连接起来组建大型石材集团公司，并引导其上市融资，以实现麻城市石材产业的跨越发展。

（五）石材产业金融工程发展规划

1. 银行产业链金融业务创新

石材的产业链金融就是商业银行为产业链的各个环节都针对性的设计金融服务产品。这种创新型金融的受益方主要是中小企业，过去银行授信的对象主要是单一企业主体，而在这种模式下产业链上的上中下游各个环节都能享受全方位的融资服务。随着石材企业完成资本积累，企业对金融服务有了极大的需求。目前银行的介入较少，商业银行在石材产业链金融上有广阔的市场前景。石材产业集群的发展带动了物流、运输等相关配套产业发展，这些企业的发展也对金融服务有着巨大的需求。

石材企业有各个方面的融资需求，主要有固定资产资金需求、原料采购资金需求、存货积压导致的流动资金需求等。银行可以根据不同性质的融资需求授信，民生银行的石材金融事业部就是典型例子。对于中小企业所提供的金融服务有三种，分别是联保贷款、担保抵押贷款和存货质押贷款。联保贷款只需三家及以上的企业组成联合体，共同接受银行授信。担保抵押贷款是以房屋代替机器设备作为抵押品申请贷款。中国银行提供的存货质押贷款是以一定数量的进口石材货物为质押品融资的方式。这些金融服务创新产品都为麻城石材金融工程提供了新思路。

2. 拓宽直接融资渠道

推进多层资本市场发展以拓宽石材企业的融资渠道，推进优质石材企业在新三板市场和四板市场上市，同时鼓励盈利能力强的石材企业与风险投资、创业投资等基金合作，进一步完善中部石材经济产业园。石材企业也可以发行债券或票据等来融资。麻城也可以渐渐推动股权融资的发展，争取股权投资引导基金在麻城设立分支机构，引导社会资本进入石材产业，鼓励创业投资和股权投资机构到麻城开展业务。

3. 健全金融组织系统

加大力度引进民生银行事业部、南安农村商业银行在麻城设立石材企业专营机构，石材企业之间应建立风险分担机制，促使金融机构授信石材企业，建立信贷风险补偿金，促进银行等金融机构与石材企业的对接，加大金融机构对石材产业的支持力度。

4. 金融工程目标任务

将金融体系对石材产业发展的支撑作用最大化，力争到2018年年末，石材产业金融贷款占全市各项贷款比重达15%以上。推动石材企业直接融资，力争到2018年年末，全市1~2家石材企业在“新三板”上市，5家石材企业在“四板”上柜，直接融资达到1亿元。

（六）麻城发展石材产业的现实意义

1. 壮大优势企业，推动麻城经济提质增效

目前，麻城市已形成冶金机械、花岗石、电力能源、汽配为主的工业体系。2012年四大行业规模以上企业总产值148.3亿元，占全市规模以上企业产值比重76.8%。未来，麻城市转型升级的主攻方向是壮大主导优势产业，提高经济增长的质量和效益，着力打造一批特色产业集群。

石材产业是麻城第二大优势产业，其石材发展条件较为优异、产业体系相对完善，具有进一步做大做强的潜力与机会。由于新型城镇化建设必然是麻城未来发展的方向，人们生活水平在提高到一定程度后对建筑装饰需求也会相应大幅度增加，同时伴随国际经济的复苏，国外市场石材产品需求也将急剧增长，国外市场的需求也不容小觑。石材产业链较长，主体产业发展可带动产业链上中下游，例如矿山开采、物流、商贸会展等一系列相关产业的发展。产业效益的扩大和产业链条的延伸，将对麻城工业经济的提质增效起到积极的促进作用。

2. 优化资源配置，发展产城融合的工业模式

麻城要想建设新型城镇化需要立足于城市资源环境承载能力、要素禀赋和比较优势，着力发展具有特色的城市产业体系。麻城石材产业是一个劳动力密集型的产业，人才需求不仅数量多而且涉及行业广，尤其是对中高端人才和技术工人需求量大。优化资源配置，实现石材工业化融合进城镇化建设，创新产业发展与城镇化建设新模式，带动文化、交通、物流等相关产业的发展，对落实中央促进大别山试验区经济具有重要意义。

3. 增强对外贸易，加快中部石材国际化进程

湖北省着力发展出口产业集群，以提高外贸产业在市场上的竞争力。应根据各地区域的特点，找准外贸发展方向，发挥区域比较优势，形成一批具有特色的出口产业。落实出口退税、出口信用保险和外贸融资担保等一系列政策，这样的政策环境有利于麻城石材的出口贸易。

因此，麻城的石材贸易将成为湖北省外贸发展的重要一环。随着麻城石材产业集群优势的进一步发挥，全省资源配置的能力进一步提高，石材产业将成为

麻城乃至全省国际化进程的重要助力。

4. 优化全国石材产业布局

在麻城建设中部石材产业集散中心,对全国石材产业布局结构的战略调整有重要作用。大型企业在石材产业发展中起到龙头式的带动作用。首先,市场对石材产品的要求越来越高,石材产品在大型建筑装饰装修市场的应用趋于规模化和配套化,满足这种需求、具备这种渠道和能力的只有大型企业。其次,大型企业能大量投入于研究和开发,设备更新及时,产品的优质和多样性得到保证,可以参与市场争取大型公共建筑项目工程。大型企业承接到大型工程项目,可以细化项目进程,分包给中小企业,形成以大企业为主导、中小企业配套协作的格局,共同完成项目,有效避免了无效的恶性竞争,同时也充分利用了中小企业“专、精、特、新”的优势,推动产业快速发展。

二、特色产业之二:农业金融工程

麻城是农业大市,农村人口占全市人口超过70%,但是这样庞大的农村人口基数,融资难仍然是最大的问题。到2015年9月底全市“三农”贷款占贷款总额达到66.3%,麻城发展惠普金融,推进农村金融服务“村村通”,推出银行网点下沉工程、“银行+供销综合服务社”的裕农通、“银行+农村支部”的“双基双赢合作贷款”等多种形式,全市金融服务点共1 257个。其农村“两权”抵押贷款业也仍处于发展的态势,市政府研究《“两权”抵押试点办法》,搭建了初步的农村产权流转交易平台,推动“两权”抵押融资创新。至今,市农商行已发放1 563笔农房抵押贷款,总金额达3.08亿元;汇丰村镇银行向11个农民专业合作社发放了土地承包经营权贷款2 000万元,成功破题农村土地承包经营权抵押贷款。

(一)农业发展状况

1. 特色农业资源丰富

农业也是麻城重要的产业之一,麻城市共有159万亩耕地、257万亩林地、25万间农房。麻城的农业特色产业鲜明,它是中国菊花之乡、油茶之乡和板栗之乡,畜牧业、蔬菜业和桑茶药业也都发展态势良好。2012年,麻城农业的增加值为43.37亿元,占麻城生产总值的24.5%。农业生产总值从2005年到2012年增长了2.7倍,发展迅猛。麻城的福白菊注册成为中国地理证明标志商标,种植面积达5.2万余亩;板栗产业已建成万亩板栗采摘园,种植面积高达80万亩,系列产值为8亿元;油茶获得国家地理标志产品保护,为农业产业化奠定了丰厚的资源基础。

2. 产业化经营水平提升

麻城农产品加工业的覆盖面越来越广,2014年农产品加工业产值为33.5

亿元,农产品加工规模企业有53家,其中的5家是省级龙头企业,15家是黄冈市级龙头企业。农产品的商贸流通也越来越高效,麻城有30多家农产品流通企业,并且麻城还计划建设鄂豫皖农商大市场,改造现有的乡镇农贸市场,新建一批商贸中心,商贸流通体系建成后可辐射整个大别山区域。

（二）农业发展的不足

1. 企业规模小,产业链条短

麻城的农业种植分散,规范化种植规模小,基本的生产模式为农户的无序生产。这种状态下对种植区进行管理非常困难。麻城农业价值链条具备一般产业链的上中下游三个环节,上游主要是农药、种子、机械和化肥等生产单位,中游是农业生产活动,下游是农产品的加工和销售。农民主要在产业链中游起到作用,但是上游和下游的企业基本都是小规模企业,尤其是加工企业处在简单的初加工阶段,产品结构多样化欠缺,因为附加值低,获利很难,所以整个产业链并不完善,亟需增值。

2. 龙头企业带动不足

麻城的农业缺乏集群优势,虽然聚集了数十家龙头企业,但整体的发展规模过小,加工技术的科技含量不够,无法承担带动整个产业发展的重担。虽然麻城的板栗、菊花和油茶的品牌响亮,但是现在还没有一家黄冈市级以上的菊花龙头企业,板栗的深加工链也不足,缺乏带动产业发展的龙头企业,油茶加工的发展才起步不久。

（三）麻城农业金融工程规划主要思路

1. 推动农业种植标准化

“提升菊花,扩张油茶,改造板栗,做大蔬菜,优化畜牧,盘活桑茶药,扶强花卉产业”是麻城农业发展最基本的思路。要想推动农业的发展趋于标准化和规模化,需对现有的种植产业改造升级。但是由于麻城的特色农业种类繁多,应分别基于其发展的不同特点施加不同的改造方案,在改造的过程中,要加大种植的规模,扩大养殖基地、加工基地和外销基地等的规模。

2. 延伸产业链条加工环节

首先要明确重点发展的特色产业,增加其农产品的附加值。要将现在各种农产品的初加工以及浅精加工的状态发展为深加工的阶段,建立深加工基地,完善产品研发、精深加工、包装运输等产业链环节。

3. 增强龙头企业带动能力

首先应引入深加工水平高、规模大、在行业中领先的龙头企业,并且鼓励这些企业建立研发机构,引进科技含量更高的技术和设备,加强品牌建设,支持企业申报驰名商标。再以龙头企业为主导,领办合作组织,为小型农户也带来更多的机遇。

4. 建立农业金融服务工程

金融服务农业主要是支持农业产业化的发展,关注的对象是农民、农业合作社组织和农业产业化龙头企业,支持的方式是推动农业基础设施与基地建设,加大对其的信贷支持力度,可以显著改善农民生产生活条件,政府应出台优惠政策鼓励企业的农业科研开发,加快农业发展方式的转变,促进农民增收。

(1) 盘活农民手中资产。农民持有的资产主要是在集体土地上自建的房产、土地经营权和山林使用权,而农民往往需要的是能投入到农业生产以及其他生产经营活动中的资金。要让不可流动、不可变现的资产成为可变现的资产,就必须盘活农民手中的资产,农民才能真正实现富裕。探索盘活这些巨额资产的方式与途径,探索林权证与附着物抵押融资的机制与模式,探索土地承包经营权的抵押融资机制与模式,让资产变成资本,再以资本支持农业产业化的发展。

(2) 建立农村资产交易平台。完善农业的交易机制,就要建立农村资产交易平台,成立农村集体资产交易管理机构,建设多级管理平台。这种资产交易平台不以营利为目的,免费提供服务,这种系统有助于农村集体资产的分级交易。

(四) 麻城农业金融工程的具体实施

1. 助推企业上市

麻城推进“企业成长工程”,以省资本市场工作会议精神为指导,坚持“政府引导,市场运作,企业自主自愿”的原则,积极调动有利因素,聚集各方面力量,依据“培育一批,准备一批,推出一批”的基本思路,力争2014—2016年实现30家企业进入区域性股权交易市场(四板)、2~3家企业进入全国中小企业股份转让系统(新三板),实现1家企业在主板(创业板、中小板)上市,融资额达到50亿元,实现麻城企业上市工作的新局面。

(1) 第一阶段:培育企业上市意识,政府合理引导帮助。麻城大部分企业家对四板市场上市的了解不够深,不明白资本市场具体运行的方式,看不到上市所能带来的优势和利益,因此以上市为目标的企业是少数企业,有的企业就算具有上市意识,也没有系统规划,因此目标责任考核不到位。政府领导对企业上市的支持工作也做得不够,企业在办理上市相关手续时也很困难。事实上,企业上市能降低融资的门槛,强化企业对上市和资本市场融资的认识,引进专业化的人才,协助企业上市的规划和实施。政府在此期间应充分发挥引导的作用,把推动企业上市列入重要议事日程,将上市工作列入对全县相关部门的考核目标体系,建立领导联系责任制以及重点企业专人督办制,规范企业的运行制度,促进有关政策的落实和工作进度,建立企业上市绿色通道,对企业在上市过程中涉及的审批都应快速办理,使企业早日达到上市目标。

(2) 第二阶段:扩大企业规模,实现企业上市条件。企业上市的首要条件就是充分的资金支持,小微企业可以通过股权质押贷款或者信托公司等多种融资渠道获取发展资金,实现更多有潜力的项目,巩固企业的经济实力,便于企业扩张规模。当企业规模扩张到一定程度,可以有更多的融资渠道,而又进一步使企业做大做强,形成良性循环。首先,企业上市的扶持政策需要完善,目前的扶持力度还不够,降低企业的改制成本,税收上也对企业提供优惠政策,对企业信息进行保密和完善。其次,建立上市企业梯度培育机制,全面掌握麻城市内企业的生产经营状况以及具备资质的企业上市的意愿,建调整后备资源库,由于企业的发展速度差别很大,上市的步伐也不相同,应对其进行分类指导,企业自愿与政府推介相结合,从中选出最有希望上市的企业,重点培植指导,着重解决实际问题,加快上市进程。再者,提高企业核心竞争力,加大产品研发创新的力度,提高产品科技含量,培植一批成长空间大、科技含量高、市场占有率高的新产品。

(3) 第三阶段:企业四板上市,鼓励企业多层次资本市场发展。由于A股主板市场准入门槛较高,麻城的优质中小企业的目标对准了区域性资本市场,在新兴的四板谋求融资突围。即使在四板市场上市,也需要企业有完善的制度,规范企业的运营模式,需要深化改革,建立健全的激励和约束机制,健全企业法人治理结构。股权结构不合理是企业上市需攻克的难关,引进多元化投资主体有利于优化企业的股权结构,尤其是成长性好的中小企业如若进行风险投资,上市的可能性将大大提高。在四板市场上市不是麻城优势企业的最终目标,它们不仅要争取四板市场上市,还要尝试结构优化以便能在三板市场甚至主板市场上市,这需要企业更大的自我发展和提升。

2. 拓宽农户融资渠道

(1) 鼓励银行类金融机构在麻城开设网点。麻城银行类金融机构有政策性银行(中国农业发展银行)、国有商业银行、农村信用社和邮政储蓄银行,没有股份商业银行。向各家银行的总行争取更多的优惠政策和制度向麻城倾斜,如更宽松的信贷政策评估、差别化的准备金,乃至四大国有银行设立更多的营业网点等。

(2) 加快引进小贷公司和担保公司。麻城有保险公司、担保公司和四家小额贷款公司,还没有融资租赁公司,这远远不够,应引进更多的担保公司和小贷公司,为生产合作社和中小企业的融资服务。

(3) 发展质押贷款。农户可以利用土地经营权、林权、采矿权或知识产权等作为担保,向银行申请贷款,而扩大抵押品的范围有利于为更多的农户融资提供便利,可以尝试普及股权质押融资服务,或者票据融资,如银行承兑汇票、期货或远期交易标准仓单;农畜产品抵押贷款,如家禽抵押和果树抵押等,也应该纳入政府和银行的考虑范围。这样既可以满足农户的融资需求,又可以满足银行对担保的要求,实现了农户—担保机构—银行的互惠联合。

(4) 建立村镇投资公司担保农户贷款。农民贷款难一直是麻城农业最难解决也是最急需解决的问题,由于农民无法提供银行认可的抵押物,农户的贷款普遍规模小、服务成本高,再加上严重的信息不对称,导致农民很难从银行贷到需要的款项,这不利于麻城农业的发展。而农村互助金融的发展可以为区域内农户提供小额贷款,缓解农村资金短缺问题,其表现为村镇投资公司。可将其业务粗略地划分为一万元以上和一万元以下。单笔贷款金额小于 1 万元的,可以由村镇投资公司直接提供无抵押信用贷款;金额超过 1 万元的,则需要担保,可以由村镇投资公司向银行进行质押贷款,也可以由农户直接向银行贷款,由村镇投资公司为其担保。

第四节　麻城市金融工程政策预期效益与建议

金融工程项目能够推动麻城市主导产业的结构优化和产业升级,带动实体经济的发展;同时也使麻城市的金融体系上升到一个新的高度,扩大金融机构的规模,丰富金融业的多样性,使金融发展更好地服务于产业发展。麻城市的金融工程能带来巨大的社会效益,能使麻城市的产业由粗放分散型转变为集约集群型,经济结构也由工业主导转变为多元发展,城市的建设也更加现代化,既有优美的自然环境,又有现代化的城市环境。

一、预期效益

(一) 金融体系扩容增量

累计引进 5 家商业银行、保险公司、证券公司、期货公司等金融机构的分支机构。

(二) 多层次资本市场体系初步建成

争取 30 ~ 50 家企业在区域性资本市场(四板)上市挂牌,增加直接融资 15 亿元;资产证券化业务发展加快,进行政府债、城投债及企业集合债券的试点。2015 年年底麻城争取上市企业总数达到 20 家,四板市场至少 12 家,新三板则要突破零,而 3 年内的计划是要实现 30 家企业的上市,直接融资增加 10 亿元。

(三) 社会融资规模持续增长

年内表内新增社会融资量累计达到 180 亿元。到 2017 年年末,表内贷款余额贷存比达到70%以上。

（四）推动社会经济跨越式发展

通过金融支持实体经济发展，扶持麻城市主导产业，促进麻城市经济的跨越式发展，使麻城市地区生产总值在2017年年末突破280亿元。

二、政策建议

（一）引进和设立金融机构

1. 引进和设立地方中小金融机构

经济的发展不是平衡的同时发展，而是螺旋式发展，增长极先重点发展，然后带动周边地区或相关产业发展，金融在这个过程中具有重要的作用。县域金融资源稀缺，信息不对称问题严重，大型金融机构也往往不考虑县域，国有商业银行有保留地在县域开展业务，这对于地方中小金融机构尤其是农村中小金融机构反而是有利条件，它们更容易立足县域，全心全意支持县域增长。

农村信用社是农村金融的主力军，改革农村信用社可充分发挥其作用。股份合作制农村信用社的股份持有者大部分是当地农户，这种股权结构为农村居民获得资金提供了渠道，但是农户不需要资金时会撤股，这就导致了农户缺少增资扩股的积极性，而改革现有的产权制度可以解决这个问题。

县域地方政府应重视农村信用社的改革。农村信用社股份制改造的主要方式是置换和购买农村信用社的部分不良资产。然而由于金融机构的准入限制较为严格，通过正规途径民间资金难以进入金融机构，只能转战地下，这样不仅风险较高，金融体系也不稳定，而股份制改造后的农村信用社为民间资本提供了投资途径，引导了民间资金入股县域农信社。

2. 加快县域中小金融机构信贷创新

县域金融的需求具有多样性、差异性和多层次性，农户小额信贷无法完全满足这样的资金需求，支持农村资金供给政策为地方中小金融机构的发展提供了空间，使得县域中小金融机构信贷创新成为可能。农村中小金融机构信贷创新的保障是完善的风险控制和风险分担机制。

（二）加强区域间协作关系

麻城应与周边的县域进行协作，对接武汉的产业转移，可以在金融和经济的发展中赢得更多的空间和机会，拓展发展的广度和深度。

1. 省级层面加强互动

湖北省、安徽省和河南省都是中部崛起的重点省份，并且在地理位置上接壤，三者相互联合互动，共同争取将大别山革命老区建设上升为国家区域发展战略，以获得政策、项目和资金等各个方面的更大支持。

2. 市县层面加强合作

麻城也应着力加强与周边县域的经济文化联系与合作，与大别山山区的其他试验区相互借鉴经验，也能推动试验区区域间的协作，有助于试验区找到适合自己的发展道路，既能激发本地经济活力，又能正确的发展金融工程。

3. 武汉城市圈内加强对接

麻城地理上毗邻大武汉，可以加强与武汉的协作，主动承接武汉的产业转移和辐射，并且提供配套的服务，更好地促进生产要素的流动和配置。麻城应主动对接、连通和融入大武汉，着力构建临港产业、综合交通、综合物流三大体系。

4. 与沿海加强对接

参考红安县与沿海地区对接经验，麻城也应紧紧抓住东部沿海地区产业升级转型的机遇，发展优势产业，与沿海城市对接，延长麻城特色产业链。

（三）加强县域信用体系建设

麻城的贷款状况有着县域典型的小微企业借款难的特征，由于金融体系不完善，小微企业的贷款缺少担保，因而难以融资。而解决这个问题的一个有效途径是提高乡镇和个人的信用，对其进行培训，建立广泛的还款意识，提高麻城的信用水平，强化素质教育，推进农村信用工程建设，以“守信光荣、失信可耻”的原则营造良好的农村金融生态环境。政府也应加强信用贷款渠道的建设，推出特色信贷产品。麻城从农村土地承包经营权抵押贷款入手，试点“两权”抵押贷款，合作社以土地承包经营权为抵押向银行定期贷款，有了足够的资金购买农机设备，农户可扩大经营规模，实现规模化生产。麻城全市农信社围绕城镇化、工业化、农业现代化建设贷款30亿，对农户和个体商户进行信用等级评定，简化贷款手续，一次性授信14.6亿元，麻城农信社的存量贷款中10.8%为农户小额信用贷款，这些小额信用贷款造福了2.8万农户，助他们脱贫。

参考文献

[1] 胡灿伟．“中部崛起”背景下湖北省县域经济组团发展研究[D]．武汉：华中农业大学，2011.

[2] 周飞．湖北长江经济带小城市发展研究[D]．武汉：华中师范大学，2014.

[3] 冯湘勇．县域经济发展中地方中小金融机构作用研究[D]．长沙：湖南大学，2011.

[4] 杨静，苏桂军，李俊松．湖北麻城石材产业发展意义及外部环境[J].

石材,2015(1):42-46.

[5] 苏桂军,杨静,李劲松. 湖北麻城发展绿色石材产业的构想及实施步骤(一)[J]. 石材,2015(5):46-52,60.

[6] 徐彤飚,颜益群,彭鼎铿等. 对金融支持罗源石材业发展的调查与思考[J]. 福建金融,2010(7):40-42.

[7] 周鹏峰. 民生银行石材金融事业部全调查[N]. 上海证券报,2012-06-07.

[8] 尹博. 银行产业链金融业务创新:基于石材行业的分析[J]. 经济师,2014(5):156-157.

[9] 余建平,陈少波,刘荣裕等. 金融支持石材产业发展研究——以福建省南安市为例[J]. 福建金融,2009(9):33-36.

第十三章　红安县金融工程支持体系

第一节　研究背景与相关文献综述

一、研究背景

（一）区域位置简介

红安县属湖北省黄冈市辖县，地处湖北省东北部，位于大别山脉南麓，毗邻麻城、大悟、黄陂、新洲，距武汉市 80 千米。红安县占地 1 795.67 平方千米，辖乡镇 13 个，2014 年年末全县户籍总人口 64.72 万人。全县耕地总面积达到 50.05 万亩，是以耕地为主的山区农业县。红安县人杰地灵，山川秀丽，著名的老君山与天台山遥相对峙，在土地革命和抗日战争时期曾是红军和新四军的重要依托和据点。大革命时期，这里打响了黄麻起义第一枪。红安县是红色老区，董必武、李先念诞生于此，也是 200 余位将军的故居。

红安县临近黄冈麻城市、武汉市黄陂区、大悟县，铁路轨道交通有京九、京广铁路联络线、合武高铁；过境的高速公路有沪蓉高速、麻竹高速。红安县地处 106、107、312、318 四条国道中心位置，紧邻沪蓉、京珠、沪西三条高速公路。

（二）产业情况介绍

红安县全县农用面积为 153 036.81 公顷，其中占比最大的是林地面积。红安县土地利用区域性差异较大，土地利用方式多样且利用程度高，种植作物产出率高。红安县主要出产农作物有花生、水稻、小麦等，同时茶叶、油菜等作物产量占比较高，也出产杂粮、板栗等经济作物。花生是红安县特色产品，该县年产花生 24 000 余吨，是中国地理标志产品。红安县因此成为湖北省以及国家花生基地，以“花生之乡”闻名全国。

工业发展曾经是红安县的一块短板，在全球经济低迷的不利环境下，红安县在短时间内实现了工业经济的跨越发展。食品加工、建筑材料、家具制造等主导产业齐头并进，对工业经济的拉动作用十分明显。

红安县历史文化悠久，具有鲜明的红色旅游景区。如黄麻起义和鄂豫皖苏区革命烈士陵园、红安县革命博物馆、董必武纪念馆、李先念纪念馆、七里坪革命遗址群、双城塔、天台山、红军洞、老君山等，旅游资源丰富，红色事件寓意鲜明。同时，一大批著名军事政治人物给红安县留下了令人难以忘怀的岁月，近年来，红安县围绕“紧扣两争两创、建设三城三区”的旅游发展思路，坚持用工业的理念谋划文化旅游产业，全县旅游呈现投资大、市场旺、项目多的良好发展态势。目前，红安县已组建影视产业公司 4 家，新增影视服务公司 10 多家，文旅企业达到 43 家，由此带动第三产业增收 3 000 余万元。

（三）经济发展现状

在改革开放以来很长的一段时间里，红安县经济发展较缓慢，与湖北省先进县和全国百强县的差距不断拉大。而在 2011 年，国家对区域发展不平衡的问题做了新的规划，湖北省作为中部地区主力军，需利用其区位优势，推进中部地区经济发展。全球金融危机过后，中国经济面临转型升级，县域经济成为中国经济增长的重要动力，红安县经济发展面临前所未有的宏观环境机遇。

2011 年 2 月，湖北省在包括红安县在内的 8 个县市启动大别山革命老区经济社会发展试验区。2012 年年底，国务院正式批复《大别山片区区域发展与扶贫攻坚规划（2011—2020 年）》，从财政、税收、金融、投资、产业、土地、生态补偿等多方面给予政策支持，国家和湖北省的一系列实质性战略举措为红安县经济社会发展带来了前所未有的政策机遇。

由于金融业发展是经济发展的重要依托，只有大规模的资金投资才能拉动经济的快速增长，所以经济的发展需要金融的大力支持。当前，红安县域经济发展面临的主要问题是经济总量不大，而在其最重要的投资拉动环节中，面临着较大问题，其中比较突出的是小微企业融资难、融资贵的难题。红安县工业园区和城市建设需要大量的资金支持，仅仅依靠现有的财政力量无法满足快速建设的需要，迫切需要解放思想，创新思路，充分利用金融手段支持县域经济做大做强，这也是实现县域经济快速发展的重要突破口。

二、相关文献综述

赵阳、罗雅纯（2010）[1]指出，红安县由于经济发展不足，对自身发展存在一定的拘束，其中最主要的是工业的落后，红安县规模以上工业企业除了红安卷烟厂以外只有五家。红安县不仅工业企业稀缺，而且工业产品技术含量不高，产品市场竞争力欠缺，企业不注重人才引进、技术研发、管理创新，企业抵御市场风险的能力差。

马皓、郭爱红等（2013）[2]认为红安县具有得天独厚的土壤自然条件，极适合花生生长。红安县的花生产量高、种植面积大，属红安农业主导产品，是当地农民的主要收入来源。但是红安县花生产业存在技术推广难度大、加工销售落后、机械化生产水平低、安全生产技术亟待普及等问题。红安县急需改变思路，依靠科学技术提高产品质量，扩大种植面积，优化区域布局，进一步发展红安县的花生产业。

袁锋、姜永华、胡习栋(2011)[3]认为红安县应着力发展外向型经济，随着县域经济主导地位不断显现，政府应该对红安县外向型经济发展高度重视，出台相应的考核、工作目标体系，给予部分政策支持。其次，红安县招商引资项目多，应广泛利用招商引资平台，大力招商引进外资，创新探索利用外资方式，积极引进资金，支持红安县经济发展。红安县地少人多，打工经济作为县域经济的一部分，应充分利用剩余劳动力，有效地输出劳务，解决当地人口就业问题。

李萍(2010)[4]总结了当前贫困县农村金融服务发展的瓶颈，如金融供给渠道不畅，金融资源配置不足，金融机构分布不广泛，金融体系覆盖不全，管理机制缺乏创新，金融市场缺乏活力，金融服务质量不高等。红安县应健全当地的金融服务市场，积极进行金融创新，改善红安县金融环境，支持新农村建设。

周一萍(2009)[5]指出红安县具有丰富的生态旅游资源和历史价值极高的人文资源，应借此大力发展大别山旅游业。然而，红安县存在着旅游资源开发配套基础设施建设落后，旅游资源缺乏统筹规划，旅游业所带动的其他产业开发不足等问题。红安县应加大宣传，充分利用当地旅游资源，创新旅游产品，突出“红色旅游”地方特色，增加旅游业竞争力，进而带动当地经济发展。

石芬芳(2012)[6]在基于文化旅游视角的红安县茶叶品牌开发研究中提到，品牌和文化是天然共生的，红安具有特色的红色文化资源和悠久的茶文化资源，然而红安县对于茶叶品牌开发意识较差，缺乏红安茶叶和当地红色旅游资源的有机融合，应将红安茶叶和红安红色旅游文化相结合，从而实现共同发展。

第二节　红安县经济金融发展概况

一、红安县经济金融发展现状

(一) 红安县经济发展现状

红安县是湖北省黄冈市下辖县，位于湖北省东北部，辖 12 个乡镇场，396 个行政村，人口 66.36 万人(截至 2012 年年底)。红安县物产丰富，主要土特产品有花生、红苕、绿豆粑等，其中花生产量居湖北省第一，是国家重要的花生生产基地。

2014 年,红安县实现国内生产总值(GDP)120.76 亿元,经济总量较 2013 年增长 10.6%,增速位列全市第一,高出湖北省和黄冈市 0.9 个百分点,高出全国 3.2 个百分点,如图 13-1 所示。财政收入稳定增长。如图 13-2 所示,2014 年红安县实现财政总收入 28.19 亿元,实现一般预算收入达 10.37 亿元,同比增长 31.7%,增速全市第一;税收收入 7.27 亿元,增长 36.2%。财政支出 40.47 亿元,同比增长 7.6%。

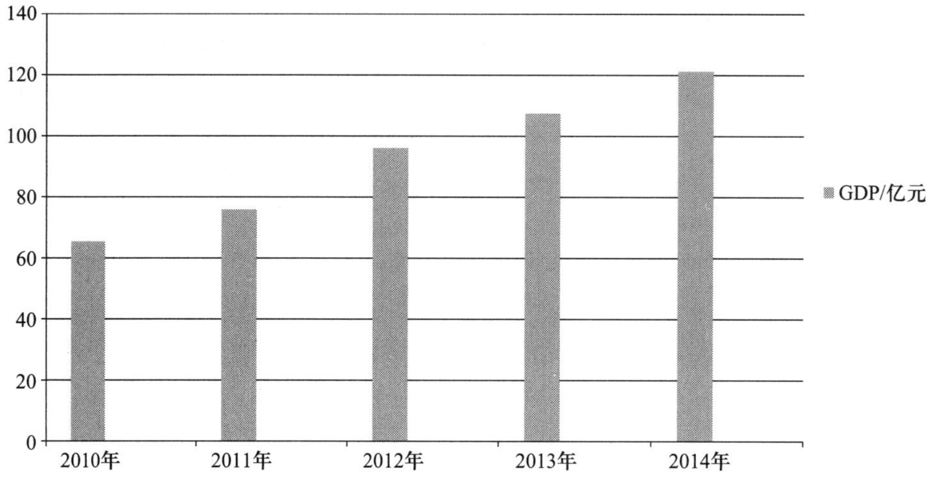

图 13-1　2010—2014 年红安县国内生产总值

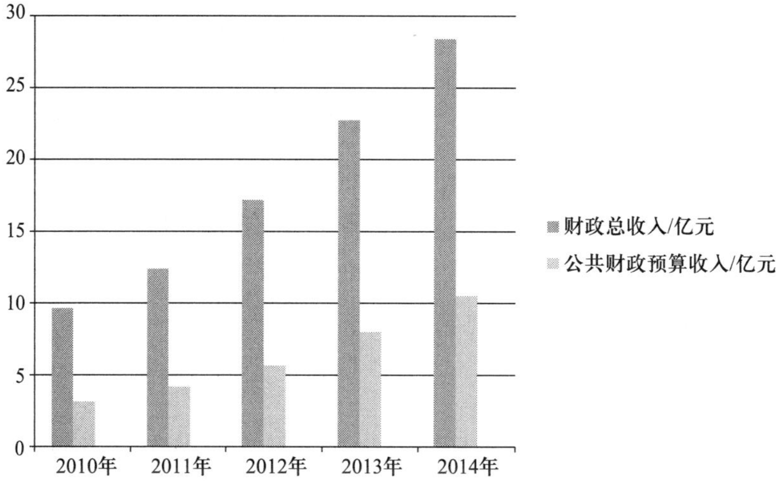

图 13-2　2010—2014 年红安县财政总收入及公共财政预算收入

（二）红安县金融发展状况

2014年年末红安县金融机构各项存款余额143.52亿元，比年初增加26.4亿元，同比增长22.5%，增速全市第一。其中个人存款98.08亿元，比年初增加14.65亿元，个人储蓄存款97.96亿元，人均储蓄存款16 221元。各项贷款余额51.01亿元，比年初增加14.13亿元，同比增长38.3%，增速全市第一。其中，短期贷款16.61亿元，比年初增加4.6万元；中长期贷款34.37亿元，比年初增加9.54亿元，如表13-1所示。

表13-1　2014年红安县金融机构人民币存贷款及增长速度

指标	年末数（万元）	比上年年末增长（%）
各项存款余额	1 435 186	22.5
其中：单位存款	385 069	20.69
个人存款	980 846	17.56
各项贷款余额	510 097	38.3
其中：短期贷款	166 099	38.28
中长期贷款	343 681	38.4

目前红安有8家银行业金融机构，1家小贷公司，1家担保公司，10家保险公司。截至2013年11月末，银行业金融机构存款余额115.68亿元，较年初增加18.13亿元，增长19%；各项贷款39.24亿元，比年初新增9.73亿元，增长30%；贷存比33%；未计入市人行统计口径的各类贷款11.2亿元，实际红安县贷款余额应该为50.4亿元。贷存比达到43.6%，其中企业投放贷款达24.3亿元，贷款增长速度居全市第一。

通过注入货币资金、划拨优质资产等方式，红安县有效整合资产、资源、资金、资本，县城投公司注册资本增至10亿元，有效支持和促进了城市建设；另一方面，组建旅游投资公司，注册资本3亿元，组建红安文化旅游投资有限公司，解决了红安县旅游项目投入不足的矛盾，并充分发挥交通投资公司、龙泉公司在红安县融资平台建设上的积极作用。

中国建设银行红安支行积极探索，推出了小微企业"善融贷—信用贷"创新业务，成功为33家企业发放了信用贷款。信用联社积极创新，推广实施创新信贷产品，为全村258户都进行了信用等级评定。

推出融资服务收费监督卡。为企业减少房地产评估费16.5万元，评估费降幅为73.8%，登记费降幅为45.9%。县政府出台了《红安县金融促进县域经济发展奖励办法》，引导金融机构不断加大信贷投入，优化信贷结构，做好金融机构将新增存款一定比例用于当地贷款考核工作，对年度考核达标的金融机构落实相关奖励政策。2013年以来，红安县保费收入持续上升。截至11月末，全县

10 家保险机构实现保费收入 2.776 亿元,同比净增 0.33 亿元,增幅 20.2%。保险业税收收入实现 746.83 万元,同比净增 115.62 万元,增幅 26%。2013 年上半年保险密度为 300.67 元。保费收入和税收的不断增长,为保障城乡居民的安居乐业和地方经济发展做出了卓有成效的贡献。

继续加强农村信用工程创建力度。每年评定农村青年信用户 300 户、农村专业合作示范社 8 户,目前已有 11 个乡镇被评定为信用乡镇,16 个社区被评定为信用社区,已实现信用乡镇、信用社区全覆盖。另外,继续积极创建农村支付服务示范乡镇,到 11 月末,全县共有金融网点 35 个,自动柜员机 52 台,转账电话 558 个,各乡镇支付清算、账户管理、联网核查和支票影像系统全部实现了 100%覆盖。在 2013 年 11 月的武汉金融博览会上,红安县再次被评为 2012 年度湖北省"金融信用县"和"保险先进县"。红安县连续三年蝉联"湖北省金融信用县"、连续两年荣获湖北省"保险先进县"。红安县在湖北省金融生态环境监测评价系统中的得分和排名逐步上升,由 2010 年的全省县级排名倒数第 3 名上升至 2013 年正数第 5 名,全市排第 1 名。

二、红安县经济金融发展面临的主要问题

(一)机械化水平较低,生产力发展水平较落后,产业链较短

由于红安县处于山区,地势比较崎岖,因此形成了一道天然的发展障碍,加上生产观念落后,导致红安县生产水平落后。虽然各级政府给予红安县相应的补贴,但由于上述禀赋和自然条件的约束,使得农业机械化在红安县一直难以推进,导致红安县经济落后、农业生产力不足。除了花生、茶叶属于加工过的待销产品以外,红安县的其他农产品基本上没有进行任何的二次加工或精加工,都属于初级产品。因此,红安县农产品的增值效应不明显,对农业带来的增收十分有限。这样一来,就会打击当地居民务农的积极性,从而导致劳动力从农业部门向非农部门的转移,直接造成的后果就是农业生产要素的投入极其欠缺。由于产业链萎缩导致农业收入偏低,当地农民只能凭借外出打工维持生活,劳动力流出,收入外流。农业生产付出多回报少,农业现代化水平低,比较收益低下三者形成了矛盾循环,难以解决。

(二)工业发展不平均,本土乡镇企业培育速度十分缓慢

红安目前的工业企业十分稀少。红安经济主要是依靠武烟集团红安卷烟厂和娃哈哈红安有限公司两家企业维持。从每年的经济数据统计中可以看出,这两家企业的增加值就占了红安全县工业增加值的大部分。然而,其实红安本土有很多颇具潜力的小型企业。从上文的介绍中可以看出,红安拥有的自然资源

十分丰富,但红安目前销往外地的产品十分有限。其中一个重要的原因就是,当地政府对红安当地小微企业扶持不足。经过早期企业改制,红安现在的企业很多控制权实际掌握在外地人手中。另外,红安当地拥有比较丰富的矿藏资源,这些资源都没有得到充分的利用,体现出因地制宜机制的缺失和工业发展水平的落后。

(三) 县域经济发展的金融支持力度明显不足

一是存款资金外流的问题。县域资金未能充分支持本县经济和社会的发展,截至2013年11月末,红安县银行类金融机构存贷差约为79.3亿元,占GDP的比重高达83%,统计口径的贷存比仅为31%。

二是金融机构不够完善的问题。各金融机构信贷规模不均衡,红安县银行业金融机构包括工、农、中、建四大国有商业银行,农发行,农信社,以及邮政储蓄银行。在贷款额度上,四大国有商业银行并非主力军,其贷款余额占总额的32%;农发行、农信社和邮政储蓄银行贷款余额占总额的68%。在其他金融机构中,担保公司、小额贷款公司的规模都比较小,村镇银行尚在筹建中,这类机构对于全县的金融支持力度十分有限。

三是企业综合实力不强,运营不够规范。全县规模以上企业仅96家,销售过亿元企业仅16家,其中多数中小企业的财务运作不规范、企业管理水平不高、缺乏现代化的经营理念和经营思想,无法满足银行发放贷款的要求。

四是经济主体参与金融市场程度较低。红安县只有银行信贷市场和保险市场,资本市场、货币市场、外汇市场、租赁市场和其他投资品市场以及金融要素市场都亟待完善。经济主体对于金融市场的认知程度和参与程度较低。

五是新型产业园金融机构设点的问题。各金融机构去园区设点工作进展不快,四家银行已向上级提出请求,两家银行回复暂时只能设立自助银行,1家同意明年设立。园区企业家也多次提出要求红安金融机构进入产业园设点,提供银行结算、取款、信贷等金融服务,经政府多方协调至今未能完全落实。

六是中小企业融资难的问题。各金融机构业务仍然以大企业、大项目为主,对中小企业资信认定以大企业指标为参照,中小企业难以达到贷款条件。多数企业缺乏规模优势、品牌优势,资产抵押物不足,财务报表不规范,导致难以获得较高的银行信用评级。最终形成银行放款难、企业贷款难的两难局面。

七是推动企业进入资本市场的问题。红安县刚刚启动了推进企业进入资本市场的工作,但是进度不快,相关奖补政策支持不力。应该指定专人推动此任务,在全县选择5~8家成长性强的企业进行跟踪扶持,推荐到“武汉股权托管交易中心”进行股权托管、挂牌和质押融资,县政府应该对挂牌的企业给予一定的奖励。

（四）第三产业结构单调，资源使用效率低

红安县近期推广“红色旅游”线路，以发展当地旅游品牌和扩大旅游业。这是一个很有意义的创举，在一定程度上也推动了第三产业的发展，但这个举措依然还有提高的空间。红色旅游的发展对于当地餐饮业、交通业、旅游服务业有一定带动作用，但对于其他行业带动明显不足。同时，由于旅游业与其他产业结合不够紧密，旅游业商品化程度较低，导致经济效益不尽如人意。红安县精心打造的“红色旅游”线路的旅游创收与国内其他红色旅游目的地（如井冈山、延安等地）比起来，差距还十分明显。虽然红安具有得天独厚的旅游资源，但是由于前期对第三产业发展的忽视，导致了红安目前第三产业的问题远比第一、二产业要多。

红安县经济跨越式发展需要金融的大力支持，要以金融为突破口，充分整合县域各类经济资源，引导特色产业，促进三次产业协调发展，带动红安县经济的快速发展和人民生活水平的提高。

第三节　红安县主导产业金融工程
——主导产业及其典型举措

一、红安县红薯产业链分析

（一）红安县红薯产业发展现状

红安红薯别名“红安苕”，因其生长在红安县，形状、品种独特而命名为“红安苕”，是红安县的特产。红安红薯年均种植面积5万余亩，总产近10万吨，宜种面积达40多万亩，于2010年获得国家地理标志保护产品称号。近年来，通过重点选育本地优良品种，大力推广产加销一体化生产经营模式，发展种养专业合作经济组织近200家，引进了相关龙头企业对红薯进行深加工，其中世纪天红食品企业投入1亿元建设年加工30万吨红薯生产线。由此可见，红安苕具有广阔的发展前景。

（二）红安县红薯产业发展优势

红安红薯作为红安县农业产业的一大支柱，其发展具有以下几方面优势。

第一，红安县的气候和环境适合种植红薯。红安县属亚热带季风气候，雨量充沛，光照充分，春秋分明，气候宜人。全县多为地带性黄棕壤，土壤质量好，因此，红安县具有得天独厚的土壤条件，适合红薯生长。

第二，红安红薯品种十分优良。红安红薯有着独特的内质，皮薄肉红、少粉多糖,生吃甜而脆,熟食则温软而醇香。表面皮色有红皮、黄皮、白皮等。红安县出产的红薯营养成分含量高,质量明显高于其他产地出产产品,被公认为天然的保健食品。

(三)红安县红薯产业存在的问题

红安县红薯产业有以下几方面的问题。

第一,品牌意识不够强。红安红薯本身品质十分优良,但是红安本地的红薯没有一个独立而且知名度高的品牌。市场上所出售的红薯常会挂着红安苕的牌子,但质量却良莠不齐。这样容易造成人们认知上的误解,导致红安红薯的品牌效应逐渐低下。因此,红安应该向其他有着成功推广本土特色产品经验的地域学习。例如,宁夏中宁的枸杞、杭州西湖的龙井茶叶等都在全国乃至海外享有盛誉。

第二,红安红薯产业尚未形成完整的产业链。苕藤、苕叶茎、苕粉丝等一系列副产品都具有一定的经济价值,可做成美味佳肴。因此,除了红薯本身可以用来出售以外,怎样将其附带的价值加以循环利用并形成一个完整的产业链是一个有待解决的问题。

第三,红安红薯的附加值没有体现出来。红安红薯与红安的红色革命历史有着不可分割的关系。红安红薯作为主食,养活了一代又一代红安人。大革命时期,红安人民还把红安苕送给红四军指战员作军粮,自己却以树皮草根充饥。有人形象地称,红安人就像红安苕,具有质朴、实在、憨厚的性格。然而,现在红安红薯和红安的红色旅游业并没有太多交集,这样就没有把红安红薯的人文价值发掘出来。如果能够把红安县的红色旅游产业与红薯产业有机结合起来,使人们来红安追忆红色革命之旅时一定会想到将红安红薯作为特产带回去,那么就能进一步促进红安红薯产业的发展。

二、红安县花生产业链分析

(一)红安县花生产业发展现状

红安县种植花生有近两百年历史,1986 年还被农业部列为全国首批花生种植基地县之一。目前红安县本地产出的花生有六个品种在全国推广销售。红安县生产的花生颗粒饱满、香脆,榨油利用率高,品种十分优良。花生种植业是红安县的农业优势和支柱产业之一,对红安县有重要的影响。花生是红安县的特色和优势种植业,具体的现状如下。

1. 面积、产量没有突破,还呈减少趋势

花生作为红安农业的地方特色和支柱产业,直接关系到红安县农业发展和经济发展的全局，红安历届县委、县政府始终把花生产业作为脱贫致富的主导产业来抓，但由于各种原因，花生种植的面积一直没有超过 30 万亩。2011—2014 年平均种植面积 28.2 万亩，其中 2014 年 26.4 万亩，是 2011 年后的最小种植面积；花生总产量一直没有突破 8 万吨，2011—2014 年平均产量 7.62 万吨，其中 2014 年仅 7.47 万吨，是四年中最低的，如表 13-2 所示。

表 13-2 2011—2014 年红安花生种植面积及产量

年份	面积(万亩)	总产量(万吨)
2011	28.16	7.7
2012	28.1	7.72
2013	30	7.61
2014	26.4	7.47
平均	28.2	7.62

2. 单产水平稳中有升

由于新技术、新品种、新模式的推广应用，2011—2014 年四年间花生单产逐年稳中有升，四年平均亩产 271.2 公斤，其中 2014 年达到最高，亩产达到 283 公斤。2013 年由于气候因素等影响，亩产较低。

3. 花生的产、加、销链基本形成

2001 年红安成立了全省第一家花生科研所，在高桥镇建立了 50 亩科研基地和 300 亩源种生产基地，在七里坪、杏花等乡镇建立 3 000 亩良种生产基地，建立了年产 1 000 万公斤优质无公害生产基地。目前，红安县拥有花生中介服务组织 28 家，花生专业经纪人 2 000 余人，花生初加工企业 320 余家，建立以娃哈哈、上好佳、红福食品为龙头的深加工企业 6 家，已基本形成花生供销一条龙的产业链，为推动红安县农村经济快速发展做出了积极贡献。

（二）红安县花生产业发展优势

红安县的花生产业发展具有得天独厚的条件，具体如下：

第一，种植条件优越。花生种植需要充足的光照、适宜的气温和水分条件。而红安县由于其独特的地貌和地理环境，使得其特别适合花生的种植。例如，红安县日照条件适宜，光照充分，光照率适宜，十分适合花生的种植和生长。

第二，红安花生品质高。红安县的花生由于其高品质，在全市乃至全省范围内都享有不错的口碑，销量也不断攀升。

第三，品牌效应有所确立。红安县已于 2012 年成功申报红安县花生农产品地理标志，这为实现红安县花生产业升级、扩大红安花生知名度、建设红安花生强县奠定了良好基础。

第四，比较效益好，农民收入高。据统计，花生种植的单位效益居各种农作物的首位,从农民收益上讲,扩大红安县花生产业有利于提高农田生产效益,从而扩大农民收入。通过改变种植模式,创新多种种植结构,有利于调整红安县农业结构,发展红安县农业经济,增加农民收入。

（三）红安县花生产业存在的问题

红安县花生产业面临以下几方面的问题:

第一,花生产业规模不足。现代农业需要的是社会化和集约化的生产模式,以及农产品市场化、商品化的销售模式。然而红安县目前仍然停留在自给自足的生产模式,没有品牌意识,无法形成小商品与市场的无缝对接。

第二,红安县花生市场培育仍需重视。当前红安县建立花生交易市场的意识不足。花生销售大多以零售形式,没有形成一个一体化的统一市场。而且花生销售的结构也不合理,其中大部分花生直接以原果或者仅仅粗加工便出售,只有最后 15% 的产品属于精加工产品。因此,红安县的花生产品经济附加值偏低。

第三,红安县花生种植行业欠缺龙头企业。虽然红安目前种植和销售花生的加工厂很多,但都是小规模的种植销售,由于缺乏龙头企业的示范效应和品牌效应,致使红安的花生产业发展并不尽如人意。

第四,缺乏专业的销售渠道和销售网络。由于宣传力度和物流水平有限,红安县的花生产品在外地的销售情况并不好,因此知名度也不高。

三、红安县金融工程支持特色农业发展规划

红安县红薯、花生产业面临的主要问题是缺乏相关龙头企业带动、品牌意识不强、产业链不明晰、农产品交易市场不够成熟。要解决这些难题,首先需要在产业链的加工环节做文章,拉长红薯、花生加工产业链,使得红薯、花生产业做大做强,各个链条企业获得利润,共同发展,特色产业得到发展,带动红安县整个农业产业做大做强。

（一）农业产业链分析

农业产业链如图 13-3 所示。

红安县农业价值链条中,产业上游企业包括红薯、花生等农作物相关生产要素及种子、农药、化肥、种植机械等生产企业。产业中游包括以农民为主体的红薯、花生等作物种植生产活动。产业下游为农产品加工、销售企业。可以看出,产业链结构相对简单,要扩大企业利润、发展红安县特色农业,应延伸细化农产品产业链。

农业产业链其主要价值体现在农产品附加值上,为扩大农产品收益,应在产

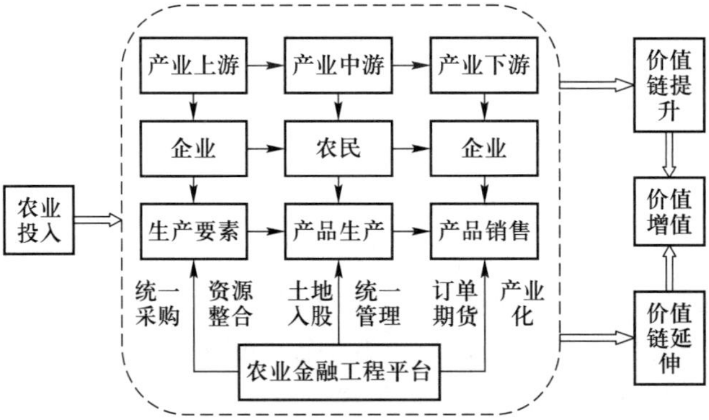

图 13-3　农业产业链

业上游优化农业资源整合，提供更优的金融服务，促进产业下游农产品加工、销售的延伸，特别强调红薯、花生产品的深加工和红安特色农产品品牌效应的宣传。应积极利用金融手段，在农业金融工程方法的支持下，加快聚集特色红薯、花生产业，实现种植、加工、销售、服务一体化，产品多样化，形成红安特色的农作物品牌。由政府出面协调组织，成立相关机构、团队，引进先进种植技术，扩大红薯、花生种植相关信息宣传，统一采购生产资料，形成一站式服务。农民应树立创新意识，破解思维瓶颈，成立农产品加工厂，根据当地农业实际，加工农产品，研发特色红薯、花生产品，树立红安特色品牌，并成立专门的销售公司，实现农产品附加值的提升。

（二）红安县特色农业金融工程支持体系

第一，完善金融体系并改善金融环境。红安县农业特色产业是红薯、花生种植业，发展特色农业是刻不容缓的，农村金融发展的重点在于如何支持农村产业发展，金融业是经济发展的依托，所以应鼓励和引进各类金融机构，同时提高已有金融机构质量和服务，改善红安县金融环境，对红安县红薯、花生等相关企业给予金融支持。

第二，创新开展金融服务。必须利用利益机制调节产业链利益分配，充分整合各个环节资源，达到资源利用最大化、企业收益最大化。探索抵押融资等金融服务盘活农民手中现有资产，充分利用资金。建立农村资产交易平台，完善资产交易机制。

第三，建立信用担保基金。为破解特色农产品产业链相关企业融资难融资贵的问题，相关机构应探索建立企业信用担保基金，转变企业发展方式，帮助加快红薯、花生相关种植、加工、销售、服务企业的流转速度，扩大种植覆盖面。

第四，建立红薯、花生交易中心。目前红安县缺乏集约化的农作物生产模式和规模化的红薯、花生交易市场，所以建立农产品交易中心对于扩大特色农业颇具实效。跳出固定的思维模式，实现特色农业各个利益链条的对接，加速红薯、花生相关企业之间的流转，形成农产品和市场的无缝对接。

四、红安县金融工程支持产业发展总体思路

（一）确定主导产业并促进产业升级

红安县应尽快实现主导产业相关企业体制转轨与升级转型，成立相关公司、团体，研发创新管理和销售策略，探索出适应市场经济发展的管理体制和运作机制。加强产业链相关服务建设，不仅提高本产业生产效率，同时依托主导产业发展，带动其他产业共同发展。同时建立“立体型”市场的格局，加强各个产业链之间的融合，形成全方位立体化的产业架构。

（二）依托产业链提升产业价值

红安县主导产业目前均已初步成型，以花生和红安苕种植业、茶叶产业和红色旅游产业为主要的三大产业，所以当务之急是提高产业的价值。可以基于产业链的各个环节，讨论产业价值的提升问题。具体来说，在茶叶产业上，政府应鼓励引导优势企业延伸产业链条，优势企业应通过独家设立、强强联合等方式，组建具有加工资质的企业，以加强产品特色。延长产业链，扩大食品深加工可得利润空间。比如，将红安县深厚的茶饮文化和独具特色的红色文化相结合，打造红色茶叶品牌，使“第一将军县”的寓意在茶叶形状、包装等方面得以体现，打造红安县特色的、与当地资源条件相融合的茶叶品牌。将红安县丰富的文化资源相互整合，投入生产、融入销售中，使茶叶产品的生产、加工、销售整个产业链中富含文化底蕴。同时，举办红安县红色旅游节等活动，在发展红色旅游业的同时，宣传讲解红安县文化历史和茶饮文化，相辅相成，共同发展。旅游业是一个集食、住、行、游、购、娱为一体的复合型产业，旅游业的发展一方面可以带动其他产业发展，另一方面也需要其他产业作为依托和支持。红安县应利用互联网手段，大力宣传红安红色旅游，不断充实、更新对红色文化的介绍，扩大红安旅游业的对外影响力，使红安特色红色旅游深入人心，并不断加强旅游景点的建设，建立红色旅游投资公司，积极招商引资，破解制约旅游业发展的资金瓶颈。扩大旅游服务设施总量，完善旅游业相关服务，包括餐饮业、住宿业的大力发展，同时整合旅游资源，创新开发旅游产品，增加旅游商品销售收入，提升整个产业链的价值。红安县作为全省花生大县，在农业特别是花生种植业方面，提倡优化区域布局，适度扩大花生种植规模，研究高科技生产种植技术，提升花生产量，同时引进优良产品，优化花生品质结构，提高机械化生产水平，大力发展特色农业产品，依

托完整的产业链提高产品的附加值。与此同时,应发挥红安县“红安苕”的品牌效应,扩大红安苕种植覆盖面,不断改良新品种,将红安县这一地理保护标志产品做大做强。

（三）构建多层次产业金融工程体系

红安县产业面临各种难题,如果大力引入金融来解决产业的问题,有不少难题可以得到解决。产业的发展重点在企业,而县域经济中企业普遍存在融资难的问题,所以应该大力解决县域企业融资渠道少的问题。具体来说,有以下几方面措施。

1. 建立红安县中小企业融资服务中心

建立中小企业融资服务中心是为专门解决区域中小企业融资难的问题,为中小企业的融资提供解决办法,建立对应的融资平台及为中小企业融资的中介机构。中小企业融资难一直是困扰红安县政府和企业的问题,该服务中心可以在红安县政府监督下,由一些红安县当地的金融机构和中小型企业共同出资组建,在当地政府与企业同时入股的前提下共同发展,其业务范围可以涵盖红安县中小企业相关一系列融资服务。红安县中小企业融资服务中心旨在创新融资模式,通过这样一个中介机构搭建平台帮助中小型企业拓宽融资渠道,解决中小企业发展中融资难的问题,提升中小企业的竞争力,促进我省中小企业健康平稳的发展。

2. 建立红安县大宗农产品交易市场

红安县是湖北省农产品资源大县,有着丰富的农产品资源,加之得天独厚的地理位置,物流成本较低,红安县具备建设大宗农产品交易市场的区位优势,可以实现当地和周边地区农产品批发交易。大宗农产品交易市场的主要交易对象是米面粮油、肉禽水产、蔬菜水果、香料茶叶、花卉橡胶等各类农副产品。交易市场为交易双方提供固定交易场所,该场所公开、公正,配备批发交易所需各种设备,同时提供商品信息、商品交易结算服务、计算商品价格等一系列配套功能。大宗农产品交易市场将全国各地农副产品集中起来,对分类商品完成仓储、物流、包装等一系列工作,通过经销商销往全国各地。大宗农产品交易市场为农产品交易提供了便利快捷的物流网络,可以宏观调节农产品供求关系,综合配置相关信息,达到资源有效利用的目的。批发市场加快了农产品在各大城市、乡镇、地区之间的流转,扩大了农产品销售范围,为农民、批发商、销售商提供便利。

3. 推动互联网金融和红安县县域金融工程的结合

“互联网+”是目前金融发展的潮流。通过传统金融与新兴互联网的结合,可以进一步加快经济运行的效率,提高经济体的活力。对于县域金融工程来说,也可以通过与互联网的整合来推动当地的经济发展。例如,可以建立网上销售渠道来拓宽红安本土优良产业和优质企业的发展渠道。可以将红安花生、茶叶以及相关加工企业搬到网上进行品牌营销,这样可以解决前文所提到的红安当地主导产业知名度不高的问题。同时,也可以将红安的红色旅游与新兴互联网旅游平台相结合,通过专业的旅游门户网站进行宣传,提高红色旅游的知名度。另一方面,可以构筑一个互联网融资平台。县域金融体系由于历史原因,融资渠道比较少而且效率低下。如果能够通过基于互联网金融的融资平台(例如,构建类似于 P2P 网贷的融资平台)进行融资,这一问题就可以得到很好的解决。需要注意的是,由于县域金融发展程度有限,这一平台需要由红安县政府来牵头,同时需要有一定资质的金融机构(或者红安当地金融机构的上级机构)来辅助构建。

五、红安县金融工程支持产业发展政策建议

面对当前宏观经济环境,应进一步加大对于红安县产业、龙头企业的金融扶持力度。运用财政贴息、税收优惠、担保支付等多种政策方式,从而构建内容丰富,具有可操作性的县域金融扶持体系。在政策性制度的指导下,通过市场化手段来达到对红安县的金融工程支持的目的。

(一)完善提高红安县资金使用效率的政策机制

政府及相关管理机构应出台相应的规章制度,强制性约束资金外流。如要求凡是在红安县设有分支机构的金融类企业,如银行等,须留存其在红安县本地所吸纳存款的一部分用于当地企业,支持红安县经济发展。同时,要进一步完善政府对超特定比率的农业贷款提供相应奖励的政策。这个完善措施主要包括两个方面:其一,现对于农业扶贫贷款奖励所需要的财政基金若超过一定比例,地方政府和国家政府按一定比例承担超出资金。但对于红安这样的欠发达县,可由国家政府承担全部资金,或中央政府承担较大比例。其二,长期以来我国农业贷款相关奖励措施制定与实施问题未解决。国家相关统计部门以及中央银行应完善统计方法与机制,为国家确立农业贷款补偿制度、采取有效的农业贷款优惠政策打下坚实基础。

(二)完善红安县金融机构的税收优惠制度

可以将目前国家实行的对农村信用合作社的金融扶持政策推广到所有在红安县设有分支机构的金融机构,这是解决目前红安县金融机构服务渠道不畅通的有效办法。对于不同类型的农业扶持贷款项目应予以差别对待,而不能一刀切。

(三)组建区域性银行

具体有以下三种渠道:(1) 通过国家或地方政府拨款成立专门的区域性银

行，以此来加大对红安县的金融扶持力度。（2）通过吸引民间资本来创立红安县的商业性银行。具体可以在地方政府的引导下通过公开募股的方式成立银行，这样可以调动民间资本的积极性，促进资本在红安县域境内的流动。（3）通过区域性金融机构起到区域性银行的作用。可以通过政府的政策指导，将红安县境内的金融分支机构逐步改制为具有地方性银行功能的机构。这样做的优点在于，金融机构本身具有较强的金融专业管理知识和背景，能更快达到转型的目的，以便为红安县服务。

（四）发展由政府牵头的信用担保机构

我国目前通行的做法是由地方政府出资设立担保机构。但是由于红安县的特殊情况，地方政府的资金实力不够雄厚，当地的金融机构对地方政府的担保额度不太认可，而且担保比例较低，从而难以达到尽如人意的效果。一个可行的做法是明确各级政府的担保责任，分工明确，这样金融机构就能一目了然各级政府对一个项目有多大的担保责任，同时也能有效缓解红安县县级政府的资金压力，从而达到真正的担保效果。

（五）强化对贴息贷款的帮扶力度

红安县的贴息贷款政策可以采用企业自主竞标的方法。这样可以避免传统商业银行竞标模式下操作不透明和内部寻租的现象，提高政策传递的效率。

（六）积极发展农业保险

由于我国目前农业保险的规模不大，而且农业的周期性较强，抗风险性比较弱，缺乏有效的风险分散机制。红安县可以采取以下几种途径来解决这些问题。首先是推行混业经营的运作模式。可以整合县域金融机构的功能，例如商业银行和保险公司联合出资组建农业生产保险公司。其次是可以建立农业再保险体系。通过不同级别的保险公司，或者不同类别的保险公司来共同承担保险责任。再次是可以发挥红安县银行类金融机构的触角功能。保险公司可以通过信用合作社或者农村银行的网点优势来进行保费代收和赔付等业务。

第四节　红安县金融工程预期效益

一、红安县金融工程预期经济效益

（一）金融体系扩容增量

在实施红安县县域金融工程阶段，预期初步建立较为完备的金融体系，计划到2016年年底，累计引进商业银行、保险公司、证券公司等金融机构3家，引进多样化金融机构，推动村镇银行网点建设，形成特色区域化金融中心。

（二）多层次资本市场体系初步建成

初步建成多层次资本市场，推动企业挂牌上市，拓宽企业融资渠道，破解企业融资难、融资贵的难题，在中小板、创业板、“新三板”、“四板”等资本市场累计挂牌上市20家企业，实现直接融资额10亿元以上。

（三）社会资本总量持续增长

扩大社会间接融资量，计划到2016年年底，表内外贷款净增近100亿元，贷存比超过50%，在资本市场融资额达到10亿元以上。

（四）促进红安县产业发展

在红安县实施县域金融工程项目，完善红安县金融体系建设，优化红安县金融环境，金融对于红安县经济产业发展作用逐渐显现。红安县应明确产业意识，树立核心龙头产业，大力发展花生种植业、茶叶产业、红安特色红色旅游产业等核心支柱产业，支持并引导红安县高新特色企业发展，并扶持企业挂牌上市。通过金融手段的实施，解决当前产业内企业资金瓶颈问题，促进产业转型升级。

（五）推动红安经济跨越式发展

通过金融支持红安县实体经济，支持引导传统农业向新型农业的转变，大力发展农产品深加工，尤其是红安县的花生产业，使农村特色产品带动县域经济发展。完善渠道架构，金融融入农村，打造县域特色金融市场，初步建立农产品及加工产品交易市场、股权交易业务窗口、林权交易业务窗口、碳排放权交易业务窗口、民间金融市场，提供融资交易便利，推动红安县经济跨越式发展。

二、红安县金融工程预期社会效益

（一）区域金融中心地位初步确立

红安县通过着重整合已有的金融存量资源，提升金融功能，改善金融环境，发展红安县金融要素市场，打造具有红安特色的金融服务业，实现红安县经济与金融的共同发展。结合红安当地情况，建立完备的红安县县域金融中心，分为金融核心功能区、商务办公区和配套生活区。红安县政府着力打造“大宗商品交易中心”“中小企业融资及服务中心”“金融文化旅游中心”等红安县县域金融中心，其中包括多功能的区域性金融交易场所与平台，以金融及要素市场交易为主，是县域金融工程的示范与展示窗口，也是红安县县域金融工程重点实施工作。红安县县域金融中心将进行空间拓展，重点建设金融创新示范区，在示范区内将逐步引进新型金融机构,建设新型金融市场和开发新型金融产品。红安县金融核心功能区设计从四个层次展开,第一个层次是红安县着力打造的三大特色交易中心:大宗商品交易中心、中小企业融资及服务中心、金融文化旅游中心。第二个层次是与湖北省现有的金融市场和泛金融市场对接的分市场。第三个层次是红安县依托政府信用及互联网平台建立的个人对个人及中小企业的民间借贷市场。第四个层次是对金融分市场的补充,即相关配套的金融人才市场、金融服务市场(相应的会计师事务所,律师事务所以及审计师事务所)和金融监管体系。这四个层次的市场构成了完备的以中小企业、个人参与为主的金融市场体系。

(二)改善红安县生态环境,增加就业机会

应用金融手段,解决企业资金问题,从而引导企业加强科技研发、人才培养、管理创新,通过金融支持手段,增强企业竞争力,优化资源使用效率,提升红安县主导产业生产加工技术水平,减少能耗,从而降低对红安县生态环境的污染,净化红安县域环境,提升红安县人民生活质量。金融支持主导产业发展的同时,注重人才培养,企业增收扩容,增加红安县就业机会。

参考文献

[1] 赵阳,罗雅纯. 边缘化地区经济的发展研究——以黄冈市红安县为例[J]. 农村经济与科技,2010(5).

[2] 马皓,郭爱红,冯旭东等. 红安县花生产业化发展的现状与对策[J]. 农业科技通讯,2013(3).

[3] 袁锋,姜永华,胡习栋. 红安县着力发展外向型经济的思考[N]. 黄冈日报,2011(1).

[4] 李萍. 县域农村金融服务走向分析——红安县农村金融服务充分性调查与研究[J]. 湖北农村金融研究,2010(5).

[5] 周一萍. 关于黄冈市大别山地区旅游业发展的思考——以黄冈市红安县为例[J]. 黄冈师范学院学报,2009(1).

[6] 石芬芳. 基于文化旅游视角的红安县茶业品牌开发研究[J]. 湖北农业科学,2012(6).

第十四章　罗田县金融工程支持体系

第一节　研究背景与相关文献综述

一、研究背景

（一）地理概况

罗田县地处湖北省东北部，位于大别山南麓，是大别山主峰天堂寨（海拔1 729.13米）所在地，也是大别山核心景区所在地。下辖12个乡镇，总人口有63万人，版图面积2 144平方千米，地势南低北高，高山、河流、丘陵交错分布。

（二）特产资源

罗田县物产富饶，畜牧资源、中药材资源、林特资源很丰富，是闻名全国的板栗之乡、茯苓之乡、蚕桑之乡、甜柿之乡、野生兰花之乡，是全国唯一拥有5个地理标志保护产品的县市（罗田板栗、九资河茯苓、罗田甜柿、金银花、苍术）。特别是罗田板栗，无论是栽培面积还是年产量，均列居全国榜首；九资河茯苓被誉为中医药中的珍品，在中医界享有盛誉；罗田甜柿是唯一不用人工脱涩即可食用的特优品种，堪称中华一绝，为世界仅有。这三个产品被称为罗田“新三宝”。茯苓制品、速冻板栗、糖炒板栗、蚕丝被等特产驰名中外。

（三）生态资源

罗田县动植物品种繁多，生态资源丰富，是大别山植物多样性的核心区、华中地区的生物基因库，也是国家生态功能保护区。全县森林覆盖率达71%，核心景区森林覆盖率高达96%，空气中负氧离子含量极高，是名副其实的“天然氧吧”和“洗肺公园”。罗田水能资源巨大，目前已建成天堂河五级电站、白莲抽水蓄能电站、天堂抽水蓄能电站，是全国小水电百强县市。已探测的地热和优质矿泉水资源可供开发150年以上，特别是三里畈温泉，水温高达73℃，富含硫、锌、锶、偏硅酸等丰富的矿物元素，可达到医疗矿泉水品质。此外，全县已发现金、银、萤石、长石、云母、水晶石等19种品位较高的矿产资源；还有芝麻点花岗石、汉白玉和天堂墨玉等石材，其储量丰富，可长期开采，带来的经济效益可观。罗田因后发而保有一方生态净土，保有“北名山、南碧水、中温泉”，这些都是罗田最具优势和竞争力的稀缺资源。

（四）旅游资源

罗田县风景优美，气候宜人，是理想的游览、避暑胜地。其中，大别山国家森林公园面积达到300平方公里，包含五大风景区，即天堂寨风景区、薄刀峰风景区、天堂湖风景区、青苔关风景区和九资河田园风光，其中包括胜景级景点9个、上景级景点39个，是休闲度假的胜地、颐养天年的天堂。除此之外，还有罗九百里生态画廊、板栗采摘游、莲花观光游和甜柿观光游等观光旅游项目。罗田县先后荣膺湖北旅游强县、全国休闲农业与乡村旅游示范县，大别山森林公园成为“中国最具影响力国家森林公园”，天堂寨景区成为国家4A级景区，九资河镇成为“湖北旅游名镇”，圣仁堂村成为“湖北旅游名村”，錾子石村成为“中国古柿树村”。

（五）交通区位

虽然罗田县地处山区，但当地交通、通信较为便利。318国道和武汉通往合肥的高速公路横贯县城，距京九铁路浠水车站40千米，且有二级公路相连，县城距武汉天河国际机场110千米，距长江黄州、兰溪码头不过100千米。随着大别山旅游公路、武英高速公路建成通车，罗田进入武汉1小时经济圈；第二条高速公路麻阳高速全线开工，随麻安铁路、武冈城际铁路延伸线、大别山通用机场列入有关专项规划，交通区位因此得到了明显改善。

二、研究意义

我国经济受全球金融危机的影响，自2008年以来增速不断放缓，但在此经济下行的压力下，我国县域经济的发展和民生事业仍然取得了重大进展，综合实力指数逐年上升。县域经济是城市经济与农村经济的连接点，是国民经济发展的重要组成部分和战略基石，是促进经济平稳发展、提升经济发展质量、推动新型城镇化建设的重要着力点，也是拉动消费、启动内需的切入点。截至2011年年底，我国中小城市及其直接影响和辐射的区域，经济总量达26.51万亿元，占全国经济总量的56.22%；地方财政收入达22 609.50亿元，占全国地方财政收入的43.12%；行政区面积927万平方公里，占国土面积的96.6%；总人口10.16亿，占全国总人口的75.4%。由此可见，县域经济已经成为我国经济发展中越来越重要的部分。

自改革开放以来，罗田县的经济飞速发展。目前已经形成的工业生产体系，是以三大支柱产业(板栗、蚕桑、旅游)和六大系列(丝绸纺织、机械电子、建筑建材、医药化工、小水电、食品加工)为主体的工业生产体系,主要产品包括丝绸服装系列、板栗系列食品、汽车配件、精细化工产品等,多达上百个品种。其中,“罗田板栗”“罗田甜柿”和“九资河茯苓”曾荣获国家地理标志保护产品,“茯苓制品”“速冻板栗”“银花露”“甲硝唑”等获省名牌产品称号。

近年来,当地的经济虽然一直保持着10%以上的增长,但增长速度已经出现明显放缓的趋势,县域经济发展仍然存在很多不足之处。罗田县经济总量目前在黄冈市各县区中排名倒数第三,且城乡二元经济结构明显,缺乏主导产业,已有产业未形成产业链、产业集群以及贷存比过低都是制约罗田县经济快速发展的问题。

因此,通过把握罗田县目前的金融现状,透彻分析现存的问题和不足,充分整合现有的财政、金融资源,结合当地核心产业的情况,发展当地优势,利用金融工程建设和金融创新,逐步解决目前的金融问题,完善金融体系,优化资源配置,帮助罗田县金融业实现跨越式发展,促进当地经济发展,同时与同市其他各县保持协调,这对于促进整个黄冈市甚至湖北省的经济发展具有重要的意义。

三、相关文献综述

刘细波(2000)[1]认为罗田山水秀丽,生态良好,旅游资源类型齐、品位高、分布广。为了加快当地旅游产业发展,使旅游业成为罗田的财源支柱,他提出要调整产业,着重发展旅游业,树立大旅游观念,要像扶持工业和农业那样支持旅游业,充分调动全社会力量开发大旅游,开辟大市场,建立支柱产业。另外还应发挥当地优势,注重融入罗田当地特色。与此同时,县财政应该加大投入力度,大力支持当地旅游业发展。

祁华清、徐广文、管顺丰、宋光森(2003)[2]以罗田县为例,研究了以农特产品及其深加工转化推动湖北省县域经济发展的战略问题。通过了解罗田县的特色农产品及其加工转化的现状,分析其在县域经济发展中的地位,提出了一系列战略思想与目标。罗田县有多种特色产业,未来发展前途广阔,但由于地方财力、技术、资源等能力有限,很难实现协同发展,因此提出要从均衡推进向重点突破转换,筛选出重点产业和先导产业,通过它们发挥带动效应,集中资源,高起点、有层次地重点突破,逐渐形成一系列有特色的产业链,实现县域经济的跨越式发展。

中国农业发展银行湖北省分行课题组的丁伟、吴亚平(2009)[3]分析了罗田县县域经济的发展现状,认为罗田县目前仍是个经济总量较小、经济发展滞后的农业县,但就其自然资源和经济资源来说,是具有独特资源优势的。由于长期以来农业投入不足、资源整合不到位以及中小企业融资难，导致罗田县的自然资源得不到有效的开发和利用，从而无法转化为经济优势来促进当地经济发展。基于这样的现状，农发行湖北省分行和罗田县地方政府开展了一系列政策性资金支持新农村示范县建设的新举措，通过利用银政合作的模式，促进信贷支农的转变，整合多方资源，搭建支农合作新平台，同时有效防范信贷风险，最终实现银政企支农的多赢格局。

钟红涛、徐有源、傅啸铎（2013）[4]认为罗田县地处大别山老区，本是经济欠发达区，但近年来，为把板栗产业做大做强以促进当地经济发展，罗田县农村信用社积极探索小额农贷支持栗农生产的新机制，通过放宽贷款限额、降低贷款利率、延长贷款期限、简化办贷手续等方式来方便栗农，板栗产量逐年增加，板栗加工小微企业也随之增多，农信社为帮助这些小微企业加快发展，不断创新融资模式，扩大抵押范围，改进担保方式，同时为企业和专业担保公司牵线搭桥，以解决企业融资难题。

陈世龙（2013）[5]认为，板栗是罗田最具发展潜力的农产品，为当地经济的发展做出了很大的贡献，但近几年罗田板栗产业发展并不如意，出现板栗价格不稳定且波动过大，市场竞争力弱，品牌知名度低等一系列问题。他们通过阐述罗田板栗产品推广的现状，针对其推广中存在的问题提出了相应的解决办法，从政府、企业及农户三个角度提出对策及建议。政府应该加大资金投入进行宣传和开拓销售渠道，整合现有企业并建立板栗龙头企业，同时发展板栗文化；企业应加大产品研发，推进技术创新，拓宽销售市场；农户应该保证板栗质量，树立品牌意识，加强网络宣传力度。

胡艳生（2015）[6]通过对罗田县生态旅游产业发展现状的调查，运用 SWOT 分析方法对该县生态旅游产业发展的优势、劣势、机遇和挑战进行了分析，并提出了推进罗田县生态旅游产业可持续发展的对策。在强化生态观念的条件下，加大对罗田生态旅游的宣传力度，通过多渠道筹集资金，同时继续完善生态旅游基础设施建设并提升从业人员素质。

第二节　罗田县经济金融发展概况

一、罗田县经济金融现状

2013 年是罗田县加快建设大别山最具特色生态经济示范县和绿色发展先行区的攻坚之年，在经济金融发展方面取得了一定的成效。罗田县 2013 年共实现地区生产总值 96.5 亿元，比 2012 年增加 11.4 亿元，增长 12%，增速高于黄冈市平均水平 1.5 个百分点，与湖北省平均水平相比高出近 2 个百分点，表明近年来当地经济发展速度相对较快。

罗田县 2013 年地区生产总值中，第一产业总产值共实现 42 亿元，增长 19.6%，农产品加工产值 25.1 亿元；规模以上工业总产值达 70 亿元，增长 18%，工业增加值达 19.8 亿元，工业税收完成 2.14 亿元，增长 45%；旅游业综合收入达 18 亿元，增长 31.4%。2013 年全年三次产业产值比由 2012 年的 24.9∶39.5∶35.6 调整为 23.3∶40.5∶36.2，其中第三产业占比 2010 年以来保持了较为明显的上升趋势。

2013 年，罗田县实现全口径财政收入 9.38 亿元，比上年增长 15%，其中地方一般预算收入为 4.47 亿元，增长 25.1%。2012 年全口径财政收支分别为 8.15 亿元和 22.3 亿元，其中全口径财政支出比 2011 年增长 22.2%，增速较大，财政缺口由 2011 年的 11.47 亿元提高为 14.15 亿元，财政缺口有扩大趋势。

2013 年，城乡居民收入保持稳定增长，居民生活水平不断提高。全年城镇居民人均可支配收入达 17 990 元，增长 9%；农民人均纯收入 6 150 元，增长 13%，基本与黄冈市平均水平持平。但应注意到，同湖北省平均水平（2013 年城镇与农村人均收入分别为 22 906 元和 8 867 元）相比，罗田县城镇居民人均收入和农村居民人均收入均处于相对较低的水平，人民生活水平和生活质量还亟待改善。

2013 年，银行业金融机构存款余额为 150 亿元，增长 21.48%，贷款余额 49.96 亿元，增长 13.07%，余额贷存比为 33.14%，比 2012 年贷存比水平降低 2.7 个百分点。银行业金融机构贷存比从 2009 年以来呈现明显的下滑趋势。

二、罗田县经济发展优势

近年来，罗田县经济金融保持了较为良好的发展态势，各项存量指标均有较大增长，结合当地经济金融发展现状及发展环境，其在经济金融发展方面具有以下几点优势。

（一）发展资源优势

罗田县的板栗栽培面积和产量均居全国第一，现有板栗种植面积超过 100 万亩，常年平均产量 6 万吨，系列产值达到 10.5 亿元。罗田板栗及其制成品广销国内 20 余省，同时出口包括日本、新加坡等十几个国家和地区。另外，罗田素有“蚕桑之乡”的美称，蚕桑生产是全省的龙头，蚕茧产量占到了湖北省的 1/3，生丝出口量占湖北省出口量 70%，部优产品“梅花”牌白厂丝系出口免检产品。罗田县的各种发展资源，加之拥有丰富的矿产、土地、水利及生物资源等，为其农业发展打下了良好的基础。

此外，罗田县生态旅游资源丰富，拥有罗田天堂寨风景区、薄刀锋风景区、天堂寨红叶、罗九百里生态画廊等一批著名景点，这为发展当地旅游业提供了有力的支持。最近几年罗田县立足本地生态资源优势，广泛宣传，大力推进生态旅游产业规划建设，使全县生态旅游业突飞猛进。

（二）产业特色鲜明

近年来，罗田县结合县域资源禀赋和区域优势，大力发展农业特色产业和生态休闲农业，推动全县产业经济加速发展。随着罗田县的经济发展，一批具有带动作用的龙头企业开始崭露头角，对于当地的产业发展和经济提升起到了良好的促进作用，为其打造了农业、医药化工、农产品深加工、旅游等一批具有鲜明特色的重点产业，能够对当地的金融机构入驻、金融业务发展提供良好的土壤，促进当地经济的快速发展。

（三）交通发展迅速

罗田县地处湖北东部，大别山南麓，处于湖北与安徽交界处，东连英山，西接浠水，北与团风、麻城、安徽省金寨县接壤，以往受交通条件限制，企业经营与产业发展优势无法得到充分发挥。但近年来，罗田县交通发展迅速，2015 年年底，基本建成横跨东西、贯穿南北的高等级公路网络。在 2020 年规划中，将形成随麻安铁路、武杭高铁、武冈城际铁路 3 条东西向铁路线，并通过“十字形”麻阳高速、武英高速进入国家高速公路网络，与纵向大广高速、济广高速、福银高速，横向沪蓉高速、沪渝高速相连，便捷通达至武汉、北京、上海、广州、杭州、福州、济南、合肥等重要城市，同时加强与周边临近城市的交通联系。随着罗田县交通基础设施的不断完善，之前因地域对经济发展的限制将得到极大缓解，也为更多金融机构入驻及企业发展提供了良好的条件。

（四）资金资源丰富

截至 2014 年 5 月底，罗田县全县金融机构存款余额达 148.26 亿元，账面存贷差达 79.34 亿元。虽然罗田县的经济发展程度同武穴、麻城等黄冈市较发达城市相比还有待提高，但存款规模相对经济规模的比重较大，能够为未来提升信贷总量提供良好的支撑。

（五）经济政策机遇

“十二五”乃至更长一个时期，是罗田县城镇化加快推进、产业结构优化升级、基础设施完善提高以及城乡居民生活质量和水平全面提升的关键时期。综合分析国际国内形势和国家宏观政策取向，未来一个时期罗田县面临着中部崛起战略和“两型”社会建设综合配套改革试验叠加、武汉城市圈建设和长江经济带开放开发叠加、老区扶贫政策和西部开发政策叠加这“三大叠加”的战略机遇,特别是湖北省委已将推进大别山革命老区经济社会发展试验区上升为全省战略,并积极争取纳入国家战略,这些政策措施将为罗田县谋划和推进重大项目建设带来大好机遇。

三、罗田县经济发展的不足

(一) 经济发展不足

1. 经济增速整体放缓

从之前对罗田县地区生产总值的分析中可以发现,虽然罗田县 GDP 增速在黄冈市乃至湖北省处于相对较高的水平,但应注意到,2011 年至 2013 年的 GDP 增速分别为 14.8%、11.6% 和 12%,其 GDP 增速呈现下降趋势,说明罗田县经济增速出现整体放缓现象,表明经济增长后劲相对不足。

2. 经济规模相对偏小

同黄冈市辖内其他县市相比可以看出,罗田县还存在经济规模相对偏小的问题。表 14-1 为 2012 年黄冈市各县市经济指标,可以发现罗田县的 GDP 总量排在倒数第三的位置,仅高于英山县和团风县,而人均 GDP 指标排名倒数第二,仅高于黄梅县。

表 14-1　2012 年黄冈市各区县 GDP 及三次产业情况

	GDP(亿元)	人均 GDP(元)	第一产业占比	第二产业占比	第三产业占比
武穴市	180.383 3	27 704.39	24.94%	48.36%	26.70%
麻城市	176.387 1	20 431.73	24.59%	44.05%	31.37%
浠水县	145.078 6	16 567.16	29.48%	37.57%	32.95%
蕲春县	143.106 5	18 819.9	24.69%	40.42%	34.88%
黄州区	140.306 9	38 033.86	8.79%	48.70%	42.51%
黄梅县	132.721 9	15 375.57	31.88%	40.87%	27.25%
红安县	95.973	15 900.1	24.57%	47.79%	27.63%
罗田县	85.073 2	15 561.22	24.91%	39.55%	35.57%
英山县	63.571 6	17 707.97	43.53%	28.25%	28.22%
团风县	56.535 4	16 628.06	23.12%	55.36%	21.51%

3. 财政收入规模偏小

财政是政府资源配置中的核心部分,对于区域经济的发展具有重要的调控作用,但受经济总规模制约,罗田县经济发展还面临财政收入规模偏小的问题。2013 年,实现全口径财政收入 9.38 亿元,其中地方一般预算收入为 4.47 亿元,财政收入规模相对不高,不能对罗田县未来整体的经济发展起到良好的推动作用。

4. 城乡收入差距较大

2013 年，罗田县城镇居民人均可支配收入 17 990 元，农村居民人均纯收入 6 150 元，两者之比为 2.92，虽然较 2012 年略有下降，但仍保持在接近 3 的较高水平，在黄冈市各县市中城乡收入差距程度较大(2013 年黄冈城镇农村居民收入之比为 2.64)。

（二）金融发展不足

1. 贷存比偏低

2013 年，罗田县银行业金融机构存款余额 150 亿元，贷款余额 49.96 亿元，总量贷存比仅 33.14%，在黄冈市中处于相对较低的水平(2013 年黄冈市贷存比为 38%)，同时从 2009 年以来呈现明显的下降趋势。贷存比的逐年降低表明该县资金外流情况较为严重，信贷资源对于本地经济发展的支撑作用不足。

2. 资本市场融资严重不足

目前，虽然少数企业开始着手新三板挂牌上市的工作，但从整体看，企业发展对于资本市场的重视程度偏低，起步较晚，企业融资渠道还主要局限于银行信贷方面，无法充分利用资本市场的融资功能，制约了罗田县的企业和产业发展。

3. 金融机构产品创新不足

虽然近年来罗田县加大了对于金融环境的优化和产品的创新，但同发达地区相比，当地金融机构的产品创新还存在一些共性的问题。罗田县金融机构产品的同质性较高，不能满足不同客户、不同时段、不同空间的融资需求，市场适应性有限；各金融机构很多产品的创新都以同业模仿的方式引进，自身首创和具有当地特色的原始性创新很少，金融机构间产品同质化现象较为严重。

4. 政府资源综合配置不足

受财政收入规模制约，县政府在资源的综合配置方面作用还相对不足，在充分调动政府财政资金在地方经济和金融发展中的引导和杠杆作用有待提高；同时政府财政资金通过传统的方式进行调动，缺乏公平和科学的决策机制，不能充分发挥财政资金的激励作用。

5. 金融体系不完善

目前，罗田县金融业发展还不成熟，金融体系尚不完善，金融业态还主要表现为以银行业为主，保险业缺乏有效监管，担保、小额贷款公司等发展尚处于起步阶段，机构数量较少、规模较小，同时，尚未建立证券、期货、租赁等金融业态。

6. 风险控制体系缺失

罗田县未来经济金融发展具有较大不确定性，目前尚无科学合理的规划及统一完整的控制体系，不能对发展过程中的风险进行明确的识别、防范和管理。因此，需要编制县域层面的四部门(公共部门、金融部门、企业部门、住户部门)

资产负债表，并依此对该县经济金融的发展状况与风险水平予以度量，确保风险在可控范围内。

（三）产业发展不足

1. 板栗产业发展不足

罗田板栗味美色鲜，罗田板栗产业因此也逐步壮大起来，但在生产、加工、销售等方面依然存在一些问题。品牌宣传力度不足，缺乏板栗龙头企业，大型加工企业没有起到龙头带动作用，深加工品种少，加工技术相对落后，销售推广方式缺乏创新等一系列问题导致市场出现“产大于销”“产量增加却不见收入增加”的情况，使得板栗产业的效益没有完全显现。

2. 旅游产业发展不足

罗田县旅游业在快速发展过程中也存在着诸多问题。罗田县是全国扶贫开发重点县，因此投入旅游建设的资金极其有限，投入严重不足加之缺少融资平台，导致景区开发和基础设施建设不健全，一定程度上影响了罗田生态旅游发展的潜力和空间，阻碍了当地旅游业的发展。另外，罗田县目前没有结合自身的资源优势塑造出具有罗田特色的旅游品牌，也没有形成口口相传的旅游宣传口号吸引各地游客慕名而来。

第三节　罗田县主导产业金融工程——特色产业及其典型举措

在明确罗田县金融体系与产业发展情况的基础上，在控制区域宏观风险的前提下，运用工程化的思维和手段，创造性地利用各种金融工具和金融手段有效配置资源，运用产业金融工程与县域金融工程的相关理论，研究制定金融支持罗田县产业发展的规划，以促进罗田县经济跨越式发展。

一、罗田县主导产业工程整体规划

第一，由县经信局制订罗田县专项产业发展规划，进一步明确罗田县未来经济发展中的主导产业。

第二，加强罗田县对于主导产业的政策支持力度，利用财政奖励、优惠政策等措施，积极推进主导产业中龙头企业的上市工作。

第三，以大别山产业基金和政府财政资金为引导，成立针对各主导产业的产业投资基金和产业互助基金。

第四，加快农权确认和农业资源要素市场化改革，探索建立大别山区域农村土地承包经营权、水面及滩头养殖权、农村房屋产权交易流转市场等；积极推动农村专业合作社的建设工作，推行助农贷、互保贷等新型信贷产品；建设农产品交易市场，推动农业的产业化和现代化。

第五，抓住主导产业实现产业升级。罗田县目前板栗产业与旅游业发展基础好、投入资金大，已经初步形成特色。应该将这两个产业列为主导产业，集中优势资源，形成以主导产业带动经济发展的格局，完成主导产业的升级。

第六，加强罗田县旅游产业金融工程的建设。首先，整合全县旅游业相关资源，联合县旅游局、经信局、发改委等政府职能部门，制订旅游业发展规划；其次，联合县内具有较大规模旅游资源的旅游公司或高档酒店等，采取多个发起人联合的方式推进上市工作；再次，应进一步加强旅游投融资平台的建设力度，通过整合全县旅游资源，成立旅游产业基金，并在县内旅游景点试行门票收入权质押融资方式，积极拓宽旅游开发的融资渠道。

二、罗田县金融工程支持板栗产业发展规划

罗田县是板栗的原生地之一，也是我国南方板栗的中心主产区。1986 年国家和湖北省委、省政府在大别山实施了科技扶贫开发工作，促使罗田县的特色产业不断发展壮大，尤其是板栗产业。如今板栗产业已成为大别山区一大支柱产业，同时也是罗田县的主导产业，在山区农村经济发展中扮演着不可替代的角色。

（一）板栗产业发展现状

1. 种植生产

到目前为止，罗田县板栗种植面积达上百万亩，年平均产量 6 万吨，相关产业年产值达 10.5 亿元，板栗基地初步形成“三区三带”格局。“三区”和“三带”分别指县南早熟品种板栗区、中部中熟鲜果高效板栗区、县北晚熟品种保鲜板栗区和以“罗九、罗胜、318 国道”三条主要公路沿线西侧为主的板栗经济林带。

2. 产品加工

现在板栗生产快速发展，而大别山区的加工开发技术相对落后，仅有罗田板栗加工业初具规模，先后建成了一批中小型板栗食品加工企业和冷藏库。近年来又通过引进湖北绿润食品（集团）有限公司和湖北华丽食品公司等加工企业，加强了板栗加工产业的发展。

3. 销售

目前罗田板栗销售方式主要有两种，一是外地商家进驻收购，二是本地营销公司外出销售。罗田板栗在国内外销售的主要渠道就是外地客商委托本地公司或个人代收代购，外地商家主要以安徽、山东、河南等地的企业为主。罗田板栗

及其制品的销售网络已经覆盖了国内外市场，与沃尔玛、家乐福、大润发、肯德基等知名超市和餐饮连锁企业建立了长期稳定的战略合作伙伴关系，国内销售市场包括广东、江苏、浙江、香港、台湾等地；国外出口对象主要是韩国、日本、欧美、东南亚等多个国家和地区，年出口创汇可达500多万美元。

（二）板栗产业发展优势

1. 栽培历史悠久

据《罗田县志》记载，罗田很早就用人工嫁接的方法繁殖生产板栗，并且在春秋、战国时期以前就已经开始种植板栗。在这个过程中，罗田人民选育了丰富多样的优良品种。据《罗田板栗种质资源调查》记载，全县栽培的原生板栗多达17个品种，主要有桂花香、九月寒、红光栗、早栗、油栗、羊毛栗等，色味独特，风格各异。

2. 自然条件优越

罗田境内多山，地势北高南低。全县属北亚热带季风气候，冬燥夏潮，春暖秋凉，雨量充沛，气候适宜。昼夜温差大和秋季干燥等特征，都有利于提高板栗糖度，降低含水量，改善板栗品质和耐贮藏性。另外，罗田土壤质地以轻壤和中壤为主，显酸性或微酸性，适合板栗生长。罗田特殊的气候条件决定了其适合板栗的生长，其良好的大气、土壤、水质条件均符合绿色食品产地质量标准，是理想的绿色食品生产基地。

3. 种植模式先进

罗田县把分散经营的方式与大规模的专业化生产结合起来，把基地建设与结构调整结合起来，逐步实现"一乡一业""一村一品"，走规模集约化经营之路，注重培植专业乡镇、专业村组和专业大户，目前已经基本上形成了"产供销一条龙、贸工农一体化"的格局。

4. 板栗产业链延长

在板栗成熟季节，当地开办了一些"农家乐"旅游项目，供来自武汉、黄石、鄂州等周边区域的游客观光、采摘和品尝各类特色板栗。在有些景区形成了观景、"农家乐"融为一体的特色自驾旅游项目，游客可以采摘、品尝板栗，吃农家饭，这种方式从一定程度上带动了罗田经济的发展。

5. 销售体系不断健全

罗田先后建成了大别山板栗交易市场和12个乡镇板栗专业交易市场，在全国很多大中城市设立了相应的市场交易窗口，形成了较为完善的市场体系。罗田板栗及其加工产品已遍销全国30多个省、市、自治区，同时出口到20多个国家和地区。

（三）板栗产业链分析

板栗产业链的上游主要是板栗的种植业，中游主要是板栗的加工业，下游则是销售业，该产业链结构相对简单，并且现有链条存在很多问题。

首先，在产业链上游存在以下四方面的问题：第一，板栗栽培品种混杂。罗田县栽培板栗的历史较为悠久，栽培范围广，而在生产过程中，存在大面积板栗园品种混杂栽培、良莠不齐的问题，使得得天独厚的资源优势没有转化为商品优势。第二，自然灾害频发。罗田县板栗生产面临的自然灾害主要有三种，即涝灾、暴雨、旱灾。例如2008年和2014年出现干旱、倒春寒、雪灾等自然灾害，导致板栗呈现减产趋势。除此之外，板栗在气象灾害来临时会伴随有病虫害大量发生，也会使得板栗产量大大减少和品质逐步下降。第三，基地管理粗放。部分乡村栗农对所种板栗的品种不够了解，认为板栗属粗放型树种，不需要精细管理，于是采取粗放管理方式，导致产品单产和优质果品率低。第四，基础设施相对落后。罗田板栗基地基础设施由于投入的不足相对落后，没有建立相应的排水灌溉系统和生物防治设施；另外乡村技术力量本身也较薄弱，这就使得板栗生产抵御自然灾害的能力较差；加之部分乡村道路崎岖难行，增加了板栗采摘的成本，降低了利润空间，从而减少了栗农的收入。

其次，在产业链的中游，存在的主要问题是板栗贮藏、保鲜、加工技术落后。由于板栗皮厚、栗肉含水量高，在自然温度下很容易腐烂，而板栗的种植面积一直在扩大，这就导致板栗产销矛盾越来越突出，对板栗储运保鲜的要求也随之越来越高，保鲜技术的滞后会导致较大的损失。据调查，目前罗田已有的板栗加工产品主要有板栗罐头、速冻板栗仁、糖炒栗子、板栗粉等，都是一些低附加值产品，远远不能适应市场的需求。另外，由于缺乏高水平的科学技术作为指导，造成罗田板栗加工品企业竞争力较弱，加工业也没有形成知名品牌，严重制约了罗田板栗产业化发展。

最后，在销售环节，罗田板栗的国际市场开拓力度仍然不够，品牌利用不够充分，因此市场潜力还有待挖掘。目前，罗田板栗主要出口日本、韩国及东南亚等国，由于这些国家加大了对进口农产品的检验检疫力度等一系列原因，罗田板栗的出口量正在慢慢减少。而且很多出口企业为了抢客户、争市场，竞相降低出口价格，造成板栗出口价格不断走低。此外，罗田板栗的品牌效应不强，也使本来富于大别山特色的优质板栗这样一项无形资产价值没有得到很好的发挥。

（四）政府板栗产业基金建设

县域金融工程利用市场化的资金来源来建立政府基金，对政府基金进行市场化的管理，政府资金的使用也尽量市场化，这样政府基金的使用效率会大大提高。此外,资金的具体使用必须是有精确投向的,必须符合当前精准投放的要求。

1. 建立市场化的财政资金来源

在金融服务创新工程、企业上市工程、要素市场建设等工程中,政府参股的融资平台使得政府有一部分经营性收入,可以利用这些经营性收入建立政府基金。例如,政府可以在上市企业工程中设置一个条件,所有上四板的企业,上市之前有一个条件,那就是允许融资担保平台购买该企业的少量优先股;用同样的方法融资担保平台还可以投资板栗加工企业的优先股,利用这些优先股的收益作为政府基金的一部分来源;在建立金融要素市场的过程中,政府获得市场管理费收益,也可以利用一部分管理费收益作为政府基金的资金来源。

2. 建立市场化的政府基金管理方案

聘请职业经理人管理政府基金,总经理由政府基金委员会面向社会招聘。政府基金委员会规定政府基金只能投资于低风险的金融工具,如国债、国债回购与逆回购、AAA 级以上企业债等,不得投资于股票、期货、期权等高风险金融工具,也不得将基金投资于远期合约投资,不得将基金资金用于担保,以及其他金融投资。

3. 市场化地使用政府基金

鉴于以往政府资金使用过程中的低效率、虚报工程预算、权力寻租等问题,应设计市场化使用政府基金的方案。

首先,在政府资金的使用项目立项之后,面向全国资助贫困山区类公益组织发出扶贫项目招标邀请。其次,对参与资助贫困山区类项目竞标的组织进行考核,资质符合要求的参与公开招标。再次,公布中标组织。中标组织在网站上和当地媒体公布资金使用的具体安排,接受社会监督。最后,中标组织向罗田县政府基金组织递交详细的方案并组织实施。

图 14-1 为政府基金详解图。

(五) 板栗产业发展机遇

1. 市场前景广阔

板栗不仅色泽鲜美,而且营养丰富,是鲜食佳品。板栗作为夏秋时令果品,历来都深受消费者喜爱。加之罗田板栗品质优良,食用和加工的开发潜力巨大,市场发展前景尤为广阔。

2. 新农村建设契机

罗田县以建设新农村为切入点,加大了对农村基础设施建设的力度,改善了栗园和村民人居环境;鼓励和动员村民投劳投资,对全县道路进行改造和硬化,并在道路两旁种植板栗,极大地改善了农村的交通状况,为农民的生产生活创造

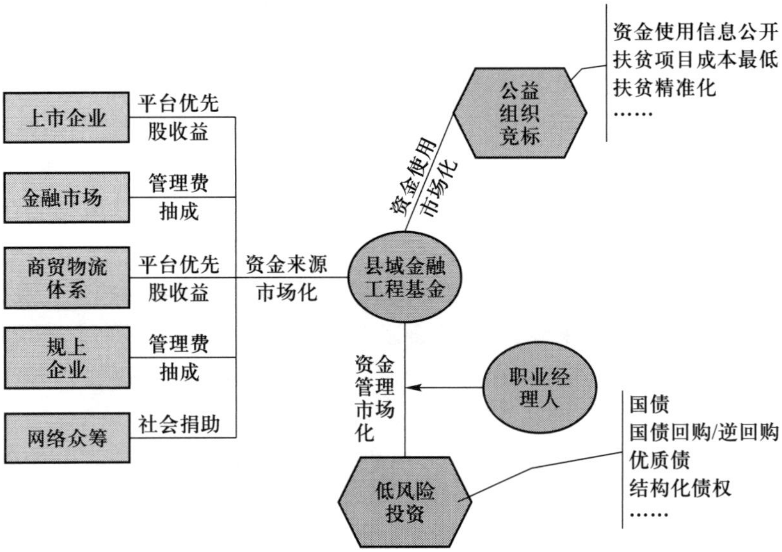

图 14-1　政府基金详解图

了良好条件。罗田县紧紧抓住湖北省委省政府创建大别山试验区的机会,按照构建“两型”社会的要求,加大了对栗农的支持力度。一是实行最低收购价保护制度;二是组织板栗加工龙头企业设点收购;三是出台信贷融资优惠政策;四是组建板栗市场服务专班。

3. 科技水平不断提高

罗田县以不断提高农民收入为目的,以创建全国生态县为载体,加强对栗农的实用技术培训。这种培训以远程教育培训班和面授培训班相结合,栗农通过学习,不仅提高了文化水平,而且学到了最新的农业科技知识和实用技术。在罗田县科委、农委、林业局等单位的大力支持下,通过各种方式培训栗农 10 万人次以上。

三、罗田县板栗产业金融工程规划战略举措

(一) 完善现有金融体系

金融业是经济发展的依托,所以发展县域经济要从金融业着手,特别从金融机构角度而言,罗田县目前以银行类金融机构为主,其他类型金融机构过少,应该鼓励设立和引进多样化的金融机构,利用优惠政策吸引国有银行、商业银行、城市银行、村镇银行等银行类金融机构,同时也要引进非银行类金融机构、小额贷款公司、租赁公司等民间金融机构,以及基于罗田县板栗产业特色的专业型金

融机构,并建立证券、期货、租赁等金融业态。通过引进多样化的金融机构,同时提高已有金融机构的质量,能够为罗田县主导产业发展提供帮助,从而促进县域经济发展。

（二）建立保险体系服务农业

罗田县的板栗种植会面临一系列自然灾害,加之部分栗农的粗放式管理,会直接导致板栗产量大大减少,同时降低了产品质量,因此有必要建立相应的保险体系服务于板栗产业以及全县农业,鼓励栗农与农业保险公司进行合作,开发板栗农业保险,对遭受自然灾害和意外事故所造成的经济损失提供补偿,保证农户的收益。

（三）建立板栗交易市场

罗田目前主要采用农户种植、培育,公司收购加工的模式,这样的种植模式虽然解决了农民的收入问题,却不利于技术进步和产量提高。技术的提高需要研发的大量投入,但在现在的培育模式下,公司没有研发投入的动机,而只会在加工和深度加工环节加大研发投入。此外,虽然有规模较大的园区种植,但是农户的思想观念尚为老旧,认为板栗种植是粗放型种植,缺乏科学的管理与培植经验,因此出现品种混杂种植的状况。解决这一模式关键问题的方法之一就是发挥市场的调节作用,建立板栗原料交易市场,整合全县大大小小的板栗加工企业。

在板栗交易市场上,买方主要是大型的板栗加工企业,卖方主要为板栗种植农户。板栗原料的交易主要可以采用订单的形式,可以大量减少板栗种植者的风险,并且保证板栗的价格与产量。这样通过市场的选择作用,促进农户主动学习板栗培育技术,提升板栗种植效率和产量。

除此之外,长期来看,应将板栗交易市场建设成为立足湖北、涵盖华中、辐射全国、着眼世界的交易市场。具体而言,要立足于湖北省建立板栗产品的电子交易平台,并联通全国和世界各地市场,推动市场向国际化方向发展。总体以板栗产品交易平台为中心,最终形成涵盖多种交易方式并且可靠、安全、开放的交易系统。

（四）金融产品及服务创新

罗田县金融机构产品的创新可首先由中小企业方面开展。该县的板栗加工产业多为中小企业,板栗加工面临的问题主要是加工产品附加值不高,全国板栗加工业的竞争激烈。因此根据以上所列中小企业特点及需求,积极探索推广仓单抵押、应收账款质押、承诺贷款、创业贷款、商铺租赁专项贷款、收购兼并专项贷款等;为适应中小企业资金分期回流的特点,可以考虑开办整贷零偿贷款,减轻中小企业的还款负担;探索政银保合作新机制,推进政银保合作;降低贷款门槛,丰富贷款业务种类,推广助保贷、助农贷等贷款产品。

同时,由于当前直接补贴给农民的政府资金使用方式的效果十分有限,所以有必要把政府资金进行整合,成立政府参股、市场化运作的融资担保平台,然后利用该平台作为杠杆,成倍地撬动社会资金投入罗田县的各类产业特别是特色产业,从而实现扶贫资金、财政资金与社会资金的综合利用。

另外在技术环节,板栗的加工厂商可以采用技术入股的办法来引入技术,减少引进先进技术的成本。也可以考虑成立专门的先进设备金融租赁公司或为加工厂提供低息或无息贷款,减轻加工厂短期运营资金压力,提高加工厂资金利用效率。

(五)政府财政资金综合配置

罗田县产业的发展,离不开政府部门的支持。为了把产业金融工程落到实处,政府各职能部门必须拿出切实可行的支持方案。政府在整个金融工程支持罗田板栗产业发展的过程中,都应该扮演引导和支持的角色。

首先,加强财政资金对于金融机构的引入作用,对新入驻金融机构的优惠政策中,提高对于新入驻金融机构的财政资金奖励与补贴;以政府引导资金的形式,在一批具有发展前景和良好信用的企业中,率先试行互助基金等;加强财政资金对于信贷投放的激励作用,通过将县政府财政存款与各银行机构新增贷款及贷存比挂钩进行考核的形式,提高各银行信贷投放的积极性。

其次,在板栗的种植环节,政府可以出台相关优惠政策,积极鼓励和支持板栗加工企业与农户合作,并在行业不景气时按照板栗的产量直接给予财政补贴,以提高农民积极性。

最后,在板栗的加工环节,由政府提供引导资金,引入先进生产加工技术,组织科研力量开发新技术;引导板栗进行深加工,提高板栗产品的附加值,以此也能提升产品在销售阶段的竞争力。

第四节 罗田县金融工程预期效益及政策建议

一、罗田县金融工程预期经济效益

(一)金融体系完善

通过金融工程的实施,进一步完善罗田县金融机构体系,到2016年累计引进2~3家各类金融机构。金融机构的完善、金融全覆盖的实施、资本市场的建立将使得罗田县的金融发展走在黄冈地区前列。

（二）资本市场融资提升

通过金融工程的实施，初步建成多层次资本市场。通过罗田县同资本市场对接，促进县内企业赴新三板和新四板挂牌上市，3 年累计上市 15 家企业，直接融资达 10 亿元以上。

（三）增加贷款投放

通过金融工程的实施，2014—2016 年三年贷款净增 110 亿元，到 2016 年年末余额贷存比达到 50% 以上。

（四）提升经济总量

通过金融工程支持罗田县实体经济，扶持县农产品加工、医药化工、旅游等主导产业，促进罗田县经济的跨越式发展，争取使罗田地区生产总值 3 年累计新增 100 亿元，税收增加达 5 亿元。

二、罗田县金融工程预期社会效益

（一）生态环境改善

通过金融工程支持县域经济发展，提升主导产业生产加工环节的技术水平，降低单位产出的原材料消耗，减少商品生产中对空气、水资源等环境的污染，净化环境，提升人民群众的生活质量和幸福指数。走可持续发展道路，包括合理利用石材、矿产等资源，减少盲目开发，实现耕地占补平衡，人与自然协调发展，创造和谐的人居环境。

（二）带动农民致富，增加就业机会

通过多种途径相结合的方式来有效解决罗田的“三农问题”，为农民致富创收提供有利机会。同时，有效解决劳动力转移问题，通过产业、市场和金融的互动发展，提升企业规模与产业容量，为不同层次的劳动者提供就业机会，提高罗田县的整体就业水平。

（三）推动县域市场发展

通过多种方式推动板栗、茯苓、甜柿商品市场、金融市场、技术市场等的发展。

三、政策建议

目前罗田县产业面临的问题很多可以通过加强金融对产业的支持加以解决。在罗田县的三大产业中，中小企业占绝大部分，产业产值提升力度不足。罗田县企业应在控制风险的前提下，充分利用现有的金融资源，拓宽融资渠道。首先，罗田县政府应加强对各产业的金融支持力度，特别是要加大对企业的资金扶持力度，积极为企业提供融资担保，以降低企业的融资成本，鼓励企业技术创新和产品创新，促进企业提高产品附加值，为企业的持续发展营造更广阔的空间。其次，通过产业集群，组建资金联盟，通过行业协会，鼓励企业之间的相互资金扶持。最后，还可以通过湖北省的要素市场融资，解决产业的融资困境，有效推动产业的发展。

（一）建立产业投资基金

产业投资基金一般是指向具有高增长潜力的未上市企业进行股权或准股权投资，并参与被投资企业的经营管理，以待所投资企业发育成熟后通过股权转让实现资本增值。产业投资基金投资与传统的债权投资方式有所不同，主要区别就在于基金投资是权益性的，着眼点不在于投资对象当前的盈亏，而在于它们的发展前景和资产增值，以便能通过上市或出售获得高额的资本利得回报。

（二）发展产品交易市场

产品交易市场包括现货市场与电子商务市场。产品交易市场具备生产资料大宗货物的战略储备、调节物价、组织生产和套期保值四大基本功能。一是为买卖双方提供资金在线结算业务，避免了企业的“三角债”问题；二是实施现货仓单的标准化，杜绝了“假冒伪劣”商品；三是完善的物流体系，满足不同交易商物流需求；四是大宗商品电子交易行业形成，对现货贸易流通发展起到不可替代作用。

（三）集中优势资源，打造产业园区

工业强市战略正在不断向纵深推进，罗田县现有的园区已经成为推进地方经济发展的重要支撑和经济发展的主要增长极。产业园区是产业集聚、发展壮大的平台和载体。要注重调优结构，着力提升园区产业集群发展水平。

（四）推进龙头企业上市

企业是产业发展的基础，而企业上市则是壮大自己的最有利方式之一。政府应该支持、培育并壮大龙头企业，通过强化龙头企业社会责任，提升区域经济发展实力和当地的辐射带动能力。

（五）利用湖北省要素市场进行融资和风险管理

罗田县可以考虑整合现有资源，引导企业兼并重组，组建集团公司，在重组后给予一定的税费优惠，打造企业品牌，并鼓励其上市融资，以达到产业价值链的全覆盖，将产业做大做强。湖北省要素市场上市的门槛低于主板市场，企业比较易于上市。企业也可以利用要素市场进行风险管理，特别是对于价格波动较大的产品，要素市场风险管理的作用更容易体现。

（六）优化产业发展外部环境

一是加强政、银、企合作。建立部门与金融业合作的机制，召开多层次产业与银行业合作座谈会以及多种形式的银企对接活动，由政府主管部门介绍产业的发展经营情况，商业银行通报货币信贷政策，企业推介自己的项目，再由银企双方根据市场原则双向选择。二是建立金融支持信息平台。现有企业多为中小微企业，商业银行在授信过程中往往会担心信息不对称的问题，因此需要整合税务、工商、社保等信息数据库，为金融机构对企业的融资提供信息平台支持。

（七）发展小额贷款公司及担保公司

目前罗田县已有的小额贷款公司和担保公司数量少，且规模小，应该尝试将小额贷款公司和担保公司的业务做大做强，发挥担保公司的作用。

（八）发挥财政资金的杠杆作用

在财政方面，充分发挥财政资金的杠杆作用，利用财政资金支持融资担保体系建设，引导民营资本参股政府主导的中小企业担保公司。产业发展融资完全按市场化运作，对于新增贷款或担保贷偿形成的损失由担保融资机构负责，财政部门不应给予补偿。

参考文献

[1] 刘细波．发展罗田旅游产业 培育新经济增长点[J]．湖北财税，2000(20)：41-43.

[2] 祁华清，徐广文，管顺丰等．以特色农产品及其加工转化推动湖北县域经济发展的战略研究——以罗田县为例[A]．//湖北省科学技术协会．现代科技与湖北新型工业化——第二届湖北科技论坛优秀论文集[C]．湖北省科学技术协会，2003：3.

[3] 中国农业发展银行湖北省分行课题组．农业政策性金融支持县域经济发展的罗田模式[J]．农业发展与金融，2009(07)：56-58.

[4] 钟红涛，徐有源，傅啸铎．“板栗第一县”崛起背后的金融动力——湖北省罗田县农信社支持板栗产业发展纪实[J]．中国农村金融，2013(04)：41-42.

[5] 陈世龙．罗田县板栗产品市场推广的现状、问题及对策研究[D]．武汉：华中师范大学，2013.

[6] 胡艳生．大别山区生态旅游业发展现状与对策研究——以湖北省罗田县为例[J]．农村经济与科技，2015(03)：76-77，79.

第十五章　英山县金融工程支持体系

第一节　研究背景与相关文献综述

一、研究背景

（一）英山县简介

英山县隶属于湖北省黄冈市，地处湖北省东部，大别山主峰以南，东靠太湖，南接蕲春、浠水，西与罗田相邻，北与安徽省金寨、霍山毗连。全县东西宽 43 千米，南北长约 70 千米，总面积 1 449 平方千米，英山县版图形状像一个斗柄朝南、斗勺朝东的北斗七星。英山辖 3 乡 8 镇，309 个行政村，总人口 40.2 万人，物产丰饶，拥有名泉（地热温泉）、名产（茶叶、丝绸、药材、板栗），是中国温泉之乡、茶丝之乡、药材之乡。英山中药材资源丰富，茯苓、苍术、桔梗等中药材产量大、品种优，是全国重要的中药材主产区和商品基地。英山拥有矿产资源 14 种，矿藏地 234 处，其中，地热资源已列入《湖北省主要矿区资源储量表》，属中型地热矿床。

近年来，中部经济发展战略、武汉城市圈、长江经济带、大别山试验区等战略和政策同时惠及英山，黄冈英山机场、棋盘州长江大桥、麻阳高速公路的启动建设，使英山迎来了"过去不曾有，今后未必有"的发展黄金期。全县上下以提速提质为重点，按照"竞进提质、升级增效"的总要求，突出"双强双兴"发展重点，坚持生态优先、绿色发展，加快推进"五城同创"和城乡一体化建设，全县经济和社会发展实现缓中趋稳、稳中有进的良好局面，使得特色产业发展加快，基地规模不断扩大，GDP 增速近年来都超过黄冈市的平均水平。

（二）英山县交通区位

英山县万山磅礴、控引江淮，历来为兵家必争之地，素有"鄂皖咽喉、江淮要塞"之称。英山西连大武汉，东接皖江经济带，是武汉城市圈和长江经济带的重要部分，在交通位置上拥有十分优越的条件。从公路运输看，武（汉）合（肥）高速、318 国道、201 省道、大别山红色旅游线路贯穿全境，英浠公路与黄（石）黄（梅）、大广高速连接，麻阳高速公路也正在施工中；从水运来看，英山县距离长江阳逻港 130 公里；从铁路运输看，英山距京九铁路浠水站 60 公里；从空运来看，英山距离武汉天河机场 160 公里，黄冈英山机场也正在建设。英山县的交通建设还算全面，但从全县总体看，道路网络建设还不健全，整个交通状况同其他县市相比显得滞后。英山县位于湖北的最东端，没有铁路、水路，公路等级较低，导致运输成本较大，已经不适应旅游产业和物流产业发展的需要，这些都制约了英山县的经济和社会发展。

二、研究意义

（一）理论意义

宏观金融工程是我国金融业发展的一个重点，因此宏观金融工程理论也是我国目前金融方面研究的重点内容。县域经济是我国经济发展的重要一环，受到党中央和国务院等的高度重视，县域经济总量超过全国经济总量的一半，县域经济快速发展将为中国经济发展提供持续动力，而县域金融工程是带动县域经济发展的重要力量，也是宏观金融工程理论的组成要素，因此研究县域金融工程的支持体系对于发展我国宏观金融工程理论具有重要的理论意义。英山县地处大别山地区，是一个典型的以农业为主导产业的县，也是县域金融工程的试点县之一，研究英山县金融工程支持体系很具有代表性，有利于把握我国县域金融工程发展的途径和基本规律，进一步推动我国县域金融工程的发展，从而带动县域经济的发展。

研究英山县的金融工程支持体系，有利于由点及面地帮助我们对于整个大别山地区的金融工程进行研究，从而形成一套完整的关于一个地区的金融工程理论体系，并对我国其他地区发展金融工程和进行金融工程的理论研究提供借鉴。

（二）实践意义

（1）研究系统阐述了英山县县域金融工程发展过程中的现状和问题，探索英山县金融和经济发展的特点，并进一步针对现状和问题为英山县县域金融工程的发展制定适合的目标、做出相应的规划，使英山县金融工程有计划、有步骤地进行。

（2）通过对于英山县县域金融工程的理论研究，一方面可以总结其成功之处和可以推广的经验，为整个大别山地区的金融工程建设提供借鉴与启示；另一方面，可以看到英山县县域金融工程发展过程中的不足之处，避免地区内其他县在同样的方面出现同样的问题。

(3) 通过对英山县县域金融工程发展过程的研究,并借鉴地区内其他县的县域金融工程建设的经验,再结合实际提出切实可行的政策建议,为县域金融工程的更进一步发展提供支持,并进一步带动县域经济的发展。

三、相关文献综述

杨飞(2007)[1]认为贫困是世界各国普遍存在的社会问题。我国农村因农业资源缺乏和农民知识贫乏等原因,带来贫困问题。新中国成立后特别是改革开放以来,党和政府领导全国人民积极进行反贫困工作,并取得巨大成就,全国范围内基本上解决了温饱问题。但当前我国农村仍然存在着贫困,尤其是区域广泛的贫困山区问题更加突出,反贫困工作面临着严峻形势和挑战。杨飞以大别山区国家重点扶贫县湖北省英山县为例探讨山区农民贫困问题,简明阐述了我国目前农村贫困范畴的基本释义,分析了新农村建设时期中国山区农村贫困的现状与特征,以湖北省英山县为样本,从自然环境、贫困人口分布状况、经济发展水平和社会发育程度等因素分析了山区农村反贫困的制约因素,结合我国"十一五"规划纲要精神和建设社会主义新农村的伟大蓝图,认为中国山区农村在新阶段的脱贫必须继续坚持正确的开发式扶贫方针,政府主导与市场运作相结合,建立多元反贫困机制;物质扶贫与文化扶贫相结合,提高山区农村人力资本素质;增加扶贫投入与加强资金管理相结合,提高山区扶贫开发效益;山区移民扶贫与小城镇建设相结合,促进城乡一体化发展,扶贫开发与生态环境保护相结合,坚持实施可持续发展战略,促进贫困山区经济社会发展,扶持贫困人口尽快脱贫致富。

英山县以农业为主导产业,其中又以茶叶和药材为其优势行业。伍松(2004)[2]认为农业产业化是继家庭承包责任制之后我国农业和农村经济社会变革与发展的"第二次飞跃",是一场真正的农村产业化革命。它标志着我国农业进入融稳定(家庭承包制)、改革(经营方式和管理体制)、发展(市场经济和现代农业)于一体的整体创新的阶段。这种创新能够引导分散的小农户进入社会化大市场,排除经济体制障碍,发挥聚合规模优势,降低交易成本,生成新的发展机制。同时,农业产业化是中国加入 WTO 后农业产业应对世界农业产业强烈冲击的唯一选择和出路,是从根本上解决我国"三农"问题的有效举措。胡艳生、胡兰捷(2013)[3]分析了英山县茶叶产业发展的优势和劣势,认为英山县茶叶产业的优势体现在栽培历史悠久、自然条件优越、龙头企业不断壮大、品牌建设初见成效、营销网络日益完善和茶文化建设初现端倪上,而其劣势主要有龙头企业规模不大、市场开拓不够、还未建立有效的长效投入机制等方面。童莹、陈洁、田玲玲、罗静(2014)[4]对英山县茶产品的地域分布、产量的提升以及名优茶产品的产量进行了详细的对比分析,并进而为英山县茶叶品牌的建设提出了一些建议:加大科技投入,与国家级、省级茶叶科研院所及技术推广部门开展科技合作推进茶叶标准化生产;加大政府扶植力度,政府出台一系列政策和规定对重质量、创品牌、守信用的企业,在项目资金、技改贴息、信贷融资、基础设施建设等方面给予重点倾斜;注重打造品牌特色,实施精品名牌战略;完善营销网络,与武汉、北京、济南茶叶批发市场实现有效对接。

第二节　英山县经济金融发展概况

一、英山县经济金融发展现状分析

（一）英山县经济发展现状

1. 经济总量偏低,增速比较稳定

2010 年到 2014 年,英山县经济总量持续增加,并且增速基本维持在 10% 以上,2011 年以后的增速超过了黄冈市的平均水平,经济增长状况良好。2014 年全年国内生产总值 78.55 亿元,比上年增长 9.6%。增速虽然可观,但是经济总量偏低,仍然处于黄冈各县的倒数第二位。

2. 优势产业持续发展,产业结构逐渐优化

英山县产业结构以第一产业为主,农业更是英山县的优势产业。2014 年全县全年实现现价农业总产值 463 470 万元;现价增加值 315 877 万元,其中种植业产值 243 510 万元、林业 3 426 万元、牧业 61 314 万元、渔业 4 838 万元。可比价农业总产值 463 412 万元,比上年增长 5.2%;可比价农业增加值 315 837 万元,比上年增长 5.1%。全年粮食种植面积 31.6 千公顷,比上年持平略增,全年粮食总产量 14 万吨,比上年增长 3.4%;全年油料种植面积 9.5 千公顷,比上年增长 3.9%,全年油料总产量 1.8 万吨,比上年增长 6.8%;全年茶叶种植面积达到 15.9 千公顷,其中采摘面积 13.9 千公顷,全年茶叶产量 2.6 万吨,比上年增长 10.8%。全县药材年末实有面积 11.3 千公顷,药材总产量 3.4 万吨,比上年增长 5.4%。

特色产业发展加快,基地规模不断扩大,全县农业特色产业基地规模达到 62 万亩,同比去年扩大 16.8%。产业龙头企业不断发展壮大,湖北英山云雾茶业有限公司、湖北团黄贡茶有限公司、湖北惠丰农业发展有限公司 3 家企业晋升为省级农业产业化重点龙头企业,绿羽、华发等 4 家企业产值过亿元。品牌力量不断彰显,金雷、千禧、润禾等一批企业异军突起,其绿色、环保、生态产品很受市

场欢迎,在激烈的市场竞争中闯出了一片新天地。

2014 年,英山县第一产业、第二产业和第三产业增加值分别为 32.22 亿元人民币、24.36 亿元人民币和 21.97 亿元人民币,增幅分别达到 5.1%、15.8% 和 9.4%。其中英山县第一产业占全县 GDP 的比重为 41%,第二产业所占比重为 31%,第三产业占比 28%。从占比来看,第一产业仍然为英山县的第一大产业,但从 2011 年起,第一产业占比逐渐下降,第二产业占比逐渐升高,第三产业占比持平略减,产业结构正在不断优化。

3. 财政收入稳步增长,财政缺口也在扩大

2014 年,英山县全年财政总收入 8.3 亿元,比上年增长 30.1%;地方财政总收入 4.5 亿元,比上年增长 19.4%;一般公共财政收入 3.3 亿元,比上年增长 18.1%,其中地方税收收入 2.3 亿元,比上年增长 21.1%。但从 2011 年起,财政支出增长迅速,财政缺口也在逐年扩大,财政不平衡状况明显。

4. 社会保障工作取得新进展

2014 年,英山县参加城乡居民社会养老保险人数为 208 332 人,参加城镇医疗保险人数为 78 512 人,参加城镇失业保险人数为 13 020 人,参加城镇工伤保险人数为 21 012 人,参加城镇生育保险人数为 12 620 人,城镇社会保险覆盖率达到 99.9%。全年支付各项社会保险资金 22 130 万元。全县纳入低保对象 22 530 户 26 632 人,其中城市低保 2 403 户 3 870 人,农村低保 20 127 户 22 762 人。全县在册五保对象 5 200 人,其中集中供养对象 516 人、分散供养对象 4 684 人,五保财政转移支付补助资金标准大幅度提高,达到集中供养对象 3 600 元/年、分散供养对象 2 700 元/年。

5. 固定资产投资持续增加但增速放缓

2014 年,全县固定资产投资 73.8 亿元,比上年增长 21.5%。其中,城镇以上投资实现 34.5 亿元,比上年的 33.6 亿元增长 2.6%;农村 500 万元以上投资完成 39.3 亿元,比上年的 27.2 亿元增长 44.5%;农村私人投资 1.5 亿元,比上年的 1.2 亿元增长 25.5%。最近五年,英山县虽然固定资产投资仍在增加,但固定资产投资水平远低于黄冈市各市县平均水平,增速也在逐渐放缓,亟需进一步加大固定资产投资,来拉动全县经济增长。

(二)英山县金融发展现状

1. 英山县金融机构现状

英山县银行业金融机构比较齐全,中国工商银行、农村合作银行等银行都在英山县设立有支行;有利于乡村经济发展的乡镇银行也在英山县成立,湖北英山长江村镇银行于 2014 年 8 月 18 日在英山揭牌,该村镇银行是经中国银监会湖北监管局批准的一家具有独立法人资格的金融机构,主发起行是武汉农村商业

银行,是英山县引进的首家村镇银行,它的进驻是对英山经济发展潜力和金融生态环境的认可,可以极大地提高英山县县域经济金融覆盖率。其他金融机构方面,英山县拥有一家小额贷款公司即楚丰小额贷款公司,多家大型保险公司(例如人寿保险、太平洋保险)都在英山县设立分支机构,但是英山县还没有融资租赁和期货公司,也没有私募股权投资(PE)和风险投资(VC)等机构。在企业上市及利用资本市场融资方面,有三家企业申报上市融资,其中润禾农业在武汉光谷股权交易中心成功挂牌,企业上市融资开始起步。

2. 金融存贷款额增长较快

如表 15-1 所示,2014 年,英山县金融机构人民币存款年末余额 1 259 481 万元,比年初增加 194 892 万元,比上年年末增长 18.3%。其中,城乡居民储蓄存款年末余额 894 302 万元,占各项存款余额的 71.0%,比年初增加 156 948 万元,比上年年末增长 21.3%。全县金融机构人民币贷款年末余额 402 824 万元,比年初增加 41 104 万元,比上年年末增长 11.4%。金融机构贷存比自 2008 年以来一直处于增长趋势,自 2008 年的 29.75% 增长到 2012 年的 33.45%。总体来看,英山县金融机构贷存比偏低,资金没有得到有效利用。

表 15-1　2014 年年末全县金融机构存贷款余额及其增长速度

指标	年末数(万元)	比上年年末增长(%)
各项存款余额	1 259 481	18.3
其中:短期存款	894 302	21.3
各项贷款余额	402 824	11.4
其中:短期贷款	158 011	-15.2

3. 保险事业发展迅速

2014 年,英山县全年承保额达到 677 亿元,比上年增长 34.6%。全年保费收入 17 063 万元,比上年增长 7.6%。其中,中国人寿保险财险保费收入 1 802 万元,中国人寿保险保费收入 7 424 万元,中国太平洋保险财险保费收入 1 537 万元,中国太平洋保险寿险保费收入 6 300 万元。全年赔付额 2 634 万元,比上年减少 13.2%。其中,人保财险赔付 800 万元,人寿保险赔付 369 万元,太保财险赔付 585 万元,太保寿险赔付 880 万元。

二、英山县经济金融发展面临的问题

(一)英山县经济发展面临的问题

1. 经济总量低,增速相对缓慢

表 15-2 展示了 2009 年以来英山县 GDP 总量与黄冈市其他各县的对比,通

过对比五年的 GDP 总量发现,英山县经济总量一直处于黄冈市末游的水平,从数据中可以看出,2013 年英山县的 GDP 总量仅为蕲春县的一半左右。通过与黄冈市各县经济总量对比可知英山县的经济总量较小,亟需扩大经济的规模。

表 15-2　2009—2013 年黄冈市各县 GDP 总量对比

年份 / 地区	2009 年（单位:亿元）	2010 年（单位:亿元）	2011 年（单位:亿元）	2012 年（单位:亿元）	2013 年（单位:亿元）
黄冈	730.19	862.3	1 045.11	1 192.88	1 332.55
红安县	582 728.00	653 165.00	822 572.00	959 730.00	1 076 673.00
黄梅县	775 486.00	977 020.00	1 085 016.00	1 327 219.00	1 488 277.00
罗田县	534 730.00	631 346.00	729 259.00	850 732.00	957 452.00
团风县	339 532.00	423 297.00	495 018.00	565 354.00	643 481.00
英山县	397 187.00	476 085.00	520 744.00	635 716.00	712 624.00
蕲春县	847 748.00	1 009 118.00	1 291 507.00	1 431 065.00	1 623 555.00
浠水县	895 641.00	1 076 707.00	1 246 801.00	1 450 786.00	1 652 405.00

虽然如此,但是从人均水平看,英山县人均 GDP 在黄冈市各县中处于中游水平,略低于黄冈市的平均水平,人均经济总量尚可。说明英山县经济总量相对人口来说是合理的,但是仍然有提高的空间。

2. 城乡收入差距大

2014 年,英山县城乡居民收入都得到了提高,其中城镇常住居民人均可支配收入 18 840 元,比上年增长 9.7%,农村常住居民人均可支配收入 8 364 元,比上年增长 10.9%。但是仅从人均可支配收入来看,城镇居民的收入是农村人口收入的 2.25 倍,差距较大。英山县是以农业为主导产业的县,其农村人口也在县总人口中占据很大的比重,2014 年英山县总人口为 402 033 人,其中乡村人口数为 331 145,占据总人口的 82.4%。因此提高乡村人口的收入是全县经济发展的重点,城乡收入差距大也成为英山县经济发展中的重大问题。

(二) 英山县金融发展面临的问题

1. 金融体系不完善

目前,英山县的金融服务还基本限于银行业务,金融机构种类也十分有限,有些金融机构例如证券公司、期货公司、租赁公司等在英山都没有设立县级机构,这些都是英山县金融体系不完善所致。已有的金融体系又不够成熟,保险业缺乏有效监管使得民众不敢大胆地向保险行业投资,担保公司、小额贷款公司数量极少,已有的担保公司和小额贷款公司又规模较小、效益低下。可见英山县多层次资本市场的建立还任重而道远,对于金融服务的普及工作也还任务繁重。

2. 金融机构贷存比不高

2014 年年末，英山县全县金融机构的人民币存款余额为 1 259 481 万元，而年末的贷款余额为 402 824 万元，贷存比仅为 31.98%。这一数字说明英山县的资金利用率低下，使得英山县自身的资金大部分都逐渐向高一级的行政单位流动，然后又通过储蓄、投资等手段流出黄冈市甚至湖北省并流向其他城市。这造成英山县的资金没有给英山县带来经济效益，反倒为其他地区所用，降低了英山县金融行业的效益，也不利于英山县自身县域经济的发展。

3. 资本市场融资渠道少，融资额度小

由于英山县金融体系不完善，金融机构种类不全面，再加上英山县当地的企业起步较晚，发展过程中对于资本市场融资的重视程度偏低，使得英山县现有的融资渠道仅限于银行信贷的途径，无法有效发挥资本市场的融资功能，满足不同企业不同额度的融资需求，制约了企业和县域经济的发展。由于融资渠道太少、部分企业的信用度不高，再加上银行信贷准入门槛比较高，使得英山县每年的贷款额并不高，无法满足国有企业的贷款需求，更谈不上满足一些小微企业和个人的资金需求，这也严重制约着多层次资本市场的形成和英山县金融业的发展。

第三节　英山县主导产业金融工程
——特色产业及其典型举措

一、英山县支持主导产业发展的金融工程思路

（一）龙头企业上市工程

首先，选择英山县主业突出、经济效益好、成长性强的企业（例如金雷茶叶、志顺茶叶），加强跟踪培植、贴身服务和重点辅导，推荐进入“湖北省省级上市后备企业名单”，优选一批企业进行上市辅导，主动关心、重点培植，实行区级领导挂钩联系、有关部门下派指导，协调解决实际问题，聘请专家开展企业上市培训，进行股份制改造，在四板市场上市。英山县龙头企业上市工程结构图如图 15-1 所示。

其次，企业上市之后能够获得良好的资质，可以通过商业银行、信托投资、PE/VC、P2P 网贷等平台获得融资，还可以通过股权直接融资、股权质押、债券融资等获得企业扩大生产的资金，促进产业发展。

（二）金融创新及风险管理工程

首先，将政府扶贫资金、财政资金、专项资金、社会资金汇总，成立一个政府

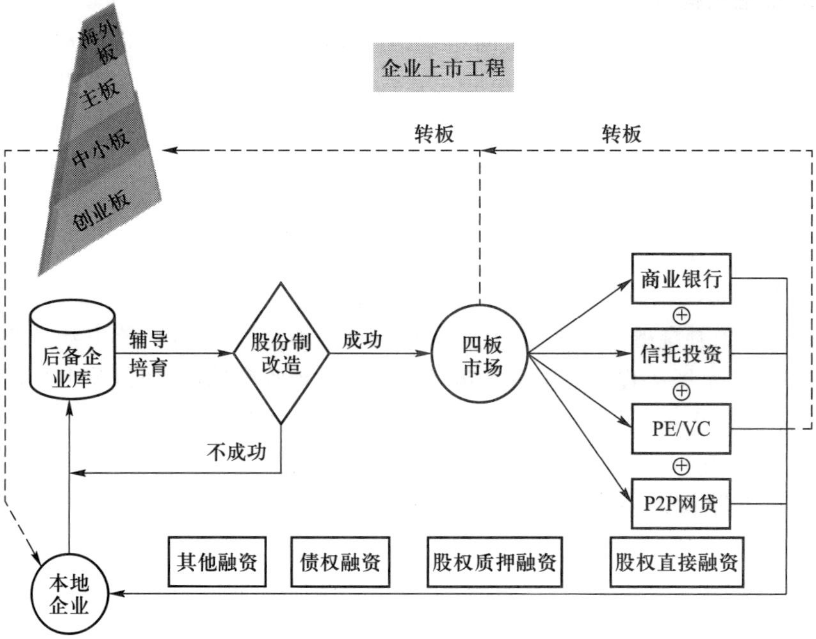

图 15-1　英山县龙头企业上市工程结构图

性的融资担保平台，平台通过与银行签订助保贷协议和其他担保协议获得担保权。该平台可以通过与信托公司签订结构性的债权协议、股权预回购协议等，以及和保险公司签订结构性的保险协议等分散和转移平台的风险。企业和农户可以申请进入该融资担保平台。通过该平台的担保，企业和农户可以获得一定的抵押贷款和信用贷款。企业获得发展后，可以进入政府的上市后备企业库，启动上市工程；农户可以与林权交易中心、大宗商品交易市场等金融要素市场对接，使特色农业企业在未达到场内上市标准的情况下实现场外交易市场挂牌上市。

图 15-2 为英山县金融创新及风险管理框架图。

二、英山县特色产业——茶叶产业金融工程支持体系

（一）英山县茶叶产业发展现状

1. 茶叶品种现状

英山县传统栽培的茶树品种称为英山地方群体种，主要包括小叶种、柳叶种和大叶种。英山地方群体种对英山干旱和严寒的气候十分适应，产出的茶叶香气浓郁、茶味悠然，但长期的有性繁殖使得这些品种的茶树变异性大大增加，发

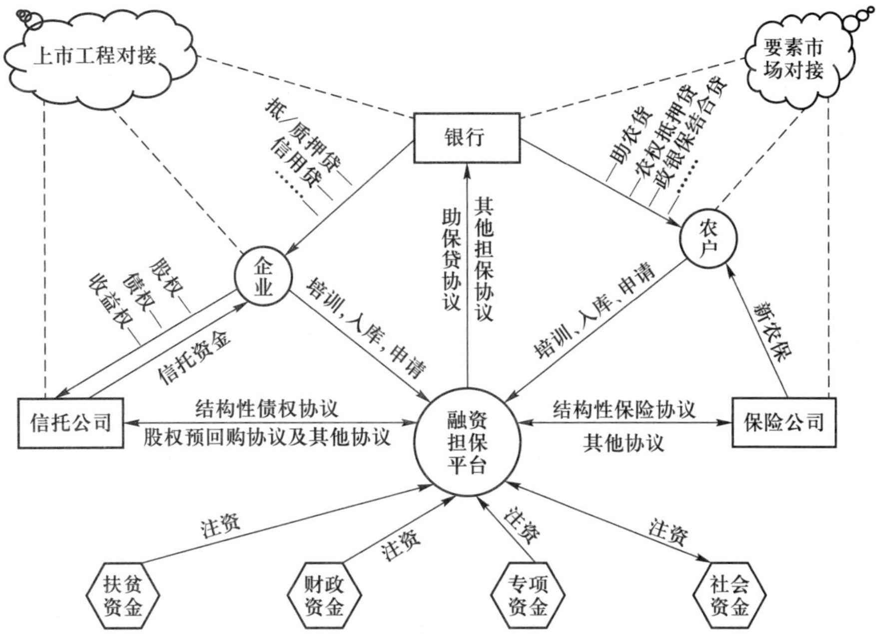

图 15-2　英山县金融创新及风险管理框架图

芽迟、轮次少,再加上采摘难度大,因此传统茶种的产量不高,经济效益也不好。英山县政府意识到这一问题,从 1974 年开始每年都从外引进优良的茶种和幼苗,使当地的茶树品种得到了很大的优化。目前,英山县除了传统的英山地方群体种之外,还拥有龙井、乌牛早、福鼎大白、福安大白、白毫早、鄂茶号等茶树品种。

2. 茶叶种植基地和种植农户现状

从英山县茶叶种植情况看,英山县的茶叶种植基地数目多达 350 个,所有种植基地的种植面积之和约为 5.6 万亩,占据全县整个茶叶种植面积的 40% 以上。其中名优茶种植基地有 20 处,种植总面积为 6 800 余亩,占全县茶叶总种植面积的 6.52%;年干茶产量在 500 吨以上的大型茶叶种植基地却仅仅有 5 处,中小型茶叶种植基地占主体。

英山县有很大一批农民靠种茶为生,茶叶是很多农户的重要收入来源。据英山县统计局统计年鉴统计,2014 年英山县全县人口约为 40 万,其中 32 万人属于农村户口,这其中从事茶叶专业生产的就达 12 万人之多。

3. 茶叶企业的发展现状

英山县政府早在 1997 年就积极引导,采取多方筹资、多轮驱动、多轨并行的措施成立了英山县唯一的茶叶龙头企业即湖北绿蕊茶叶股份有限公司,同时也是湖北省第一家农业产业化股份公司。此后,英山县政府为了加大本地茶叶产业的发展力度,提高本地茶叶的市场竞争力,积极对茶叶企业实施培优植强的战略,扩大招商引资,由此培植出一批创新型和科技型的茶叶龙头企业。目前,英山县已经拥有5家市级龙头企业和1家省级龙头企业,有些企业被评为"湖北省茶叶出口重点加工企业""湖北省茶业十强企业""湖北省十佳名优加工企业"。此外,英山县还积极与大型茶企联手,引进浙江华发茶叶集团和浙江新昌澄潭茶厂的共同投资资金5 500万人民币,为英山建立了湖北省大别山茶叶有限公司。近年来,英山县的茶叶民营企业如志顺、天堂、绿羽等也得到了蓬勃的发展,不断壮大。

4. 品牌建设现状

英山县全力打造的茶叶品牌是英山县的本土品牌——"英山云雾茶",为此英山县政府积极实施茶叶的标准化生产,坚持对内一个生产标准、对外一个品牌宣传的原则大力推进精品名牌战略,使得"英山云雾茶"凭借其良好的品相、浓郁的香气和醇厚的味道多次被评为湖北十大名茶和湖北名牌产品,前后100多次在国家、省级名优茶评比中获得大奖。通过严格的考核程序筛选,目前英山县获得"英山云雾茶"商标使用权的企业有12家,通过有机茶认证的企业有3家,通过绿色食品认证的企业有2家,通过无公害认证的企业有4家,通过质量标准(QS)认证的有18家。

(二)英山县茶叶产业发展面临的挑战

1. 龙头企业少并且规模小

英山县茶叶产业的龙头企业数量很少,目前仅拥有1家省级龙头企业、5家市级龙头企业,无法满足市场需求。而且仅有的龙头企业规模小、实力弱、缺乏知名品牌,在茶叶的深加工和科技开发方面十分欠缺,抗风险能力差,辐射范围小,在日渐激烈的市场竞争中不占优势,也很难对其他茶叶企业起到带动作用。

2. 茶叶产业化组织模式不合理

目前,英山县茶叶产业化的组织模式仅限于农户直接与市场结合以及公司由种植基地和农户结合两种。这两种模式都存在着一定的缺陷,各参与主体之间没有对等性,利益分配稍有不合理就会导致摩擦和矛盾的产生,并且使得生产和销售停滞,在打击农户积极性的同时也严重影响企业的运营。例如在2002年,因绿蕊茶业股份有限公司长期拖欠茶叶款导致多名农户集体到公司追债,使得绿蕊的茶叶采摘出现停滞,虽然最后经过政府调节农户拿到了工资,但是最终农户与公司解除了合约,同时也影响了其他农户与绿蕊合作的积极性。

3. 品牌建设和管理力度不够

尽管英山县注册了"英山云雾茶"商标,这一品牌在湖北省内比较知名,在全国也有一席之地，但是与一些驰名海内外的茶叶品牌（如西湖龙井、福建铁观音等）相比，知名度仍然大大不足，无法给公众留下深刻的印象。再加上品牌的监管并不严格，使得当地很多小茶厂盗用“英山云雾茶”的商标，利用品牌的便利牟利。这些小茶厂往往采摘、生产和加工方面没有按照品牌的要求严格进行，最终的成品与品牌的要求相差甚远。这样的茶叶销售到市场会给“英山云雾茶”的品牌蒙上阴影，影响品牌的形象。

4. 茶叶开发经费特别是科研经费投入不足

近年来英山县政府虽然每年在茶叶产业上均投入了一定的财政资金，但是由于英山县是山区贫困县，财政收入有限，因此在项目上的资金投入也有限，远远不能满足茶叶产业日新月异的发展速度。此外，英山县缺乏专门的茶叶科研所，茶叶科研明显滞后，政府对茶叶的科研投入很少，关于茶叶的各项技术仍然依赖于外省专家或茶叶科研所，县内茶叶技术人员极度缺乏，已有的人员素质也是参差不齐。这些因素使得英山县的茶叶科技开发还处在引进优质茶籽茶苗、制作名茶上，液体茶饮料、茶色素、茶多酚等深度开发还处在规划中，这就大大缩短了英山县茶叶产业链长度，使得英山茶叶的价值没有完全体现出来。

（三）英山县茶叶产业金融工程支持体系

英山县以农业为主导产业，农业中又以茶叶行业为主要行业，但是从前文的分析来看，英山县茶叶产业的发展却不尽如人意，还存在许多的问题，因此仍然存在很多需要改进的地方。针对上述问题，英山县应该从以下方面着手解决：大力推动龙头企业上市，扩大企业的规模和对整个产业的带动作用，加强茶叶的产业链建设，使产业化组织规模合理化，加大品牌建设和管理力度，以扩大英山茶叶的知名度，增加科研资金的投入，使得茶叶产业的科技化带来收益的最大化。

县域金融工程所做的工作就是将宏观金融工程理论应用于微观金融工程建设，因此要构建有关上述各项英山茶叶产业对策的金融工程支持体系，使得金融行业带动这些方面的建设和发展，并进而带动英山茶业产业的发展。

1. 金融工程对茶叶龙头企业的上市支撑

首先在英山县的茶叶企业中选择业绩突出、经济效益好、成长性强的企业（例如金雷茶叶、志顺茶叶），加强跟踪培植、贴身服务和重点辅导，推荐进入“湖北省省级上市后备企业名单”，帮助其在四板市场上市。其次，要提升企业对资本市场融资的意识，让更多企业使用多渠道的融资机制解决融资问题，同时强化企业对上市的认识。最后，政府要借鉴先进经验，积极把推动企业上市工作列入重要议事日程，建立各级领导联系责任制和重点企业专人督办制，帮助企业做好各项规范、协调工作。此外，要做好帮助企业转板的工作，帮助已经挂牌“新三板”的公司和已经挂牌四板市场的企业通过金融工程手段拓宽企业融资的渠道，企业可以通过股权质押贷款，从非银行金融机构获取发展资金，也可以利用信托公司、小额贷款公司、典当行进行资金融通，使得企业获得足够的资金扩大投资经营规模，为这些企业进一步在主板市场上市积蓄力量。

2. 金融工程对茶叶产业链的支撑

英山县茶叶产业现有的组织模式过于单调，并且容易产生疏漏，造成不必要的损失，因此要完善英山县茶叶的产业链建设，使得单一模式的生产销售变成链条式的模式，提高生产效率的同时，扩大企业效益。

英山茶叶的产业链主要包括茶园种植、茶叶加工、产品销售三个环节，对于茶叶产业的金融支持也应该从产业链的三个环节入手。在种植和采摘环节，金融支持要以财政引导资金作为担保，向茶叶种植企业提供信贷支持，由政府、茶叶协会组织建立茶叶种植商联合投资基金，基金的作用主要是提供担保，提供种植、采摘技术支持，引进现代机械等。在茶叶加工环节，通过茶叶产业基金向规模较小的茶叶公司提供支持或者向银行提供担保，有一定规模的企业可通过抵押获得贷款，甚至可以到产权市场进行融资，企业再发展壮大，可以考虑到金融股权市场融资。在茶叶销售环节，要建立产品流转支持体系，在物流环节提供金融支持，降低物流成本；建立场外交易市场，为茶叶产品（茶、茶饮料、茶医药产品）销售提供套保品种，形成标准化合约后，与期货交易所合作推向期货及衍生品市场；组建茶叶交易信息平台和茶叶互联网交易平台，消除信息不对称。

3. 金融工程对品牌建设和管理的支撑

加强“英山云雾茶”的品牌建设和管理，首先需要政府有所为。一方面，政府要出台品牌扶植政策，及时掌握市场新动向，研究解决新问题，为创建茶叶名牌精品保驾护航，从资金、科技、信息、服务等方面集中倾斜投入，切实调动创建品牌的积极性。从财政和税收入手，为银行和金融机构提供便利，带动贷款向品牌企业流动。另一方面，政府要与银行合作，创立“茶文化”专项基金，用于建设以茶叶为主题的特色旅游景点，包括茶园、农家乐、茶餐厅、茶舞台等，带动茶叶产业发展的同时促进英山县第三产业的发展。

其次，还需要金融体系和资本市场发挥作用。一方面，金融机构和银行要建立品牌管理专项基金，满足企业品牌建设和管理方面的资金需求。另一方面，企业在将信息反馈给资本市场的同时，资本市场要积极将优质企业的信息传达给投资者和媒体，帮助企业做好品牌宣传，增加英山茶叶的知名度和影响力，从而带动英山茶叶市场的扩大。

4. 金融工程对茶叶科研的支撑

英山县应该积极向国家和省级茶叶科研部门寻求合作，开展茶叶和茶产品的研发工作，改良茶种，争取建成一批良种茶园，改善茶园种植条件。一方面，保险公司为企业量身打造科研方面的保险产品，为企业的科研创新提供风险保障；另一方面，银行或其他金融机构为企业设立科研贷款，支持企业的科研创新。

第四节　英山县扶贫金融工程

我国由于历史和自然的原因以及地域的差异，地区与地区之间以及地区内部的发展极不平衡，东西部以及中部的经济发展和技术水平都存在很大差距，贫困地区的技术水平十分落后，生产力还很低下。因此，积极开展扶贫工作，帮助贫困地区早日致富、贫困人口早日脱贫，对我国的社会主义建设、经济发展和社会和谐都具有十分重要的意义。随着我国扶贫工作的不断深化，扶贫工作的整体要求越来越高。2015 年 3 月 5 日在第十二届全国人民代表大会第三次会议上，李克强总理就强调了难度再大，今年也要减少农村贫困人口 1 000 万。2015 年 6 月，习近平总书记在贵州省也强调要科学谋划“十三五”时期扶贫开发工作，确保贫困人口到 2020 年如期脱贫，并提出扶贫开发“贵在精准，重在精准，成败之举在于精准”。对于全国的扶贫工作而言，湖北省是扶贫攻坚的主战场，它拥有武陵山、大别山、秦巴山和幕阜山 4 个连片特困地区，涵盖了全省 33 个县(市、区)，英山县就是大别山片区的重要扶持对象。

中共英山县委在 2015 年 10 月 28 日召开了第十三届委员会第六次全体(扩大)会议，研究部署了新时期扶贫攻坚工作，审议通过了《中共英山县委、英山县人民政府关于全力推进精准扶贫精准脱贫的决定》(简称《决定》)，《决定》的通过标志着英山县的扶贫工作进入精准扶贫的新阶段。在此背景下，要着手开展英山县综合扶贫金融工程的工作，以扶贫资源与财政资源为基础、金融创新为重要手段、产业发展为重要途径、脱贫致富为根本目的，使金融业带动英山的扶贫工作，早日带领英山县人民走出贫困。

一、英山县扶贫面临的挑战

(一) 自然环境封闭

英山县的贫困山区由于地形的复杂和闭塞，交通十分不便，信息流通不畅。英山县的贫困村落和人口大多分布在大别山地区，复杂险恶的地形成为阻隔村落与外界的天然屏障，既阻碍了经济交往，也阻碍了信息流通和资源的流转，使得大别山区的药材、桑丝等资源只能就近进行初加工，带来了很大的浪费。

(二) 人均 GDP 低下

以 2014 年的数据为例，2014 年英山县 GDP 总额为 78. 55 亿元，总人口为

40.2 万人，人均 GDP 为 1.95 万元。湖北省 2014 年年末的 GDP 总额为 27 367.04 亿元，总人口为 5 816 万人，人均 GDP 为 4.71 万元。从数据可以看出，英山县的人均 GDP 远远低于省内水平，而人均 GDP 低下同时也意味着英山县单位 GDP 所承载的人数远远高于省内水平，这就使得英山县在扶贫方面的资金积累不足，因此只靠自身的财力来解决贫困问题是很难做到的。

（三）基础设施和公共服务设施建设不全

与其他经济发展较好的县市相比，英山县在工业化程度、产业结构、经济市场化水平、人力资源素质、基础设施和公共服务设施等经济发展所需要的条件上都有着较大的差距。这些经济发展条件方面的落后，不仅制约着英山县的经济发展，也限制着英山县消除贫困、带领人民走向富裕的步伐。除此之外，交通、能源、通信等基础设施的发展滞后和教育、医疗等公共服务设施的建设不齐全，也严重制约了英山县企业的市场竞争力和优势产业走出英山、走向全国的步伐，影响了县域经济的发展。

（四）农民面临自然和市场双重风险，农业保险种类太少

英山县的经济发展主要以传统农业为主，茶叶、药材等是当前英山县的重要产业，农民面临自然风险和市场风险。自然风险是指由于自然灾害所导致的农作物歉收给农户带来损失的风险；市场风险是指农户将农作物在市场上出售时由于市场价格下跌所带来损失的风险。目前英山县农业保险的种类太单一，满足不了农户的实际需求。例如，目前英山县的农业保险主要还是三农保险，像种植险这种新型保险还比较少，种植户急需对他们的生产进行保险，但是各家保险公司未能提供相关的保险。

二、英山县扶贫金融工程主要思路

（一）争取更多的扶贫资源

首先，要把现有的扶贫资源整理汇总，即对扶贫贴息、民族贴息、农业项目贴息、三民补贴、上级政府的扶贫专项资金和其他所有扶贫项目资金进行整理，确定当前的扶贫资源总量。其次，在稳定当前扶贫资源的基础上，扩大各类贴息的对象，争取更多的扶贫资金。

（二）实现扶贫资源与政府资源的整合

把现有的民族贴息、扶贫项目资金、惠农补贴、农业综合开发贴息等扶贫资源与政府的财政资源、土地资源等政府资源进行整合，建立由黄冈政府参股的市场化运作的融资担保平台，大力发展信用贷款，解决英山县农户、合作社和中小微企业融资难的问题。融资担保平台属于黄冈市综合扶贫金融工程规划的一部

分，英山县也要积极参与。

（三）发挥扶贫资源的杠杆作用

英山县综合扶贫的成功与否，与产业是否能成长壮大有着最直接的联系。应该改变以往扶贫资金直接补贴到户的方法，将扶贫资金作为担保基金，农户向担保基金提出贷款申请，担保基金通过一定的放大比例（5～10倍），向银行申请担保贷款，这样就能放大政府资源的利用效率，满足农户的信贷需求。

（四）利用金融推动产业发展

通过杠杆作用放大的信贷应投向英山县的实体经济，即推动英山县产业发展。结合目前英山县现有的产业状况，可以看出英山县要重点发展种植业、养殖业、农产品加工业、矿产采集和旅游业。种植业以茶叶和药材为主，养殖业以生猪和禽蛋为主，农产品加工主要是对上述种植业和养殖业的农产品进行加工，形成现代食品产业。由于种植业的富余产品可以用于养殖业的饲料，而养殖业的富余产品可以用作种植业和林业的肥料，种植业和养殖业为农产品加工业提供了原料，因而各主导产业之间能形成良性互动。此外要利用英山县丰富的矿产资源发展英山县的矿产采集，利用英山优质的温泉资源大力发展第三产业。

（五）实现直接融资与间接融资的良性互动

利用金融市场，培育上市公司和现代企业，管理金融风险。通过推动一批英山县中小企业在多层次的资本市场（尤其是四板市场）上市实现直接融资，从而壮大英山县中小企业的经济实力和市场竞争力，培育出优质企业；企业质量提高了，银行等金融机构自然会增加对它们的间接融资，或增加对这些企业的股权融资，从而实现直接融资与间接融资的良性互动，促进银行和其他金融机构的创新。

（六）以本土中小微企业为基础，实现金融普惠

在综合利用扶贫资源、政府资源、金融资源的基础上，立足于特色产业，如茶叶、药材、丝绸等，帮助这些行业中的一批小微企业通过三权抵押、扶贫担保基金等获得银行贷款，同时推动一批中型企业到新四板市场直接融资，从而培育一批本土优质企业，使这些产业向纵深发展，壮大产业链条。通过发展本土中小微企业，扩大就业、提高收入水平，实现脱贫致富，使金融普惠于民。

三、英山县扶贫金融工程具体实施

中国共产党英山县第十三届委员会第六次全体（扩大）会议深入贯彻党的十八大、十八届三中、十八届四中全会精神和习近平总书记关于扶贫开发工作的系列重要讲话精神，进一步增强做好新时期扶贫开发工作的政治责任感和紧迫

感,把扶贫开发作为重大政治问题、重大发展问题、重大民生问题,确定了英山县精准扶贫的思路和目标,也强调了要强化财政和金融的扶贫投入。在具体的金融扶贫实施中,应该建立“金融+产业”“金融+教育”“金融+社保”三位一体、网格式的扶贫新模式,将扶贫工作由粗做细,深入到每一户每一人。

(一)金融+产业

一方面,要充分发挥信贷资金撬动产业发展的杠杆力量,银行和其他金融机构要灵活运用多种信贷产品,以能带动贫困户的专业合作组织、龙头企业作为支持重点,鼓励小额贷款公司对种植户、养殖户、农产品深加工等农业产业化项目的信贷投放,并提供产、供、销一条龙的信息咨询和协调服务,促进相关产业的发展升级;另一方面,金融体系要积极为企业搭建融资平台,帮助企业开创新的、有特色的种植和养殖模式,进而带动贫困户摆脱贫困。例如,英山县湖北润和农业股份有限公司就在英山县政府和武汉股权托管交易中心的帮助下,开创出新的茶乡鸡的养殖模式,即“公司+基地+合作社+村集体+专业户+贫困户”模式,由专业户向贫困户教授养殖的方法、经验等,再由广大的农村贫困户进行养殖,最终将养成后的鸡提供给公司,由公司提供给英山的养殖基地,这样既保证了公司的鸡的来源和质量,也带动了贫困户收入的提高。

(二)金融+教育

人口素质较低和文化水平不适应经济发展需要是制约我国农村和贫困山区经济发展的主要因素之一。贫困不仅仅是经济上的,同时也会使贫困人口丧失接受良好教育的机会,因此,从根本上改善贫困人口贫困状况的方法是要增加其受教育的机会,提高其生产技能,所以山区农村的扶贫工作在注重提高山区生产力的同时,还要注重人力资源的培养。

一方面,政府要通过金融体系进行融资,加大对镇、乡、村级学校的基础建设,保证每个乡甚至每个村都有一所小学;另一方面,国家开发银行要推广生源地贷款政策,积极到乡镇定点设置宣传台,收集贷款需求信息和资料,帮助贫困家庭学子通过求学走出贫困。此外,村镇银行要加大对有学子家庭的贷款支持,成立专项扶贫教育基金,奖励品学兼优的寒门学子。

(三)金融+社保

一方面,金融机构和银行与社保局合作,详细了解贫困家庭下岗失业人员、退伍军人、毕业大学生、残疾人等情况,全面掌握其职业技能、创业意愿,对符合贷款条件且有创业意愿的无业人员,通过信贷产品支持其发展创业。另一方面,金融机构和银行与用人单位合作,通过自身掌握的消息渠道,及时收集并向贫困户公示厂矿企业、事业单位、经营主体等招聘信息,帮助贫困户联系用人单位,积极引荐符合条件的贫困户就业。

第五节 英山县金融工程的政策建议

一、英山县金融工程实施方面的政策建议

（一）明确政府定位

政府在英山县金融工程实施过程中应该起到积极引导、大力推动以及政策支持的作用，而不是过多地干预金融市场和其他资本市场的运行，政府在整个金融工程建设工作中的定位应该是服务者而非指挥者。政府要积极引导产业升级，大力引入金融技术和金融创新来解决产业问题，大力解决资金问题，充分发挥银行和其他金融机构的作用，建立完整的投融资平台，运用各种创新的方式有针对性地解决各个产业的投融资问题。

在第一产业上，一方面要转变发展方式，做优现代农业，即坚持用工业理念谋划农业，用现代管理方法经营农业，用农产品加工引领农业，用品牌战略打造农业，加快发展方式转变，着力推进农业现代化；另一方面，要构建新型农业经营体系，全面开展农村土地承包经营权确权登记颁证工作，加快土地市场交易平台建设，引导农村土地规模流转，大力发展家庭农场、专业大户等新型农业经营主体，重点培育具有公司法人治理结构的现代农业企业。在第二产业上，要注重提质增效，做强工业经济，始终把新型工业化作为经济社会发展的第一推动力，继续实施园区攻坚，夯实园区发展平台，加快建设工业强县；加大工业投入、做大工业总量的同时，要优化企业发展环境，大力开展服务企业行动，坚持一名县领导、一个县直部门联系帮扶一家企业，完善服务企业发展“直通车”制度。在第三产业上，主要要大力促进英山县旅游业的发展，英山县拥有桃花冲风景区、大别山主峰风景区等优美的自然风光和毕昇故里等深厚的人文景观，以及一系列红色旅游景点，但旅游业并不发达。政府要积极加大旅游宣传营销力度，加快打造旅游业的核心吸引力，突出文化旅游，做活现代服务业，全县动员，全民参与，部门联动，强化旅游功能配套，建成县游客接待中心，全力把英山县打造成湖北省旅游强县。

（二）成立金融工程领导小组，加强政府的引导作用

英山县成立金融工程领导小组，由辖区金融办、银行业、证券业、保险业金融机构负责人共同组成，主要负责研究辖区金融工程规划思路，协调和沟通工作中可能出现的各类困难和问题。在金融工程的实施过程中，要加强发挥政府的引

导作用，一是把发展县域金融工程作为县域经济和社会发展的重大计划，应用财政手段给予支持，建立涵盖银行、证券公司、期货公司、担保公司、保险公司、小额贷款公司的开放式金融体系；二是各级政府要以制度建设为基础，以财政支持下的多层次风险分担为保障，结合区域经济发展的特点，研究地方金融发展特点，结合民生保障的现实需求，有针对性地出台扶持政策对当地金融业的发展进行支持。政府要积极引导资本市场在英山县的建立和发展，通过资本市场将庞大的社会资本引到英山，解决县域经济发展过程中的资金瓶颈。

二、英山县金融工程实施过程中风险防范的政策建议

（一）制定金融工程绩效考核与金融工程风险管理体系

对于英山县而言，要收集并整理英山县经济金融发展的宏观数据，例如地区生产总值、财政收入、固定资产投资、社会就业率、进出口规模、金融机构存贷规模、社会融资规模等数据，构建经济金融发展的绩效评价体系。针对英山县经济发展的实际状况，结合已完工的各个项目，对后续工作中的每一个环节进行风险监控，实行全面的风险管理，防范因不同的原因导致的风险。针对金融支持县域产业、村镇及经济体系建设过程中的不稳定因素，建立一套县域风险管理体系。

（二）建立健全金融监管体制

金融工程实施过程中风险的防范除了建立良好的风险预警机制和风险管理机制外，还要加强监管体制的完善工作。英山县政府可以通过金融办，建立金融办为主体的县域金融综合监管体制，防范金融市场的各种风险。除此之外，还要发挥行业自律监管在整个金融监管体制中的重要作用，加强自律意识、规范行业行为，将政府监管和自律监管结合起来调控英山县金融工程中的宏观风险。

参考文献

[1] 杨飞．中国贫困山区农村反贫困问题研究——以大别山区湖北省英山县为例［D］．武汉：华中师范大学，2007.

[2] 伍松．加快英山县茶叶产业发展的对策研究［D］．武汉：华中科技大学，2004.

[3] 胡艳生，胡兰捷．湖北省英山县茶叶产业发展的SWOT分析［J］．农业经济与科技，2013(12).

[4] 董莹、陈洁、田玲玲、罗静．英山县茶叶产品的发展和品牌创建［J］．湖北林业科技，2014(10).

第十六章　蕲春县金融工程支持体系

第一节　研究背景与相关文献综述

一、研究背景

蕲春县隶属湖北省黄冈市，综合经济排名位于黄冈市第四，2014 年完成地区生产总值 180.44 亿元，高于全省和黄冈市增速 0.7 个百分点，高于全国增速 3 个百分点。从蕲春的经济发展情况看，它在湖北省处于中上游位置，在黄冈市各县中总体是领先的。黄冈市的经济发展水平在湖北省各市中仅处中游，而蕲春县承担了黄冈市经济增长任务中较大的比重，因此，蕲春县的经济发展不仅是该县自身的需要，更是黄冈市维持其经济地位的重要因素之一。

蕲春县依靠其基础农业和医药产业对全县经济的支撑，保持着经济的平稳发展。然而近年的科技发展迅速，传统农业必须引入科技创新才能让经济有一个新的制高点，医药和陶瓷产业也需要通过规模经济和产业链等形式巩固地位，加之蕲春县旅游业目前处于较为尴尬的位置，因此该县的经济发展须时刻盯紧科技改革和新模式的探寻，寻找助力，才能使蕲春在县域经济发展的竞争中保持稳步前进。中部经济发展战略、武汉城市圈、长江经济带、大别山试验区等战略和政策的同时惠顾，黄冈蕲春机场、棋盘州长江大桥、麻阳高速公路的启动建设，机遇叠加，蕲春迎来了发展黄金期。近年来，蕲春大力实施“三大战略”（即药旅联动发展战略、全域城镇化战略、集成发展战略），实现“四城目标”，启动建设“七大片区”，全面掀起新一轮大开发、大建设的热潮，打造武汉城市圈、长江经济带的医药生产基地、农产品加工基地、重要医药产品集散地和旅游胜地，形成了医药加工、建材陶瓷、纺织服装、机械电子、农产品加工五大支柱产业，经济社会实现持续快速健康发展，实现了历史性跨越。

蕲春县实施的药旅联动发展战略，将围绕“华夏医药谷、东方养生城”的发展定位，突出“养生”主题，加大宣传力度，加快旅游与医药、养生、文化的有机融合、集成发展，开发药膳、药疗、中医诊疗、保健养生等旅游新业态，同时推动第一产业及第三产业的发展。蕲春县作为商品粮基地县，被省政府定位为优质生产基地县，拥有大量国家绿色食品认证产品，药材资源得天独厚，是长江地区中下游药材集散地。特殊的地理环境和气候条件，让蕲春县中药发展具有较好的环境优势。全县中药材种植面积20多万亩，中药材生产基地260多个，李时珍中药材专业市场是全国17个中药材专业市场之一。蕲春县可以充分利用这些优势发展医药产业，推进现代农业的发展，同时促进旅游业的发展。

蕲春县实施新型城镇化战略，形成了沿蕲河的城镇发展轴线，以县城、蕲州为两大空间核心，蕲南、蕲中、蕲北为三大主体功能区，勾画了城乡统筹发展的线路图。对城镇建设规划进行全面修编，促进城市总规、片区规划、镇区规划和各类专规详规的对接和融合。一方面，实施龙头带动、产城一体战略。围绕“南扩、西拓、北优、东控”的思路，产城一体，推进老城改造、新城提升和新区开发，实现布局优化、环境改善和形象提升。另一方面，实施基础推动战略，完善功能，在老城区持续推进整改措施。

二、相关文献综述

县域金融工程体系和实施路径主要从金融机构服务创新、产业发展、企业上市展开研究。一部分学者从金融机构层面研究县域金融发展，冯湘勇(2011)[1]从县域经济平台研究地方中小金融机构作用。一方面，在县域经济层面上把握地方金融发展问题的实质，寻找县域金融中小金融机构发展的根本方向；另一方面，探索提升地方中小金融机构在县域经济发展中发挥作用的途径。张云(2015)[2]在农村产权改革背景下，研究新一轮土地产权制度改革对金融机构开展“三农”服务的机遇，认为需要按照政府引导、市场运作、协作共赢、探索发展的理念，从国家和金融机构层面对相关政策制度进行整体设计。国家要加强对农村土地产权改革的金融政策设计，政府构建流转服务平台，强化资源支撑机制，健全风险缓释机制；金融机构要创新农村产权改革金融服务运作机制，厘清业务发展定位，建立使用便捷的信贷制度，创新适用的金融产品。

另一部分学者从县域信贷体系、主导产业、普惠金融角度展开研究。陈成忠、赵晓春(2006)[3]以江苏省常州市县域信贷支持弱化为起点，研究城乡金融二元结构的形成过程及原因，指出在持续城市化和金融一体化背景下，我国经济发达地区呈现金融二元格局。曹平辉(2015)[4]通过研究安化县普惠金融发展的基本状况，指出安化县普惠金融减缓贫困的困境，提出要大力引进金融机构，创新金融产品和服务，不断完善金融供给主体体系，扶持黑茶产业和旅游产业，推动经济稳步增长，构建多层次融资体系，不断加强融资中介体系建设。

第二节　蕲春县经济金融发展概况

一、蕲春县经济金融发展现状

（一）GDP 增速不稳定

2013 年蕲春县经济发展总体保持平稳较快增长，生产总值呈现增加趋势，但是近年来增速出现小幅下降，GDP 增速不稳定。2013 年，全县完成地区生产总值 162.36 亿元，生产总值总额呈现增长趋势，但是生产总值增加速度放缓，比上年增长 13.4%，高于全省增速 0.1 个百分点，高于全国增速 2.5 个百分点，比黄冈市低 0.4 个百分点，如图 16-1 所示。

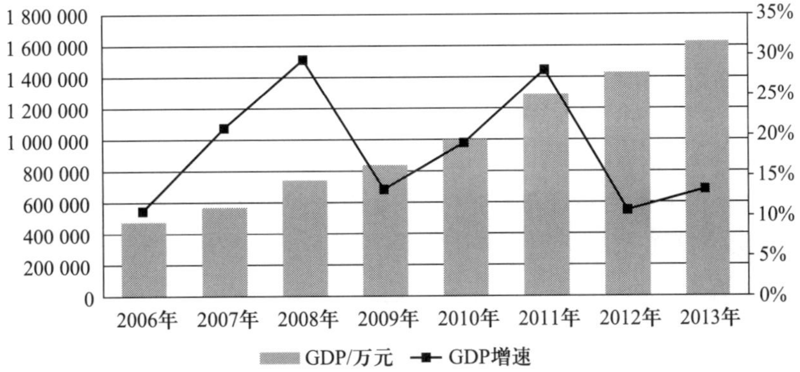

图 16-1　蕲春县 GDP 和 GDP 增速

（二）三次产业结构有待升级

蕲春县产业结构较为健康，近年来三次产业产值呈现逐步上升的趋势。蕲春县针对第一产业立足于特色发展，建设大基地、推进大加工、培育大园区；加快发展两型工业，通过搭建大平台、发展大企业，推动二次产业大升级；推进现代服务业不断发展，发展文化旅游业、金融服务业，加强市场建设。如图 16-2 所示，2013 年，第二产业增加值总量最大，第三产业增加比重最大。第一产业完成增加值 41.26 亿元，增长 5%；第二产业完成增加值 64.24 亿元，增长 11.6%，其中工业增加值 50.06 亿元，增长 12.9%；第三产业完成增加值 56.86 亿元，增长 112%。三次产业结构由 2012 年的 24.7∶40.4∶34.9 调整为 25.4∶39.6∶35。

（三）固定资产投资增速较慢

固定资产投资是社会固定资产再生产的主要手段，反映固定资产投资规模、

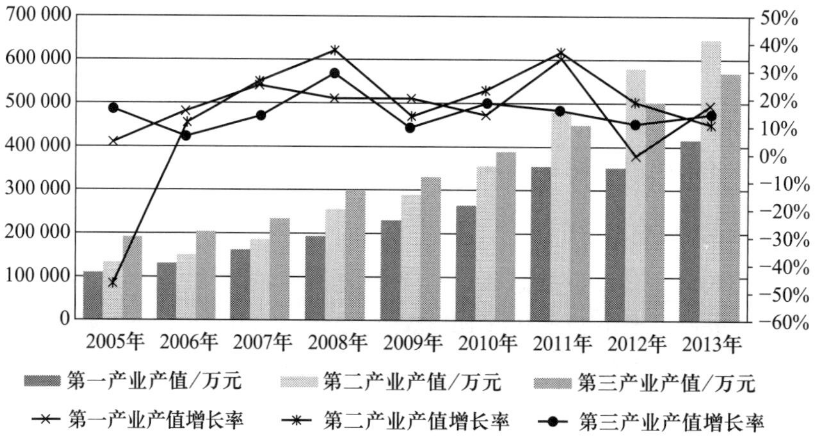

图 16-2　蕲春县三次产业产值及增长率

速度、比例关系和使用方向。如图 16-3 所示，2013 年全县完成固定资产投资 185 亿元，比上年增长 25.4%，其中城镇以上投资 155.2 亿元，增长 20.4%。全县投资按经济类型分，国有经济投资 27.05 亿元，占 14.6%；集体经济投资 18.9 亿元，占 10.2%；私营投资 106.9 亿元，占 57.8%。蕲春县近年来固定资产投资增速放缓，表现为投资环境不够景气，固定资产投资力度不够，政府还需鼓励更多的固定资产投资。

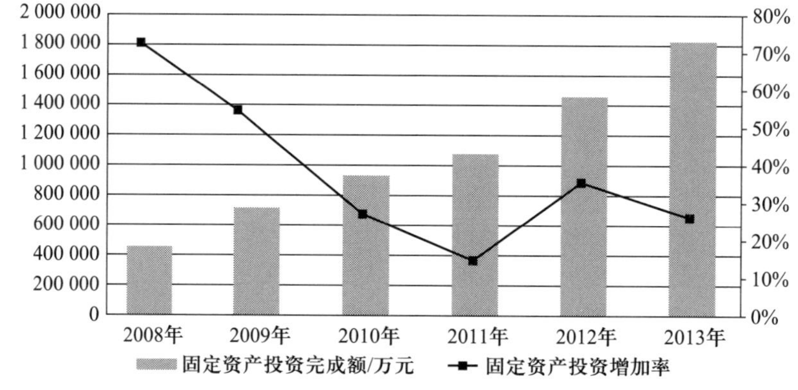

图 16-3　蕲春县固定资产投资完成额及增长率

（四）规模以上工业产值增长放缓

如图 16-4 所示，2013 年蕲春县规模以上工业实现现价工业总产值 201.07 亿元，同比增长 17.6%，增长速度出现下滑趋势。2008 年以后，规模以上工业产值总量虽表现为增长趋势，但是增长速度基本表现出下降趋势，规模以上工业产值增长情况相比降低，存在很大的提升空间。

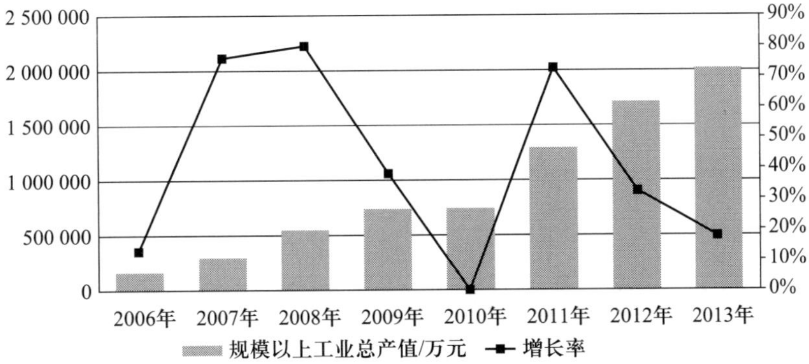

图 16-4　蕲春县规模以上工业总产值及增长率

（五）财政缺口较大

蕲春县 2013 年地方公共财政收入 8.31 亿元，比上年增长 17.96%；地方公共财政支出 13.68 亿元，比上年增长 10.16%，如图 16-5。虽然近几年来，公共财政收入增加幅度超过地方财政支出增加幅度，但是公共财政收入仍然远小于公共财政支出，财政缺口较大，且多年以来财政缺口情况未得到改善。

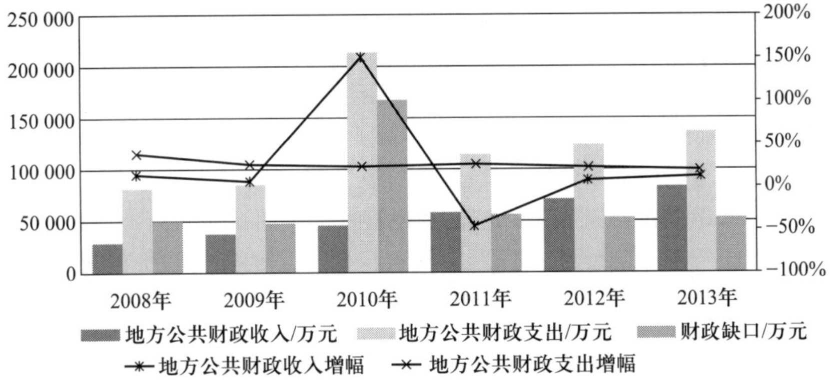

图 16-5　蕲春县地方财政收入与财政支出情况

（六）金融机构贷存比偏低

2013 年年末金融机构各项存款余额 217.68 亿元，比年初增加 39.19 亿元，增长 21.96%；金融机构各项贷款余额 61.43 亿元，比年初增加 11.15 亿元，如图 16-6 所示。虽然表面看，该县存贷款数量都在上升，但从存贷款之间差额的角度出发，两者相差近 150 亿，并且金融机构各项贷款余额与城乡居民储蓄存款余额差距幅度进一步加大，说明该县的贷款数额严重缺失，资金流出现象很严重。

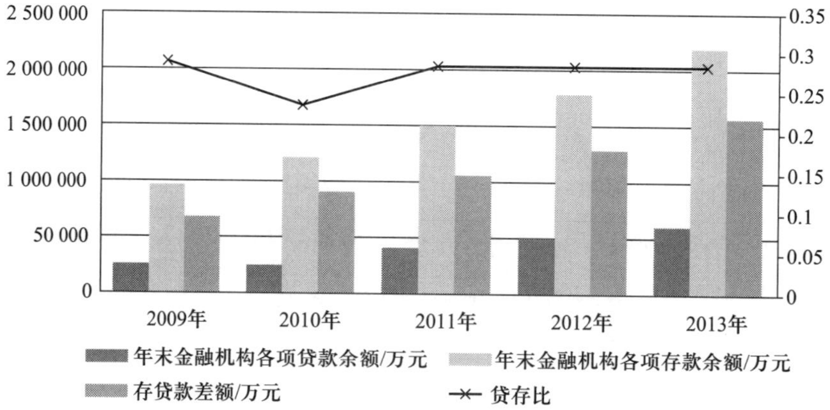

图 16-6　蕲春县 2009—2013 年金融机构各项存贷款余额

二、蕲春县经济金融发展面临的问题

（一）产业结构虽合理，但金融体系尚未健全

蕲春县的银行相关产业发展较为健全，银行服务已不止局限在县城镇，而是走进每个村。2013 年 3 月首家外资村镇银行也落户蕲春，这在全国都是领先的。但相比于发达的经济而言，单纯注重银行的发展远远不够，蕲春地区目前证券、期货业务尚未发展。目前蕲春县有银行业金融机构 8 家，营业网点 78 个，乡镇及以下农村金融网点 46 个，且均具有贷款功能。而证券业只有一家机构，全县小贷公司和担保机构只有 1～2 家，发展程度完全落后于银行类金融机构的发展。相对于银行覆盖的程度，证券、期货和担保等金融机构缺失较为严重，且极不均衡。保险行业和典当行业金融机构分别达到 15 家、16 家，但是这些金融机构发展规模数量仍然有限，还需要政府进一步加以引导建设。2013 年 5 月落成的安信证券营业部是蕲春县首家证券营业部，而期货公司方面在蕲春仍旧处于空白阶段。蕲春的中药材产量和粮食产量十分庞大，在价格起伏变化不定的市场中难以保证稳定的利润，因此期货公司是该地区目前十分需要的。另外，蕲春县的担保体系也远不如发展时间较长的保险体系。总体来说，虽然该县的金融机构稍有缺失，但发展程度上都存在明显不足，如表 16-1 所示。

表 16-1 蕲春县金融机构存在情况

金融机构	是否存在	金融机构	是否存在
政策性银行	是	融资租赁公司	否
国有商业银行	是	证券公司	是
中国邮政储蓄银行	是	期货公司	否
农村信用社	是	小额贷款公司	是
保险公司	是	村镇银行	是
担保公司	是	民间金融	是

（二）缺少金融体系支持的龙头实体经济

蕲春县经济发展较为全面，2013 年呈现第二产业主导的趋势，第二产业占比达到 40% 左右的水平，但是第二产业的主导位置并不十分稳固，而各个主导产业中，金融的支持力度十分薄弱，主要的金融业务都集中在与银行之间的存款管理中。对于蕲春目前针对医药产业和旅游产业的联动发展，没有实力强大的龙头企业来引领。

（三）金融创新与实体经济多元化发展脱节

金融创新是指变革现有金融体制或工具，以期获取超额利润的一种手段。在蕲春县经济发展的大背景下，各类银行和证券机构完全可以根据该县区具体情况，推出新的金融产品或改变现有贷款模式等，与政府和各企业合作，通过新的工具使蕲春的经济迎来新的发展。

（四）资金外流情况严重

2013 年蕲春县存贷款资金差额近 150 亿，已十分接近该年全县 GDP，说明该县资金利用率很低，主要供给县外其他地区，资金的不充分利用会一定程度上制约该县的经济发展，而且该地区贷款数量明显不符合其高 GDP，这表明该县的信用贷款发展程度较差。

（五）金融要素市场仍处于雏形阶段

目前，蕲春县的金融要素市场仍为初级阶段。多层次有效的资本市场，可以迅速为企业融到发展的第一笔资金，为中小企业未来的进一步发展提供广阔的天地。而蕲春县现阶段正是大型企业迅速发展扩充的时段，在小型企业得不到很好兼顾的时候，金融要素市场的完善有利于企业间开展自助。

（六）社会信用环境建设与经济发展速度不相符

县级地区贷款难现象十分普遍，一部分原因是各县区内居民和企业信用意识不强，发放贷款的机构面临风险较大，因此贷款意愿有限。目前蕲春县正在加快贷款信用建设，普及资金信用的相关知识，力图成为全国真正典范的“信用县”。

蕲春地区的贷存比几年来一直维持在28%～29%之间，说明该县资金流出现象十分严重，且贷款难问题仍然突出。蕲春县企业贷款难主要有几个方面原因：一是企业缺少抵押物，二是企业自身管理和经营存在问题，三是商业银行的逐利行为，四是融资成本高。该县长久地致力于工业、农业的现代化和自身的城镇化，却忽视了其中金融业的重要性，而且忽略了全面利用该县资金创造更多价值。

第三节　蕲春县县域金融工程典型举措
——蕲春医药产业企业上市及药材交易中心建设

一、蕲春县“药旅联动”主导产业金融工程

（一）金融工程支持医药产业链发展思路

在中医药加工方面，蕲春县逐渐形成了以李时珍医药集团有限公司、李时珍国际健康文化旅游区、李时珍国际医药港药业有限公司三足鼎立的格局，“医药兴县”的发展战略正在一步一步实施当中，已取得一定效果。随着中药材生产和加工的逐步完善，蕲春县将该方面的物流也紧紧握在自己手中，此外因中草药而开发的旅游业也在慢慢摸索其适合的路径。

蕲春县的医药产业完全可以做到贯穿三次产业，是一套十分完整的经济体系。在中医药的种植生产中，蕲艾是该地的特色。蕲艾茎叶均可入药，有理气血、祛寒湿、温经止血安胎等功效。近年来，蕲春县委、县政府作出建设医药名县的战略决策，质监局、药工办、科技局等相关部门和李时珍医药集团有限公司、李时珍生物科技有限公司等十余家规模企业协同发力，全方位、深层次开发蕲艾资源。目前蕲春县年产中药材达6 000多吨，形成了蕲艾、丹参、百合三个省级道地中药材示范基地。蕲春县的中医药产业链条可以用图16-7的简单示意图表示。

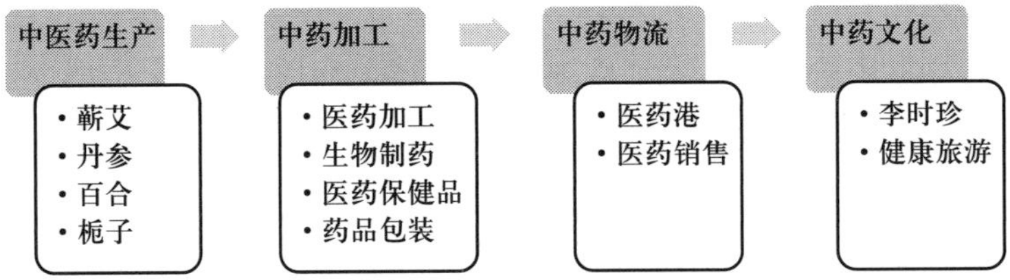

图16-7　蕲春县中医药产业链

对于中草药行业的金融支持是贯穿整个中医药产业链的,从上游种植、中游加工和下游的物流销售都应全方位支持中药行业发展。

第一,上游产业链。中药材是一个大概念,品种数量上千,不能简单追求药材种类和种植面积,无序化发展只会让蕲春县的中药材产业如同散沙,反而降低竞争力。因此建议在众多中药种类当中,选择主导品种,并将其规模化,融资后资金主要注入相应的主导药材生产。关于融资的方式,应以财政引导资金作为担保,向种植的企业和个人提供贷款,从而扩大种植的规模和质量,解决成本问题。

第二,中游产业链。蕲春县中医药在加工方面已形成一定的规模,此时除了适量的贷款外,还可以通过产权市场进行融资。另外,挂牌上市对于现阶段的蕲春县企业来说是可取的另一个方式。蕲春县存在较为大型的医药公司,可以考虑适当的兼并和收购,使规模化更全面,以实现其中药加工行业的健康发展。

第三,下游产业链。蕲春县已开展建设"李时珍国际医药港药业有限公司",力争辐射全国,建立现代中药材交易市场,同时向中药材种植、加工等产业链条延伸。此外,九州通医药集团是著名的医药物流企业。蕲春地区的医药物流企业已成型,但仍未实现品牌化,未来阶段应在打造医药物流行业品牌上多下工夫。当前蕲春地区中药物流和销售主要集中在线下平台,难以避免与同行业的竞争。而现在,电商平台正处于起步阶段,尤其是针对中草药方面的高质量电商仍为空白,因此可以将引入的资金投入中医药电商的开发上,提早抢占市场。

(二)金融工程支持旅游产业发展体系研究

第一,利用金融支持旅游文化产业发展。蕲春县的旅游业应该上升到文化产业的高度。在文化产业的大旗下促进旅游业的发展,能够更好地利用各类资源。

第二,建立多渠道的投融资体系。目前,部分旅游企业常用的融资方式局限于银行贷款,且多数采用固定资产抵押为主的担保方式。因此,能够通过银行贷款成功融资的,一般都是具有一定实力的旅游文化企业,且拥有足够的固定资产进行抵押。而大多数处于成长期的中小型旅游企业达不到银行对抵押物和风险控制的要求,很难获得贷款,所以要建立多渠道的投融资体系。蕲春县的旅游资源丰富,具有优厚的自然与人文条件,旅游业发展潜力巨大,成立旅游股份公司有着优越的基础条件。蕲春县旅游景点众多,可以利用旅游股份有限公司整合零散的资源,达到聚集要素的作用。利用股份有限公司的设立,自然完成股份制改造的目的。蕲春县也可以采用景点门票收入权质押融资方式。目前,银行方面融资采用的多为固定资产抵押方式进行贷款,这种方式对于拥有少量有形资产却拥有大量无形资产的旅游企业很不利。

第三，建立蕲春旅游产业基金。随着旅游项目大型化和区域化，旅游业的单体投资规模增大，单一的投资商往往难以完成一个大型项目的投资活动。通过建立蕲春旅游产业基金，实现大型项目的投资，促进旅游基础设施的完善。

二、李时珍中药材交易中心建设

（一）李时珍中药材交易中心组建的可行性

1. 我国医药产业前景广阔

我国本土药企的转型升级面临黄金发展时机。从政策环境方面分析，党的十八大报告指出，要推进经济结构战略性调整，改善需求结构，优化产业结构，推动战略性新兴产业、先进制造业健康发展，加快传统产业转型升级。在《关于加快医药行业结构调整的指导意见》中，也明确提出支持国内企业实现制剂出口。工信部发布《医药工业“十二五”发展规划》，明确提出支持有条件的企业“走出去”，鼓励拥有自主知识产权药物的企业在国外同步开展临床研究，支持企业在境外投资设厂和建立研发中心。这一系列政策组合为推动制药企业转型升级提供了历史性机遇。

2. 湖北省最大的药源基地

李时珍在《本草纲目》中记载的1 893种药物，蕲春县内就有700余种，蕲艾、蕲蛇、蕲竹、蕲龟被称作“蕲春四宝”，更为世人所知。自20世纪90年代以来，蕲春县便一直寻找做大中医药产业的出路。1996年，湖北蕲州中药材专业市场为全国17个专业药材市场之一。2015年1～5月，李时珍中药材市场交易量已达16亿元，共有382户药商，其中316户为外地药商。

最新公布的蕲春医药产业报告显示，目前全县中药材种植面积已突破30万亩，超越了此前以20余万亩排在第一的恩施市，成为湖北省最大的药源基地。目前，全县拥有万亩中药材基地2个，千亩以上中药材基地10个，主导品种5个，中药材专业合作社50多家，50亩以上中药材专业户1 000多户，年销售100万元中药材经纪人50多个，年产中药材达到数万吨。蕲艾、百合、丹参3个品种被授予全省地道中药材GAP示范基地建设调研品种，蕲艾、夏枯草、薏米被国家列为地理标识品种。

3. 蕲春医药企业集群格局初现

蕲春形成了以李时珍医药工业园区为平台依托，以李时珍医药集团为龙头引领，以医药加工、生物医药、医药保健品、药品包装企业扎堆集聚的医药工业集群格局。医药产业被列为湖北省重点扶持的产业集群。其中，蕲春县最大的龙头企业李时珍医药集团是湖北省十大医药企业、省级龙头产业化企业、全国制药百强企业，拥有19个剂型，220多个药品批准号，2014年产值20亿元。李时珍生物科技有限公司是一家生产医药保健品的创新型公司，该企业自主研发，自主创新，具有自主知识产权的“时珍牌”紫苏系列保健品为国内首创，生产、销售两旺，年产值超过5亿元。宏中生物制药公司拥有国家二类新药批文，生产抗癌新药，年产值近亿元。

4. 蕲春建设现代医药物流中心

李时珍中药材专业市场是全国十七家中药材专业市场之一。2008年引进深圳金阳成公司投资30亿元兴建李时珍国际医药港药业有限公司，实现药市异地扩建和华丽转身。物流产业是国家十大振兴产业之一，2012年4月11日，黄冈市政府与九州通医药集团、李时珍国际医药港药业有限公司三方本着互惠互利、相互支持、共同发展的原则，结成战略合作伙伴关系，旨在利用蕲春丰富的中药材资源和李时珍品牌优势，在医圣故里联手打造“华夏中药谷，东方养生城”。李时珍国际医药港药业公司的成立，正是战略合作伙伴关系从签约到实践的重要体现。2013年，李时珍国际医药港实现中药材贸易额12亿元。

5. 政府支持蕲春中医药产业力度较大

蕲春县委、县政府确立“医药兴县”战略以来，对蕲春中医药发展的支持力度便不断加大，集中表现在中药材种植补贴、中医药产业专项资金、税收等方面。2008年蕲春政府落实促进中医药发展的税收政策，对中药材生产经营者、中医药企业等应缴纳的增值税、所得税，按最低标准征收，符合免税条件的一律免税。2012年发布《关于进一步发展中药材生产的意见》，支持医药产业发展。

中医药产业除了用地以及税收方面的优惠外，还获得政府部门的直接补贴。例如，李时珍医药集团以蕲春县桑茶药板块基地建设项目获得蕲春县财政局和药材办50万元补贴金额，李时珍健康产业开发建设公司新建药材基地获得蕲春县80万元的直接补贴。此外，蕲春县在吸引中医药人才方面也出台了相关鼓励政策：一是加强对关键岗位、关键环节医药从业人员的岗位培训、继续教育和学历教育。二是通过奖励和补助形式保护和激励中医上岗人员。

6. 投资方具有突出的产业优势

北京易慧资本运营有限公司隶属于易慧资本集团，其业务范围涵盖金融职业教育、对冲基金管理、科技金融服务、李时珍健康产业四大版块，形成以金融职业教育为主导、对冲基金管理为核心、科技金融服务为协同、李时珍健康产业为基底的四位一体发展模式，将教育、金融、科技、实业进行有效结合，立足于长远发展。2014年8月，北京易慧资本运营有限公司在上海股票交易所挂牌，代码为201482。易慧资本集团响应蕲春县委、县政府号召，大力推行“药旅联动”战略。于2014年3月签约投资李时珍蕲艾产业园，并于2014年7月设立湖北李时珍蕲艾产业园有限公司。

湖北李时珍蕲艾产业园立足李时珍品牌优势及蕲春区位优势，主要凸显“蕲艾”与“互联网科技”概念，打造“李时珍品牌传统元素与现代互联网科技相结合”的绿色工业产业链，集种植、研发、生产、销售、艾灸师培训、小微企业金融服务、养生保健、休闲娱乐、特色旅游、文化传播与交流于一体，建设成为中国李时珍蕲艾产业综合型龙头项目，是蕲春发展县域经济的重要组成部分。

湖北李时珍国际医药港是由深圳金阳成投资有限公司注册成立的湖北李时珍国际医药港有限公司投资经营的独立企业法人，项目以原国家级湖北蕲州中药材专业市场迁建扩建为核心，以医药和健康产品贸易物流为主体，打造长江中下游中药材、医药和健康产品集散地，成为国内一流、国际知名的医药和健康产品贸易、信息、研发、物流、医药文化旅游等现代化、综合性医药产业服务平台。近年来，“湖北李时珍国际医药港”项目建设按照“政府主导、企业主体、分期建设、滚动发展”的方针不断推进。已完成项目投资2.97亿元，已建成和即将建成的中药材专业市场商铺600多套，面积近10万平方米，其明清风格的建筑群得到中外客商的高度评价。项目已通过食品药品监督管理局组织的《药品经营质量管理规范》(GSP)标准评估验收，取得国家《药品经营企业许可证》和《药市GSP标准认证证书》。目前，项目建设进展顺利，力争早日建设成为国家重要的中药材及医药和健康产品原材料交易基地。

7. 交易中心的设立符合现行法规政策

湖北省人民政府《关于加快多层次资本市场建设发展的若干意见》(鄂政发[2013]35号)提出“逐步建立门类齐全的资本要素市场，发挥交易场所聚集市场资源和服务实体经济的功能”，“积极创造条件，探索设立有湖北特色的药品、林权、水权、贵金属等生产要素交易平台，丰富要素市场类型，服务实体经济发展”。

交易中心将严格按照《国务院关于清理整顿各类交易场所切实防范金融风险的决定》(国发[2011]38号)和《国务院办公厅关于清理整顿各类交易场所的实施意见》(国办发[2012]37号)文件的要求，通过挂牌交易和竞价交易模式促成交易，通过银行完成清算，通过仓储物流部门完成货物配送。在现有的政策法律框架内探索建立药材生产要素和资本要素市场。

综上所述，组建“李时珍中药材交易中心”符合产业政策和法规政策，不存在政策障碍，在政府、企业、市场层面上均是重要的、必要的、可行的。

（二）中药材交易中心构建与设计

1. 交易模式

交易模式包括现货挂牌交易和现货竞价交易。现货挂牌交易是指买卖双方交易商协商一致或经交易中心配对，签订电子现货合同，卖方向买方转移交易商品的所有权，买方向卖方支付货款的过程。买卖双方交易商自行协商后，可以不经交易中心电子交易系统配对而直接向交易中心申请协议交收,经交易中心批准后达成交收;买卖双方交易商也可以通过交易中心电子交易系统进行交收申报且配对成功后,申请协议交收,经交易中心批准后达成交收。提出挂牌交收的买方和卖方交易商提出挂牌交收的数量不得大于其持有的该上市商品的订货量。挂牌交收货物可以是符合电子交易合同规定标准的货物,也可以是经双方协商同意的非电子交易合同标准规定的货物。

现货竞价交易分为竞买交易和竞卖交易。竞买交易是指卖方通过交易中心的竞价电子交易系统预先公布竞价标的的类型、数量、最小交易量、交收方式等信息后公开挂牌,买方通过交易中心竞价电子交易系统在公布的底价基础上自主报价和加价,最后由符合成交条件的买方拍得标的商品,并签订交易合同进行货物交收的一种交易模式。竞卖交易是买方交易商将拟购买的商品详细资料提交给交易中心,确定交易的具体时间,通过交易中心预先公告后,在电子交易系统中挂盘报价,卖方自主减价,在约定竞卖交易时间内,无人继续减价后竞卖交易结束,以最低卖价成交,双方签订电子交易合同并进行货物交割的一种交易方式。竞价交易实行倒计时制,即所有参与交易的买方在规定时间内不再提出任何新的报价,则该批次商品全场竞价报价结束。

2. 交易产品

交易中心前期的交易产品暂定为蕲艾现货产品,逐步涵盖华南、华中、西南等黄冈周边地区的药材产品,形成名副其实的区域性药材交易中心。发展成熟后,逐步扩展到国内主要药材品牌和国际知名药材类产品,形成在全国具有影响力的药材交易中心。

交易中心发展后期,交易产品主要选择标准化程度高、交易量大、价格受原材料和市场波动影响大的产品,方便投资者和生产企业以销定产,锁定采购价格和生产成本等。

3. 盈利模式

在湖北蕲春李时珍中药材交易中心,交易商有如下四类盈利模式。

第一,把握商品价格变化趋势,买进或卖出交易所电子合约获利。交易商凭借对交易商品价格变化趋势的准确把握,先订立现货电子合约,待未来商品价格上涨或者下跌后,通过转让电子合约的手段获取利润。

第二,通过套期保值操作,锁定预期利润。中药材及特色农产品商品价格的波动,会给商品的供给方或需求方带来经营不确定性,影响现货生产企业或贸易商的经营利润。交易商可通过在湖北蕲春李时珍中药材交易中心的套期保值操作,规避商品价格波动,获取正常的商业利润。

第三,通过实物交割申报获利。中药材及特色农产品交易商灵活运用湖北蕲春李时珍中药材交易中心的每日实物交割申报制度,获得合理的延期补偿费。

第四,通过套利操作,在低风险的情况下获取稳定利润。中药材商品在不同品种、不同的市场间会保持合理价差,当商品价格偏离正常水平时,交易商可通过买低卖高,在控制风险的情况下获取稳定的利润。

第四节　蕲春县金融工程预期效益

(一) 金融体系扩容增量

累计引进 3 ~ 5 家商业银行、保险公司、证券公司、期货公司等金融分支机构。金融机构的完善、金融功能的全覆盖、资本市场的完善将使得蕲春县的金融发展位于黄冈市前列,同时立足黄冈,方便与湖北省其他县市互通合作,更好地发挥金融在该县的作用。

(二) 多层次资本市场体系初步建成

争取 30 家以上的企业在区域性资本市场(四板)挂牌上市,增加直接融资 10 亿元左右,形成蕲春医药产业板块;资产证券化业务发展加快,进行政府债、城投债及企业集合债券的试点。

(三) 社会融资总量增加

3 年内新增社会融资量累计达到 80 亿元左右。到 2017 年年末,表内贷款余额贷存比达到 50% 左右。

(四) 经济发展

通过金融支持实体经济发展,扶持蕲春县主导产业,促进蕲春县经济的跨越式发展,使蕲春县地区生产总值在 2017 年年末达到 230 亿元左右。

第五节　蕲春县金融工程政策建议

(一) 蕲春县金融工程规划设计

组织编制金融工程规划设计方案,对金融工程规划做顶层设计,与蕲春县金融办、人民银行、银监会、发改委、工商局等各部门协调工作,落实规划具体实施方案。

(二) 助推企业四板挂牌

2015 年推进 10 家企业在四板挂牌,帮助已经在四板挂牌的企业向三板、创业板以及更高层次的资本市场实现转板，并针对已经在四板挂牌的企业展开研讨会，解决四板挂牌企业面临的融资问题。对于已经在四板挂牌、规范股权的企业给予一定的政策奖励，促进企业挂牌的热情，实现政府资源的共享，更大力度促进蕲春县经济发展。对于准备在四板挂牌的企业，建立企业挂牌后备资源库，主要集中精力放在科技型企业、医药产业这些优势特色产业，充分发挥当地政策优势。

（三）金融服务创新，大力开展股权质押融资

金融服务创新结合产业发展，帮助企业进行融资。推进银行部门金融产品创新，包括推行信贷产品抵押、质押方式等。通过融资租赁、按揭贷款、仓单抵押等新方式解决企业资金问题。加大政府参与力度，探索政银保合作新机制，推进政银保合作，引进保险基金支持产业发展。同时引导上市企业开展股权质押融资、债务融资，引导企业发行私募债、中小企业集合债。

（四）政府资源与银行资源整合

政府资源整合成立发展基金和风险基金。政府把财政基金、专项资金等整合成立新的基金，帮助企业融资。利用平台作为杠杆，成倍引导社会资金投入实体企业发展，从而实现财政资金、专项资金的综合利用。

（五）政府银行合作实现风险控制

政府合理引导，人民银行和银监办协助控制当地经济运行风险。通过各部门资产负债表联系，最大程度预防银行业金融风险、保险业金融风险，以及企业发展面临的风险。

（六）产业链分工推进产业升级

筛选一批有发展潜力和科技含量的企业，纳入“成长工程”进行重点扶持，促进其快速成为规模企业。整机装配企业，以掌握核心零部件生产设备、生产技术和销售主渠道的企业为基础，聚合造极形成强势企业集团，加大产业龙头的带动能力；零部件配套企业淘汰落后产能，兼并重组同类企业，聚合组成专业生产企业，扩大产能、提高产品质量和供配能力，形成完整的、高品质的产业链条。同时，引导企业进一步增强质量意识，加强质量管理，规范行业生产秩序，健全塑料质量检测体系，继续实行和完善品牌建设的支持和奖励政策，对企业创国家级、省级名牌产品、质量免检产品和国家驰名商标的实施奖励，扩大塑料产品的市场影响力。

（七）县域金融中心建设

通过建设县域金融中心，服务实体经济，让非金融要素参与到金融市场体

系，实现现代金融中心、商贸物流中心、文化娱乐中心和政务中心一体的金融中心建设。由县域金融中心实现与武汉农畜产品交易所的对接合作，与武汉林权交易市场的合作。县域金融中心体现区域性、特色性和实用性，服务当地企业。

（八）保险参与金融市场建设

引导保险市场参与金融市场，农业方面可以提供政策性农业保险，工业方面提供信贷保险，开展银行贷款保证保险试点。通过保险市场参与金融市场建设，减少企业发展所面临风险。在信贷紧缩、利率上调的背景下，积极引导担保机构创新担保模式，以政府出资增信、集合贷款为手段，联合多家担保机构为企业提供担保贷款。

（九）投融资平台建设

投融资平台采取 PPP 模式，鼓励私营企业和政府合作，参与公共基础设施的建设，让非公共部门资源参与提供公共产品和服务，实现公共部门的职能并为民营部门带来利益。投融资平台在运作过程中实现利益共享和风险共担。

（十）民间金融线上线下同步发展

鼓励、引导、规范民间金融融资行为，加强组织领导，健全民间借贷管理体制，制定相应的民间融资规则，扶持、整合、汇集区域内经营规范的投融资中介机构，成立 1 ~ 2 家民间融资服务机构，采用公司化运作模式，建立信息共享平台，为民间借贷双方提供信息公布平台，同时加强清理整顿，强化日常监管，保障民间金融线下健康发展。同时，引进互联网金融企业，筹建民间金融网络借贷平台，确保民间金融线上线下同时发展。

参考文献

[1] 冯湘勇. 县域经济发展中地方中小金融机构作用研究[D]. 长沙：湖南大学，2011.

[2] 张云. 农村土地产权改革背景下"三农"金融服务创新的思考[J]. 金融论坛，2015(7).

[3] 陈成忠，赵晓春. 二元金融格局下的县域信贷弱化问题研究[J]. 金融研究，2006(1).

[4] 曹平辉. 普惠金融与武陵山片区贫困减缓的实践与路径选择——以安化县为例[J]. 金融经济，2015(14).

第十七章　武穴市金融工程支持体系

第一节　研究背景与相关文献综述

一、研究背景

（一）区位优势

武穴市地理位置在长江中游的南边，大别山的北面，湖北省的东部边缘，四周与九江、蕲春、瑞昌等地相距较近。自古以来都是湖北、安徽、江西诸省份的毗连地段，具有鄂东门户之称，又有着“三省七县通衢”的称呼。其主要交通优势体现在“一港二路”上，即武穴港作为长江为数不多的良港，在武汉北侧至安庆市的长达 433 千米的河道区间内，只有武穴港可供停靠 5 000 吨以上的客货轮船，武穴港在湖北省内是仅次于武汉的第二大港口。长江为武穴市工业经济发展起到了重要作用，由于有了长江的优势，武穴市的水泥、医药、化工、船舶、日用塑料、建材等企业有了生存和发展的空间。全国最长的铁路京九铁路横穿武穴，在武穴市石佛寺镇设有客运、货运站各 1 个；全国最长的高速沪蓉公路，在武穴市花桥镇、大金镇各设进出口 1 处，使武穴市成为全国少见的“三长”交汇之地，还有国道公路柳界线从武穴市余川、梅川镇内经过，这又为武穴市工业企业快捷运输、信息交换、加快资金运转速度提供了极大便利。

（二）资源特色

武穴物产十分丰富，特别是矿山资源在全省难得，自然风光秀丽，有着悠久革命历史，更有冷兵器时代的战场，到处都是名胜古迹，具有很大的开发潜力。植物资源方面，据不完全统计，有林木树种 64 种，其中材料用的林木达 48 种，经济用林木达 16 种。有多达 132 科、500 余种，估算总蕴藏量约为 630 万公斤。其中，大宗药材品种多达 50 个。武穴境内有着密布的地表水文网。自西向东流经城市边缘的长江促成了武穴港的形成。主属长江下游干流区的华阳河系为全市流域面积，有源出中部丘陵和北部低山的大金、荆竹、铁石、梅川、戴文义等河注入太白湖、武山湖。汇集到湖中的水最终向东流进了华阳河，流域面积共计953.2平方公里。武穴境内野生动物共有水生、兽禽、昆虫等几大类。武穴境内有多达四十多种的金属矿产资源。主要有铅、金红石、铜、锌等金属矿藏和大理石、粘土。花岗石、陶土、石灰石等非金属矿产十分丰富。石灰石主要分布在沿江一线，西至田镇韩家垸，东至武穴团山，全长16公里，纵深10公里，面积约160平方公里，储量30亿立方米以上，是生产水泥、熔炼石、建筑用石、碳酸钙、石灰和开发无机建材的理想原料资源；花岗石、大理石大面积分布在梅川、余川、花桥、石佛寺等镇，储量约百亿立方米，是生产饰面板材、耐酸板和雕刻石材的重要原料；陶土在武穴市的张堰口、夏福禄、上郝、长岭、田镇等均有分布，是制作陶瓷产品的必备原料。

武穴旅游资源丰富。有一条百里长的长江滨水生态带；有历史悠久的匡山、仙姑山旅游风景区；有风光秀丽的武山湖、马口湖、太白湖等国家级生态湿地和湖北省最美湖泊；有国家重点保护单位郑公塔；有引人入胜的溶洞群；有惊险刺激的龙珠峡漂流；有46万亩的油菜花田；有独具神韵的滨江公园；有古老的林隐寺、黄牙寺、大藏寺、真武殿等重要宗教寺庙；还有遍布全市田园牧歌式的农家乐。这些皆是宗教朝圣、生态养生、乡村旅游之胜地。

（三）主导产业

武穴市工业目前主要有医药化工、建材、食品及农副产品深加工三大支柱产业，以及船舶、机械制造、轻纺服装、塑料制品四个特色产业。就规模以上工业而言，医药化工产业是武穴市第一大产业，主要分布在武穴高新技术产业园和马口医药化工产业园；建材产业是武穴市第二大产业，主要分布在田镇工业新区和刊江、梅川一带；食品及农副产品深加工产业是武穴市第三大产业，主要分布在武穴高新技术产业园区和梅川地区；船舶产业是全市第四大产业，主要分布在沿江工业带；先进制造业是全市第五大产业，主要分布在武穴地区和火车站工业区；纺织服装产业是武穴市第六大产业，主要分布在武穴城区、花桥地区、龙坪地区、梅川地区；塑料制品产业是武穴市第七大产业，主要分布在龙坪朝阳工业集中区、田镇工业新区。

1. 医药化工产业

以广济药业为龙头，以火车站广济药业生物园、马口医药化工产业园、高新技术产业园为基地，加快广药生物园建设步伐，进一步巩固和发展中国核黄素生产基地，加快虾青素等新产品工业化生产步伐，鼓励企业纵向延伸产业链，不断研发生产高效能、高附加值医药成品药，实现规模扩张；利用广济药业的品牌优势和医药产业高新技术效应，提高医药生产集中度，引领武穴市医药产业高速发展。重点支持发展安联药业、美天生物科技、龙翔药业、迅达药业、中牧安达、永宁医药、农本化工,努力将武穴市打造为湖北省内品种最为齐全、全国范围内规模相对比较大的医疗药品生产基地。

以祥云集团为龙头,以田镇工业新区为基地,加快新祥云建设步伐,做深磷化工、做强硫化工、做优精细化工,加快产业规模扩张;重点支持发展北京奥德赛、伟业化工、成都彩虹、旭日化工等企业,推广循环经济发展方式,延伸产品链,提高效益,努力将田镇地区作为化工产业集群的核心地区,并建成在一定区域内有影响的化工产品研发、生产、贸易、信息等功能为一体的精细磷化工和高浓度磷复肥生产基地,引领武穴市工业健康发展。

2. 建材产业

以华新水泥为龙头,以田镇工业新区为基地,依托田镇建材优势资源,支持华新三期、亚东二期工程建设,支持进一步推进发展在技术上较为先进的新型干法工艺,借此来进一步生产强度比原来更高而碱含量更低、性能更好的水泥,加快减少落后工艺技术的使用,努力把田镇建成华中地区最大的水泥生产基地;将粗放型建材企业整合为集约型建材企业,延伸开发精细硅、钙产品系列,形成新型建材产业链,引领武穴市建材工业循环发展。重点支持发展亚东水泥、兰丰水泥、百达建材、田镇石材等企业。

3. 食品及农副产品深加工产业

依托武穴市食品及农副产品深加工企业众多的优势,切实搞好集群规划,进行产业梳理与整合,实现产业分组集合。以特色农业经济产出地为基地,以粮、棉、油为基础,以水产、啤酒、酥糖、排粉、豆果、生姜、山药、板鸭等为重点,加强产业规划布局,引导企业向园区集中,实行产业梳理与整合,重点整合酥糖、牲猪等食品加工资源,大力引进农产品加工企业,延伸产品链,提高企业科技含量,扩大产业规模,做大做深农产品加工产业,增强产业市场竞争力。重点支持佛手山药、福康油脂、江隆棉业、佳洪生物、珍珠油脂、海鲲水产品、武穴酥糖、金百利啤酒、金磊粮油、万方肉联、万星面业等企业发展。

4. 船舶产业

以开阳星造船为龙头,以沿江工业带为基地,以建达造船、刊江船舶修造为组团,突出发展沿江临港船舶制造产业,做优做强造船业;大力引进造船企业,优化结构,提升船舶制造水平,打造具有鄂东特色的造船基地。加快港航建设,注重发展现代港口仓储物流业,盘活繁荣港口经济。

5. 先进制造业

以兴达车桥为龙头,以火车站工业区为机械装备制造业基地,鼓励企业向园区聚集,实现机械产业整合。扩大玉柴多菱品牌效应,支持汽车配件和整车配套生产企业的发展,延伸产业链,促进产业聚集,扩张机械产业规模。重点发展玉柴多菱、精华机械、长江工具、轩坤活塞、兴雨泵业等企业的柴油机、汽车配件、农业机械、矿山机械和小五金产业。

6. 纺织服装产业

纺织产业以信德为龙头，服装产业以洋龙为龙头。充分利用武穴市现有劳动力资源，大搞招商引资，大力引进纺织服装企业到武穴市落户。要以武穴和花桥作为纺织服装产业的集聚地，支持龙头企业打造企业品牌，加快各种平台建设步伐。在此基础上，引导纺织服装产业内部以及与周边地区积极开展企业协作，武穴市在区域协作组织中要扮演领导角色。采取各种方式全面打造武穴市纺织服装产业区域品牌，使武穴市纺织服装产业在鄂东地区占据绝对优势地位。重点支持洋龙服装、三水服饰、信德纺织、南凯服装等企业发展。

7. 塑料制品产业

以龙坪为核心区域，以楚威日塑、恒龙塑业为龙头，引导和鼓励楚威日塑、恒龙塑业加快产品结构调整和产品升级的步伐，重视核心技术和企业综合品牌的培养，促使其做大做强。采取多种方式，上下联动，大力支持与楚威日塑、恒龙塑业配套企业的发展，使之产生显著效益，快速完成原始积累。重视龙坪塑料产业的合理规划和引导，使龙坪塑料产业集群的巨大能量得到充分释放。重点支持楚威日塑、恒龙塑业、广济塑业等企业发展。

（四）品牌产品

武穴市工业经济经过多年的发展和进一步积累，已初步在武穴市形成了以建材、医药化工、农副产品及食品深加工等为主，机械制造、轻纺服装、船舶、塑料制品为辅的七大主要产业和具有一批“叫得响”的品牌产品。如广济药业生产的“索宁”牌核黄素产品，年生产能力 2 800 吨，“索宁”牌大输液，年生产能力 3 500 万瓶，在国内市场和国际市场上都有很好的声誉；“济维”牌饲料级维生素获中国名牌产品称号；该项核黄素高产菌株在工业上进行大量生产的技术获湖北省科技进步一等奖，国家进步二等奖，而且该项技术还被专家评定成为“国际首创”的技术，该技术甚至被国家商务部列为禁止出口技术，纳入禁止出口技术目录。该公司自主研究开发的“核黄素清汤发酵技术”经湖北省科技厅权威鉴定，该项技术“达到国际先进水平”，并且获得湖北省科技进步二等奖；β 胡萝卜素生产技术同样达到了国际先进水平。

祥云集团能够达到的产品生产能力是磷酸一铵 100 万吨、硫酸 150 万吨、磷酸二铵 30 万吨、过磷酸钙 20 万吨、三聚磷酸钠 5 万吨、氟硅酸钠 1 万吨、复合肥 100 万吨、合成氨 40 万吨、黄磷 1 万吨、工业磷酸 100 万吨、工业磷酸一铵 12 万吨，三氯生、甲基吡啶磷、邻苯二甲醛、间苯二酚等精细产品综合生产能力达 5 000 吨，两万吨的一二三类压力容器设计能力和制造能力，是黄冈市内同时通过 ISO9001 国际质量管理体系以及产品质量两项认证的表率。“祥云”商标为湖北省著名商标、中国驰名商标。公司生产的“红狮犸”牌、“红蕾”牌、“祥云”牌磷酸一铵、过磷酸钙、复合肥等都是湖北省的名牌产品。

迅达药业生产的磷霉素系列产品，年生产能力 1 000 吨，其主导产品酮洛芬合成技术达到国际领先水平，迅达药业是湖北省高新技术企业，并入选湖北省科技型中小企业成长路线图重点培育企业；龙翔药业生产的氟苯尼考产品，年生产能力 1 500 吨，获“湖北省名牌产品”称号，2009 年被省发改委、省经信委、省科技厅列入“湖北省百项重点高新产品推广项目”；湖北安联药业生产的右旋酮洛芬氨丁三醇，年生产 2 000 万片；中牧安达药业是中牧股份的控股子公司，主导产品有氟苯尼考、替米考星、卡尼巴嗪等，中牧安达药业具有很强的技术优势和品牌优势，2009 年总产值达 1.2 亿元；美天生物科技具备年生产 2 000 吨兽药原料药和 20 吨重要医药中间体的生产能力；永宁医药化工、奥德赛武穴精细化工厂、旭日化工等，产品技术档次较高，研发能力强，都具有自己的拳头产品，荧光增白剂系列产品、二氯烟酸、二氯烟腈、三氟吡唑盐等化工产品供不应求，市场份额不断扩大，企业竞争力不断提高。

长江工具公司生产的“金龙”牌钎头产品，年生产能力 200 万支；底盘公司生产的“亚”牌前后桥总成产品，年生产能力 10 000 台套；“伟业”牌邻硝基苯胺，年生产能力 3 600 吨；“华新”牌水泥年生产能力 1 000 万吨；亚东水泥年生产能力 200 万吨；“金塔”牌水泥，年生产能力 60 万吨；“立昌”牌玻璃工艺珠，年生产能力 1 500 吨；“龙腾”牌成衣，年生产能力 20 万件；“洋龙”牌裤子，年生产能力 30 万条。

（五）武穴市面临重大发展机遇

第一，根据文件指示，当前国家正在加快促进中部地区崛起，预计将会逐步打造形成以长江、京广和京九、陇海线为依托的“两纵两横”经济发展带，把中部经济经由点线面的不断补充与扩展，从而全部串联起来。武穴市作为“两纵两横”经济发展带的组成部分，其具有得天独厚的地理优势和资源优势，有利于武穴市争取国家重点产业在此地布局并且在此兴建国家重要基础设施项目，从而获得相关的政策支持。

第二，我国宏观经济进入新一轮增长周期，国内市场总体规模进一步扩大，全国经济发展的区位重心将逐步内移，沿海发达地区产业将加速向内陆转移，为武穴市的加快发展提供了新机遇。

第三，武汉城市圈的发展格局为圈内城市发展带来了机遇。武穴位于武汉城市圈中心区与长江带重要节点，具有“承东启西、纵贯南北、得天独厚、通江达海”的枢纽型区位优势，随着武汉城市圈建设步伐加快，产业和交通同城化的深入推进，有利于武穴市获得资本、人才、技术、信息和承接劳动密集型产业的有序转移，加快经济结构调整。

第四，长江经济带新一轮开放开发步伐的加快和湖北省“大别山革命老区经济社会发展试验区”的启动和实施，将使武穴市获得上级部门财政、国土、交通、水利、农业等多个方面的资金及政策支持，积极对接项目，争取项目资金，力争成为地区性中心城市、综合交通枢纽城市、中等规模城市、大别山商贸物流中心和武汉城市圈旅游服务基地。

二、相关文献综述

叶永刚、宋凌峰、张培、刘敏(2014)[1]提出“县域金融”这一概念。改革开放后县域金融的快速发展，带来了经济的强劲增势，为 GDP 和财政收入快速增长做出积极贡献。然而近些年，各大银行、证券、担保等金融机构管理体制逐渐完善，反而制约了县域金融的发展，县域金融的“瓶颈期”又令县域经济的增速面临压力。他们提出的“县域金融工程理念”认为，要整合政府财政资金、企业资金和一部分社会资金，杠杆化地撬动货币市场资金，同时引入资本市场，为县域经济发展增添动力。

而对于武穴市县域经济金融的发展问题，有一部分学者分别从旅游业、金融业等各个层面做了研究。许林、陈丽娟(2008)[2]分析了武穴市旅游产品开发的现状，设计了满足目标市场游客需求的旅游产品和旅游线路，为着力打造武穴乡村休闲旅游产业核心竞争力提供了一种可行性思路。陈少锋(2014)[3]指出了武穴市位于湖北省东部，隶属于湖北省黄冈市，其地理位置优越，交通便利，旅游资源丰富，但由于是个农业县，经济不发达，而且存在着缺乏主题文化及特色旅游活动等问题，严重制约了其旅游发展，使这些年来旅游发展毫无起色。鉴于此，提出打造“佛国广济、洞天武穴”，大力开发具有武穴乡土特色旅游活动等构想，以达到促进武穴市旅游发展的最终目的。郭晶晶(2014)[4]立足于武穴市农村信用社改革和发展的实际，通过水平对比法，对武穴市农村信用社改革的优劣和发展的利弊进行了系统而又非常完整的调查分析和研究探讨，并提出建议：优化农村信用社股权结构，完善产权制度；加快基础设施的建设，建立电子服务平台；开发业务品种，大力发展中间业务；设立专门机构，妥善处置不良资产；建立员工激励机制，强化内控主体素质。

还有学者从战略层面为武穴市发展献计献策。林向宏(2014)[5]认为要把湖北省的这一块长江经济带建成为引领湖北省经济社会发展的标杆，成为促进中部地区崛起的现代产业密集带、生态文明示范带、新型城镇连绵带。建设长江中游独一无二的大型综合交通运输枢纽，建设武穴长江经济新支撑带，构建“一主四区两特色”为主体的城镇化布局，构建“一江三湖三屏障”为主体的生态安全布局，构建支柱产业和新兴产业融合发展的产业布局，构建港城互动、产城共进的特色发展布局。马金鸽（2010）[6]认为武穴市应该坚持走“资源+科技”的工业化道路，坚持走“龙头+基地+农户”的农业产业化道路，坚持走“基础设施+二三产业”的城镇化道路。郝胜勇（2014）[7]提出武穴要发展，必须进一步解放思想，搭建优势平台，扩大招商引资，创优发展环境。

第二节　武穴市经济金融发展概况

一、武穴市经济发展现状

如图 17-1 所示，2013 年，武穴市经济保持平稳增长，全年地区生产总值首次突破 200 亿元，达 202.24 亿元，按可比价格计算，同比增长 10.6%。从经济增速来看，超出全国平均经济增长速度 2.9 个百分点，并且还超出湖北省平均经济增长速度 0.5 个百分点，与黄冈市经济增速持平。虽然武穴市目前的整体实力和综合竞争力不断提升，但与全国百强县（市）2012 年 GDP 中间值 520.67 亿元相比，武穴市县域经济发展仍有较大差距。从 2011 年开始，武穴市经济增速呈逐年下滑态势。

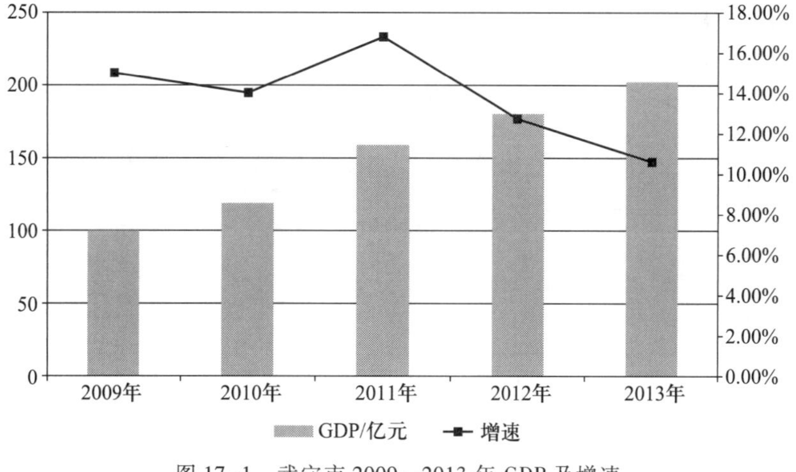

图 17-1　武穴市 2009—2013 年 GDP 及增速

三次产业结构方面，从对经济增长的贡献看，2013 年，武穴市三次产业增加值占 GDP 的比重由上一年的 24.94:48.36:26.70 调整为 24.19:48.26:27.55，第一产业与第二产业占比有所下降，服务业对经济增长的贡献上升，如图 17-2

所示。从产业增速来看,2013 年第一产业增加值较 2012 年增长 5%,第二产业增长 12.4%,第三产业增长 12.5%。三次产业协同发展,产业结构进一步优化,工业仍是推动全市经济发展的主要力量。

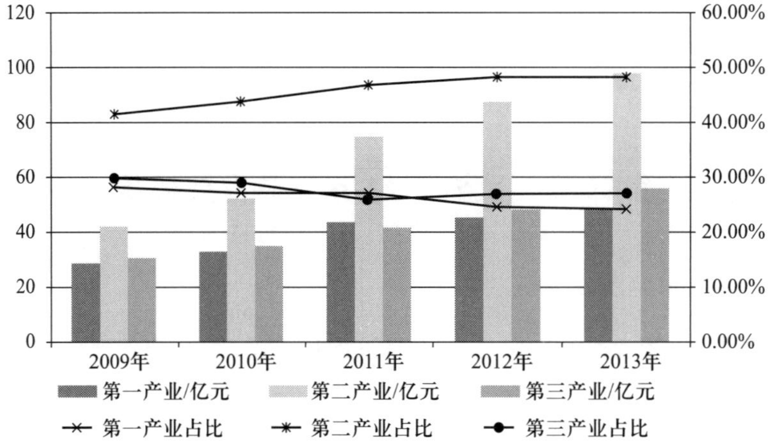

图 17-2 武穴市 2009—2013 年三次产业发展状况

近年来武穴市固定资产投资保持良好的增长态势,2013 年完成全社会固定资产投资 174.02 亿元,比 2012 年增长 30.1%,如图 17-3 所示。

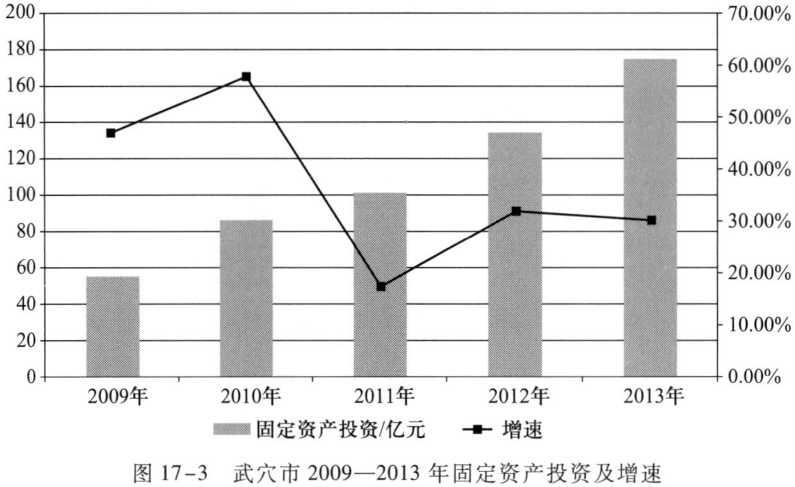

图 17-3 武穴市 2009—2013 年固定资产投资及增速

武穴市一般预算收入与一般预算支出自 2011 年开始保持平稳增长。2013 年一般预算收入为 14.61 亿元,一般预算支出为 27.50 亿元,一般预算缺口与上年相比下降 5.03 亿元,财政缺口占 GDP 的比重由 2012 年的 9.93% 调整到

6.37%，政府部门财政缺口风险有所下降，如图 17-4 所示。

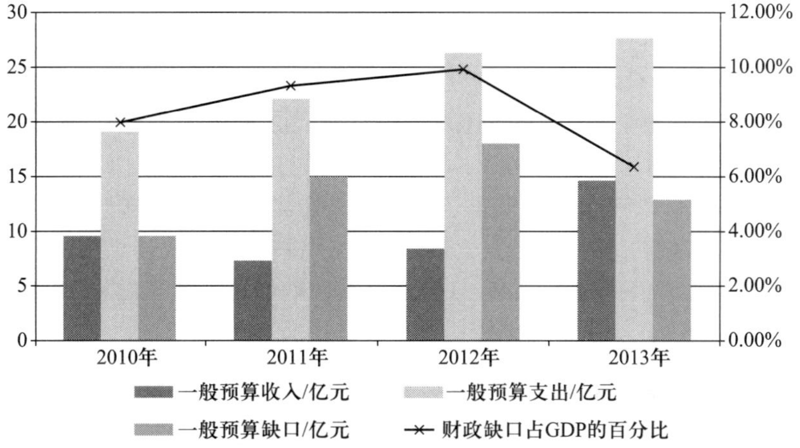

图 17-4　武穴市 2010—2013 年一般预算收支状况

从城乡居民收入结构看，2013 年城镇居民人均可支配收入 19 746 元，增长 10.5%；农民人均纯收入 8 976 元，增长 13.9 个百分点。城镇居民人均可支配收入仍旧低于该年湖北省的城镇居民人均可支配收入 22 906 元，值得高兴的是，这一年农村人均纯收入略高于该年湖北省农村人均纯收入 8 867 元。农民人均纯收入增速快于城镇居民可支配收入增速，城乡差距有所缩小，如图 17-5 所示。

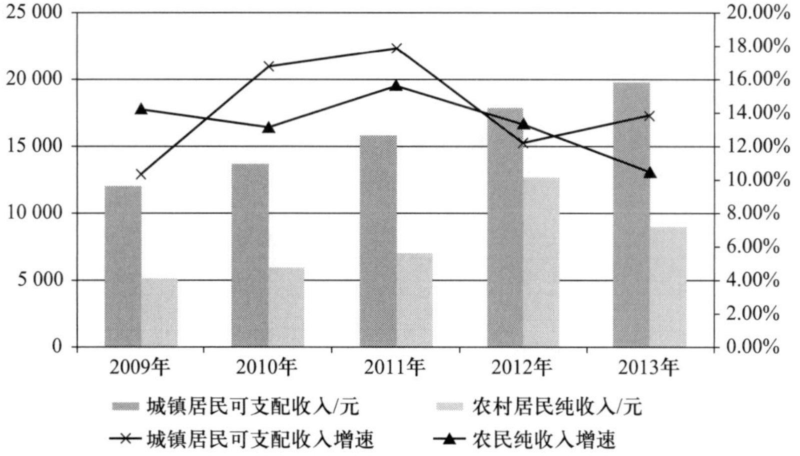

图 17-5　武穴市 2009—2013 年城乡居民可支配收入

2013 年武穴市新增规模以上工业企业 42 家，总数达 178 家。全年新增 8 个湖北名牌产品、3 家高新技术企业、1 个中国驰名商标（“接福”牌）以及 2 个湖北省著名商标。祥云集团喜获湖北省长江质量奖提名奖,广济药业的核心技术研究——“核黄素第三代菌种工业化工艺研究”荣获省科技进步一等奖。武穴市连续5次荣获全国科技进步先进县市称号。祥云集团名列2013年度“湖北省民营企业百强榜”42位和“湖北省百强企业”70位。成都彩虹电器中南有限公司荣获湖北省优秀企业称号。全市规模以上工业增加值70.02亿元,增长14.4%。农产品加工规模以上企业72家,其中省、市级龙头企业新增5家达到32家,万星山药面等多达12个农产品获得了国家金奖的奖励,同时还有“武穴菜籽油”,经过一番努力,成功地申报成为国家地理标志保护产品。农产品加工产值过90亿元,占农业总产值比例为1.25:1。横岗山和仙姑山被授予国家3A级旅游风景区,取得国家3A景区零的突破。

二、武穴市金融发展现状

(一)金融市场构成情况

武穴市已经入驻国有商业银行及政策性银行,除人民银行外共有7家银行类金融机构。全市有金融机构网点68个,其中城区网点25个,乡镇网点43个。

武穴市有证券营业部1个,保险业机构18家,典当行1家,融资性担保公司有2家。其中,武穴中小企业融资担保有限公司有7家合作银行,担保客户覆盖全市80%规模以上工业企业,担保品种不仅包括贷款担保,还包括商业票据担保和贸易融资担保。武穴市农业信用担保有限公司先后与多家银行签署银保合作协议,累计为全市企业提供贷款担保近十亿元。然而,全市唯一的一家小额贷款公司——亚星小贷公司经营状况不理想,目前处于停业状态。中银富登村镇银行刚刚落户武穴。

可见,武穴市小额贷款公司和村镇银行数量不足,期货公司和融资租赁公司更是缺失,金融体系并不十分完善(见表17-1)。

表17-1 武穴市金融机构情况

金融机构	存在情况
政策性银行	有
国有商业银行	有
中国邮政储蓄银行	有
农村信用社	有
保险公司	有
担保公司	有
融资租赁公司	无
证券公司	有

续表

金融机构	存在情况
期货公司	无
小额贷款公司	有
村镇银行	有

（二）金融机构存贷款情况

近几年来武穴市金融机构贷存比始终偏低，保持在50%以下，资金外流现象较为严重。截至2013年年末，武穴市金融机构存款余额为164.27亿元，增长15.39%。各项贷款余额70.21亿元，增长18.54%。2013年贷存比为42.74%，远低于湖北省平均水平(见图17-6)。

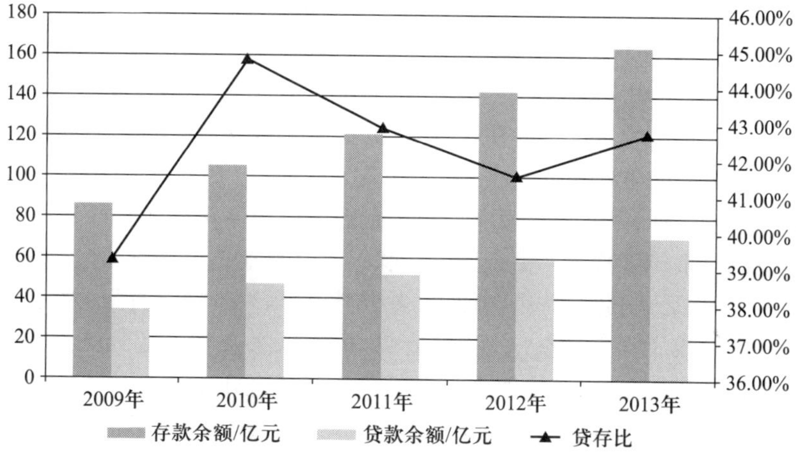

图17-6　武穴市2009—2013年存贷款余额及贷存比

（三）企业上市及利用资本市场融资情况

企业上市方面，武穴市仅有广济药业一家上市公司。1969年武穴市创办了湖北广济药业股份有限公司，该公司被列为国家重点高新技术企业，其主导业务是生产、销售医药原料药及各类制剂、饲料添加剂、食品添加剂，1999年该企业在深交所上市，现有总资产15.5亿元。截至目前并没有在新三板或者四板挂牌的企业，资本市场建设相对较为滞后。

（四）保险业服务地方经济建设情况

武穴市保险业围绕社会主义新农村建设，大力发展农业保险；围绕平安武穴建设，大力发展各类责任保险和财产保险；围绕和谐武穴建设，大力发展商业养老、健康、意外保险。积极推进农村小额人身保险业务；积极探索新农合意外险和农村村组干部综合险。自2007年开展政策性“三农”保险试点以来，坚持稳步推进，一年一个新台阶。2013年，水稻、油菜承保率达90%，基本做到了应保尽保。2013年，该市各保险机构全年实现保费收入40 127万元，各项赔款支出6 297万元，当年结案率均在90%以上，上缴税收1 027万元，为经济发展和社会稳定做出了积极贡献。

（五）地方融资平台融资情况

城投公司方面，目前武穴市城投公司在当地金融机构主要融资情况是：农发行3.4亿元，工行0.15亿元，农商行0.2亿元。

三、武穴市经济金融发展中存在的问题

（一）县域资源利用不充分，主导产业特色不突出

武穴市是以一个粮油作物为主导的“油稻稻”三熟制典型地区，是全省水稻、油菜板块县市和全省“油菜生产大市”，农业在武穴经济发展中有着重要地位。油菜是武穴市的传统优势作物，有双低油菜基地40万亩以上；“接福”牌低芥酸菜籽油被湖北省农业厅授予“湖北优质菜籽油”；“武穴佛手山药”获国家农产品地理标志认证；武穴万星面业公司研制的山药挂面获得湖北省名牌称号；武穴酥糖是武穴市传统特色产品，已走进武汉、南昌等地超市商场。但是这些品牌知名度不高，缺乏系列加工、精深加工、多极增值、辐射带动能力强的龙头企业。

武穴市形成了医药、化工、建材、造船、机械五大支柱产业为支撑的工业体系。除生物医药产业外，其他四个产业均为重工业。工业主要由下游制造行业组成，上游原材料的涨价很难消化，抗御风险的能力较低。电子信息等新兴产业的发展尚属雏形。产业集群效应尚未完全发挥，龙头企业实力不强，招商引资力度需要进一步加强。

（二）产业结构有待优化

武穴市第三产业对GDP的贡献度仅为27%左右，第三产业发展具有极大的潜力，武穴市具有水路、公路、铁路综合交通优势，适合发展以港口物流业为主体的现代服务业，提高武穴第三产业GDP。同时武穴市的生态文化旅游需要进一步开发，武穴旅游业宣传力度不够，文化旅游、生态旅游、观光旅游等建设尚需完善，依托大别山生态旅游、鄂东红色旅游、周边名山名人旅游等优势，加速旅游业发展。

（三）存贷结构不合理，资金外流严重

从贷存比来看，武穴市近几年来该指标始终在39%～45%之间波动，远低于湖北省平均水平，体现了金融对实体经济的支持力度不足，资金外流严重。究

其原因,一方面,地方中小企业和涉农企业虽然具有很强的贷款需求,但由于缺乏抵押担保物,很难符合正规金融机构贷款条件,导致贷款增长缓慢;另一方面,邮储银行等金融机构长期以来"只贷不存",使得存款增速与贷款增速存在较大差距,从而导致中小企业融资难与银行放贷难并存的矛盾局面。

在贷款方向这个层面,武穴市金融机构贷款结构存在失衡现象。信贷资金大都集中在上市公司或大型龙头企业这样的优势行业,而对以中小型企业为代表的县域、农村经济金融的信贷支持力度十分有限。这种现象是由多种因素造成的,首先银行等金融机构追求利润最大化的自然属性导致其对有限的优质项目展开激烈的争夺,从而是资金大都配置到优势行业。另外,武穴市中小企业受到自身经营管理能力的约束,盈利水平有限,抗风险能力不强,且信用意识不够,也较难获得稳定的金融担保。

(四)县域金融体系不完善

县域金融机构数量不多。完善的县域金融体系应该具有多层次的金融机构以满足不同的金融需求。武穴市金融机构种类不全,在银行方面,只有工、农、中、建四大国有商业银行,农发行,农商行,以及邮政储蓄银行,且农村商业银行2012年4月才在武穴市设立分支机构,尚未成立融资租赁公司、期货公司、股份制商业银行。除此以外,担保公司、小额贷款公司等适应农村经济特点的金融机构数量较少,尚不足以满足市场需求。目前,武穴市只有银行信贷市场和保险市场,其他的资本市场、货币市场、外汇市场、租赁市场、黄金市场和其他投资品市场有待建立和完善。

融资担保体系尚为雏形。信用担保体系的完善程度直接关系着企业融资难易问题,也与中小企业的创建、成长和发展息息相关。而目前,武穴市的融资担保体系尚未建立,未形成一个专业化、规模化的融资平台。武穴市现有中小企业担保公司1家——武穴市中小企业融资担保公司,农业信用担保有限公司1家——武穴市农业信用担保有限公司,均依赖政府财政运作,发展不够好,对中小企业的支持力度有限。

(五)中小企业融资渠道狭窄

全市金融机构所提供的金融工具仍然以存款、贷款等传统业务为主,而新兴的金融工具如电子银行业务、代理业务等发展缓慢,服务功能单一,不能达到银行贷款条件的中小企业缺乏有效的融资渠道,政府对中小企业的支持力度有限。现阶段中国中小企业融资主要来自业主自有资金和银行贷款,而资本市场融资以及风险投资等融资渠道的支持力度十分有限,中小企业的融资渠道过于狭窄。目前,武穴市多层次资本市场尚需建设,对湖北省场外交易市场的利用也不够充分，没有在武汉股权托管交易中心上市的公司。

第三节　武穴市金融工程典型举措 ——互联网金融工程建设

一、“阿里巴巴·武穴产业带”的建立

“阿里巴巴·武穴产业带”是由武穴市政府主导，与阿里巴巴、湖北众磊置业有限公司合作开展，旨在推动武穴传统企业电子商务化发展的重点项目。2013年12月6日在武穴市互联网金融发展历程上是一个具有开创性的时刻，“阿里巴巴·武穴产业带”正式签约了。这是阿里巴巴在湖北省投资建立的第一家电商产业带项目，由武穴市政府和中国阿里巴巴网络技术有限公司携手打造，也标志着武穴市县域金融发展即将步入崭新的篇章。

“阿里巴巴·武穴产业带”由武穴市政府主导规划，将地方特色与互联网金融有机结合，主要分为线上经营和线下经营两大块。线上部分是借助阿里巴巴中国站打造武穴市自己的电子商务平台，将当地优质企业引入电子商务交易的大平台，培养业主应用电商的意识，通过信息传递迅速、交易便捷、反馈及时、不受营业时间和店面空间限制等线上交易优势来提升企业的竞争力，从而将当地品牌产业推向更广阔的市场。线下部分则是将实体经济与电子商务相结合，创建线上线下一体化的大型电子商务城，大批电商企业和网购商户将聚集于此，网上用户可以直接在实体店买到相应产品，具有信任度高、便于情感交流的实体店优势，实现线上选购和线下体验的双重结合，可以进一步激发客户的购物热情。“阿里巴巴·武穴产业带”是实体经济和电子商务取长补短、相互融合的典范，其“线上交易，线下体验”的新模式具有网购便捷和实体店体验的双重优势，产业带将利用阿里巴巴广阔的互联网资源优势，创建独具武穴特色的品牌性网上集聚区。在产业结构方面，“阿里巴巴·武穴产业带”以武穴优势产业为基础，重点发展食品产业、建材产业、手工艺品产业、化工产业和医疗产业五大特色产业，打造自身产业品牌。同时，武穴市政府准备与湖北省各大高校建立长期深度合作关系，定点专项培养一批高端电子商务开发和管理人才，提升全行业电子商务运营管理实力，保证全市电商平台金融业务的稳定发展。“阿里巴巴·武穴产业带”线上交易平台和线下电商城将汇聚鄂赣皖三地及周边龙头产业和特色产品，进而激发整个中三角地区的电子商务产业活力，从而极大地提升企业的竞争力，优化区域产业结构，加速区域产业转型升级，促进整个地区产业高速发展。

正所谓“一叶知秋意,一树识菩提”。以阿里巴巴为代表的大型电商行业王牌企业陆续进军武穴,武穴市经济金融发展必将迎来崭新的篇章。随着电子商务这一新鲜血液的注入,武穴式县域经济将进入迅速变化和高速发展通道,这也成为武穴市电商平台互联网金融工程实施的一个重大契机。

二、武穴市电商平台互联网金融工程

(一)电子商务的优势分析

与传统商务模式相比,电子商务的核心是以终端用户为中心的商务模式,其优势主要表现在以下几个方面:

(1)电子商务实现了全时空的交易平台,使得交易不受时间和空间的限制,提高了交易的便捷性。只要在有互联网的地方,消费者就可以随时随地进行交易,现代物流的高速发展确保了远在各地的商品都能及时送达,这为消费者带来了极大的便利,也在很大程度上激发了消费者的购物需求。

(2)电子商务大大降低了交易成本。电子商务交易简化了商务流程,使得商品的供给方和需求方直接联系,缩短了交易时间,节省了运输和管理成本,而节约下来的交易成本一方面可以增加供给厂商的营业利润,另一方面也可以让利给消费者,实现厂家和消费者的双赢。

(3)在电子商务的运营模式下,订单可操作性更强,有助于企业准确把握市场动向,合理配置资源,优化生产结构。目前市场上许多大型企业主动与互联网公司合作,大大提高了生产厂商的自主性,对于厂家扩大市场份额起到了助推作用。格力空调和阿里巴巴的成功合作就是一个很好的例子,在国产手机市场占据极大份额的小米手机也很好地诠释了这一点。

(二)发展电商对武穴市县域经济的影响

随着阿里巴巴、京东商城等电子商务领域大型企业的入驻,武穴市政府出台了一系列扶持电商产业带的政策,电子商务为武穴市经济金融发展注入了新的活力,也带动着全市制造业、服务业等经济部门加快转型升级,武穴市县域经济必将步入一个快速发展的新时期。

1. 电子商务有利于优化市场对资源的配置效率

在优胜劣汰的市场经济运行机制下,资源配置效率显得尤为重要。跟传统企业相比,率先发展电子商务的企业在生产经营上具有极大的优势,因为互联网金融的便利使其有效地减少了中间流通环节,降低了经营成本,成本的降低必然会增加销售的价格优势,从而极大地增加客户订单量,带来企业的产能扩张。随着产能的扩大,规模优势又进一步降低生产成本,从而提高产品的市场占有率,使企业步入良性循环。而那些不发展电子商务或电子商务起步很晚的企业，其生产成本必然会高于全行业的平均生产成本，在电子商务发展的促进作用下，市场价格协调机制必然会使得资金和资源向成本低、效益高的企业流动，从而优化整个市场的资源配置效率。从这个角度来看，电子商务的发展不仅能壮大一家企业，更能优化资源配置，加速企业竞争，从而带动全行业高速发展。

2. 电子商务有利于增强企业自主创新

电子商务使得提供生产和服务的厂商有了与消费者直接接触的机会，交流的便利性会增加厂商对消费者的敏感程度。首先，消费者个性化需求和市场上强大的同业竞争压力会迫使厂商加快自主创新进程。在电商时代，面对同类商品消费者有更大的选择空间，消费者往往会在外观、性能、价格等多方面因素综合权衡之后才会做出决策，这会使得生产厂家不得不从一个更加全面的角度重新审视自己的产品，需要不断进行产品更新换代，用新的亮点来占领市场份额，从而使得企业的研发、生产、管理、销售等各个环节的创造力都被充分激发出来。其次，随着电子商务的发展，信息的商品化进程也将进一步加速。企业可以通过电子商务平台获取越来越多的新创意、新灵感，企业通过互联网可以捕捉到最及时、最准确的信息，为自身的产品更新换代和技术创新起到助推作用。最后，企业还可以通过网络对广大消费群体展开全方位调研，获取消费偏好、时尚趋势等有利信息，从而改进自身产品以更好地契合消费者的需求。互联网信息优势为企业自主创新提供了极大的支持。

3. 电子商务有助于企业为消费者量身打造个性化服务

电子商务的应用为企业给消费者量身打造个性化服务创造了条件，不仅可以提升企业的盈利能力，而且可以提升整个社会的福利水平。在传统的商业模式下，消费者购买商品受到很大的时间和空间限制，消费者只能在固定的时间段、固定的地点采购商品，这严重制约了消费者的消费需求。在电子商务运营模式下，消费制约问题得到了完美的解决。电子商务交易市场是一个全球性的市场，互联网工作的不间断特性使之成为一个突破时间、空间壁垒的一体化市场，全世界各地的消费者可以随时随地通过计算机或移动客户端进行交易活动，企业也可以借助互联网追踪和分析每一位消费者的需求、偏好和习惯，然后将消费者的代表数据整理并传达到决策层，为决策层制订研发、生产、销售以及服务规划提供依据，使得企业的一切生产活动都是建立在对客户更为全面、更为透彻了解的基础之上，这样企业才能为客户提供更优质的商品和服务。通过为消费者量身打造个性化服务，一方面消费者满意程度将大大提升，另一方面企业也将扩大盈利空间，获得更强的市场竞争力。

三、武穴市电商平台互联网金融工程实施路径

（一）电商平台互联网金融的主要模式

电商平台是一个将消费者和生产者直接联系起来的平台。我们常用的比如说天猫、淘宝、京东以及亚马逊等都是基于不同的类型而搭建起来的平台。而不同的平台，对应的信贷也可进行进一步的划分。

1. 基于终端消费者的信贷

消费者信贷是指类似于阿里巴巴公司推出的蚂蚁花呗、京东公司推出的京东白条等互联网消费信用贷款服务。电商基于消费者的真实信息，给予一定的信用额度用于电商平台的消费。具体情形如图 17-7 所示。

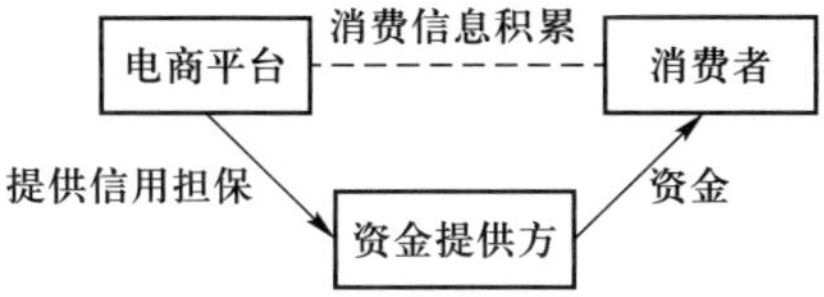

图 17-7　消费者信用支付流程

2. 中小微企业贷款

（1）完全的信用贷款：中小企业在平台消费，其所消费的数额将会转化为信用积累下来。这样积累下来的信用在进行贷款的时候使用，完全不需要任何的抵押。所以称之为完全的信用贷款。根据不同的特点，将信用贷款分为如下三种。

① 自主 B2C 平台——供应商信用贷款：电商交易一般分为两块，交易的供应商和消费者。作为交易的供应商，在交易过程中积累了非常丰富的交易信息。如此丰富的交易信息就能给供应商带来完全的信用贷款，可用于许多电商平台的信用贷款，如图 17-8 所示。

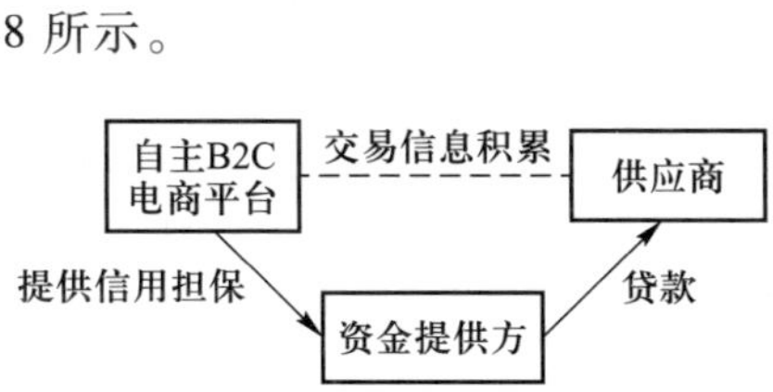

图 17-8　自主 B2C 的供应商信用贷款流程

② 销售平台式电商——第三方网店信用贷款：有的电商专做平台，自身并不提供产品销售，例如淘宝和天猫。它们自身并不提供商品销售，但是它们作为平台提供商，有着买卖双方非常丰富的交易信息。阿里巴巴作为两个平台的提

供商,能够充分利用这些交易信息进行信用贷款。阿里巴巴集团旗下的蚂蚁金服就作为信用贷款的提供商,根据两个平台获得的交易信息,对每个消费用户的交易情况进行评估,并且综合评定,最终向每个消费者都提供一定额度的信用贷款,如图 17-9 所示。

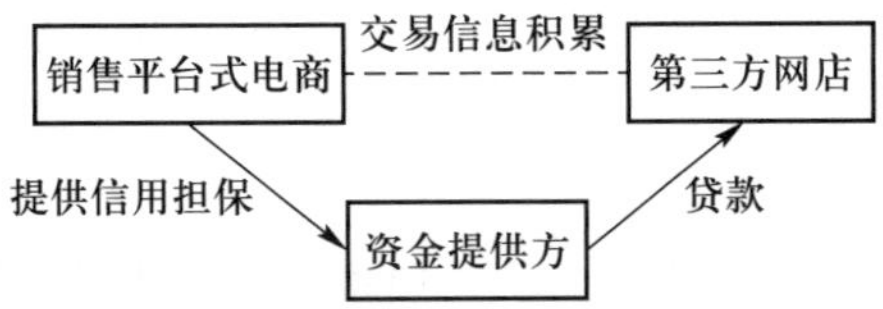

图 17-9　销售平台式电商的第三方网店信用贷款流程

③ B2B 平台——企业信用贷款:同样是提供平台,但是提供企业与企业之间平台的阿里巴巴,仍然是阿里巴巴集团下的互联网交易平台。它根据企业与企业之间丰富的交易信息,进而采用与淘宝和天猫类似的方法,向企业提供一定额度的信用贷款,如图 17-10 所示。

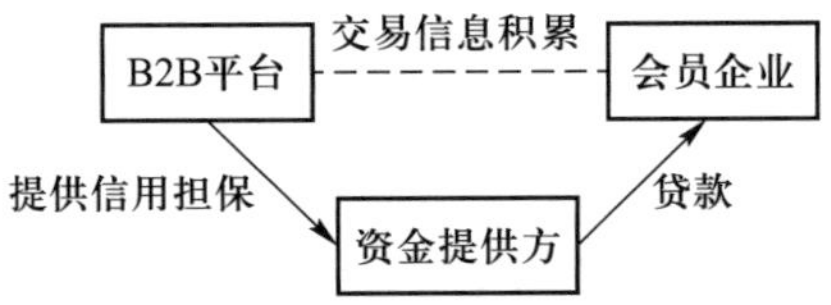

图 17-10　B2B 平台会员企业信用贷款流程

(2) 应收账款融资:除了以上几种贷款方式外,还可以通过向第三方提供自己的交易信息,从而进一步获取信用贷款。这样实际上属于交易信息的共享。同时我们也知道,交易信息其实是自己的一种财富的体现。这也是大数据时代的理念,数据就是财富。

① 自主 B2B 平台——在供应端的贷款:这属于一种有抵押的贷款。供应商向电商平台提供商品用于平台的运营和货物出售。那么,作为货物的提供商,在商品进入仓库之后,供应商可凭借其存货单向资金提供方申请贷款。到了商品成功出售或者到了交账的时候,供应商再用进入仓库的货款来偿还贷款。相对于其他抵押贷款方式而言,这是一种风险相对小一些的贷款方式,如图 17-11 所示。

不过,这样的贷款方式对于电商平台来说有着相对较大的风险,因为这种贷款方式实际上是将货款提前交给了供应商。因此电商平台在处理这样的抵押贷款的时候应该注意风险的调控,应该注意控制抵押贷款的比例,以防止坏账比例过高导致电商平台资金运营出现问题。

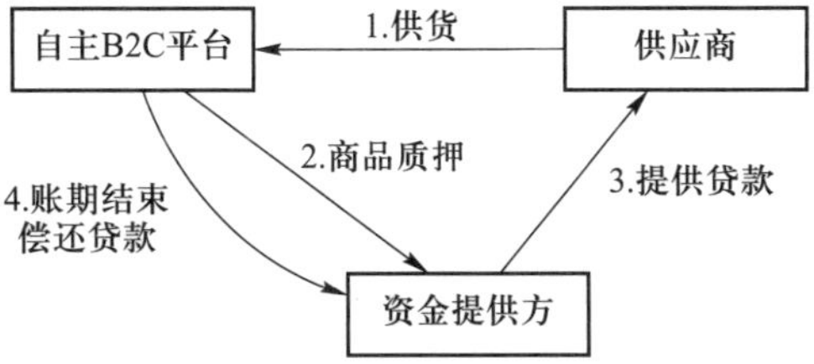

图 17-11　自主 B2B 平台供应链金融流程

② 第三方网店——订单贷款:第三方网店一般都是由个人或者较小的企业单位经营的,其信用风险较高。在这类网店进行交易的时候,有可能会面临货款被第三方网店收了但是却没有发货的问题。所以这时候就需要第三方平台进行担保收款和发货了。实际上,这样的方式最早在淘宝交易平台上得以实施。在淘宝交易平台上,消费者在第三方网店购买东西的时候,货款并不会直接打入网店的账户,而是先交给淘宝保管,等消费者购买的商品收到了并且表示满意的时候,淘宝才会将货款交给网店。不过在这期间,从发货到收货一般都会有很多天的延迟,而这一段时间就造成了资金的占用。

而如果仅仅是这样的话,那么第三方网店的资金周转会出现比较大的问题。资金链断裂的出现主要是因为从发货到收货的几天时间间隔。那么,这对于第三方网店的成长就很不利。电商作为平台的提供商就应该想办法解决这个问题。第三方网店可以向平台提供商提供有效的卖家已发货的订单,从而获得贷款。这样就能有效缓解第三方网店的资金周转问题。

如图 17-12 所示,第三方卖家把之后收到的钱进行提前支取,这就是订单贷款的实质,主要目的还是为了加速资金周转。

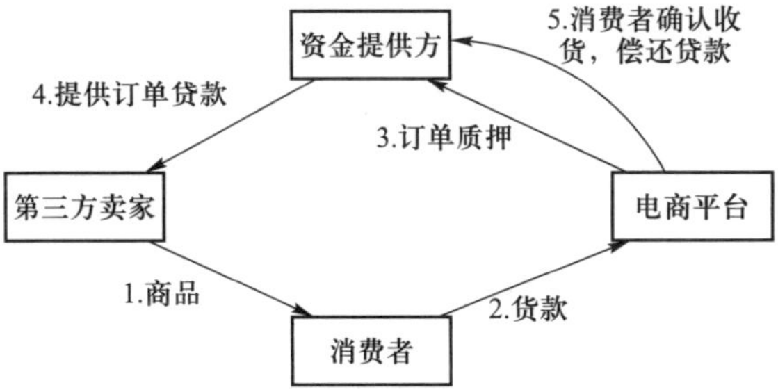

图 17-12　第三方网店订单贷款流程

(二) 武穴市县域互联网金融工程发展电子商务的方向

武穴市拥有发展县域经济的良好基础和现代电子商务的优秀基础,武穴市的县域经济应该朝着更加发达、更加完善和更加安全并且规范的电子商务方向发展。武穴市当前在以消费者为核心的前提下,应该继续大力发展电子商务产业。不断加强电子商务的相关配套产业设施和服务。武穴市应该积极利用京东商城和阿里巴巴等电子商务领导企业的优秀做法和模范带头作用,进一步推进本市的电子商务的发展,促进区域经济的改革创新,争取能够做成像淘宝或者京东那样的优秀电子商务平台。

武穴市要发展更好的经济,要将本市的县域电子商务做大做强,应该从“走出去”和“引进来”两个方面同时着手进行产业布局。一方面,电子商务作为一个依托信息产业技术的新商业模式,信息的快捷与便利决定着其发展的程度。因此武穴市一定需要将信息产业相关配套设施做好做强,营造良好的产业环境之后,就可以吸引更多的沿海企业向本市迁移,从而进一步推进本市的经济发展。

1. 促进传统金融行业发展电商平台

金融行业发展电子商务平台,可以采用下面的模型:首先,依靠自我构建电子商务平台,企业战略产业通过使用商业软件产品,包括增值服务、投资咨询、产品投资、金融产品和报告,引入新的销售模式,这种模式比较适合对于信息比较敏感、对于服务要求比较高的金融以及证券行业。其次,通过在第三方电商平台设置本公司的网络商店。能够有效地将自身的创新型产品和标准化后指定的推广产品直接在网络上进行快速销售,这种模式适合产品直观化、标准化,能够为客户提供权益的保险行业。不过这样需要投入许多精力,尤其是建设基础设施,向第三方网络平台提供相关的费用,这些对于公司来说都是不小的开支。因此,武穴在发展这些方面的时候,一定要将这些问题处理好,不能让这些问题成为制约武穴市电商发展的因素。

2. 积极扶持中小企业发展电子商务应用

武穴市应该进一步采取积极有效的措施,帮助中小企业积极开发自己企业的相关应用。同时也要积极引导中小企业采用第三方平台的应用,从而进一步加快自己的互联网布局,搭建更加便捷有效的电子商务平台。而且能够进一步节约成本,增加盈利,提高公司的综合竞争实力。

3. 地方政府应为电子商务发展营造良好环境

武穴市政府应该积极倡导本市电子商务产业的发展,完善与互联网息息相关的基础信息设备建设,尤其是应该加大相关的资金支持和政策扶持。加快互联网设施的建设主要是为了能够提高本市的互联网流畅程度,降低上网的成本。同时,在加快互联网设施建设的同时,还应该加强相关的教育,不能让互联网的快速发展带来不利的影响。同时,提倡互联网购物,普及相关的知识技能也是有效促进本市电子商务发展的方法。

4. 推进农村电子商务,积极鼓励农民就地创业

武穴市政府也应该对农村电子商务的发展提供大力帮助。加快对农村的互联网普及工作,加快互联网设施建设,使得农村也能够用上便捷的互联网设备。

四、武穴市电商平台互联网金融工程风险管理

电商金融是一个新兴的金融形式。当然,特定的新兴金融形式也存在其所特有的新兴金融风险形式。比如汇率风险、市场风险,还有来自法律法规、市场监管等方面的金融风险。

对于电商金融的监管,应该有着与其他金融风险不同的监管方式。比如说,电商金融的监管应该持谨慎的监管态度。主要原因有以下几点:其一,电商是一个新兴的商业形式,而电商金融则是一个新兴的金融形式。我们知道,互联网的发展是社会发展的大趋势,因此一定程度上也应该通过有效的法律和法规保障这些产业的健康发展。其二,电商金融虽然属于新兴的金融形式,但是电商金融的本质仍然是金融,具有金融本来就有的稳定性和连续性。因此在对电商金融进行监管的时候,也要保持监管措施的连续性和稳定性。其三,金融本质上其实是一种信息服务。信息的传递是金融不可缺少的属性。因此在对电商金融进行监管的时候,应该加强对金融信息披露的监管。不能给金融投机者可乘之机,以免他们通过信息不对称使得投资者遭受经济损失。

第四节　武穴市金融工程预期效益和政策建议

一、预期效益

(一) 金融体系扩容增量

累计引进5家商业银行、保险公司、证券公司、期货公司等金融机构的分支机构。

(二) 多层次资本市场体系初步建成

争取30家企业在区域性资本市场(四板)挂牌上市,增加直接融资10亿元;加快发展资产证券化业务,进行政府债、城投债及企业集合债券的试点。

(三) 社会融资总量增加

表内新增社会融资量累计达到100亿元。到2017年年末,表内贷款余额贷存比达到55%以上。

（四）经济发展

通过金融支持实体经济发展，扶持武穴市主导产业，促进武穴市经济的跨越式发展，使武穴市地区生产总值在2017年年末突破300亿元。

二、政策建议

（一）成立县域金融工程工作小组

武穴市县域金融工程是一个系统工程，需要强有力的领导。武穴市政府应派一位县级领导直接领导县级金融工程的规划、设计与实施，由县金融办作为主要协助单位，成立县域金融工程实施小组，负责规划的具体执行。明确规定武穴市县域金融工程实施小组的职能，强化小组在武穴市金融与经济发展中的协调作用，其职能归纳起来主要有以下几点。

1. 拟定县域金融工程的方法措施

负责对国家相关政策的研究和讨论，并把相关政策转化为与本市实际情况和具体事实相一致的金融措施。对本市的金融产业布局有一个完整的规划和思路；负责编制全县县域金融工程的实施方案并组织实施。

2. 协调、配合对全市金融机构的监管

负责协调、配合金融监管机构对全县各类金融机构和单位实施监管；负责与武穴市内的各类金融机构进行紧密联系，保持市场通信畅通，以确保政策和方案得到有效的执行和贯彻。当前首先要制订《武穴市县域金融工程实施工作考核细则》。

3. 拟订全市要素市场的培育、改革和发展措施

制定措施对本市的资本市场进行发展、监管和协调；尽力推动本市的优秀企业前往新三板等股票系统挂牌上市。同时，联系大型证券机构，吸纳优秀人才，对拟上市的企业进行初审，确保企业质量。

4. 拟订全县融资性担保机构管理政策

制定政策规范全县融资性担保机构的运作和经营。负责全县担保机构的设立、变更和撤销的监管工作。对于典当担保等民营机构进行有效地宣传教育，确保其处在有效的监管之下。

5. 推进全县农业商业保险的发展

指导、协调、推进全县农业商业保险的发展；制定有效的政策和规章制度规范新设立的小额贷款公司的初审和监管；与有关部门合作，大力推进农村金融机构的发展。

6. 组织协调有关部门对地方金融风险进行有效防患和处理

与有关部门通力合作解决本市的金融风险问题，对于重大金融事件迅速反

应立即行动;与有关部门一起,对于任何形式的非法集资和非法证券活动实施依法查处。

（二）着手宣传县域金融工程

武穴市县域金融工程实施小组应制作、收集、加工处理武穴市与武汉大学共建县域金融工程示范基地的有关图片、音频、视频等资料,做好县域金融工程与示范基地的宣传工作。

此外,还要及时发布武穴市宏观数据和金融数据。市统计局等相关机构必须及时发布武穴市宏观数据和金融数据,对于不及时发布的,要进行问责。

（三）构建公共服务平台,健全中介服务体系

引导鼓励多元化投资,加快产业集群专业市场的建设,重点培育形成一两个在国内一定区域内有影响的产品中心和市场。积极出台政策引导现有的批发市场向着专业化市场转型,加快建设电子商务平台,强调相关部门的职责与功能,突出综合市场服务的作用,在经济发达地区设立产品市场,扩大武穴市工业产业的影响力。打造有效的、全国知名的物流体系和物流中心,加快技术创新平台建设,建立法律服务机构,完善金融服务平台建设。研究对于科技创新企业的政策扶持及对于这类企业的风险投资管理体系的建设。这样才能有效促进高科技企业的成长和发展,综合全面地服务本市的优秀中小企业。

同时,应坚持民间自律原则,大力培育发展行业协会,在条件成熟的产业迅速组建行业协会。继续建立并加强完善报关报检、资产评估、信息咨询、涉外律师、仓储物流、物业管理中介服务机构的建设。

（四）出台大学生创业激励政策,出台人才引进政策

武穴市也应该响应国家号召,鼓励有知识、有抱负的大学生来武穴创业,不畏艰辛,不怕失败,创造优秀的产品和服务,在成就自己和企业的同时,带动一方百姓走上脱贫致富的道路,成为拉动武穴经济的一个小小的增长点。

尽快出台硕士以上学历人才、专业技术人才、发明家、金融专家等各类人才的引进政策,与武穴市政府基金的人才支持方案形成互补,对于紧缺专业,如金融类、营销管理类、技术类人才,要加大优惠幅度。

参考文献

[1] 叶永刚,宋凌峰,张培等. 县域金融工程研究——基于通山模式的分析[M]. 北京:人民出版社,2014.

[2] 许林,陈丽娟. 刍论武穴旅游产品的开发与促销[J]. 黄冈师范学院学

报,2008(8).

[3] 陈少锋. 浅谈武穴旅游业发展构想[J]. 绿色科技,2014(6).

[4] 郭晶晶. 湖北省农村信用社的改革与发展——以武穴市为例[J]. 管理观察,2014(12).

[5] 林向宏. 抢抓发展机遇 加强战略谋划——关于武穴市建设长江经济支撑带的战略思考[N]. 黄冈日报,2014(9).

[6] 马金鸽. 鄂东南县域经济发展研究——基于武穴市的思考[J]. 华中人文论丛,2010(12).

[7] 郝胜勇. 加快武穴发展的基础与路径[J]. 政策,2014(12).

第十八章　黄梅县金融工程支持体系

第一节　研究背景与相关文献综述

一、研究背景

（一）区位介绍

黄梅县隶属于湖北省黄冈市，位于湖北省东端，大别山尾南缘，长江中下游结合部北岸，为鄂、赣、皖三省交界，东边是安徽省宿松县，西边是湖北省武穴市，南边与江西省九江市隔江相望，北边与湖北省蕲春县山水相依，史称吴头楚尾，荆扬咽喉，可北走京华，南驰百粤；今枢连鄂皖赣3省，连华东与华中两大经济区。自然资源方面，黄梅县地势北高南低，呈三级阶梯状倾斜。水域广阔，矿产资源丰富，自然风光秀丽，名胜古迹众多，水陆便利，素有“七省通衢”之称。文化特色方面，黄梅是驰名中外的佛教禅宗圣地，千年古刹四祖寺、五祖寺分别坐落于黄梅县的西山和东山；是全国五大剧种之一黄梅戏的故乡，红十五军诞生地，还是闻名全国的“楹联之乡”“诗词之乡”“武术之乡”“挑花之乡”。“黄梅戏”“黄梅挑花”和禅宗祖师传说入选全国非物质文化遗产保护名录。黄梅得天独厚的区位优势，水陆便利，已经成为通江入海、承东启西、沟通南北的交通枢纽，是长江经济带和京九经济带、华东经济圈与华中经济圈的结合部。

（二）经济现状

加速崛起的黄梅已站在继往开来新的历史起点，迈入了一个大有可为的黄金发展期。黄梅县经济实力排名在全省长期徘徊在40位左右，在黄冈市各县中自2005年以来位列蕲春县、浠水县之后，稳居第三。从三大产业的GDP贡献来看，产业结构正在缓慢调整之中，产业创新能力不足，服务业、旅游业发展有待提升。近年来黄梅县综合实力明显增强，但GDP增长率不稳定；经济拉动主要靠政府投入，财政资金缺口不断加大；金融产业发展缓慢，资金大多向外流出，金融支持经济发展作用尚不明显；农业现代化水平较低，存在较大发展空间。

“十二五”乃至更长一个时期，是黄梅县城镇化加快推进、产业结构优化升级、基础设施完善提高以及城乡居民生活质量和水平全面提升的关键时期。综合分析国际国内形势和国家宏观政策取向，未来一个时期黄梅县面临着中部崛起战略和“两型”社会建设综合配套改革试验叠加、武汉城市圈建设和长江经济带开放开发叠加、老区扶贫政策和西部开发政策叠加等“三大叠加”的战略机遇，特别是湖北省委已将推进大别山革命老区经济社会发展试验区上升为全省战略，并积极争取纳入国家战略，这些政策措施将为黄梅县谋划和推进重大项目建设带来大好机遇；同时，随着黄梅县交通基础设施的不断完善，之前因地域对经济发展的限制将得到极大缓解，为更多金融机构入驻及企业发展提供了良好的条件。不久前，黄梅县第十三次党代会全面阐释了“高昂龙头、起飞两翼、开发三沿、建设四城”的发展战略，描绘了黄梅未来五年经济社会发展的宏伟蓝图。

近年来，黄梅县坚持以科学发展观为指导，紧紧抓住国家实施中部崛起战略、湖北省实施“两圈一带”战略和建设大别山革命老区经济社会发展试验区等重大政策机遇，坚定不移地推进“一带三区”建设，奠定了科学发展和转型发展的基础，给黄梅县崛起、兴县、富民带来了发展机遇。由此，推动黄梅县县域金融工程的发展，有利于实施开放开发战略，创新体制机制，实现黄梅县经济的跨越式发展。

二、相关文献综述

黄梅县经济实力处于湖北省县域中游，具有很大的上升空间。周文涛(2009)[1]以黄梅县大胜关山工业园为例对县域工业园区产业集群现状进行了分析。关山工业园内形成了以纺织服装、农副产品加工、生物医药、新型建材、电子信息、机械电子六大产业为主的良好格局，但产业关联度不高，产业链尚未形成，因为产业聚集大都处于劳动密集型或资源密集型领域。增长方式粗放，产品档次较低，其竞争优势仍主要依赖于低成本尤其是工资成本优势，没有充分发挥产业集群的各种优势。因此应当明晰园内产业的竞争力及定位，加快发展产业链，打造统一的销售市场并注重产业的品牌建设。蔡敏(2011)[2]对黄梅县农村金融服务的现状进行了研究，认为存在以下问题：一是国有商业银行退出使农村金融服务体系形成缺口；二是三农服务力度不足，仍以发放农户小额信用贷款、抵押贷款和农户联保贷款为主，信用环境有待优化；三是金融机构运行成本较高。周维现(2013)[3]对中国县域经济发展中工业主导的陕西兴平模式、农业主导的福建安溪和山东寿光模式、贸易主导的黑龙江省绥芬河模式、旅游主导的河南栾川模式、服务业主导的湖南省津市模式五种欠发达县域经济发展模式进行了总结，研究了各个模式的发展特点和路径，对欠发达地区发展县域经济提供了经验借鉴和系统性的发展建议。董传玲(2012)[4]对中部地区县域经济进行了研究,分析中部地区县域经济发展中存在的问题和面临的机遇。在此基础上,研究在资源环境约束下以技术进步和集约特色发展为基本路径的产业结构升级的新兴工业化,提出了县域经济生态化发展的理念以及县域经济生态化发展模式。认为中部县域经济发展由传统的工业化、城镇化“两化驱动”转向工业化、城镇化、生态化“三化驱动”,并且生态化贯穿于工业化和城镇化发展的始终。

第二节　黄梅县经济金融发展概况

一、黄梅县经济发展现状

2009年黄梅县在全省县域经济考核中排43位,比2008年上升11位;2010年在全省县域经济考核中排44位,比2009年下降1位。2013年,初步核算,全年地区生产总值148.8亿元,比上年增长10.7%。其中,第一产业增加值46.0亿元,增长5.0%;第二产业增加值61.0亿元,增长12.9%;第三产业增加值41.8亿元,增长13.2%。一、二、三产业比为30.9∶41.0∶28.1。人均GDP达18 306元。全年居民消费价格比上年上涨2.3%。年末就业人员48.8万人,比上年末增加0.1万人。城镇登记失业率为3.3%。

(一)GDP逐年增长但不稳定

从2005年至2013年,黄梅县总体GDP水平呈增长的趋势。在2010年和2012年,全县GDP增长较快,分别为97.7亿元和132.7亿元,同比增长了26.06%和22.3%。但黄梅县各年GDP增长比例不稳定,从图18-1中GDP增长率来看,从2006年开始,增长率在0.1到0.3的区间波动,而2012年到2013年,增长率明显有下降的趋势。虽然近年来黄梅县综合实力明显增强,但由于地处武汉城市圈边缘,承接辐射能力较弱。综合经济实力排名在全省长期徘徊在40位左右,向上争取项目、资金和政策受到很大制约,没有足够的资金支持该县的发展。

(二)县域经济产业结构不合理

从产业结构来看,2004年至2012年产业结构不断变化,第一产业产值占GDP比重呈逐年下降趋势,第二产业产值占GDP比重呈逐年上升趋势,而第三产业趋势较不稳定,基本是先升后降,三次产业比值从2004年的40.5∶29∶26调整到2012年的31.9∶40.8∶27.3。从2004年到2009年,第一产业占主导地位,第二、三产业对经济贡献并不十分突出。2009年以后,产业结构发生了较显

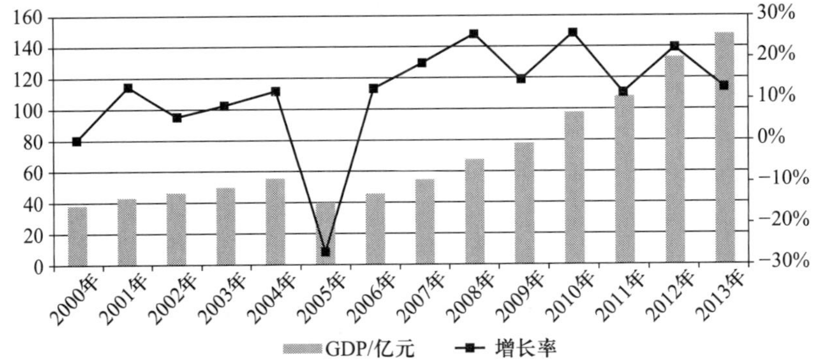

图 18-1　黄梅县 GDP 和 GDP 增速

著的变化，第一产业有较明显的下降，产业 GDP 的比重由 2009 年的 36.2% 下降至 2012 年的 31.9%；而第二产业逐渐成为主导产业，产业 GDP 的比重由 2009 年的 34.5% 上升至 2012 年的 40.8%；而第三产业的产值变化不大，基本在 27% 至 30% 间徘徊，如图 18-2 所示。

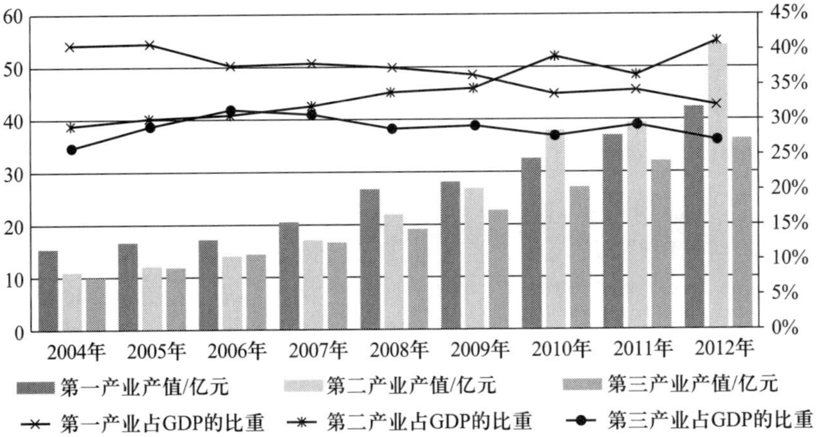

图 18-2　黄梅县产业结构变化情况

黄梅县是农业大县，第一产业所占比重基本维持在 33% 左右，近些年开始缓慢下降。一方面，黄梅县近几年来大力发展第三产业，重点打造旅游业，以五祖寺风景区争创国家 4A 级旅游风景区为契机，以打造佛教禅宗旅游品牌为重点，整合全县旅游资源，加大旅游包装、推介、促销力度，加强区域旅游市场的融合，做好精品旅游线路的对接，形成“资源互动、信息互享、客源互送、合作互赢”的大旅游格局，把旅游业培育成为黄梅县真正意义上的支柱产业。另一方面，积极发展商贸物流业。着眼建设大市场、发展大贸易、搞活大流通，制定商贸物流业发展规划；着重规划建设以正街鑫城为中心的现代服务业核心区、小池副中心商业区、大胜关山工业园服务区；加快沿江码头和铁路货场建设，尽快建成小池 5 000 吨级码头和合九铁路濯港站二级货场，为发展现代物流业奠定基础。

（三）财政缺口逐年增加

如图 18-3 所示，2008 年至 2012 年，黄梅县的财政收入与财政支出呈较快增长。2012 年，财政收入和财政支出分别增长了 22.16% 和 18.35%。尽管如此，财政缺口不断扩大，从 2008 年的 2.54 亿元扩大到 2012 年的 7.04 亿元，且黄梅县的财政缺口占 GDP 的百分比也逐年增加，尤其是 2011 年，增长幅度较大，达 5.79%。相较于 2011 年，2012 年稍微下降，该年财政缺口占 GDP 的比重为 5.3%。黄梅县财政收支连续出现资金缺口，且资金缺口占 GDP 的比重不断增大的事实表明，黄梅县主要依靠政府的财政支出与政府投资增加要素投入推动经济增长，但随时间推移，这种内生性的增长效应会逐渐弱化，导致经济增长的内生动力不足。因此，黄梅县政府急需通过招商引资或税收政策引导等方式吸引县外资金，从而促进经济的发展。

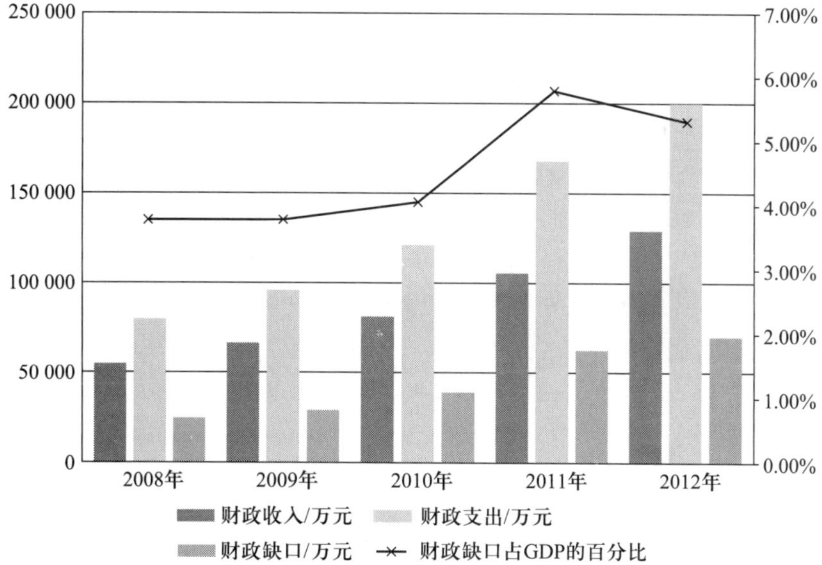

图 18-3　黄梅县近五年财政收支状况

（四）城市农村人均收入低于全国水平

黄梅县 2013 年人均 GDP 在全省排名比较靠后。人均 GDP、城镇居民可支配收入和农民纯收入与省平均水平和全国平均水平有较大的差距。黄梅人口众多,城镇人口占总人口的25%左右,农民众多,而农业发展水平仍然不高,农民收入有待提升,如图18-4所示。

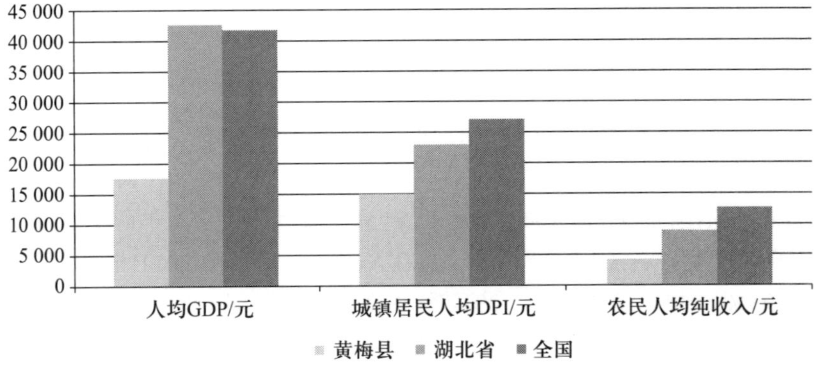

图18-4　2013年黄梅县收入水平与全省和全国对比

（五）固定资产投资位于全市平均水平

2010年,黄梅县社会固定资产投资总额达到67.36亿元,比2009年净增18.4亿元,全县社会固定资产投资总额在全省排40位,比2009年上升2位,固定资产投资增速达37.7%。一是亿元项目增加。亿元项目达到15个,总投资35亿元,比上年增长46%,其中兴荣陶瓷投资2.9亿元,长江大桥投资8.4亿元,正街鑫城二期投资2.6亿元。二是民营企业投资活跃。全年私营企业实现投资17.73亿元,同比增长18.4%。三是投资项目进一步增加。全年投资项目达到512个,比2009年增加80个,固定资产投资的拉动效应进一步凸显,投资拉动GDP增长7.3个百分点,比2009年上升1.2个百分点。到2012年,全县固定资产投资保持较快增长,全年全县社会固定资产投资总额为104.75亿元,增长36%。其中,固定资产投资(不含农户)100.6亿元,增长36.6%;其中,国有投资完成25.85亿元,集体投资完成14.2亿元,私人投资64.7亿元,房地产投资完成4.2亿元。

纵向比较,2007年到2012年,黄梅县固定资产投资额保持增长的态势,2010年开始增速明显放缓,2012年固定资产投资首次超过100个亿。横向比较,2010年黄梅县固定资产投资赶超罗田县,至2012年,保持在全市第四的水平,勉强超过黄冈市9个县市的平均固定资产投资水平,与蕲春县、武穴市、麻城市仍有明显差距,如图18-5所示。

（六）规模以上企业产业产值增长放缓

2006年以来,黄梅县规模以上工业总产值快速增长,2008年增速达到最高

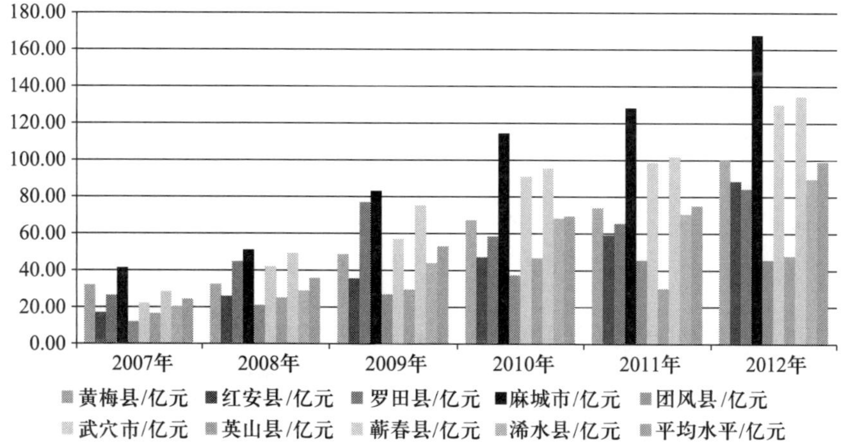

图 18-5　2013 年黄梅县固定资产投资与黄冈市其他 8 县市对比

值 0.79，之后增速放缓，到 2012 年期间，规模以上工业总产值的增速基本维持在 0.3 的平均水平，如图 18-6 所示。2010 年上半年，全县规模企业实现产值 40.21 亿元，居全市第 5 位，同比增长 59.9%，增幅比全市平均水平高出 6.6 个百分点并居全市第 3 位；增加值 11.14 亿元，居全市第 5 位，增加值完成数占全年目标的 37.44%，增加值同比增长 28.2%，增幅比全市平均水平高出 0.7 个百分点并居全市第 5 位。全县规模企业税收同比增长 23.37%。其中，五瑞生物、科普达化工、高岭资源 3 家企业税收过两百万，另有中亚炉料、荣盛工贸、昊坤混凝土 3 家企业税收过百万。此外，77 家规模企业上半年税收实现正增长。通过今年 6 月经济、税务等部门的联合巡查，截至 6 月末，零税收企业比 5 月末零税收企业总数大幅减少 30 家。六大主导产业竞相发展。上半年，纺织服装、新型建材、农副产品加工、医药化工、机械电子、新型矿冶六大主导产业竞相发展。其中，纺织服装、农副产品加工两大产业全年产值预计超 20 亿元，新型建材、医药化工两大产业全年产值预计超 10 亿元。

黄梅县一方面对现有规模企业增加投入，技改扩规，增强发展后劲。另一方面新引进及在建重点工业项目，为黄梅县工业经济持续增长提供强大支撑。大胜关山工业园内有规模企业 36 户，占全县总量的 21.05%；东盟生态产业园、泰格塑胶、利宇电讯、卓励电子、标华电器、阿依莲服装、东方奥威等一批重大工业项目在建，工业经济后劲十分强劲，大胜关山工业园已发展为全县工业经济十分重要版块。随着新建企业的发展，黄梅县规模以上工业产值将有很大的增长空间。

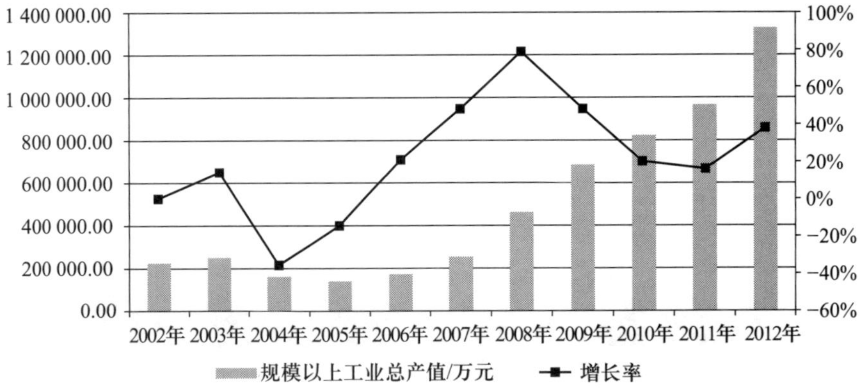

图 18-6　2002 年到 2012 年黄梅县规模以上工业总产值及增长率

二、黄梅县金融发展状况

（一）金融机构基本完善

截至 2014 年 10 月，黄梅县金融机构分布情况为：银行业金融机构 7 家——工行、农行、中行、建行、农发行、邮储银行、农村商业银行，筹办中的中银富登村镇银行预计年底开业，全县共有 76 家营业网点。融资性担保公司 3 家，县中小企业担保公司由政府独资成立，注册资本金 1.2 亿元；民资发起的 2 家：帝豪担保公司注册资本金 1 亿元，国鹏担保公司注册资本金 1 亿元。小贷公司 3 家，融诚小贷公司注册资本金 1.2 亿元；至信小贷公司注册资本金 1 亿元；瑞邦小贷公司注册资本金 8 000 万元。无证券公司，保险机构有 16 家，典当机构有 2 家。

成功引进中银富登村镇银行，正在装修门店，开业在即；农村商业银行 7 月份转制运营；县经发投公司已经挂牌成立；完全由民营资本投资设立的小额贷款公司增加到 3 家，融资性担保公司从无到有，目前包括 1 家政府独资担保公司和 2 家民营资本组建的商业性担保公司。村镇银行、担保公司、投资公司、小贷公司金融机构基本健全。

总的来说，黄梅县的金融机构基本完善，但种类较少，金融体系不够完善。现有的金融机构包括政策性银行、国有商业银行、邮政储蓄银行及农村信用社，保险公司、担保公司及少数小额贷款公司及民间金融，并且私营的小额贷款公司的信用保障仍较低。目前，该县的信贷服务基本是依靠农村信用社。

（二）贷存比过低

截至 2012 年，全县金融机构人民币存款余额 175.22 亿元，较年初的

140. 988 7 亿元，增长 24. 28%；全县金融机构贷款余额为 52. 462 亿元，较年初的 42. 898 6 亿元，增长 22. 29%。自 2009 年至 2012 年，贷存比从 25. 22% 增加到 29. 94%，但贷存比仍然过低，表明近年有大量资金流出县外。作为欠发达的黄梅县，缺少发展资金，不足以支持黄梅县县域经济发展，这是制约黄梅县发展的主要因素之一。

（三）金融体系尚未健全

1. 资金外流造成金融供给不足

2012 年黄梅县的贷存比相当低，为 29. 94%，代表黄梅县资金不断向外净输出，未能充分支持县域经济的发展，使得缺乏资金支持的黄梅县经济发展更困难。

2. 县域金融机构种类缺失

完善的县域金融体系应该具有多层次的金融机构以满足不同的金融需求。但是，黄梅县金融机构很不健全，在银行方面，只有工农中建四大国有商业银行、农发行、农商行以及邮政储蓄银行，能提供的金融服务有限，并且国有商业银行存在着逐渐退出农村的现象。在贷款额度上，四大国有商业银行并非主力军，信贷服务基本是依靠农村信用社，农发行、农商行和邮政储蓄银行对三农的服务有限。除此以外，适应农村经济特点的农业村镇银行尚未建立。目前，黄梅县也未建立期货公司和证券公司，其他的资本市场、货币市场、外汇市场、租赁市场、黄金市场和其他投资品市场也都没有建立。

3. 融资担保体系尚为雏形

完善的信用担保体系可以解决企业担保物不足等问题，协助中小企业成立、成长与发展。而目前，黄梅县的融资担保体系尚未建立，未形成一个专业化、规模化的融资平台，帮助银行支持中小企业，对中小企业的支持力度有限。

4. 社会信用环境建设滞后

黄梅县的信用环境仍有待加强，信用观念及意识不强。黄梅县个别经济主管部门出于利益考虑，制定的产业政策不利于信贷资本介入产业发展，使得中小企业与农户未能有效且充分利用信贷资本给产业带来的经济利益，一定程度上制约了产业的发展。此外，少数部门、少数人诚信意识不强，拖欠银行贷款等现象反映了信用环境建设滞后的问题仍待解决。

5. 金融要素市场仍处空白

目前，黄梅县的金融要素市场仍为空白。多层次有效的资本市场，可以迅速为企业融到发展的第一笔资金，为中小企业未来的进一步发展提供广阔的天地。但是，在黄梅县资本市场仍处空白，使得中小企业融资问题难上加难。

第三节　黄梅县主导产业金融工程规划

一、黄梅县主导产业金融工程整体规划

黄梅县是全国重点商品棉与商品粮食基地，同时是获国家三项非物质文化遗产（黄梅戏曲、黄梅挑花、禅宗学说）殊荣的宝地，可以开发优势资源，发展特色农业，工业也形成了以服装加工产业为主的支柱产业。黄梅县地理位置处于鄂皖赣三省交界，基础设施贯穿东西南北。从三次产业的角度来说，黄梅的农业、工业与服务业基本成型，有发展潜力。

在明确黄梅县金融体系与产业发展情况的基础上，利用工程化思想，运用产业金融工程的与县域金融工程的相关理论，研究制订金融支持黄梅县产业发展的规划。

（一）抓住主导产业实现产业升级

黄梅县产业布局已基本形成，目前应该围绕主导产业展开改革。主导产业是在区域经济中起主导作用的产业，它是指那些产值占有一定比重，采用先进技术，增长率高，产业关联度强，对其他产业和整个区域经济发展有较强带动作用的产业。黄梅县目前农产品加工产业与服装加工业发展基础好、投入资金大，已经初步形成特色。应该将这两个产业列为主导产业，集中优势资源，形成以主导产业带动经济发展的格局，完成主导产业的升级。

（二）依托产业链提升产业价值

黄梅县主导产业目前均已初步成型，当务之急是提高产业的价值。可以基于产业链的各个环节，讨论产业价值的提升问题。具体来说，在农业发面，大力发展特色农业产品，依托完整的产业链提高产品的附加值。在工业上，政府应鼓励引导优势企业延伸产业链条，优势企业应通过独家设立、强强联合等方式，通过上下联动，延伸产业链条，扩大行业、企业的生存空间和利润空间。在旅游业上，注重发展特色旅游业，一方面是旅游景点的建设，另一方面完善旅游业相关服务的提升，包括餐饮业、住宿业的大力发展，提升整个产业链的价值。

（三）构建多层次产业金融工程体系

黄梅县产业面临各种难题，如果大力引入金融来解决产业的问题，有不少难题可以得到解决。产业的发展重点在企业，而县域经济中的企业普遍存在融资难的问题，所以应该大力解决县域企业融资渠道少的问题。具体来说，需要针对不同的产业特点选择不同的融资模式，加强与金融机构合作，不断创新开发适合

产业发展的金融产品与服务。投融资体系的建立要与金融创新紧密结合,运用各种创新的方式有针对性地解决各个产业的投融资问题。

二、黄梅县服装加工业金融工程规划

黄梅县的服装加工产业已初步成形,发展潜力较大。产业的上游是棉花的种植,属农业范畴。农业面临的主要难题是企业规模小,产业化程度不高;中游为服装的加工;下游主要为服装的销售。加大整个产业链的效用,需要在产业链的各个环节做文章。整合和拉长产业链以获得更高的利润,是服装加工业的核心问题。图 18-7 为产业价值链构架图。

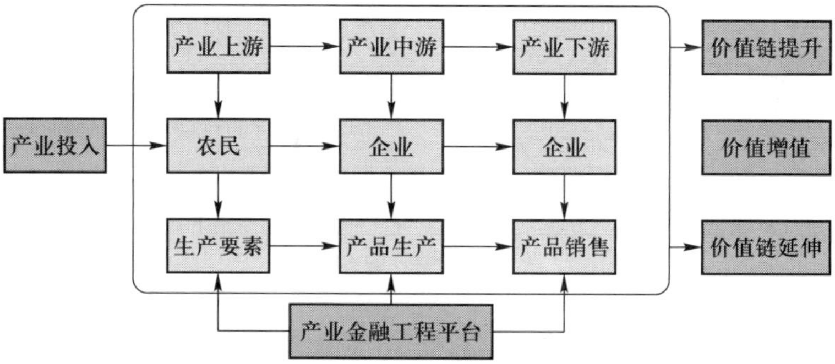

图 18-7　产业价值链构架

(一) 产业上游农业价值链条分析

1. 产业价值链条现状分析

黄梅县现有的服装加工产业价值链条存在较大的问题,体现为上游的企业规模化不够,特别是加工环节利润率不高;产业中游的产品生产方面,企业主要缺乏高新技术;产业的下游销售环节,需提高企业在国内外的知名度。总体而言,需要整合和拓宽产业链,提高产业链的价值增值。

2. 产业价值链条增值点分析

产业链的上游延伸重在提高农产品附加值,并进一步提升农业资源使用效率。主要体现在生产要素资源的整合、服务提供、农产品加工、销售的延伸。可以在产业金融工程平台的统一协调下,加速推进产业化,实现上游棉花生产、加工、销售、服务一体化,中游服装加工企业的协同和合作,下游销售、运输、服务的一体化。上游可以协调成立服务站,负责农业科技及信息整理、农业生产资料的统一采购,在发展到较高阶段时逐步实现生产资料的研发生产。中游可以成立农产品加工厂,根据当地农业实际,加工农产品,迎合市场需求,在下游成立专门的销售公司,实现农产品附加值的提升。

（二）服装加工业金融工程支持体系研究

1. 产业链上游

产业链上游主要是商品棉的生产与加工环节。金融支持商品棉产业发展的关键是棉花的初加工与深加工环节。这两个环节的价值增值较大，并且容易形成大型龙头企业。商品棉产业链如图 18-8 所示。

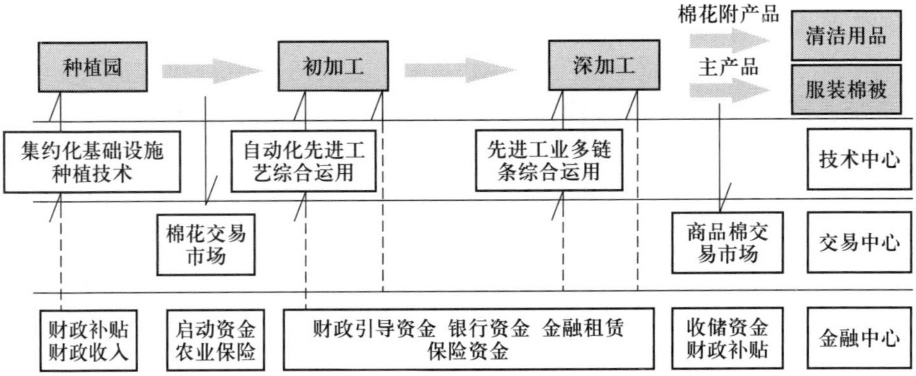

图 18-8　商品棉产业链

商品棉的生产主要可以分为棉花种植、棉花加工及深加工和棉花废料利用制造附产品三个环节。在这三个环节中，黄梅县的目前企业都有所涉及，但是黄梅县企业在每一个环节都存在企业规模不大、金融支持不足的问题。在这三个环节中，尤其是深加工的环节最具潜力。针对上述环节可以设计三个配套支持，分别是技术、交易和金融支持。这三方面的支持对于产业链具有强大的推动作用。

（1）商品棉的种植

棉花种植环节的主要问题是棉花的销售。在交易方面，首先要调查商品棉的市场情况，加强商品棉的交易与棉花种植的联系，建立和完善市场预测体系，及时掌握市场供求信息。建立以棉花为主的交易市场和附产品交易市场。

在金融支持方面，由于农民面临的风险主要是以棉花为主的交易市场价格风险，所以可以在种植量上做文章。在收购方面，积极鼓励和支持加工企业与农民合作。

（2）商品棉加工与深加工

加工环节主要面临的问题是加工产品附加值不高。在技术方面，鼓励棉花加工厂商进行技术的改进。在交易方面，棉花加工产品市场的发掘是关键。黄梅生产的产品可以加上“黄梅县产”的标注，提高产品的影响力。

在金融支持方面，由政府提供引导资金，引入先进生产加工技术，组织科研力量开发新技术；引导棉花企业进行深加工，提高棉花产品的附加值，减少环境污染；成立专门的先进设备金融租赁公司或为加工厂提供低息或无息贷款，减轻加工厂短期运营资金压力，提高加工厂资金利用效率。

2. 产业链中游

产业链的中游主要是服装的加工，包括服装的设计与加工。在技术方面，鼓励服装加工厂进行高新、节能环保技术的引进，增加产品附加值；同时，引进高技术人才和设计师，引导产品的创新，也可引入黄梅的挑花元素，突出黄梅特色，着力打造特色且具有竞争力的服装。这样，生产效率不仅可以得到稳定的保障，而且能够增加产品质量，改善产品品质。

在交易方面，应注重培养企业的知名度，企业应该积极开拓创新，创造属于自己的品牌。推动服装加工业的企业改制、重组、兼并，鼓励龙头企业实施行业整合，支持有实力的企业在境内外上市。

3. 产业链下游

产业链的下游主要是服装的销售，包括服装的运输、销售和进出口。在运输方面，加快发展现代物流业，加强海关、检验检疫、外汇管理、银行、工商、税务等部门的整体联动、通力合作，提升通关效率的提高，改善对外经贸的物流配套环境。在销售方面，提升品牌知名度，加强销售店面的服务，并且逐步培育品牌在境外设立分公司。在进出口方面，落实出口退税、贴息等政策，制定地方财政预垫税办法，以切实解决出口企业因退税滞后制约出口的"瓶颈"问题。在金融技术方面，加大培育第三方市场，即中介服务市场，这个市场包括贸易中介、信息中介、物流中介、运输中介、金融保险中介、法律服务中介等方方面面。

（三）建立服装加工业金融服务支持体系

1. 金融服务产业内容及重点

金融服务产业的重点在于支持产业化的发展，支持的重点对象应是产业化龙头企业和知名品牌。加大对产业生产基础设施和基地建设的信贷支持力度，支持产业科技创新与推广应用。要加大对产业科研开发企业的信贷支持，加快产业发展方式的转变，促进企业增收。支持产业技术培训与服务管理。要从现代科技产业的角度设置相应的信贷管理办法，协助有关部门提供技术指导和配套的管理服务。

2. 创新开展产业金融服务

（1）必须要用利益机制来调节产业链的利益分配。对于产业链中的各个主体，从维护每个主体的利益出发，针对外部环境中各种经济现象及其变动的反应方式和企业中不同成员行为之间的相互依存、制约、影响方式，利用利益机制来调节产业链的利益分配问题。

(2) 建立保险体系来服务产业。保险作为市场化的风险管理和社会管理手段,在防范农业灾害风险、转变产业发展方式、促进县域金融发展中具有重要作用。通过农业保险,可以聚集和建立农业风险基金,及时有效地补偿农业灾害损失并迅速恢复生产,最大限度消除农业风险的不良影响,保障农业持续、稳定、健康发展。通过进出口保险,可以有效防范产品进出关及运输方面可能带来的风险。

第四节　黄梅县金融工程政策建议

一、成立金融工程领导小组

黄梅县成立金融工程领导小组,由辖区金融办、银行业、证券业、保险业金融机构负责人共同组成,主要负责研究规划辖区金融工程规划思路,协调和沟通各类工作中可能出现的困难和问题。领导小组下设的办公室具体负责协调各金融机构,推动各类举措的落实,总结工作成效,并积极向上级部门及地方政府建言献策。

二、确定金融工程实施路径

黄梅县确定金融工程实施路径,明确主导产业金融工程规划、城区建设金融工程规划、企业上市工程建设规划、金融服务创新工程规划,并对金融工程实施绩效考核与金融风险管理。

三、制订金融工程绩效考核与风险管理体系

收集并整理黄梅县经济金融发展的宏观数据,例如地区生产总值、财政收入、固定资产投资、社会就业率、进出口规模、金融机构存贷规模、社会融资规模等数据,构建经济金融发展的绩效评价体系。针对黄梅县经济发展的实际状况,结合已完工的各个项目,对后续工作中的每一个环节进行风险监控,实行全面的风险管理,防范因不同的原因导致的风险。针对金融支持县域产业、村镇及经济体系建设过程中的不稳定因素,建立一套县域风险管理体系。

四、明确政府定位

政府积极引导产业升级,大力引入金融技术和金融创新来解决产业问题,大力解决资金问题,充分发挥银行和其他金融机构的作用,建立完善的投融资平台,运用各种创新的方式有针对性地解决各个产业的投融资问题。城区建设方

面，政府引导城投公司，通过市场化运作，建立现代化的公司机制，搭建社会参与的平台，并且在保证各方面利益的基础上，引入风险控制措施保证资金的安全。同时，政府积极把推动企业上市工作列入重要议事日程，将上市工作列入对全县相关部门的考核目标体系，建立各级领导联系责任制和重点企业专人督办制。最后，政府推进金融服务创新工程，成立金融服务创新领导小组，推进金融服务创新项目，营造良好的金融创新外部环境。

参考文献

[1] 周文涛，胡姗姗，熊长林．县域工业园区产业集群发展的实证研究——以湖北省黄梅县大胜关山工业园为例[J]．区域经济，2009(9).

[2] 蔡敏．农村金融服务现状、问题及建议——黄梅县金融服务在新农村建设中的调查研究[J]．湖北经济学院学报，2011(7).

[3] 周维现．中国欠发达县域经济发展研究[D]．武汉：武汉大学．2013(5).

[4] 董传玲．资源环境约束下的中部地区县域经济发展研究[D]．武汉：华中科技大学．2012(10).

第十九章 龙感湖金融工程支持体系

第一节 研究背景与相关文献综述

一、研究背景

（一）地理位置

龙感湖管理区位于鄂、皖、赣三省交界部的湖北省境内，在1956年经过国务院确认批准后围湖垦建，原是湖北省属国有农场。其后于1996年经批准设立黄冈市龙感湖管理区，而在全省经过农垦改革后，黄冈市将龙感湖管理区视同县（市）级单位进行管理。

龙感湖管理区整体与湖北省黄梅县东南部相拥，自西北向东南呈带状卧于龙感湖西南岸；东南角与安徽省宿松县接壤；东边在1977年经黄梅县建“八一”大堤围垦成耕地，属黄梅县小池、孔垄两镇；西与黄梅县孔垄镇交界；南与黄梅县刘佐乡相邻，临近长江，与江西省九江市隔江斜对；北与黄梅县濯港镇白湖、陶河两区以梅济港中心线分界。区（场）机关所在地严家闸办事处与黄冈市政府所在地黄州区的直线距离约为123千米，中间隔有黄梅、武穴、蕲春、浠水四县。管理区南北最大纵距31.5千米，东西最小横距1.9千米，总面积98.696平方千米。总体而言龙感湖管理区交通便利，具有明显的区位优势，是鄂东的重要门户，地处鄂赣皖三省交界之处。

（二）资源禀赋

龙感湖管理区依湖而成，水产品和农业发达，当地是有名的鱼米之乡，目前已形成粮、棉、油、猪、鱼、鸭、蛋、果蔬八大完整的农产品生产和加工基地。龙感湖作为省属大型国有农场，耕地面积较大。2012年年末，全区国土面积100平方公里，其中耕地面积4 239公顷，林地面积726公顷，果园面积15.6公顷，精养水面1 236公顷。

龙感湖自然保护区人为活动少，无污染，水质优良，水环境质量达到国家地表水二级以上水质标准，稀有典型的湿地类型和优良的水环境，孕育了丰富的生物多样性，保护区有野生植物354种，拥有各种野生动物484种。令人关注的是仅以湿地水禽为主的鸟类就有184种。在这其中，属于国家一级保护动物的有大鸨、黑鹳、白鹤、东方白鹳、白头鹤五种，被中国动物协会授予“中国白头鹤之乡”的称号。龙感湖管理区天然资源丰富，拥有绝佳的天然湿地景观和鸟类资源，有能力据此形成一个以旅游业的中心的国家级湿地公园，并可进一步带动当地水产品行业以及农业，促进龙感湖循环绿色经济的发展。

（三）理论意义

循环经济作为一种生态经济，将生产清理、废物利用以及资源循环使用融为一体，成功地在保护自然环境的条件下实现社会经济的快速发展，这点在目前我国“高能耗，高污染”为主的经济发展模式下，具有重要的借鉴意义。循环经济通过对社会及自然资源进行高效的循环运用，提高了资源的利用效率，减少了废弃物的排放和环境污染，成为实现我国经济可持续发展的行之有效的新的经济增长方式。

但是由于循环经济自身所具有的系统性、风险性以及外部性等导致了循环经济发展的工程浩大、工期较长，需要雄厚的发展资金加以支持。同时循环经济的发展模式往往是在企业内部形成一条有机生态产业链，各产业之间相互关联，促进资源在其中的循环利用，这样就会导致循环经济的经营管理模式以及资金需求状况与其他经济具有较大的差别：其基础设施和科技发展成本较高，产业链建设和发展具有链式效应和整体性。而这毫无疑问将会对与之相匹配的金融支持提出更高的要求，但是目前而言我国对于循环经济的金融支持还比较缺乏，在县域层面上的循环经济金融体系就更为缺乏，因此发展以县域循环经济为基础的金融支持体系对于充实和发展县域金融工程具有重要的意义。

（四）实践意义

龙感湖管理区作为一个省部共建的现代农业示范区，在纺织、农产品制造加工、新能源等产业发展方面具有天然的优势，目前其循环经济发展态势明显，业已成为我国循环经济产业园区试点单位。就目前来看，龙感湖管理区围绕“两区一园”（省部共建现代农业示范区、省级循环经济产业试点区和湖北龙感湖工业园）的建设，依托工业园为产业聚集平台，重点发展循环经济，着力打造新型纺织、有机种植、安全养殖、清洁能源四大产业集群。

龙感湖管理区循环经济产业具体从有机种植及加工、安全养殖及加工、特色纺织、新型能源四大产业展开，龙感湖管理区循环经济的产业特色能够对管理区的金融机构入驻、金融业务发展提供良好的土壤，促进龙感湖经济的快速发展，并且目前也通过缔结循环经济产业链条形成了初具规模的产业园区层次的循环经济发展模式。而由于循环经济所具有的系统性、风险性以及外部性等导致了循环经济发展的工程浩大、工期较长,需要雄厚的发展资金加以支持,而目前可以看到龙感湖循环经济发展的金融支持是严重不足的,需要相关的县域金融工程的制度设计对其加以完善,推动龙感湖管理区的经济发展。

二、相关文献综述

金融具有集聚社会闲置资金、调节经济运行、优化资源配置的作用,对于像龙感湖管理区这样需要大量资金投入的循环经济发展模式显得尤为重要,合理的政府支持和金融工程设计可以成为其循环经济发展的助推器。

但是在金融支持推动循环经济发展方面,国内相关的论著还比较少,并且并没有涉及县域经济中对循环经济发展的金融支持问题。孙洪庆(2001)[1]提出关于通过构建绿色金融体系支持循环经济模式中产业发展的观点,他将该绿色金融体系分成绿色金融间接金融体系和绿色金融直接金融体系,分别从直接融资和间接融资的角度为循环经济的发展提供金融支持。王卉彤等人(2006)[2][3]引入了国外的环境金融理论,并就如何与中国的现实结合进行了初步探索,认为银行业应该努力提高自己的环境责任,加快环境金融产品创新,在制度上构建发展环境金融的激励机制,实现循环经济和金融创新的双赢。刘红林等人(2010)[4]通过建立绩效评估分析体系研究了我国循环经济发展过程中的融资障碍,并提出了相应的优化政策。丛禹月(2010)[5]通过研究我国循环经济发展的现状得出金融支持循环经济的必要性,并提出金融支持循环经济发展的路径和对策。黄文青(2010)[6]从科技创新、金融支持以及循环经济发展的互动上研究,实证考察了三者的相互影响关系。邓峤(2011)[7]从环境金融的视角,将其与循环经济的发展相结合,提出优化循环经济中金融支持环境的对策。

第二节　龙感湖经济金融发展概况

一、龙感湖管理区经济发展现状

(一) 全区生产总值及产业结构

2013 年是龙感湖管理区加快建设大别山最具特色生态经济示范县和绿色发展先行区的攻坚之年,在经济金融发展方面取得了一定的成效。如图 19-1 所示,龙感湖管理区 2013 年共实现地区生产总值 17.12 亿元,比 2012 年提高 1.03

亿元,增长6.4%。虽然龙感湖管理区的GDP一直保持增长态势,但是与黄冈市的其他县相比较,管理区的经济发展总量水平较低。增速低于黄冈市平均水平4.1个百分点,与湖北省平均水平相比低近4个百分点,表明龙感湖管理区近年来经济发展速度有明显下滑。虽然目前整体实力和综合竞争力不断提升,但与其他市县相比,龙感湖管理区县域经济发展仍有较大差距。

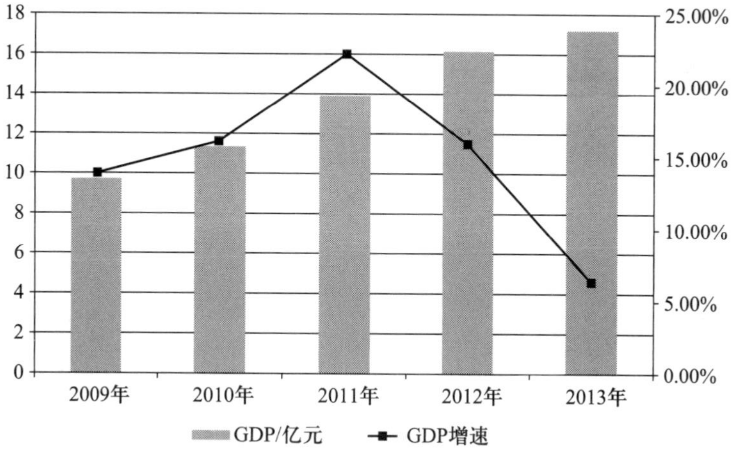

图19-1　龙感湖GDP情况

在龙感湖管理区2012年三次产业中,第一产业总产值共实现7.5亿元,实现农产品加工业销售收入14.5亿元,农产品加工产值与农业总产值比达到1.9∶1;第二产业生产产值10.85亿元,同比增长17.33%。2012年全年三次产业产值比由2011年的17.7∶66.7∶15.6调整为16.4∶67.5∶16.1,其中第一产业占比自2009年以来一直平稳下降,第二、三产业占比在经历2011年的下滑后呈现缓慢上升趋势,如图19-2所示。

由图19-3可知,龙感湖管理区固定资产投资总量自2009年以来逐年增加。截至2014年9月,全区固定资产投资总额达到123 466万元。但是固定资产投资增速自2010年以来就一直处于低位,投资增速的放缓将大大影响管理区的经济总量。

(二)财政收支及城乡居民收入

截至2014年9月,管理区实现全口径财政收入1.771 8亿元。龙感湖管理区的财政收入与支出自2009年至2012年呈现快速增长的趋势:按2010年不变价格计算,2012年管理区财政收入增长67%,财政支出增长103.1%。尽管如此,管理区财政缺口仍然不断扩大,由2009年的7 519.6万元扩大到2013年的12 951万元,龙感湖管理区财政缺口占GDP的比重从2009年至2012也不断增

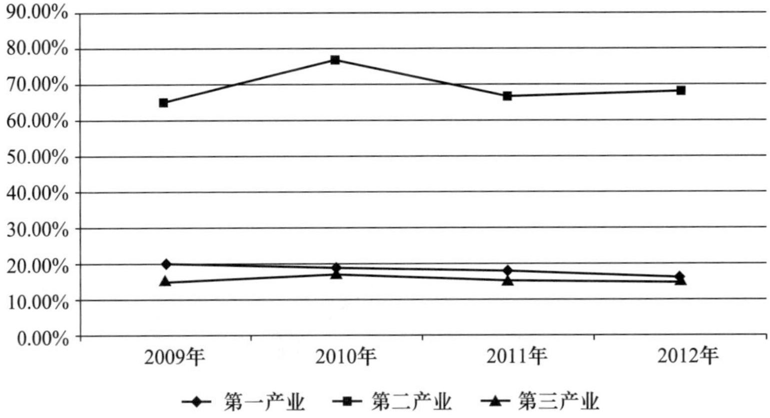

图 19-2　龙感湖三次产业增加值

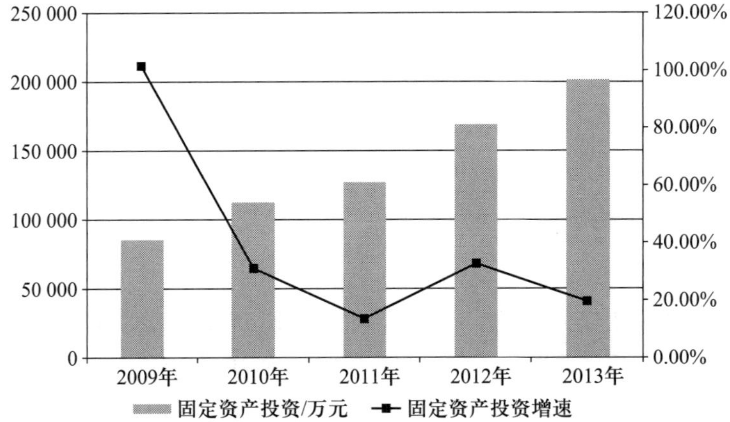

图 19-3　龙感湖固定资产投资

加。2012 年全区财政缺口占 GDP 的比重为 8.01%，与 2010 年持平。2013 年财政缺口占 GDP 的比重明显下降，主要是由于 2013 年在全区经济总量保持平稳增长的情况下财政缺口并没有明显扩大。2009—2012 年龙感湖管理区财政收支连续出现资金缺口，且资金缺口占 GDP 的比重不断增大的事实表明，政府的财政支出与政府投资是拉动管理区经济增长的主要动力，但随着时间的延长，这种内生性的增长效应会逐渐弱化，龙感湖管理区政府急需通过招商引资或税收政策引导等方式吸引县外资金，从而促进经济的发展。

自 2009 年以来，龙感湖管理区城乡居民收入稳定增长，生活质量不断提高。2013 年全年城镇居民人均可支配收入 10 435 元，与 2012 年相比增长 12%；农村居民人均纯收入 7 003 元，与 2012 年相比增长 12%，基本与黄冈市平均水平持平。但应注意到，同湖北省平均水平（2012 年城镇与农村人均收入分别为 22 906 元和 8 867 元）相比，龙感湖管理区城镇居民人均收入和农村居民人均收入均处于相对较低的水平，人民生活水平和生活质量还亟待改善。

（三）主导产业和企业规模分析

龙感湖管理区作为省属的大型国有农场，其耕地面积较大，适于农业产业化的发展，同时龙感湖管理区独特的自然环境决定其产业经济的发展不能走传统经济发展“高能耗，高污染”的路子，需要开创出一条环境友好型的发展道路，将产业经济的发展与当地自然环境开发和旅游业的发展相结合。通过健全管理区金融生态系统，在严格把控风险的前提下，促进以有机种植及加工、安全养殖及加工、特色纺织、新型能源为基础的循环经济发展模式。目前龙感湖管理区作为省部共建的现代农业示范区，已经形成特色纺织、农产品加工、现代制造业、新能源和生物制药五大特色鲜明的支柱产业。

1. 特色纺织

龙感湖管理区已基本形成棉花储备、纺纱、织布、印染、成衣生产销售的完整产业链，原材料供应、产品生产已基本在本地完成，纺织业已成为龙感湖一大支柱产业。近年来，龙感湖工业园区紧盯东部沿海产业转移，以打造纺织产业集群为主导，规划建设了佛山·龙感湖纺织产业园和吴江·龙感湖纺织产业园，加快了产业承接步伐。此举顺应了国内纺织产业整合资源、调整结构、提高竞争力的发展趋势，对促进龙感湖工业园区纺织产业的集聚，拉长产业链条，打造“纺织之城”具有重要的意义。

2. 农产品加工业

管理区土地集中连片，农业基础设施完善，机械化程度高，水产养殖具有天然优势。经过不断地发展，龙感湖管理区已形成粮、棉、油、猪、鱼、鸭、蛋、果蔬八大完整的农产品加工和加工基地。目前，全区 30 多家农产品加工企业中，年产值过亿元的 3 家，过 5 000 万元的 6 家，过千万元的 22 家，拥有 4 个绿色产品和 12 个无公害农产品认证品牌。

3. 新能源产业

2008 年龙感湖管理区被确定为湖北省循环经济产业园区试点单位，以此为契机，龙感湖管理区着力发展新能源产业，相继引进风力发电、沼气发电、秸秆发电以及在接洽的光伏发电等清洁能源企业。

4. 现代制造业

龙感湖管理区致力于产业多元化，招商引资重点向现代制造业倾斜，逐步引导产业结构由单一农产品种养殖及加工、纺织业向更高端的新能源、医药、现代制造业转型升级。

5. 生物医药产业

随着我国人口老龄化加剧以及人们对医疗卫生需求的不断提高,医药产业已进入快速发展的阶段。龙感湖管理区顺应市场,及时调整产业布局,近年来大力引进、扶持医药企业,开创了企业效益和地方税收双赢的良好局面。

龙感湖工业园已有100多家企业落户,其中规模企业近30家。园区内有湖北天风科技集团(目前已在上海股权托管交易中心挂牌上市)、湖北龙感湖翔达油脂、湖北伟望集团、湖北东兴食品、湖北帝龙高科、湖北力达6家省级,以及19家市级农业产业化龙头企业。另有湖北双讯纺织、湖北好兄弟集团、霞客色纺、鑫邦科技、湖北卓尔雪龙纺织、湖北凯祥纺织、湖北泽鸿纺织、湖北丰帛纺织、湖北裕龙印染等26家纺织、织布、印染、制衣企业,形成了原棉生产、轧花、纺纱、织布、印染、制衣一条龙的产业化格局。还有大唐湖北龙感湖风电、华电龙感湖沼气发电、天勤秸秆发电及光伏发电等新能源企业,鲁班药业、兆龙药业等生物医药企业以及澳雕门业、琅琊机电等现代制造业企业。

二、龙感湖管理区金融发展现状

(一) 管理区金融机构存贷量

龙感湖管理区内目前只有两家银行业金融机构,分别是中国农业银行和湖北黄梅农村商业银行龙感湖支行,在管理区内各有一个网点。中国工商银行分支机构已批准设立,正在筹建中。

截至2014年9月,管理区内金融机构存款余额120 245万元,贷款余额62 254万元,贷存比为51.73%,如图19-4所示。其中,中国农业银行存款余额6.64亿,贷款余额4.17亿,余额贷存比为62.81%;中国农村商业银行黄梅县支行存款余额3.7亿,贷款余额2.6亿,余额贷存比为70.27%。除此之外,黄梅县金融机构在龙感湖管理区发放企业贷款余额4.61亿元,其中,黄梅县工商银行在龙感湖管理区的企业贷款余额0.85亿元,黄梅县建设银行在龙感湖管理区的企业贷款余额0.71亿元,黄梅县邮政储蓄银行在龙感湖管理区的企业贷款余额0.18亿元,黄梅县农业发展银行在龙感湖管理区的企业贷款余额2.87亿元。

从贷款构成看,近3年来,中国农村商业银行黄梅县支行投放的贷款总额增加了近10亿元,中国农业银行贷款总额增加了5亿元。另外,龙感湖管理区内的担保公司新增贷款10亿元,小额贷款公司新增贷款5亿元,村镇银行和黄梅县邮政储蓄银行投放贷款总量增加8亿元。

龙感湖管理区银行业金融机构贷存比从2009年以来呈现明显的上升趋势,如图19-4所示。虽然表面上看,管理区的存贷款数量都在上升,但从存贷款之间差额的角度出发,截至2014年9月两者相差近6亿元,并且金融机构各项贷款余额与城乡居民储蓄存款余额差距幅度进一步加大,说明龙感湖管理区的贷款数额严重缺失,资金流出现象严重。

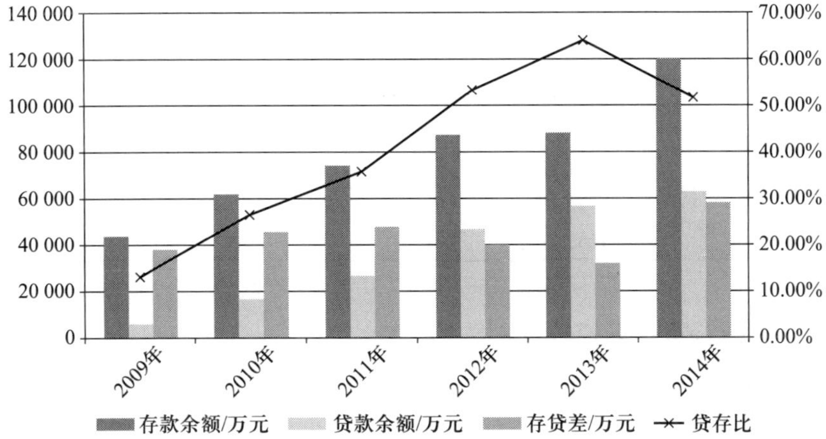

图 19-4　龙感湖金融机构贷存比

（二）龙感湖管理区企业上市情况

在企业上市工程方面,龙感湖管理区已建立龙感湖上市后备企业资源库,邀请楚商资本集团来为企业作上市辅导培育,继续推进企业挂牌上市工作。其中湖北天丰科技股份有限公司于 2012 年 9 月已在上海股权托管交易中心成功挂牌,迈出了龙感湖企业上市融资的第一步。2014 年推进汇中制药(楚商资本集团培育)、绿丽化工(湖北龙鑫祥投资公司培育)的上市工作,目前已经签订了进场协议。

（三）龙感湖管理区非银行类金融机构统计

龙感湖管理区内担保公司、小额贷款公司等金融机构还处于起步阶段,数量少且规模小。保险市场上有三家公司,分别是中国人寿保险、中华联合财产保险和人民财产保险。只有两家担保公司,分别为龙感湖管理区中小企业融资担保公司和由黄冈市政府控股的龙感湖翔达投资担保有限公司。仅有两家小额贷款公司:鑫荣小额贷款公司和宏威小额贷款公司。只有综合投资公司一家政府融资平台公司。龙感湖管理区内目前没有证券公司、典当行、融资租赁公司以及乡镇一级金融机构营业网点,如表 19-1 所示。

表 19-1　龙感湖管理区非银行类金融机构情况

非银行类金融机构	龙感湖管理区
农村信用社	有
保险公司	有

续表

非银行类金融机构	龙感湖管理区
担保公司	有
政府融资平台公司	有
证券公司	无
期货公司	无
小额贷款公司	有
村镇银行	有
典当行	无
融资租赁公司	无

三、龙感湖管理区经济金融发展优势

结合龙感湖管理区经济金融发展现状及发展环境,管理区在经济金融发展方面具有以下几点优势。

(一) 农业资源丰富

龙感湖管理区资源丰富,物产多样,是鱼米之乡,已形成粮、棉、油、猪、鱼、鸭、蛋、果蔬八大完整的农产品生产和加工基地。此外,纺织、现代化养殖规模和冷冻保鲜容量均居全市第一。

(二) 循环经济产业特色明显

龙感湖管理区作为省部共建的现代农业示范区和循环经济产业园区试点单位,在“十一五”期间,重点发展了有机种植及加工、安全养殖及加工、特色纺织、新型能源“四大”产业,缔结了循环经济产业链条。

(三) 旅游业天然资源丰富

龙感湖自然保护区是我国长江中下游重要的湿地保护区之一,总面积达到22 322公顷,其中核心区面积为8 124.6公顷,缓冲区面积为7 299.2公顷,实验区面积为6 808.2公顷,海拔高度在8到17.5米之间。该区也是龙感湖地理环境、生物资源最为复杂和丰富的地区,是历年众多候鸟集中栖息地,也是我国众多淡水湖泊中保持最为完好的重要湖泊湿地之一。

(四) 交通通达

近年来,管理区交通发展迅速,境内黄小高速公路与沪渝高速、杭瑞高速相连并互通,形成了以龙感湖为中心的湖北—安徽—江西2小时紧密通勤圈。在龙感湖管理区2014—2020年规划中,龙感湖将以福银高速公路为主导,以蕲龙—五费链接贯穿管理区东西为横轴,以新规划龙感湖至小池一级公路为纵轴,形成以高速公路、一级公路为主骨架,以二、三级公路为网络,以通村公路为枝蔓的全域交通网。

四、龙感湖管理区经济金融发展中的问题

(一)固定资产投资与经济增速同步下滑

龙感湖管理区的经济发展总量水平较低,虽然目前整体实力和综合竞争力不断提升,人均 GDP 为 34 240 元,远远超过黄冈市人均 GDP 水平 17 764 元,但是从 GDP 总量看,2013 年龙感湖管理区生产总值在 17.12 亿元,与黄冈市的其他县相比,县域经济发展仍有较大差距。另外,受到全国经济增速放缓的影响,从 2011 年开始,龙感湖管理区的 GDP 增速出现明显下滑。与 GDP 增速相对应的是固定资产投资增速,2009 年后龙感湖管理区固定资产投资增速一直处于低位,这将严重影响管理区的经济发展。

(二)产业结构凸显特色,产业规模有待提升

全区产业结构不断调整优化,发展方式由粗放型逐步向集约型转变,三次产业结构由 2009 年的 19.7 : 64.7 : 15.6 调整为 2012 年的 16.4 : 67.5 : 16.1,产业结构发生了一定的变化。第一产业比重下降 16.7 个百分点,第二产业上升 4.3 个百分点,第三产业上升 3.2 个百分点。第二产业与第三产业对经济的贡献作用日渐突出。依附于龙感湖地区丰富的农产资源、林木资源以及自然资源,在龙感湖管理区重点发展特色纺织、农副产品加工、新能源、五金机电制造、医药五大支柱产业,着力彰显循环经济特色,不断延伸、完善产业链条。然而,这些行业中的企业都规模较小,影响力不足,无法发挥对龙感湖地区经济的带动作用。龙感湖部分企业仍处于产业链低端,受市场环境影响较大,市场稍有波动便深受影响,抗风险能力弱,有待转型升级。

(三)金融结构不合理,金融业实力较弱

目前,龙感湖管理区金融体系尚不完善,金融机构很不健全,在银行方面,银行金融机构是龙感湖金融业的主力,但是银行分支机构少,贷款权限小,贷款周期长,金融服务水平低,服务地方经济能力有限。然而,适合本地经济发展的其他类型金融机构没有相应建立,现有的融资担保公司、小贷公司规模较小,只有两家投资担保公司和两家小额贷款公司,而且管理不够规范,存在一定风险。龙感湖企业融资很大程度上依赖黄梅县金融机构,区内金融业无法满足本地经济社会快速发展的需要。

(四)贷存比较低,资金外流严重

与龙感湖管理区的经济状况相同,管理区金融业的发展也相对滞后。截至

2014 年 9 月，全区金融机构人民币各项存款余额增幅 36.3%，全区金融机构贷款余额增幅为 9.8%。2014 年龙感湖管理区贷款余额的增长速度赶不上存款余额的增长速度，贷存比为 51.73%，低于湖北省平均水平(65.82%)。存贷款资金差额近 58 091 万元，说明有相当一部分资金流出了区外，资金通过储蓄、信贷、投资等渠道不断地向本县域之外输出，流向了中心城市。资金的不充分利用会一定程度上制约该区的经济发展。

(五) 融资渠道单一，制约企业融资

龙感湖管理区企业融资难主要有几个方面原因：一是企业缺少抵押物，二是企业自身管理和经营存在问题，三是商业银行的逐利行为，四是融资成本高。

除此以外，目前企业融资仅仅局限于银行传统信贷，对银行贷款的依赖性较高，融资渠道和结构单一。运用现代金融工具融资尝试较少，经验不足。受企业管理水平、偿债能力、政策以及信息不对称等因素制约，债券融资、融资租赁等方式利用得不够好。

管理区的企业挂牌上市工作推进较为缓慢，目前只有天丰科技一家公司成功挂牌。

(六) 融资担保体系缺失

目前，龙感湖管理区的融资担保体系尚未建立，未形成一个专业化、规模化的融资平台。本区原有两家担保公司，后湖北好兄弟投资担保公司因其他因素已停业，只剩下一家黄冈市政府控股的湖北翔达投资担保有限公司，且发展不够好，对中小企业的支持力度有限。

(七) 金融要素市场仍处空白

目前，龙感湖管理区的金融要素市场仍为空白。多层次有效的资本市场可以迅速为企业融到发展的第一笔资金，为中小企业未来的进一步发展提供广阔的天地。但是，在龙感湖管理区，资本市场仍处空白，使得中小企业融资难问题“雪上加霜”。除此之外，资本市场的融资滞后。管理区只有银行信贷市场和保险市场，其他的资本市场、货币市场、外汇市场、租赁市场、黄金市场和其他投资品市场都没有建立。在龙感湖管理区目前只能从事银行、保险两类金融市场业务。资本市场的融资滞后既严重影响了企业生产和扩大再生产，同时严重削弱了龙感湖区招商引资的吸引力。

(八) 投融资平台功能未能完全发挥

龙感湖管理区政府性融资平台为龙感湖管理区综合投资有限责任公司(简称龙感湖综投公司)，目前的主要业务包括：一是土地经营，负责投资项目区域经营性用地一级储备、开发整理、供应；二是投资合作，代表政府进行县级市政基础设施及城市新区的直接投资，参与政府决策的产业项目合作；三是负责中小企业及三农产业的融资、委贷、咨询和评估服务；四是资源开发，通过对土地一二级联动开发，综合管理经营权、广告收益权、冠名权、矿产资源经营权等政府特许经营项目进行特许垄断经营，实现优质资源的开发和利用。

由于龙感湖综投公司的资金绝大部分来源于财政资金和间接融资，即银行贷款部分，由于银行贷款门槛较高，审批严格，能够获取的资金是有限的。在监管层“降旧控新”的基调下，地方政府融资平台从银行获取贷款越来越难。近年来，龙感湖管理区财政支出较大，对于日益增长的城市建设资金需求逐渐力不从心。

（九）风险控制体系缺失

龙感湖管理区未来经济金融发展具有较大不确定性，目前尚无科学合理的规划及统一完整的风险控制体系，不能对发展过程中的风险进行明确的识别、防范和管理。因此，龙感湖管理区需要编制县域层面的四部门（公共部门、金融部门、企业部门、住户部门）资产负债表，并依此对龙感湖经济金融的发展状况与风险水平予以度量，确保风险在可控范围内。

第三节　龙感湖特色产业金融工程

一、金融工程支持龙感湖产业发展整体思路

（一）龙感湖产业发展现状分析

龙感湖管理区作为省部共建的现代农业示范区，已经形成有机种植及加工、安全养殖及加工、特色纺织、新型能源等特色鲜明的支柱产业。近年来，三次产业结构保持优势，发展平稳，但面临一些问题。

一是耕地保护与项目建设用地需求存在矛盾。由于历史原因，龙感湖区基本农田在土地总面积中所占比例一直偏高，加上龙感湖没有可供开发的荒山、荒地、荒滩等替代空间，随着国家宏观调控力度的进一步加大，项目建设用地的矛盾愈来愈突出。

二是工业规模较小，不成体系，挂牌上市企业不多。依附于龙感湖地区丰富的农产资源、林木资源以及自然资源，在龙感湖管理区成立了一些相关的企业，如家具制造、纺织等，但这些企业都规模小，影响力不足，起不到对龙感湖地区经济的带动作用。

三是企业融资难的问题。龙感湖原有三家县级金融机构，它们在过去龙感

湖建设和发展中起到了不可替代的作用。由于种种原因,如今,三家金融机构撤销的撤销,降格的降格,仅存一家农村信用社、一家农业银行办事处,金融机构功能基本萎缩为存款。贷存差进一步扩大,地方经济被"抽血"的现状进一步加剧,融资难既严重影响了企业生产和扩大再生产,同时严重削弱了龙感湖区招商引资的吸引力。

四是农民工外流与本地企业用工不足的矛盾。随着企业的不断增多,这两年,企业招工也日益成为难题。由于本地人口较少,周边地区农民工大量涌向东部发达地区,本地企业劳动力资源不足,不能及时得到外地的人力补充,因招工不足,企业往往不能满负荷生产,工人缺口较大。

五是旅游业天然资源丰富,但没有得到有效的开发。

（二）金融工程支持产业发展整体思路

1. 创新土地利用机制,破解用地瓶颈

龙感湖作为省属大型国有农场,耕地面积较大。为解决耕地保护与项目建设用地需求存在矛盾的问题,可以由政府引导,市场主导,引导土地合法、有序、规范流转,实现适度的规模化经营。与此同时,龙感湖管理区必须强化土地综合利用,加大力度盘活企业闲置土地,拓展工业发展空间,加大对闲置土地清退力度,鼓励和引导濒临破产、经营不善或资产闲置的企业,出租、转让、置换闲置厂房和土地,使有限的土地资源分配给重大项目使用,达到真正的高效利用。

2. 扩大工业规模,加快企业挂牌上市

龙感湖天然而宝贵的自然资源使得该地区不能够发展污染严重的工业企业,但是能够在风能、家具生产和纺织工业方面独领风骚,龙感湖地区应当着力培养此类企业,将其做大做强,争取早日上市。

3. 扩展循环经济融资渠道,扩大信贷规模,引入金融创新

目前我国循环经济资金来源渠道还比较少,宏观来说具体包括以下三类:第一,政府投资,这是政府部门对循环经济发展所提供的引导型资金,具有政策导向的作用,其形式一般为财政补贴或是税收减免等;第二,银行或非银行金融部门的贷款和投资,这是循环经济体系中资金的重要来源,但是由于循环经济发展中的风险控制和外部性等问题,在金融市场发展还不够完善的情况下容易造成企业的融资困难以及金融产品需求不匹配的问题;第三,企业内部投资,在县域经济发展中由于企业规模一般较小,可投入资金也极为有限,但是对于整个循环经济体系而言,由于整个产业具有相当的整体性,所需要的固定资本投入和科技投入都相对而言较大,企业自有资金的投入不足以满足其进一步发展的需要,但是总体而言企业内部融资依然是企业融资渠道中最稳定、最可靠的方式。因此需要大力促进龙感湖管理区的融资渠道扩展、融资产品对接,提升管理区金融业

发展水平，发挥金融工程对龙感湖管理区以有机种植及加工、安全养殖及加工、特色纺织、新型能源四大产业为中心的循环经济体系的支撑作用，促进当地实体经济发展。具体可以包括增加政府和政策性银行对循环经济体系的政策支持，完善政策性融资体系；健全商业性间接融资体系，发挥商业银行在循环经济发展方面的融资推进作用；加强地方中小金融机构的建设，充分发挥地方性商业银行以及农村金融机构对循环经济发展体系的金融支持作用。

针对目前龙感湖管理区的情况，大力引入金融技术和金融创新来解决产业问题，可以取得很好的成效。产业发展的重点在于企业自身发展，而县域经济中的企业常存在融资难现象，所以当前应采取的措施是大力解决资金问题。除了传统的外部注资，应充分发挥银行和其他金融机构的作用，建立完整的投融资平台，运用各种创新的方式有针对性地解决各个产业的投融资问题。

4. 加快土地流转，提高机械化水平

土地流转为农民带来了双收益，转出土地的农民不仅可以获得流转收益，有的农工还能被返聘到龙头企业、专业合作社就近务工，成为“农业工人”。目前天丰科技、翔达油脂、伟望农牧科技、东兴食品等农产品加工企业在季节性用工时，优先招聘失地农工，通过“公司+合作社+基地+农户”的模式吸收失地农工就业，提高农工综合收入。

大力提高机械化作业水平，降低劳动强度。全区有各类大型农机具 2 750 台(套)，七个办事处分别建立了农机专业化合作社，拥有社员 576 人，有组织开展农机社会化服务，农业机械化综合水平达到 90%，稻、麦、油菜机械收割率达 100%，实现了整田、插秧、收割“一条龙”式机械化作业。农业生产全程机械化的普遍应用降低了劳动强度，农业劳作效率实现质的跨越，领跑全省农场。

土地流转和机械化水平提高的叠加效应能够解决农民工外流与本地企业用工不足的矛盾。

5. 开发旅游资源，将龙感湖管理区发展成为国家湿地公园

龙感湖系湿地类型自然保护区，是我国众多淡水湖泊中保持最为完好的重要湖泊湿地之一，具有许多珍稀漂亮的鸟类，不少摄影爱好者乐于到此捕捉美景。在不破坏该地生态环境的同时，应该将此处的好风光推荐给世界各地的人，既能够向人们普及对湿地生态环境的保护知识，也能够给龙感湖管理区带来更加开放和国际化的信息和投资。

二、金融工程支持龙感湖管理区新能源产业发展

（一）龙感湖管理区新能源产业发展现状

龙感湖管理区平均海拔不足 12 米，为全湖北省最低，同时又位于“两山两湖

夹一江”的喇叭口底部，这在客观上为龙感湖发展风力等新能源提供了重要的自然外部条件。这种独特的风力狭管构造，使得在龙感湖管理区开发风力资源具有广阔的前景。

目前华电沼气以及天勤能源已于龙感湖并网发电，而随后大唐风电计划也将在2014年组织施工，在龙感湖全域建风电场。继龙感湖的风电项目后，目前龙感湖正在积极地运作“风光互补”项目。其主要特点就是利用风电的布点和管网，通过风力和光能发电，在龙感湖内实现风电、光电互为补充的能源格局。目前该项目已被列入新能源发展的重点项目库。

（二）新能源产业价值链条分析

1. 能源产业价值链

新能源产业链可以分为两个部分，一是项目，另一部分是产品。项目可以分为产品制造、项目建设以及项目实现三个部分。而产品可以分为产品制造、产品开发和产品投入市场三个部分。

2. 能源产业价值链特点

能源产业链长，增值多。能源产业的产业链从原材料的生产开始，到最终的能源应用，经历了多个环节，这使得新能源产业链显得绵长曲折。同时由于电量的耗用主要是服务于工业，因此新能源产业普遍受工业波动的影响较大。

（三）新能源产业金融工程支持体系研究

能源产业相比于一般产业有其特殊性，由于能源产业的项目开发投资大，法律法规约束严格，所以一般都是由大型企业作为能源产业的开发主体，相关企业开发还需征得政府相关部门的准许。

能源企业的融资渠道目前主要为银行贷款与资本市场两个方面，对于能源企业要尽量扩大其在证券市场和资本市场上的融资能力。可以通过发行能源企业的股票和债券进行投融资，亦可以通过扩大新能源企业的上市规模以提高其直接融资的比例。另外也可以探索通过信托、基金等金融工具，拓宽能源产业发展投融资渠道。

对于民间资本，应该在充分控制风险的前提下，通过建立民间资本投资运行的保障机制，将相关资金引入以支持当地企业发展，建立民间资本的投资引导机制；用投资优惠政策、税收优惠政策、土地出让政策等，建立民间资本的投资促进机制；完善企业信用公示制度、企业资本评价制度、企业无形资产评估制度，建立民间资本的投资监督机制。

三、龙感湖工业园区金融工程建设具体举措

（一）园区金融中心建设和金融机构引进入驻

目前龙感湖工业园区按照“新型工业强区”发展思路，狠抓招商引资，大力发展新型工业，着力推进工业发展的产业集群，而这需要加快龙感湖工业园金融中心的建设，积极引进相关金融机构的进驻。充分利用龙感湖管理区区位、交通和产业基础优势，积极与股份制商业银行、城市商业银行建立合作机制，争取其向龙感湖区延伸机构、开办业务。对新引进的银行业金融机构的分支机构，给予一次性资金奖励和办公用房补贴等优惠政策。

引入非银行金融机构，开展与股权交易、基金、信托、保险、证券、租赁等机构的对接合作。在着力引进证券、保险、金融租赁公司等传统非银行金融机构入驻的同时，开展融资租赁、债券融资，开展银信合作、银租合作，拓宽企业融资渠道。有重点地在土地、税收、服务等方面做好事先的统筹安排，给予相应的政策支持。着力健全金融主管部门职能，强化专业人员配备，为非银行金融机构发展提供优质高效服务。

通过探索政府、银行、保险公司间的合作新机制，在龙感湖工业园区加强政府各部门和企业、保险公司的沟通，建立部门与金融业合作的机制，召开多层次产业与保险业合作座谈会以及多种形式的保企对接活动，在拓展服务领域上下工夫，共同建立起互信、互利、互助的良好合作关系，由政府主管部门介绍产业的发展经营情况，企业推介自己的项目，把三方合作变为一种常态化合作，实现政银保三方共同发展，互惠共赢。借助“集合贷”“助保贷”“政银保”等项目的实施，拓宽融资渠道，建立以龙感湖工业园区为核心的金融发展中心，缓解龙感湖中小企业的融资压力。

（二）政府融资担保平台对接和产业基金建设

充分发挥政府在龙感湖工业园的金融支持作用，促进政府融资担保平台的对接，鼓励政策性金融、商业性金融采用结构化银团贷款、“中小企业集合”银团贷款等新兴方式，提高银团贷款的比重。除此之外，银行业金融机构要构建适应产业规模化生产和集约化经营服务机制，优化组织架构和业务流程，创新产品和服务。

主要依靠政府财政资金建立的产业集群，难以充分调动社会资金。利用金融工程的手段，通过杠杆的作用，可以吸引资本的参与。如图 19–5 所示，可以考虑设立产业投资基金，吸纳市场资金，交由专业的基金管理人管理，将吸引到的资金用于产业的发展。同时，为了有效控制风险、保障投资者的利益，将产业投

资基金委托商业银行等金融机构托管，证券监督管理机构负责监督基金管理人与基金托管人。要以龙感湖工业园产业经营体系为主线，加强工业园区产业基金的建设，为园区产业经济发展提供相应的金融支持，为各类产业规模经营主体提供差别化的融资方案，依法开展以支持产业化龙头企业进行兼并、重组、收购为目的的并购贷款业务，积极开发产业核心企业、上下游企业、农户的多种供应链融资产品，鼓励开展农用机械设备抵押贷款业务，积极推进商业银行发行“三农”专项金融债等业务。

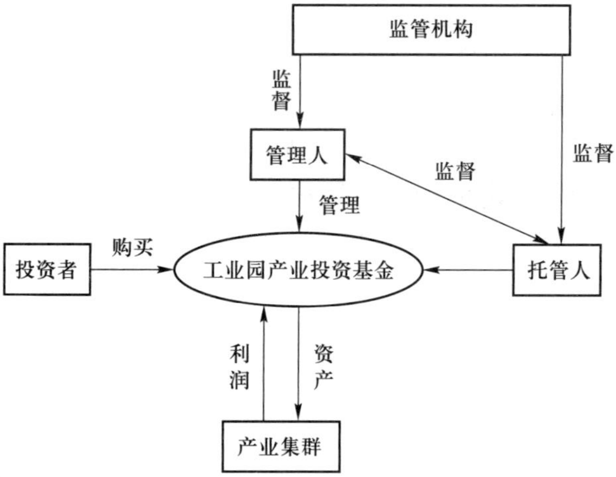

图 19-5　产业投资基金运作关系图

（三）电商物流平台的对接建设

加强龙感湖工业园区企业与电商物流平台对接，促进园区企业的生产和销售，形成产销合一的完整产品周期。目前国内主要电商的物流体系已经覆盖到全国的大部分地区，大力推动工业园区的产销合一，做好销售这一产品生产的最后且最为重要的一关，对于增强全区产业的市场竞争力，激活工业园内产业发展活力具有重要的意义。同时加强电商物流平台的对接也可以提升园区产业的知名度，对于龙感湖工业园区来说，其纺织和农产品等的生产和销售就可以在知晓市场需求的情况下有针对地进行生产。

将第三方物流整合到园区产业供应链中，结合到以金融机构、核心企业、供应商以及经销商等各方为核心的产品生产与销售体系中，在线上可以利用电子商务技术手段，通过互联网对外发布信息，建立网上直营店，主要执行行业资讯发布、网络营销、线上推广、订单生成、在线支付、物流监控等功能；线下完成商务谈判、资金流监管、交易结算、事务协调等功能，最终实现“信息流”“资金流”“物流”的三流合一。

第四节　龙感湖金融工程政策建议

一、加强政府融资平台建设,切实增强融资能力

通过加强管理区内投资公司与金融机构的合作,充分发挥金融机构在支持政府融资项目中的重要作用。另外由于我国政府普遍拥有土地融资能力,因此应该在充分发挥土地融资功能的基础上加强规范土地经营方式。

完善综投公司投融资决策程序。融资平台拟定的年度融资、投资、偿债计划,经同级政府批准后方可实施。完善融资平台偿债机制,统筹安排偿债资金,切实提高融资平台偿债能力,确保政府融资平台“借得来、用得好、管得住、还得起”。

二、支持发展银行业市场主体,提升信贷服务功能

鼓励大型银行扩大信贷投入。深入开展与农业银行的合作,进一步巩固与农村商业银行的良好合作关系,在城市基础设施、县域经济、“三农”建设、中小企业等方面,争取更大规模、更加便捷和稳定长期的信贷资金支持。鼓励其他大型银行加快设立中小企业金融服务专门机构,指导、管理和督促县域支行加大金融服务力度。

着力发展地方法人银行和股份制商业银行分支机构。积极发起和设立村镇银行、贷款公司、农村资金互助社等新型农村银行业金融机构。支持经营规模大、服务能力强、带动农户多、运营管理好、信用记录良的农民专业合作社组建农村资金互助社。支持农村信用社会同有关部门积极组建农村合作银行、农村商业银行,采取资产注入、资产置换等行政手段和引进战略投资者等市场化手段,增强农村信用社支持县域经济发展的实力。

三、完善风险管理机制,预防金融投资风险

循环经济作为一种新型的高科技生态经济发展模式,对固定资产投入和科技水平具有较高的要求,一般而言具有很强的风险性。具体而言,循环经济发展模式面临的风险主要包括:技术风险,即循环经济在开发产品过程中由于资金投资过多,而研发失败后所造成的损失;市场风险,即循环经济中的技术创新在市场中面临着消费者的选择,不能匹配市场需求所造成的损失;财务风险,即在循环经济运行体系中,资金的投入不能按期收回成本并获得利润的损失;自然风险,循环经济的发展极易受自然灾害等负面因素的影响,一旦发生自然风险,必

将造成难以弥补的损失。因此需要不断完善循环经济及金融工程支持的风险管理，建立合理的金融风险管理和绩效评价体系。

四、优化循环经济发展的金融生态环境

循环经济作为一种新的系统观，把生态、科技与经济发展视为一个相互影响的统一系统。在这样一个大系统框架下，资源的投入与产品的生产是一种动态的循环再利用过程。这种生产方式通过实现资源的低投入，以及对环境的低排放、低污染，把人类的经济活动对环境的负面影响降低到最低程度，实现人与自然的和谐发展。因此需要通过创设良好的法律环境和信用保障制度对循环经济的金融生态环境进行不断的优化，具体而言要健全循环经济法律体系，加强法律法规的监管性作用。

参考文献

[1] 孙洪庆. 构建绿色金融体系[J]. 环渤海经济瞭望,2001(6):38-39.

[2] 王卉彤,陈保启. 环境金融:金融创新和循环经济的双赢路径[J]. 上海金融,2006(6):29-31.

[3] 王卉彤,陈保启. 转型经济国家环境税费使用方向及启示——兼论我国循环经济发展中环境税费的合理利用[J]. 财政研究,2006(8):79-81.

[4] 刘红林,徐永利,姚伟. 金融支持循环经济发展体系的构建[J]. 河北大学学报(哲学社会科学版),2010(2):38-42.

[5] 丛禹月. 中国发展循环经济的金融支持研究[D]. 西安:西北大学,2010.

[6] 黄文青. 金融支持、科技创新与循环经济发展的理论与实证研究[J]. 科技管理研究,2010(11):29-31,41.

[7] 邓峤. 优化循环经济金融支撑环境的对策分析——基于环境金融的视角[J]. 科技进步与对策,2011(6):28-30.

第二十章　县市互动与区域经济金融一体化

第一节　研究背景与相关文献综述

本章通过对黄冈各县市的发展状况对比，发现黄冈各县市之间的发展状况、产业结构、金融状况之间都存在着巨大的差异，并提出县市互动的构想及其互动思路，从市县定期联席会议制度、市县金融机构网点布局规划、市县政府平台资金分配、要素市场对接制度四个方面具体阐释了县市互动的具体做法。

勒施(1940)[1]对产业聚集与城市的形成及城市化之间的关系进行了研究，承认生产力分布的原动力不是像韦伯、杜能所提出的那样是最低运费或最低生产费用，而是最高利润，揭示了资本主义社会生产力分布的最基本的根源。研究不仅仅以论述个别的区位为限，而且进一步扩大论述了区位间的相互关系和区位体系。认为城市化的原因在于非农业区位的点状聚集，产业区位集聚是城市化必不可少的要素。

李文增、鹿英姿、王刚(2010)[2]在《加快京津冀区域经济金融一体化发展的协调机制研究》中指出了京津冀三地的比较优势明显，以及实施经济金融一体化发展的潜力巨大，但目前与国内发达地区比较都存在着不小的差距。其原因主要是缺乏完善的区域一体化的法律法规及政策措施、强有力的区域性协调机构和调节基金等。因此，应着重从组建区域经济金融一体化发展的权威性协调机构、法律法规、发展规划、产业政策、联席会议制度、共同发展基金制度、搞好协作交流、建立常设的信息管理机构、区域资源补偿制度等方面寻求解决办法。

俞海山、林崇建(2009)[3]在《市域经济：宁波实践科学发展观的探索》一书中在理论上探索了市域经济发展的运行机制、市场经济发展与城市化、市域经济发展与产业发展、市域经济发展与新农村建设、市域经济发展与生态环境保护、市域经济发展与创新等内容。

刘红(2008)[4]在《金融集聚影响区域经济增长的机制研究》中指出金融企

业越来越多地集中于某一城市和区域，已经成为现代经济社会中的普遍现象。但国内很多城市在金融不断集聚过程中，却好似在扮演着金融“黑洞”的角色，即只“集中”不“辐射”。长此以往，不仅会阻碍金融集聚的真正完成，而且会拉大不同地区间的金融及经济发展差距，有损“和谐金融”的实现。因此应该借鉴国际大都市发展的成功经验，重视研究并发挥中心城市的金融辐射功能，带动区域，乃至全国经济的共同增长。同时，刘红分析了金融聚集对区域经济增长的作用，并从金融业自身特点、金融集聚促进产业调整优化区域产业结构进而推动经济增长、金融聚集产生的金融知识溢出三个方面说明了金融集聚影响区域经济的具体作用机制。

丁艺(2010)[5]在《金融集聚与区域经济增长的理论及实证研究》一文中指出随着经济全球化和金融业的迅速发展，国际金融资源在区域间流动加速，金融业呈现出金融企业重组并购趋势，这也引起了金融活动和金融机构在某一中心城市高度集聚的现象。西方发达国家的金融集聚发展经验表明，金融发展与经济发展之间存在极为紧密的互动关系。我国区域经济发展的差距在很大程度上取决于区域金融发展的差异，虽然我国目前已经形成了相对完善的金融体系，也形成了一定规模的金融集聚区域，但在金融资源整体布局和金融中心建设等方面存在许多需要解决的问题。同时，丁艺针对我国金融集聚的发展现状以及存在的问题，在理论分析的基础上，对金融集聚与区域经济增长的关系利用计量经济模型，实证研究了我国金融集聚发展的地域特征以及对区域经济增长的影响。

第二节　黄冈各区县发展情况对比

从市区经济发展来看，2012 年黄冈市各区县中地区生产总值排名前三的分别是武穴市、麻城市和浠水县，其 GDP 分别达 180.38 亿元、176.39 亿元、145.08 亿元；同时注意到，黄州区在各区县中人均 GDP 最高，达到 38 033.86 元，同其他区县相比较高。从三次产业结构看，黄冈市各区县普遍以第二产业为主，第二产业占比一般达到 40% 以上，而其中黄州区第三产业占比最高，达 42.51%，英山县第一产业占比最高，达 43.53%，在其他各区县中具有明显的偏第三产业或偏第一产业的特点，见表 20-1。

表 20-1　2012 年黄冈市各区县 GDP 及三次产业情况

	GDP(亿元)	人均 GDP(元)	第一产业占比	第二产业占比	第三产业占比
武穴市	180.383 3	27 704.39	24.94%	48.36%	26.70%
麻城市	176.387 1	20 431.73	24.59%	44.05%	31.37%

续表

	GDP(亿元)	人均 GDP(元)	第一产业占比	第二产业占比	第三产业占比
浠水县	145.078 6	16 567.16	29.48%	37.57%	32.95%
蕲春县	143.106 5	18 819.9	24.69%	40.42%	34.88%
黄州区	140.306 9	38 033.86	8.79%	48.70%	42.51%
黄梅县	132.721 9	15 375.57	31.88%	40.87%	27.25%
红安县	95.973	15 900.1	24.57%	47.79%	27.63%
罗田县	85.073 2	15 561.22	24.91%	39.55%	35.57%
英山县	63.571 6	17 707.97	43.53%	28.25%	28.22%
团风县	56.535 4	16 628.06	23.12%	55.36%	21.51%

从黄冈市各区县银行业金融机构存贷情况看,各区县间还存在较大差别,其中麻城市2012年贷存比最高,达到61.63%,远高于其他县区贷存比水平;而浠水县贷存比水平最低,仅为27.82%(见表20-2)。

表20-2　2012年黄冈市各区县银行业金融机构贷存比

	存款总额(亿元)	贷款总额(亿元)	贷存比
武穴市	142.361 2	59.228 6	41.60%
麻城市	183.378 4	113.019 3	61.63%
浠水县	175.59	48.851 1	27.82%
蕲春县	178.487 4	50.253 3	28.16%
黄州区	226.373 1	104.807 7	46.30%
黄梅县	175.22	52.46	29.94%
红安县	97.54	30	30.76%
罗田县	107.82	38.653 7	35.85%
英山县	85.449 6	28.579 6	33.45%
团风县	60.418 5	29.163 1	48.27%

第三节　黄冈县市互动金融工程构想

从黄冈市各县市经济金融发展现状可以看出,目前黄冈市不仅存在经济总量小、贷存比偏低等问题,同时辖内各县市的经济金融发展也表现出较大差别,如武穴市、麻城市、黄州区等不仅在经济总量上相对较大,其人均生产总值也相对较高,贷存比明显高于黄冈市其他县市。

黄冈市市域金融工程规划是服务于黄冈市整体的金融发展和经济提升的,在实施过程中需要黄冈市作为一个有机的整体进行相关金融资源的配置,必须依靠黄冈市各县市的协调与统筹,而各县市间经济金融的明显差异以及对于资源的争夺不利于黄冈市整体金融的发展和经济实力的提升,因此需要对黄冈市各县市的金融工作及其互动进行统筹安排。

一、黄冈市县市金融工程互动思路

黄冈市市域金融工程规划是以黄冈市整体的金融发展和经济提升作为目标,黄冈市市政府在实施过程中能够起到整体调控和局部促进的作用。结合目前黄冈市各县市现状,黄冈市应以市本级政府,即黄州区政府为核心,通过引导和管理辖内县级政府进行整体金融工程规划的推进和实施工作,同时,县级政府也应在进行县域金融工程规划实施的过程中,定期向市本级政府进行完成情况和相关问题的反馈,在金融规划、金融机构、金融市场以及金融管理四个层面做到县市互动,见图 20–1。

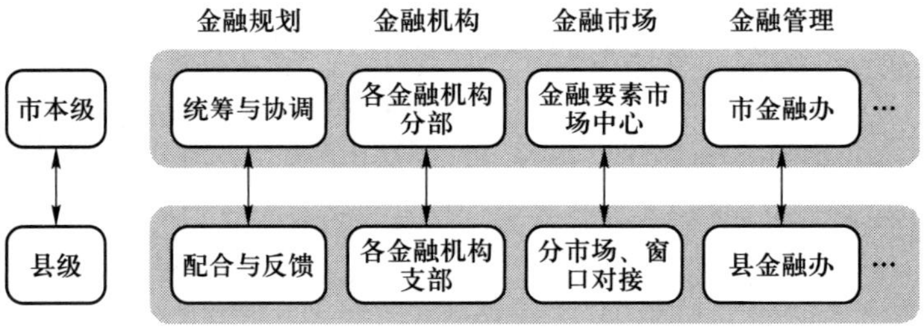

图 20–1　黄冈市县市金融工程互动思路

二、黄冈市县市金融工程互动方案

(一) 市县定期联席会议制度(金融办主任对接)

各县市区政府主要领导和分管领导要高度重视金融工作,及时研究解决好金融运行中的突出问题和困难。建立金融联席会议制度、政银企对接会议制度、金融执法联席会议制度,完善部门间的沟通合作机制。要建立市县联动、政银企联动机制,提高金融改革创新的参与度。要建立银企对接机制,帮助银行更加全面了解企业发展,让企业了解金融产品,切实优化金融服务。要建立目标责任考核机制,加强考核结账,严格奖惩兑现。要建立媒体互动机制,加大宣传、推介和互动力度,形成有利于金融改革创新的良好氛围。

(二) 市县金融机构网点布局规划

创新金融体系,建设金融聚集区。加强金融机构建设,积极构建主体多元、竞争有序、功能完备、充满活力的金融服务体系。建设金融集聚区,推进

"招行引资",加快引进各类金融机构,完善金融产业链。大力引进股份制银行落户黄冈,重点引进一批辐射带动强的金融法人机构或区域性总部。推动湖北银行和交通银行尽早在黄冈市挂牌营业。推进农村信用社改革,加快股份制改革步伐。推动现有银行搞好网点布局,向县域及县域重点镇、园区延伸。积极推动招商银行升格为分行,并在县市区设置网点。加快其他金融业态发展,尽快实现县市区村镇银行全覆盖。利用政府创业投资引导基金引进各类股权投资机构。

(三)市县政府平台资金分配

市政府出台相关政策,加大政府资金对于金融业的引导和扶持作用,建立财政性存款激励机制、财政担保措施,加大对于上市企业的财政补助等;以加快推进黄冈市主导产业中的龙头企业上市为突破口,加强政府对拟上市企业的引导和扶持作用,着力于培育一批科技含量高、成长空间大、经济带动作用强的上市企业。

(四)要素市场对接制度

以建设大别山金融中心为特色,加强对于股权交易、金融资产交易、民间金融、林权交易、碳排放权交易等区域性分市场建设工作,同时积极争取在黄冈市建设新型金融市场的试点优惠政策,争取建设农产品交易市场、土地产权交易市场、医药交易市场等一批具有区域辐射能力的泛金融交易市场。

第四节　黄冈区域经济金融一体化发展建议

一、加强县市政府沟通

黄冈市政府可组织辖内各县市金融办及相关职能部门,定期召开会议或座谈会等,就各县市金融工程规划及实施的进度、困难、对策等问题展开讨论,市金融办应认真听取各县市所汇报信息,并根据各县市所提出的问题进行相应调整,制定科学、可调整的县市发展规划。

二、加大力度推广"通山模式"

黄冈市政府可带领辖内各县市政府领导班子赴咸宁市通山县进行考察和调研,并就金融工程支持通山县经济跨越式发展的"通山模式"进行专题讨论和学习,并敦促各县市积极开展金融工程规划及实施,同时加强市级对辖内各县市的政策和资金支持,发挥市级层面的扶持和推动作用。

参考文献

[1] [德]奥古斯特·勒施. 经济空间秩序——经济财货与地理间的关系(中译本)[M]. 王守礼,译. 北京:商务印书馆,1995.

[2] 李文增,鹿英姿,王刚. 加快京津冀区域经济金融一体化发展的协调机制研究[J]. 理论与现代化,2010(5).

[3] 俞海山,林崇建. 市域经济:宁波实践科学发展观的探索[M]. 北京:经济科学出版社,2009.

[4] 刘红. 金融集聚影响区域经济增长的机制研究[D]. 济南:同济大学,2008.

[5] 丁艺. 金融集聚与区域经济增长的理论及实证研究[D]. 长沙:湖南大学,2010.